第二届管理创新与大企业竞争力国际学术会议

现代产业组织理论视角下的管理创新与大企业竞争力

唐晓华/主　编

王伟光　李续忠　张丹宁/副主编

经济管理出版社
ECONOMY & MANAGEMENT PUBLISHING HOUSE

图书在版编目（CIP）数据

现代产业组织理论视角下的管理创新与大企业竞争力/唐晓华主编. —北京：经济管理出版社，2013.12
ISBN 978-7-5096-2649-8

Ⅰ.①现… Ⅱ.①唐… Ⅲ.①企业创新—创新管理—文集 ②大型企业—企业竞争—竞争力—文集 Ⅳ.①F270-53 ②F276-53

中国版本图书馆 CIP 数据核字（2013）第 223316 号

组稿编辑：陈　力
责任编辑：杨国强
责任印制：黄章平
责任校对：超　凡　王纪慧

出版发行：经济管理出版社
（北京市海淀区北蜂窝 8 号中雅大厦 A 座 11 层　100038）
网　　址：www. E-mp. com. cn
电　　话：(010) 51915602
印　　刷：三河市延风印装厂
经　　销：新华书店
开　　本：720mm×1000mm/16
印　　张：19.75
字　　数：378 千字
版　　次：2014 年 1 月第 1 版　2014 年 1 月第 1 次印刷
书　　号：ISBN 978-7-5096-2649-8
定　　价：65.00 元

序

2011年11月12日，在《经济研究》杂志社的大力支持下，辽宁大学商学院与辽宁产业组织与技术创新研究中心举办的“第二届中国管理创新与大企业竞争力国际会议”在辽宁大学隆重召开。

本次会议的主题为“管理创新与大企业竞争力——现代产业组织理论的视角”。此次会议特邀了日本大学商学院樱井澈教授，韩国东国大学朴春烨教授、李胜荣教授，辽宁省经济和信息化委员会蔺晓刚副主任，《经济研究》主编裴长洪研究员、常务副主编郑红亮教授等海内外专家学者。美国康奈尔大学的Calum Turvey教授也向大会提交了研究论文。与会的还有来自清华大学、哈尔滨工业大学和东北大学等国内近20所大专院校的80余位专家学者。与会专家学者围绕宏观经济与区域经济发展、大企业竞争力与技术创新以及产业集群与产业规制等具体内容展开了研讨，提出了许多具有创造性的观点。本次会议共收到论文200余篇，本书将部分优秀研究成果结集出版，让相关领域专家学者共同分享本次研讨会成果。

区域经济是国民经济总体的组成部分，区域特色经济的发展受宏观经济状况的制约。康奈尔大学Calum Turvey教授等提交的论文研究了在缺乏历史数据情况下农产品的风险定价问题。他们利用PERT分布概率函数通过Risk Simulation，探索农业保险率及补贴率的厘定问题。模拟结果显示，在绝大多数情况下，主观和客观分布概率和位置都显著不同。据此，可以利用其分布差距再结合风险趋势来计算补贴率，并给出不同覆盖率水平的合理保险费率。辽宁大学刘艳春教授对辽宁能源消耗与产业结构调整间的关系进行了定量分析，得到如下结论：产业结构调整是影响能源消耗变化的原因，产业结构变迁与能源消耗之间存在长期的均衡关系，能源消耗在短期内对产业结构变动影响不大，长期贡献突出。沈阳农业大学周静教授从企业和农户两个角度对农业产业化龙头企业带动农户能力进行了实证分析并发现：龙头企业带动农户能力主要体现在企业经济实力、技术服务支持能力、资金支持能力和辐射带动能力四个方面；龙头企业的带动能够显著增加农户纯收入，政府支持政策能够显著增加农户纯收入，企业化带动形式与买断式带动形式相比能够显著增加农户纯收入。

大企业竞争力与产业技术创新是国家竞争力的体现，是经济可持续发展的基石。企业竞争力的获得需要有两种能力，即企业应对市场的能力和企业应对政府的能力，这为企业和政府提出了一个双重命题。辽宁大学商学院院长唐晓华教授和徐雷博士在他们 2010 年提出的“双能力假说”基础上，进一步论证了企业竞争力的双重来源：应对市场的能力和应对政府的能力。作为企业成长和企业竞争力重要源泉的并购，引起了不少学者的关注。辽宁大学姚海鑫教授等提交的研究论文发现：关联并购对并购当年的大企业竞争力具有显著正的影响；并购价格对并购后一年的大企业竞争力具有显著负的影响；横向并购也显著地提高了并购后一年的大企业竞争力。他们认为，竞争力影响并购溢价主要表现为竞争力强的大企业支付更低的并购溢价；在竞争力三个维度中，规模竞争力是推高并购溢价的最主要影响因素，盈利能力强的公司倾向于支付较低的溢价，成长性对并购溢价的影响不显著。在追求产品差异化和声誉进而获得竞争力的过程中，品牌发挥着不可替代的作用。东北财经大学邱国栋教授通过引入“组织即兴”概念，构建了由“企业家精神—组织即兴—动态能力”分析框架，并依据该框架运用多案例比较研究和系统动力学方法深入探讨了企业动态能力的生成与控制机理，为动态能力生成的理论与实践研究提出了一个重要的分析思路。创新作为知识和技术的重要来源，对经济和社会变迁具有重要的作用。辽宁大学的王伟光教授等对技术引进、技术改造、自主创新与技术效率之间的关系进行了实证研究。他们发现：自主创新、技术引进、技术改造、国内技术购买与技术效率之间存在着长期协整关系；自主创新和技术引进对技术效率存在滞后影响；技术引进与自主创新短期存在替代关系，长期存在互补关系。

产业集群作为区域经济增长的加速器已经成为政府和学界普遍关注的研究热点。东北大学綦勇副教授和李凯教授构建了上下游讨价还价的动态博弈模型，研究了买方抗衡势力对上游企业竞争策略的影响。他们的研究结论表明，无论零售商买方抗衡势力是否存在，不同纵向结构下上游厂商利润随产品差异化程度持续减弱并呈现出 U 形变化，上游厂商倾向于选择生产互补产品以提高企业利润。辽宁大学张丹宁博士从产业网络视角对大企业集群的内涵和演进规律进行了系统分析。她认为，大企业集群是集中于某一特定区域内的特定产业以一个或几个大企业为核心，并与诸多具有分工合作关系的专业化生产和配套服务的中小企业以及相关的各种机构、组织等行为主体通过网络关系形成的产业共生群落的网络系统。大企业集群是产业网络诸多形态中的一种，根据“网络密度”和“大企业单复性”的判别标准，可以将大企业集群的结构类型划分为松散单寡头型、紧密单寡头型、松散多寡头型和紧密多寡头型，这四种结构之间存在着“正向一体化”和“反向一体化”的演进路径。

在产业规制研究中，日本学者樱井澈回顾了日本绿色物流发展的现状，进而构造铁路私营化与绿色物流评价指标，利用 1975~2005 年的相关数据对日本物流向绿色物流的模式转换进行了实证分析。他发现，日本铁路的私营化、公路运输的比较优势以及铁路运输中客运与货运之间的竞争关系是阻碍日本绿色物流发展进程的最大障碍，政府加强对铁路运输基础设施的投资，加强铁路、公路和海路运输的一体化，以及建立第三方委员会以协调铁路运输中客运和货运之间关系等措施能加快日本绿色物流的步伐。

除了以上这些研究成果，本论文集还收录了很多视角独特、立意新颖、观点鲜明的研究成果，在此，我们由衷感谢所有参与本次研讨会的各位专家学者不吝赐稿。我们已成功举办了两届“管理创新与大企业竞争力国际学术会议”，先后得到了中国工业经济学会、《经济研究》杂志社的大力支持，也得到了各位学界专家学者、业界朋友的热情支持，会议规模越来越大，影响也越来越强，在此一并感谢。我们将继续秉承“明德精学、笃行致强”的校训精神和“崇尚学术、塑造品牌”的学院发展理念，把“管理创新与大企业竞争力国际学术会议”打造成具有较大国际影响力的学术交流平台，促进现代产业组织理论与实践的不断创新，为提升大企业国际竞争力提供智力支持。

唐晓华

2012 年 6 月于辽宁大学

目　录

第一篇

产业集群与产业升级

产业网络视角下大企业集群结构与演进研究

张丹宁　梁　栋

（辽宁大学商学院，辽宁沈阳　110136）

目前，越来越多的企业选择“集群化”的发展路径，尤其是一些大企业，其中既包括东南沿海地区的一些中小企业通过集团化的发展方式推进“集群化”进程，也包括在政府力量推动下形成的家电、汽车、石化等大企业集群。正是由于大企业集群在当今经济发展过程中起到了举足轻重的作用，所以大企业集群的界定、特征、分类以及发展与演进机理等一系列的研究就具有重要的理论与现实意义。但是，综观产业集群现有的研究成果，国内外的研究主要集中于“中小企业集群”，而对于大企业集群的研究却寥寥无几，说明系统而详尽的研究框架尚未建立起来。从本质来看，大企业集群是产业网络诸多形态中的一种，因而，本文从“产业网络”的视角出发，对大企业集群的结构与演进路径进行了研究和探讨。

一、大企业集群：产业网络视角的解读

关于“大企业集群”的界定，至今还尚未达成共识，但是在产业集群的分类研究中，可以看到很多学者关于大企业集群的初步界定与理解。比如 Markusen（1996）将产业集群分为“马歇尔式产业区”、“轮轴式产业区”以及“卫星平台式

基金项目：国家社科基金重大项目（08&ZD040）；中国博士后第 4 批特别资助项目（20100481210），中国博士后第 48 批面上项目（201104573），辽宁大学亚洲研究中心资助项目，辽宁大学“211”三期资助项目。

作者简介：张丹宁（1980—），女，辽宁沈阳人，辽宁大学商学院讲师，辽宁产业组织与技术创新研究中心主任，辽宁大学商学院在站博士后，研究方向为产业网络。梁栋（1992—），女，辽宁朝阳人，辽宁大学商学院本科生。

产业区”。其中，轮轴式产业区就是由一个或多个产业中的一个或几个垂直一体化的大企业支配，环绕以较小和较弱的供应商、较小的客商非常依赖于核心企业，或者较弱的小企业虽然不一定和大企业做买卖，但是可以享受与大企业集聚的好处。Peter Korringa 和 Jorg Meyer Stamer（1998）将产业集群分为三类，分别是“第三意大利式”产业集群、“卫星式”产业集群和“轮轴式”产业集群。其中，“轮轴式”产业集群的显著特征体现为大企业的作用显著，集群内具有很明显的等级制度，且产业集群的整体绩效取决于大企业自身的发展水平。仇保兴（1999）将产业集群分为“市场型”、“锥形（中心卫星工厂型）”以及“混合网络型”产业集群。其中，“锥形”产业集群是以大企业为中心、众多中小企业为外围而形成的专业化协作系统。隋映辉（2005）基于产业集群的机制将其分为“基于核心技术”的产业集群、“基于销售网络”的产业集群、“基于品牌”的产业集群和“基于知识共享”的产业集群。其中，“基于核心技术”的产业集群就是指，位于产业集群核心的大企业是核心技术的控制者，并通过其所掌握的核心技术与周围的中小企业建立了各种分工与协作关系。陈佳贵、王钦（2005）从发生机制角度将中国产业集群分为“内源传统型”产业集群、“内源品牌型”产业集群和“外商投资型”产业集群三类模式。其中，内源品牌型产业集群的成员特征就是以“知名大企业”为核心，通过其带动实现较为完整、分工充分、技术创新能力强的产业集群。刘世锦（2008）将产业集群分为“资源驱动型”产业集群、“贸易驱动型”产业集群、“外商直接投资型”产业集群、“科技资源衍生型”产业集群、“大企业种子型”产业集群和“产业转移型”产业集群。其中，作为“大企业种子型”产业集群的种子企业主要有两类：一类是传统的国有大中型企业；另一类是在市场竞争中逐渐成长起来的大企业。

基于上述研究成果可以看出，大企业集群从本质上来讲就是一个基于“大企业”而形成的本地化的区域性生产网络。因而，从网络组织视角出发，本文给出“大企业集群”的定义如下：大企业集群是集中于某一特定区域内的特定产业以一个或几个大企业为核心，并与诸多具有分工合作关系的专业化生产和配套服务的中小企业以及相关的各种机构、组织等行为主体通过网络关系形成的产业共生群落的网络系统。企业节点之间以及企业与非企业节点之间的交易以及各种形式的协调，通过组织创新，使得集群网络中的大企业能够整合区域内的供应市场和消费市场。很显然，大企业集群作为一种新的组织系统，包括各种不同的参与者，它们处于不同的产业链环节，在网络中的地位各不相同，得到的收益也各不相同，而且各个参与的实体之间并不一定彼此拥有所有权。通过这样的网络组织协调后而形成的生产系统具有良好的制造能力与服务能力，为参与整个集群网络中的企业都提供了各种具有价值的网络资源，从而提升集群网络中的企业绩效。大企业集团网络组织结构见图 1。

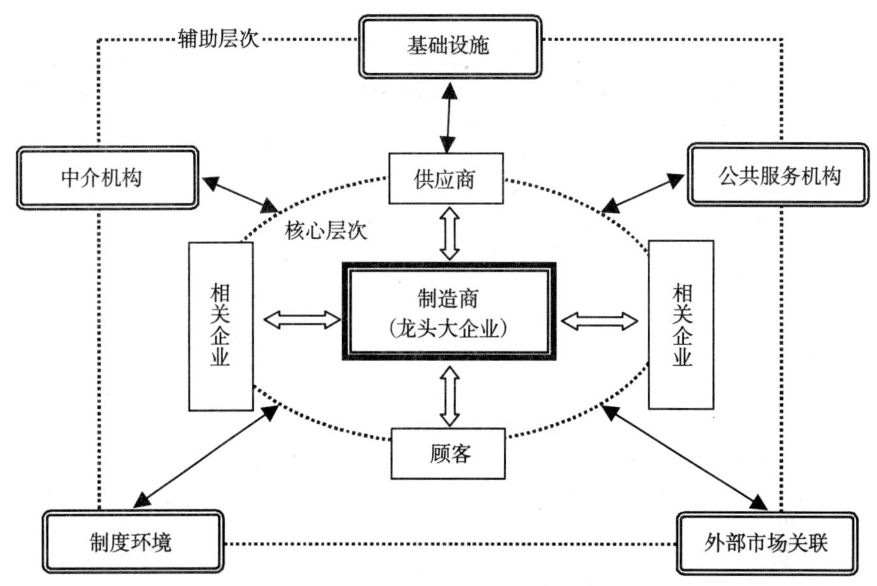

图 1　大企业集团网络组织结构

从产业链价值创造的角度看，大企业一般都位于具有较高附加值的“产业链环”之上，拥有较强的实力、较大的规模以及众多的市场选择；而配套企业一般多是整个产业价值链中极小的一部分，一般而言，规模较小，市场控制力较弱，市场选择的空间也比较有限（见图 1）。以日本丰田城为例，这种森严的等级制度带来了典型的“二元经济”现象。在丰田汽车产业集群中，丰田集团这样的独立大企业与众多中小企业并存，两种类型的企业实力悬殊：大企业雄踞行业之巅，拥有明显的垄断势力和超稳定性；而大量的中小企业势单力薄，跻身于风雨飘摇的竞争之中。在日本的汽车产业，大企业的利润率普遍高于中小企业。同时，在大企业集群中，中小企业对大企业具有极强的依赖性。为了能够达到大企业的要求并进入生产体系，配套企业需要投入大量的资金与时间，进行特定设备的投资以求获得订单。随着合作的进一步深入，根据不同的阶段，配套企业需要投入的精力、时间和资金在逐渐增加，这种对于专用性投资风险的增加也加大了配套企业对于大企业的依赖性。

二、大企业集群结构分类

（一）两个判别维度

1. 网络密度

"网络密度"是衡量网络系统特征的一个重要指标，一般来说，密度大的网络系统内，节点之间的关系紧密，合作行为较多，信息流通较为容易，网络系统的运行绩效也会比较好；相反，如果网络系统的密度较低，则代表该系统节点之间的关系非常疏远，则易导致信息沟通不畅，情感支持太少，系统运行效率低下等问题。大企业集群网络可以抽象为一个由点集 V 和边集 E 组成的图 G=（V，E），节点数记为 $N=|V|$，边数记为 $M=|E|$。E 中每条边都有一对点与之相对应。一个网络系统的密度是指在网络拓扑图形中实际存在的线与可能数量的线的比例，其计算公式如下：

$$\Delta=\frac{2L}{g(g-1)} \tag{1}$$

式中，L 为图中线的数目，g 为图中节点的数目。这里提出，如果一个大企业集群的网络密度小于 0.5，则视为松散型大企业集群；如果网络密度大于 0.5，则视为紧密型大企业集群。

2. 大企业单复性

大企业集群内"龙头企业"的多寡也会对集群的结构与集群内各主体的行为产生重要影响，所以，"大企业单复性"也是大企业集群结构的一个判别标准。

判别一个节点是否是大企业集群内的"龙头企业"可以借助于"中心度指数"，这是对节点"权力"进行测度的指标。不同的"中心度指数"测度的重点不同："度数中心度"刻画的是行动者的局部中心指数，测量网络中行动者自身的交易能力，没有考虑到能否控制他人；"中间中心度"研究一个行动者在多大程度上居于其他两个行动者之间，因而是一种"控制能力"的指数；"接近中心度"考虑的是行动者在多大程度上不受其他行动者的控制。根据大企业集群网络结构的特点，本文选取"中间中心度"指标对大企业集群节点进行判定，即刻画某一节点对网络资源的控制程度，该指标衡量的是一个点在多大程度上位于其他点对的捷径（最短途径）之上。

假设点 j 和 k 之间存在的捷径数目用 g_{jk} 来表示。第三个点 i 能够控制此两点

的交往能力用 b_{jk}（i）来表示，即 i 处于点 j 和 k 之间的捷径上的概率。点 j 和 k 之间存在的经过点 i 的捷径数目用 g_{jk}（i）来表示，那么，$b_{jk}(i)=g_{jk}(i)/g_{jk}$。把点 i 相应于图中多点对的中间度加在一起，就得到该点的绝对中间中心度，记为 C_{ABi}，$C_{ABi}=\sum_{j}^{n}\sum_{k}^{n}b_{jk}(i)$，$j\neq k\neq i$，并且 $j<k$。标准化的中间中心度，即相对中间中心度为 C_{RBi}，$C_{RBi}=\frac{2C_{ABi}}{n^2-3n+2}$，其取值范围为 0~1。如果一个点的中间中心度为 0，意味着该点不能控制网络中的其他节点，处于网络的边缘地位；如果一个点的中间中心度为 1，意味着该点可以 100%控制其他节点，它处于网络的核心地位，具有很大的权力。

本文通过将各个节点中间中心度与平均值进行比较的方法来判定一个产业集群中大企业的单复性，即如果有且仅有一个节点的中间中心度大于整个网络中间中心度的平均值，则该集群为“单寡头式”大企业集群；如果有两个或两个以上节点的中间中心度大于整个网络中间中心度的平均值，则该集群为“多寡头式”大企业集群。

（二）四种结构类型

根据“密度”和“大企业单复性”这两个标准，可以将大企业集群的网络结构划分为四种类型，如图 2 所示。其中，大企业集群网络密度以 0.5 为划分标准，如果某一大企业集群的网络密度指数小于 0.5，则为“松散型”；相反则为“紧密型”。大企业单复性的判断就由“中间中心度”大于平均数的节点个数来进行衡量，如果仅有一个节点的中间中心度大于平均数，则为“单寡头型”；相反则为“多寡头型”。

	单寡头	多寡头
松散	松散单寡头型大企业集群	松散多寡头型大企业集群
紧密	紧密单寡头型大企业集群	紧密多寡头型大企业集群

图 2　大企业集群结构类型

1. 松散单寡头型大企业集群

此种类型的大企业集群兼具“松散”和“单寡头”两个特征，“松散”说明这个集群的发展处于“初期阶段”，只是企业在地理区域上简单的“扎堆”，并没有基于横向和纵向产业关系形成紧密的“网络”；而“单寡头”说明该产业集群内只有一个大企业。由于缺乏与其他企业之间的紧密合作，这个大企业的规模与竞争力主要是“自我发展”而形成的，从集群内的配套网络中汲取资源的可能性比较小。“松散单寡头型大企业集群”一般多处于产业集群发展的“最初级阶段”。位于集群内的大企业选择进入集群的原因多是由于优越的地理位置、优惠的投资政策、丰富的土地资源以及充足的廉价劳动力等因素。

2. 松散多寡头型大企业集群

此种类型的大企业集群兼具“松散”和“多寡头”两个特征，“松散”也说明该产业集群的发展处于初期阶段，尚未形成紧密配套的产业网络；而“多寡头”说明该产业集群内有几个大企业，但是这些大企业之间以及大企业与其他小企业之间的合作关系非常薄弱。处于该阶段的集群内的企业也多是依靠自身力量谋求发展，而从集群中获取的支持比较有限。与“松散单寡头型大企业集群”相似，这些大企业进入集群的原因也多是受到区位、政策、土地以及劳动力等资源的吸引。比如，随着台资对大陆投资的不断兴起，台湾 IT 企业向东莞及昆山等长三角和珠三角地区的迁移呈现出集群式移动的特点，许多价值链的上下游企业都聚集在一起，形成“抱团打天下”的特征。这种集群式迁移势必会减少与当地企业的交流，因为它们的生产可以不依赖当地的供应商网络，同时流动性又很强。

3. 紧密单寡头型大企业集群

此种类型的大企业集群兼具“紧密”和“单寡头”两个特征，“紧密”说明这个集群经过初期发展，正在向成熟化阶段迈进，已经形成了大中小企业空间集聚与分工协作的紧密产业网络，集群内的企业能够共享范围经济、知识溢出以及劳动力蓄水池所带来的外部效应。与“松散单寡头型大企业集群”相区别的是，产业集群的大企业在整个集群网络中居于“主导地位”，是整个网络规则的制定者和引领者，能够从与中小企业所形成的网络中获取企业发展所需的各种资源，从而提高效率，提升企业的竞争力，并与配套的中小企业形成互惠互利、共同发展的协调网络组织结构。

4. 紧密多寡头型大企业集群

此种类型的大企业集群兼具“紧密”和“多寡头”两个特征，与“紧密单寡头型大企业集群”相区别的是，产业集群拥有一些具有很强影响力的大企业，它们各自与集群内的配套企业构建起自身的分工协作体系，同时由于生产的相似性、地理的临近性以及对于优秀配套企业的共同需求，这些大企业之间也存在着激烈的竞争。但是为了谋求更好的发展，这些大企业也可能在技术创新、营销网络等方面形成合作。而对于中小企业而言，由于集群内聚集着多家大企业，所以中小企业对于某一龙头企业的依赖性有所降低，选择空间增大。

（三）算例

假设现有某一大企业集群内聚集了20家企业，基于这些企业之间的网络关系绘制的产业网络结构如图3所示。通过UCINET软件可以计算出两个判别标准的取值：

1. 网络密度

该大企业集群的网络密度是0.15，低于0.5，所以是“松散型”集群。

2. 大企业的单复性

该网络节点中间度的平均值为25.45，节点中间中心度大于该值的一共有4个节点，分别是：节点2，中间中心度为183.3；节点1，中间中心度为153.383；节点7，中间中心度为41.783；结点18，中间中心度为36.95，所以该大企业集群是“多寡头型”。

综之，可以判断该集群是一个典型的“松散多寡头型大企业集群”。

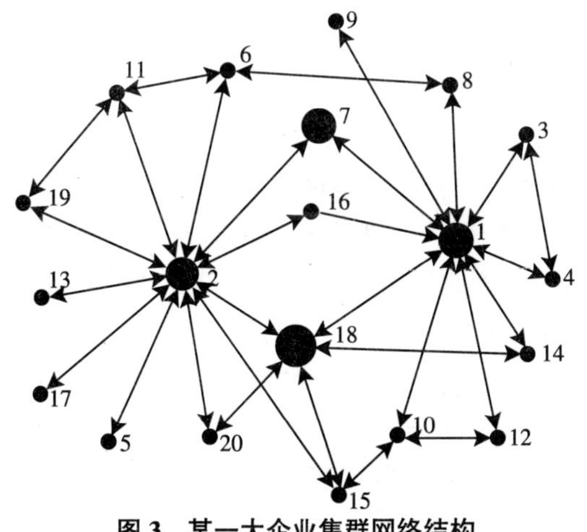

图3　某一大企业集群网络结构

三、大企业集群结构演进路径

当大企业集群在某一时点下形成了特定网络结构时，这个结构并不是一成不变的，该集群会随着不同企业的进入与退出、企业之间关系紧密度的变化等诸多因素的影响而处于不断演进的过程之中。在这个演化过程中，集群内的企业也会随着不同网络结构的变化而表现出不同的行为特征。根据对现实中诸多大企业集群演进发展的形态过程来看，其结构演化路径可以表现为“正向一体化”和“反向一体化”两个方向，如图 4 所示。

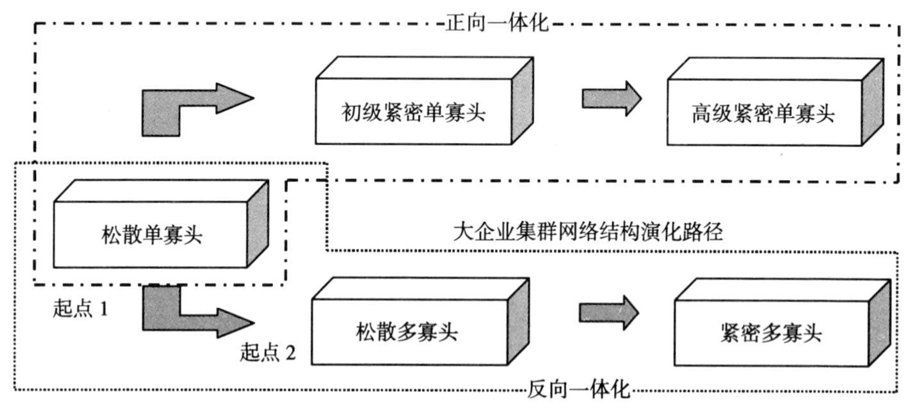

图 4　大企业集群网络结构演化路径

（一）正向一体化

“正向一体化”的演化路径多是以“松散单寡头型”作为起点，进而向“紧密单寡头型”进行演化。为了更好地体现正向一体化进程的过程特征，本文将“紧密单寡头型”进一步划分为“初级紧密单寡头型”和“高级紧密单寡头型”，在初级和高级单寡头型大企业集群内，企业的共生模式以及大企业所起到的所用是不同的。

当某一个大企业以及一些中小企业受到土地、劳动力以及政策资源等因素吸引而简单地“扎堆”于某个区域内时，就形成了典型的“松散单寡头型网络结构”。由于集群内的企业缺乏紧密而频繁的网络关系，所以企业之间的合作多是“偶然性”的“点合作”，这种合作关系具有极强的“随机性”和“不稳定性”，因为需要在长期合作中建立起来的“信任机制”等社会资本尚未形成。随着这种随机和偶然的合作不断增加，集群内的企业都从这种“地理临近性”中获得了收益。同时，伴随着信息交流的不断增多，合作双方的机会主义倾向都趋于降低，重要的是，随着信息搜寻成本和交易成本的降低，频繁发生“点合作”的企业之间更倾向于建立“长期而稳定”的合作关系，这种合作关系的建立与稳定，形成了“初级紧密单寡头型”的网络结构。在这种结构下，紧密的合作关系是建立在合作双方是“完全独立”的基础上的，双方合作的关联是以“长期契约”为主的。

随着合作不断地深入进行，“地方根植性”发挥的作用越来越大，合作双方都倾向于使这种合作关系保持“长期的稳定化”，尤其是大企业，如果在对“独立”的合作伙伴实现并购后，会使得交易成本进一步降低，进而在交易成本低于并购后的“管理成本”时，大企业会主导“向一体化”的产业链条发展战略，“高级紧密单寡头型”的结构就开始显现。此时，合作双方之间的关联是以“股权”等资本投资为主，其中的一方多是大企业，是并购行为的发起人，而以往的合作伙伴多是中小企业，此刻就成为被收购方，整个合作的供应链就形成了“一对一”的专有稳定关系了，彼此的地位也就从原有的“相对平等”向“从属”关系进行转化。

（二）反向一体化

反向一体化的起点有两个：一个是“松散单寡头型”；一个是“松散多寡头型”。

如果是以“松散单寡头型”大企业集群为起点，则演化路径依次为“松散单寡头型—松散多寡头型—紧密多寡头型”。如果是以“松散多寡头型”大企业集群为起点，则演化路径就缩短为“松散多寡头型—紧密多寡头型”。两个路径的区别就在于集群形成初期，进驻大企业的多寡，但是这两种演化路径都存在典型的“反向一体化”的特征。

在集群发展的初期，由于缺少“信任机制”等社会资本的支撑，企业间的合作关系多呈现出“松散化”的特征，即企业间的合作以“偶然性和随机性”为主。但是，随着合作的不断深化，企业之间的相互交流和合作使得交易成本和搜寻成本不断下降，尤其是集群的“地理临近性”会加速“信任机制”的建立。所以企业会在对“管理成本”和“交易成本”进行衡量的基础上推行“归核化”的战略，即将企业具有“核心竞争力”的生产环节留在企业内部，而将其他环节通过“外包”或“转包”的方式交与其他配套企业，一般多是中小企业通过彼此之间的合作带动本地“生产分工协作网络”的建立和发展。这个柔性网络包括本地的原材料供应商、半成品供应商、成品生产商、销售商、辅助性产品制造商、相似技术或共同劳动力市场部门、教育配套机构、研究开发机构以及金融机构等。在这个“生产分工协作网络”建立的过程中，大企业集群的“松散型”网络结构实现了向“紧密型”网络结构的转换。

参考文献

[1] Makusen A. Sticky Places in Slippery Space: A Typology of Industrial Districts [J]. Economic Geography, 1996 (72): 293-313.

[2] 唐晓华. 产业集群：辽宁经济增长的路径选择 [M]. 北京：经济管理出版社，2006.

[3] 仇保兴. 小企业集群研究 [M]. 上海：复旦大学出版社，1999.

[4] 隋映辉. 产业集群：成长、竞争与战略 [M]. 青岛：青岛出版社，2005.

[5] 陈佳贵，王钦. 中国产业集群可持续发展与公共政策选择 [J]. 中国工业经济，2005 (9)：5-10.

[6] 刘世锦. 中国产业集群发展报告 (2007~2008) [M]. 北京：中国发展出版社，2008.

[7] 刘东. 企业网络论 [M]. 北京：中国人民大学出版社，2003.

[8] 刘军. 整体网分析讲义——UCINET 软件实用指南 [M]. 上海：格致出版社，2009.

我国装备制造业内生性升级机制研究
——Sutton 内生性产业升级理论的改进

赵丰义　唐晓华
（辽宁大学商学院，辽宁沈阳　110136）

一、引　言

国家实力的不同主要体现在产业竞争力的不同，而产业竞争力是由其中的企业尤其是主导企业来体现的。装备制造业处于工业的核心地位，工业发达国家始终将装备制造业置于优先发展的战略地位，并且形成了较多的具备国际竞争优势的主导企业，诸如通用电气、奔驰、波音、索尼等，它们的共同特点是高技术能力和高市场占有能力，凸显了装备制造业高技术高集中度的产业特征。培育这样的高技术、高能力企业对于产业和国家竞争力提升具有极其重要的意义，[①] 而我国装备制造业几乎未能形成具备如此显著国际竞争优势的高技术高能力企业，其形成机制是什么呢？

20 世纪 70 年代之前，研究人员曾经对 R&D（研发）强度与市场结构之间的关系进行了大量研究，到底是产业高度集中导致更多的研发支出，还是更高的研

基金项目：国家社科基金重大项目“我国先进装备制造业发展路径研究”（项目编号 08&ZD040）。辽宁省科技厅基金项目“后金融危机时代大企业管理创新问题研究”（项目编号 2011401035）。

作者简介：赵丰义（1970—），男，辽宁沈阳人，经济学博士，辽宁大学商学院讲师，主要研究方向：应用数量经济，产业组织，E-mail：zfyshenyang@yahoo.com.cn。唐晓华（1956—），男，广西桂林人，经济学博士，辽宁大学商学院院长，教授，博士生导师，研究方向：产业组织、企业管理，E-mail：xhtang818@yahoo.com.cn。

① 高技术、高能力企业对于国家和产业竞争力的重要性在于：通过技术创新赢得市场份额和创造新的产品市场，更富有成效地利用资源；产生技术溢出效应，促进产业和整个国家生产率提升；创造和提供高技能复杂性工作岗位，倾向于员工素质提升和为员工提供高薪，有利于促进人力资本积累和人均收入提高（Tong Jian，2005）。

发强度导致了高度集中的市场结构，这种因果关系之争直至20世纪70年代才落下帷幕。人们普遍接受了一种新的观点，即：集中度和R&D强度皆为内生变量，因而应该同时在一个均衡系统中决定（Phillips，1971；Dasgupta and Stiglitz，1980）。在此基础上，Sutton（1998）开创性地研究了高技术产业的内生性升级机制，他假定企业的技术能力和产品质量取决于R&D支出水平，而技术能力和产品质量又决定了企业的竞争优势和市场收益。据此进行推理，产业中的技术进步机会和市场需求升级机会由于提升了通过R&D提高产品质量的效率和高质量产品的预期收益而导致剧烈的R&D竞争，进而导致R&D支出升级。由于R&D支出升级侵害了小规模企业的获利能力，从而导致兼并重组和产业集中度升级。在这种情形下，产业的技术特征和市场需求格局成为产业升级的外生解释变量。

Sutton理论的经验依据来自于20世纪70~80年代发达国家装备制造业的升级过程，但是20世纪90年代之后技术与市场竞争格局的显著变化导致企业竞争优势的来源更为系统化、复杂化，单纯的R&D支出不能解释企业技术能力，单纯的技术能力不能解释企业的竞争优势，Sutton理论的局限性暴露出来，不再能够很好地解释产业升级，尤其不能解释发展中国家的产业升级过程。本文在Sutton内生性产业升级理论的基础上，分析了其局限性，并且提出了改进型的内生性产业升级机制，进而研究了我国装备制造业的升级机制。

二、Sutton内生性产业升级理论解析

Sutton（1998）研究了高技术产业的内生性升级机制。在一个低集中度产业中，所有企业的市场份额都很小，仅能支付相对较低的R&D经费，这种情形会由于高研发支出企业的进入而变得不稳定。假定一个进入者研发支出达到在位企业的h倍（$h>1$），并将因此获得至少$a\gamma$的收益（γ代表进入之前的产业销售收入水平）。进入企业通过选择h值以获得最大的a/h值，比例a/h（称为Alpha）即为升级参数。升级机制是否有效的关键在于比例a/h（即Alpha值），它告诉我们低集中度产业在什么程度上被高研发支出企业去稳定化。

（一）升级参数对产业集中度的决定作用

假定在某一产业中，有N个企业，以编号i表示，企业投资于R&D活动的结果由指标u_i表示，它代表企业i的技术能力以及相关产品质量。指标$u_i=0$表示企业i没有进行R&D投资，如果企业i进行了R&D投资，则u_i在［1，∞）区

间取值，$u_i=1$ 表示企业进行了最低限度的 R&D 投资。企业 i 的收益取决于其相对于竞争对手的技术能力和产品质量，即为 $S\pi(u_i|(u_{-i}))$，其中 S 是市场中消费者的数量，u_{-i} 代表企业 i 的竞争对手的技术能力，即 $u_{-i}=(u_1, \cdots, u_{i-1}, u_{i+1}, \cdots, u_N)$。产业的总计收入为 $Sy(u)$。

假定进入任何一种技术轨迹的产品必须进行最低限度的固定成本投资 F_0，提高质量指标 u_i 必须进行研发投资，企业 i 的总投资与 u_i 的水平相关，即：

$$F(u_i)=F_0 u_i^{\beta},\ \beta\geqslant 1 \tag{1}$$

其中，R&D 支出为：

$$R(u_i)=F(u_i)-F_0 \tag{2}$$

假定一个企业提供的质量是其竞争对手的 k 倍，其在最终阶段赢得的收益占当前产业销售收入的比例至少为 a（k）。对于每一个 k，相关的 a（k）定义为：

$$a(k)=\inf_{u}\frac{\pi(k\hat{u}|u)}{y(u)} \tag{3}$$①

该定义的含义是，给定任一结构的 $u=(u_1, u_2, \cdots, u_N)$，其中的最高质量为 $\hat{u}$，具有能力 $k\hat{u}$的进入者获得最高收益 $S\pi(k\hat{u}|u)$，它至少等于 a（k）Sy（u）。

在任一均衡结构中，至少有一个企业提供质量$\hat{u}$，该企业的销售收入为 $S\hat{y}$，假定一个进入者获得了能力 $k\hat{u}$，a（k）的定义意味着进入者的净利润至少为：

$$a(k)Sy(u)-F(k\hat{u})=a(k)Sy(u)-k^{\beta}F(\hat{u}) \tag{4}$$

稳定性条件意味着进入者的利润小于或等于零，即：

$$F(\hat{u})\geqslant\frac{a(k)}{k^{\beta}}Sy(u) \tag{5}$$

但是存在性条件要求在位企业的收入必须大于其支出，即：

$$S\hat{y}\geqslant F(\hat{u})\geqslant\frac{a(k)}{k^{\beta}}Sy(u) \tag{6}$$

因而具有最高技术能力的在位企业的市场份额为：

$$\frac{S\hat{y}}{Sy(u)}\geqslant\frac{a(k)}{k^{\beta}} \tag{7}$$

根据升级参数的定义，升级参数 $\alpha=\sup_{k}\frac{a(k)}{k^{\beta}}$。② 由于产业的一厂商集中度 C_1 不小于提供质量$\hat{u}$的企业的销售收入份额，因而无论市场规模大小，均衡结构中 C_1 的下限均由下式确定，即：

---

① inf 是下界函数。

② sup 是上界函数。

$$C_1 \geqslant \alpha \tag{8}$$

显然，升级参数决定了产业的集中度水平。

（二）升级参数对研发密度的决定作用

高 R&D 支出进入者利润至少为：

$$a(k)Sy(u)-k^{\beta}F(\hat{u})=a(k)Sy(u)-k^{\beta}(F_0+R(\hat{u})) \tag{9}$$

提供质量$\hat{u}$的企业其 R&D 支出为 $R(\hat{u})$，其 R&D 强度为 $R(\hat{u})/S\hat{y}$。将 $R(\hat{u})=\frac{R(\hat{u})}{S\hat{y}}S\hat{y}\leqslant\frac{R(\hat{u})}{S\hat{y}}Sy(u)$ 代入式(9)，稳定性条件意味着该等式必然是非正的，因而有：

$$a(k)Sy(u)-k^{\beta}F_0-k^{\beta}\frac{R(\hat{u})}{S\hat{y}}Sy(u)\leqslant 0 \tag{10}$$

$$\frac{R(\hat{u})}{S\hat{y}}\geqslant\frac{a(k)}{k^{\beta}}-\frac{F_0}{Sy(u)}$$

由于该不等式对于所有（k，a(k)）都成立，因此 R&D 强度必然满足：

$$\frac{R(\hat{u})}{S\hat{y}}\geqslant\alpha-\frac{F_0}{Sy(u)} \tag{11}$$

当经济规模足够大时，$Sy(u)$ 变得非常大，因此 R&D 强度的最低限即为升级参数 Alpha，显然升级参数决定了研发强度。

（三）基于 Sutton 理论的产业升级机制

根据 Sutton 理论，企业的技术能力和产品质量决定了企业的竞争优势和市场收益，而技术能力和产品质量又取决于其 R&D 支出水平，因而 R&D 支出水平取决于企业通过 R&D 提升技术能力和产品质量的效率以及其市场收益预期。由于升级参数 Alpha 代表了产业中的“技术和偏好”特征，度量了 R&D 支出超过竞争对手的企业能够以何种程度提升消费者对其产品的支付意愿，因此产业集中度以及主导企业的 R&D 强度都取决于升级参数 Alpha。Alpha 值被产业的两种特征所影响：第一种特征与通过 R&D 提升产品质量的效率相关；第二种特征与高质量产品能够以何种程度扩张其市场销售收入有关。因此，升级参数 Alpha 取决于产业的技术机会、竞争状况、市场需求情况。

升级过程产生的途径有两种（见图 1），两种情形都是由于外部因素改变而导致升级参数大幅提高，从而使得高 R&D 支出企业预期收益显著提升。第一种，研发效率大幅提升。一种新的技术进步出现，使得R&D成本函数曲线变得平坦，提升产品质量所需要的R&D成本下降了，从而导致升级参数Alpha显著增大。如果冲击足够大，或者冲击之前的产业集中度水平足够低，升级将会发生。第二种，市场需求升级或需求规模扩张，导致高R&D支出企业的高质量产品的市场获利能力增强，同样导致升级参数Alpha增大，升级过程发生。

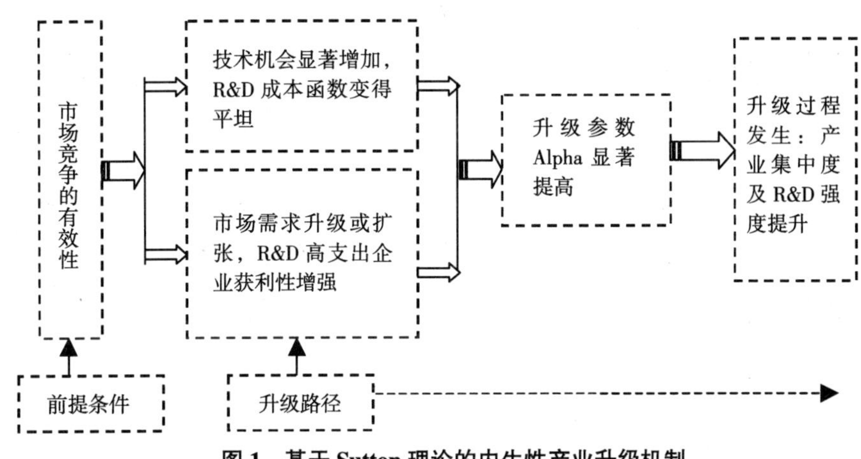

图1　基于Sutton理论的内生性产业升级机制

升级机制的本质在于升级参数增大导致R&D支出升级，由于R&D成本上升侵害了小规模企业的获利能力而促使企业进行兼并重组和退出，从而将产业带向更高的集中度，这就是升级过程的基本特征。

三、Sutton内生性产业升级理论的经验验证

20世纪70~80年代全球通信装备制造业的升级过程验证了Sutton的内生性产业升级理论。来自技术和市场两方面的因素导致升级参数Alpha显著提升，进而导致了产业升级过程的发生。

（一）产业升级参数Alpha的显著提升

技术进步提升了通信设备制造业的升级参数Alpha。1945年，美国研制成世界上第一台电子计算机——“ENIAC”，从而开创了一个科技新时代，也为电信领域又一次新的技术革命提供了契机。1962年，美国研究成功了晶体管24路脉码

调制设备，用于电话的多路化通信。这一技术进展与计算技术进步相结合，使通信数字化具备了技术上的可行性。数字通信系统能够提供机电式系统所不具备的关键性能，包括更简易的错误诊断、自动呼叫记录和账单以及诸如呼叫转移之类的新功能，而且其最大优势在于通信量的增加以及由此带来的拥塞成本削减。显然数字通信系统预期将获得更强的消费者支付意愿。一定 R&D 支出所对应的市场收益预期显著增大，导致 a/k 值即升级参数 Alpha 显著提高。

全球通信设备市场整合大幅提升了产业升级参数 Alpha。20 世纪 70 年代之前，全球通信设备市场由许多联系微弱的子市场组成，较大的西方国家都由多个国内生产商控制国内市场，而出口主要面向那些没有国内生产商的国家。20 世纪 70 年代，放松政府采购规制与通信市场自由化相结合，全球通信设备市场走向整合，R&D 支出较高的企业具有进入国外市场的优越性，因而增加 R&D 支出所对应的市场收益预期显著增大，升级参数 Alpha 显著提高。

（二）产业 R&D 强度与集中度升级

20 世纪 70 年代，伴随着美国的市场开放趋势，几家大型通信设备供应商开始扩大投入研发新一代的数字转换设备。全球通信设备市场整合引致了 20 世纪 80 年代异常急剧的 R&D 支出升级，自 1984 年开始的 5 年期间，产业中数字交换系统的 R&D 年支出翻番，从 125 亿美元增至 250 亿美元。由于企业需要增加现金流以支持 R&D 支出的不断升级，价格竞争更加激烈，因而导致了大规模的兼并和重组。

在升级过程的第一轮收购中，被收购的对象是曾经作为国内市场第二供应源的较小生产商。爱立信在 1987 年收购了法国第二大供应商 CGCT，普利西（Plessey）收购了美国小生产商 Stromberg Carlson，北方电信收购了英国标准电话电缆公司（U.K.-based STC）的电信业务，在美国 AT&T 与 GTE 在 1988 年签订协定逐步接管 GTE 的电话总机交换业务。

第二轮收购影响到产业内某些最大的公司。美国 ITT 公司 1977 年投入大约 10 亿美元 R&D 经费开发新的数字交换系统，并且断言到 1985 年该系统成为全球最畅销系统。但是由于难以达到的交付期限以及由此导致的大量问题，ITT 未能实现其市场销售预期。高额的 R&D 支出导致到 1984 年其收入下降 33.6%，一些股东要求解散公司，最终法国的阿尔卡特兼并了 ITT 的电信业务。阿尔卡特收购 ITT 只是产业中大企业走向联合的一系列行动之一。

20 世纪 90 年代初期，全球通信设备市场演变为仅由六个公司控制，市场份额的新格局为：美国电话电报公司（AT&T）和阿尔卡特（Alcatel）各占全球市场份额的 20%，西门子（Simens）大约占 15%，北方电信（Northern Telecom）、爱立信（Ericsson）和日本电气公司（NEC）各占10%。

20世纪70~80年代的国际通信设备制造业集中度与R&D强度升级的历史经验表明，市场整合与技术创新机会相结合，大幅提升了产业升级参数Alpha的值，从而导致剧烈的R&D竞争，进而导致产业内的兼并重组，产业集中度与R&D强度协同升级。

四、Sutton内生性产业升级理论的局限性

（一）理论分析

Sutton的内生性产业升级理论具有重要的理论及实践意义。在理论研究方面，他开创性地研究高技术产业的内生性升级机制，以产业的技术和需求格局为外生变量研究产业集中度与R&D强度的均衡决定机制，是系统性研究产业升级的重要理论依据。实践方面，Sutton的理论得到了20世纪90年代之前产业升级过程的经验证实，对未来的产业升级实践具有一定的借鉴意义。

20世纪90年代之后的产业升级与之前的产业升级相比发生了较大的变化，凸显了Sutton理论在以下两方面的局限性。

其一，Sutton的理论中，将企业内部研发投入作为技术能力和产品质量的唯一决定因素，忽略了企业的组织能力在技术能力和产品质量升级中的重要作用，其局限性在20世纪90年代之后得到凸显。20世纪90年代以来，技术和市场竞争格局发生了显著变化，一方面，知识总量快速膨胀、知识成本上升、技术细分使得技术创新所需要的资源和知识单个组织不可能完全具备；另一方面，市场竞争环境加速变化，要求企业必须具备快速的反应能力。在这种情况下，企业需要具备整合内外部资源的组织能力，从而分担研发成本和风险，提高研发效率，缩短产品开发过程，加强市场反应能力。对于技术能力和产品质量升级来说，企业整合内外部研发资源的组织能力成为与研发投入具有同样重要性的决定因素。

其二，Sutton的理论中，将技术能力和产品质量作为市场销售收入的唯一决定因素，忽略了产品性价比对于消费者支付意愿的重要影响力，也忽略了市场营销能力等各种企业能力对于企业竞争优势和市场销售收入的重要作用。由于Sutton理论基于少数发达工业化国家的企业进行研究，成本条件基本相似，所以将质量而不是性价比作为市场销售收入的唯一决定因素具有其合理性，但是对于发展中国家企业参与国际竞争并进行产业升级就不再适用了。

总的来说，Sutton 理论的局限性根本在于将企业组织简单化、同质化，而忽略了企业组织的复杂性、异质性及其竞争优势源泉的系统性。根据企业能力理论，企业竞争优势来源于其特质的、有价值的、稀缺的、不可模仿且不可替代的物质、人力和组织方面的资源和能力禀赋。[①] 在科技迅速发展的时代，在全球化市场中的赢者尤其需要及时反应能力和柔性的产品创新以及与之相匹配的用来协调和布局内外部资源的组织管理能力。Teece 等（2000）将这种能力称为动态能力，即企业为应对快速变化的竞争环境的挑战，而重组、改造以及适当地塑造和整合现有的核心竞争力与外部的资源、战略和互补性资产的能力。企业能力理论表明了整合利用企业内外部各种资源对于企业竞争力的重要作用，而 Sutton 的升级理论仅仅将研发投入与企业竞争优势关联，忽略了企业组织的其他各种资源和能力对于其竞争力的重要影响，因而不再适用于当今的企业技术创新和市场竞争模式。

（二）实证检验

1. 第一种局限性的验证——以思科公司的发展为例

思科公司（Cisco Systems Inc.）是美国一家高科技公司，成立于 1984 年底，主要生产互联网相关设备和软件。1999 年，思科公司的销售额达 174 亿美元，全球互联网骨干网络中 80%以上的交换器和路由器是思科的产品，在电子网络信息传输设备制造行业占据了支配地位。2000 年 3 月，思科公司的股票市值超过微软，跃升为世界第一大公司，在 2009 年《财富》美国 500 强中排名第 57 位。

作为一家高科技公司，思科之所以能够迅速发展成为全球领先的互联网设备供应商，主要根源并不仅仅在于研发投入，思科的研发投入在行业内并非处于领先地位，例如在 1996~1999 年思科公司用于内部研发的预算仅为 34 亿美元，远远低于其竞争对手朗讯的 117 亿美元和北方电信的 78 亿美元，而且在于其能够有效整合外部技术创新资源为之所用，从而迅速有效地提升竞争力和扩大市场份额。创业初期阶段，思科的核心竞争力来源于其独有的路由器技术以及年轻且具有共同奋斗目标的团队。进入 20 世纪 90 年代，思科制定了通过并购迅速发展壮大的战略。在 1993~2000 年，思科公司成功并购了超过 70 家公司，通过整合利用内外部技术创新资源快速提升技术能力，而且其组织能力得到不断增强。

---

① Barney（1991）将企业资源分为三类：物质资源、人力资源和组织资源。物质资源包括物理技术、厂房和设备、地理位置以及原材料的获取；人力资源包括培训、经验、判断、智力、关系以及管理者与员工之间的洞察；组织资源包括企业正式报告的结构，正式和非正式的计划、控制和协调机制，企业内部各团体之间以及企业与其环境之间的非正式关系。

思科的快速成功发展主要取决于两方面的组织能力。其一，企业家的战略洞察力和战略决策能力。进入 20 世纪 90 年代，思科的决策者洞察到了技术的复杂性、技术进步和市场变化的快速性对于以内部研发为主的技术创新模式所造成的巨大挑战，及时制定了运用和发展企业动态能力，整合内部核心竞争力与外部技术创新资源，快速实现技术创新并赢得市场竞争的战略。[①] 其二，思科企业战略的成功，源于其对企业组织管理及组织创新能力的重视以及不断的组织创新实践带来的动态能力的不断增强。整合和重组内外部资源的能力是一种训练有素的组织技能，需要在实践中不断积累发展。为了实现有效整合，公司组织了一个 SWAT 小组[②] 研究并购中同化工作的每一个细节，不但考察被收购企业的技术能否吸收，还考察企业文化的差异，思科通过兼容并蓄的企业文化和组织管理创新实现内外部技术创新资源的有效整合。在不断的并购整合中，思科公司主动促进公司文化和工作程序的改变，企业组织的动态能力不断得到强化。在《财富》杂志公布的 2002 年度最佳公司中，在全球 500 强，财富 500 强，美国最受尊敬的公司，全球最受尊敬的公司，最适合工作的公司，最有种族包容性的公司六项排行榜中，思科是六项评比皆入选的三家公司之一。后面四项指标在很大程度上代表了企业的组织能力。

思科的经验表明，整合利用外部技术资源与增加自身研发投入同样对于企业技术能力和产品质量升级具有重要作用，二者之间的协同是企业技术创新效率提升的关键。

除了思科的经验之外，电信运营行业的融合趋势也引致了通信设备制造业的以资源整合为主导的产业升级，从另一角度验证了 Sutton 升级理论的局限性。在电信运营行业，由于近来各种关于移动通信与宽带通信融合的网络技术相继取得突破，使得整个网络融合具备了一定的技术条件，同时网络融合由于能够显著提高服务品质因而具备大幅提升消费者支付意愿的预期，因此移动通信与宽带网络通信的融合成为通信服务升级的必然趋势。以美国为代表的电信运营业开始重组，先后爆出 SBC 与 AT&T、Verizon 与 MCI 等合并案。在这种情况下，为了利用研发和服务规模效应，更好地把握网络融合带来的商机，通信设备制造业整合也成为必然趋势。2006 年 4 月 3 日，阿尔卡特和朗讯两家公司达成合并协议。朗讯是移动通信领域的代表厂商，在 CDMA/CDMA2000 领域拥有全球最大的市场份额，占有率超过 43%；阿尔卡特主要业务则集中在有线通信领域，在全球光

---

① 1993 年，思科公司当时的 CEO 钱伯斯向董事会提交了一个战略规划，提出了未来产品的框架，并建议用购并来填补空白，显示了其卓越的战略洞察力和明智的战略抉择。

② SWAT，即 Special Weapon And Tactics，特殊装备与战术小组，此处指专门针对并购整合的专业化工作小组。

网络市场中占据市场领先地位，市场份额大约为16%。阿尔卡特和朗讯的合并仅仅是全球通信设备产业重组的开始，表明了由于技术融合引致行业融合，因而企业之间的技术资源整合成为有效提升技术能力和市场竞争力的必然选择，企业规模也随之升级。企业要想通过合并提升技术能力和竞争优势，必须具备整合各种资源的组织能力，否则合并会削弱各自的竞争力。

在Sutton的产业升级理论中，由于没有将组织管理和组织创新能力对技术能力和产品升级的影响考虑进去，显然不能很好地解释20世纪90年代之后的产业升级。通信设备制造业的经验证实了在当今的技术形势下，行业主导企业并不一定具有最高的研发投入强度，而是实现内外部技术创新资源的最有效结合。

2. 第二种局限性的验证——以华为公司经验为例

华为技术有限公司于1988年从代理香港鸿年公司的小交换机起家，用了20年时间，现在已经在通信核心网络领域形成了自主的核心技术体系，具备了显著的国际竞争优势。2004~2008年，华为的合同销售额从56亿美元快速上升至233亿美元，海外销售占比从43%上升至75%，跻身全球通信设备行业前五位。

作为国家的民族企业，华为在成长初期显然不具备技术优势，如果以技术能力和产品质量作为市场竞争优势的唯一决定因素，华为就不能实现由弱到强的转变。在国际市场竞争中，华为能够从不具备技术优势发展成为现在的具有显著国际竞争力的企业，有两种因素起了重要作用。

其一，大力进行技术创新与充分利用成本优势相结合使其产品具备较高的性价比。从1993年起，华为坚持以不少于销售收入10%的费用和43%的员工投入研究开发。依照2004年的数据，华为有13000名研发人员，研发人员数量差不多与AT&T贝尔实验室相当。[①] 华为研发人员年均工作时间大约为2750小时，而欧美研发人员年均工作时间为1300~1400小时，人均投入时间之比为2∶1；然而，华为研发的人均费用为2.5万美元/年，而欧洲企业研发的人均费用为12万~15万美元/年，是华为的6倍（郑磊，2007）。由于华为在有效利用中国人力资本低成本优势的基础上大力进行研发创新，因而使其产品具备了性价比优势。目前，华为已是在全球市场上唯一能提供从低端到高端全系列路由器和交换机解决方案的公司，而其产品平均售价却比思科同类产品低20%。

其二，华为的市场洞察力和市场反应能力在其竞争力中起了重要作用。在国际市场竞争中，华为首先选择西方巨头势力较薄弱的国家，从边缘市场入手，逐步开拓国际市场。首先进入了俄罗斯、非洲、南美等市场容量巨大、竞争较弱的国家，这些国家电信业发展比较落后，技术准入门槛较低，技术壁垒较少，对产

---

① 贝尔实验室原是美国电报电话公司（AT&T）的研发机构，从1925年成立至今一直是世界上最大和成就最突出的企业研发机构，1996年AT&T公司一分为三，贝尔实验室成为朗讯科技公司的研发机构。

品质量的要求也不苛刻。这种市场洞察和分析能力使得华为在技术弱势的情况下打开国际市场，积累了物质资本和国际市场竞争经验。为了提高市场反应能力，华为推行了集成化供应链管理，将企业内部供应链与外部供应商和客户集成起来形成一个集成供应链。企业采用集成的计划和控制系统，集成了客户需求数据和合作开发计划、基于约束的动态供应计划、生产计划等功能，以保证供应链中成员的同步化。这种管理方式强化了企业内部职能部门之间以及与供应商和客户之间的协同合作关系，生产具有更高的柔性，对用户需求的反应能力和速度大大提高，从而增强了其市场竞争力。

华为经验表明技术能力和产品质量等级不是赢得市场竞争的唯一因素。初始技术落后的企业凭借其成本优势和市场开拓与管理能力，并与技术创新有效结合，同样可以形成市场竞争优势，从而逐渐积累技术能力，实现竞争优势升级。

五、我国装备制造业升级机制

（一）改进型的内生性产业升级机制

鉴于 Sutton 内生性升级理论的局限性，本文设计如下产业升级机制，如图 2 所示。

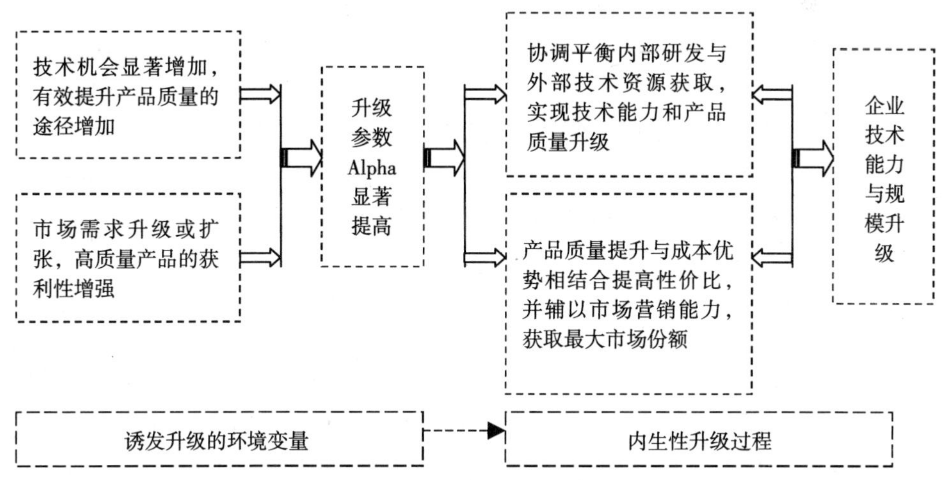

图 2　改进型的内生性产业升级机制

在新的产业升级机制中，面临产业升级的有利环境（技术机会和市场需求机会），企业赢得竞争优势和扩大市场收益的途径并不仅仅在于自身研发投入，而且需要有效整合内外部技术创新资源，从而快速有效地提升技术能力和产品质量；同时还要强化市场营销能力，充分发挥利用成本优势，以获得最大的市场收益。将新的升级机制通过模型解析，产品升级市场收益的函数表达式为：

$$R=\psi\left[f(ir, ot, oc, tc), ca, mc, md\right] \tag{12}$$

其中，R 表示产品升级带来的市场收益；f（ir，ot，oc，tc）是企业技术能力（或产品质量）函数，其解释变量包括内部研发 ir、外部技术资源获取 ot、企业组织整合能力 oc 和产业技术条件 tc；ψ［f（ir，ot，oc，tc），ca，mc，md］表示市场收益 R 是企业技术能力（或产品质量）、成本优势 ca、市场营销能力 mc 和市场需求条件 md 的函数。该函数表明，产品升级的市场收益取决于研发投入、外部技术获取、产业技术条件、组织整合能力所决定的产品质量，以及成本优势、市场营销能力、市场需求格局等因素。

在新的升级机制中，升级参数需要重新定义。假设用于产品升级的内部研发和外部技术获取的总成本为 gc，由此带来的市场收益为 R，则 R/gc 为升级参数。根据产品升级收益函数可知，升级参数不再仅仅取决于产业技术条件和市场需求格局，而且取决于企业组织自身能力（资源整合能力、市场营销能力等）以及成本优势。

由于技术能力位于产业竞争力的核心，因而产业升级关键在于提升产业技术能力，在新的升级机制中，由于研发强度不能代表技术能力，技术能力取代研发强度成为升级的目标变量。由于整合利用企业外部资源成为技术能力升级的重要手段，因此企业市场规模（产业集中度）升级很可能作为技术能力升级的前提条件而与之伴随，而不仅仅是作为技术能力升级的必然产物而发生（如 Sutton 升级机制所述）。企业的技术能力和市场规模作为升级的目标变量，其解释变量不但包括产业的技术和需求环境，还包括企业自身的组织能力和资源禀赋。这种机制由于考虑了企业组织能力和资源禀赋差异，因而能够很好地解释为什么面临同样的产业技术和需求环境，不同企业却有不同的升级表现。

（二）我国装备制造业升级的重大市场机遇及其引发的升级过程

自 2000 年开始，我国工业化进程已进入重化工业加速发展时期，在以重化工业为主导的经济发展阶段，电力、钢铁、机械设备、汽车、造船、化工、电子、建材等工业成为国民经济增长的主要动力，我国国内投资将保持非常旺盛的态势。先进技术装备作为重化工业化进程的重要支撑要素，市场需求潜力巨大，因而装备制造业面临市场需求升级和规模扩张的重要契机。

机床行业作为装备制造业的上游产业，其下游是通用设备制造业、专用设备制造业、电气设备制造业、交通运输设备制造业等行业，下游装备制造行业的需求扩张和升级必然导致对机床设备的需求扩张和升级，因而机床设备的需求升级和需求规模扩张也意味着下游装备制造业的需求升级和需求规模扩张。从 2003 年开始，中国成为全球最大的机床消费国，也是世界上最大的数控机床进口国。2006 年，中国机床消费 131.1 亿美元，占世界金属加工机床生产总额的 22.7%，2007 年，中国机床消费 153.9 亿美元，占世界机床生产总额的 23.0%，中国机床消费值超过了居世界机床消费第二和第三位的日本和德国总和。显然，我国装备制造业正处于市场需求升级和规模扩张的重大机遇期。

我国装备制造业市场需求规模扩大和需求升级，导致升级参数显著提高，并导致产业升级过程的发生。升级方式主要包括两种：其一，国外的跨国公司加大在中国的研发投入和技术创新资源整合，争夺中国装备制造业市场；其二，国内民族企业整合利用国际先进技术资源并加大自身研发投入，实现产品升级和扩大市场份额。

1. 国外跨国公司主导的升级过程

国外跨国公司面对中国的市场契机，一方面加大在中国的研发投入，另一方面整合利用中国的技术创新资源和市场营销资源，最大限度地攫取中国市场份额。

2000 年之后，跨国公司在我国装备制造业的研发投入加速增长。据统计，2008 年，外商投资企业占我国大中型工业企业研发经费支出的比重，由 2002 年的 19.7%上升至 27.2%（年均增长 21.2%），拥有的发明专利数占全国的 29%，截至 2009 年底，商务主管部门批准的独立法人形式外商投资研发中心共 465 家，投资总额 128 亿美元。《世界投资报告（2005）》显示，在对贸发会议新开展的调查所作的答复中，作为未来研发拓展的目的地，答复中提到最多的是中国（61.8%的被调查者提到），其次是美国和印度（分别是 41.2%和 29.4%），我国成为在研发领域对跨国公司最具吸引力的区位。外资企业在华 R&D 投入主要集中于高技术行业，装备制造业首当其冲。2000~2004 年，通信设备、计算机及其他电子设备制造业，交通运输设备制造业、电气机械及器材制造业一直是外资企业 R&D 经费支出最高的三个行业。2000 年，这三个行业 R&D 经费支出总额占全部行业 R&D 经费总额的 59.0%，2004 年，这一比重提高到 63.0%。此外，外资企业在通用设备制造业、医药制造业、仪器仪表及文化办公用机械制造业、专用设备制造业等技术密集型行业的 R&D 经费支出规模也比较高。2004 年，上述七个行业的 R&D 经费总额占全部外资企业 R&D 经费的 76.4%（玄兆辉，2007）。

在加大研发投入力度的同时，跨国公司也加大了对中国装备制造企业技术创新资源和市场营销资源的整合利用。为了有效整合利用中国装备制造业技术创新资源，最大限度地占有中国市场，跨国公司采取了并购中国装备制造业龙头企业的战略。2001 年以来，我国装备制造业龙头企业被大量并购：在电器机械及器材制造业，2001 年，英国伯顿电机集团分别并购大连电机、大连第二电机；在通用设备制造业，2003 年 12 月，德国依纳公司收购西北轴承；在交通运输设备制造业，2004 年 8 月，德国博世并购江苏威孚集团；在专用设备制造业，2004 年，美国跨国公司约翰迪尔收购佳木斯联合收割机厂，2005 年 4 月，西门子控股锦西化机，2005 年 10 月 25 日，我国最大的工程机械制造企业徐州工程机械集团有限公司被美国凯雷投资集团收购了 85%的股权。此前全球最大的机械设备制造商美国卡特彼勒公司收购了山东工程机械有限公司。

并购中国装备行业骨干企业的德国依纳公司、西门子公司、博世公司，美国的卡特彼勒公司、约翰迪尔公司，英国的伯顿电机集团都是国际同行业中名列前茅的跨国公司，拥有一流的技术和强大的研发能力，组织管理能力、资源整合能力和市场开拓能力突出。面对中国装备制造业市场需求升级的重大机遇，跨国公司并不是依靠增加本部的研发投入提升其市场竞争力，而是采取了在中国当地增加研发投入以及与当地科研机构进行研发合作，并通过并购中国骨干企业的方式提升其市场竞争力。这种竞争方式的优势在于：

其一，实现了技术研发与提升消费者支付意愿和市场竞争力的高度一致。由于装备制造业具有显著的需求导向和客户专用性，企业拥有技术优势并不一定具有市场竞争优势，消费者关于产品的功能性需求对于技术创新成功至关重要，因此需要与需求方进行合作来实现创新。

其二，自主研发投入与整合利用中国技术创新资源相结合，有利于创新效率提高和成本降低，从而提高产品性价比和竞争力。通过并购方式整合利用中国骨干企业的研发力量、专有技能、生产能力，从而能够以较低的成本和较高的效率实现创新。

其三，整合利用中国骨干企业的市场营销能力，与产品创新结合起来，快速形成市场竞争力。显然，跨国公司为了抓住中国的市场机遇，采取了重组和整合企业内外部资源快速提升其市场竞争力的方式。

2. 国内民族企业主导的升级过程

面对市场机遇，我国装备制造业中部分企业整合利用国际先进技术资源，并加大自身研发力度，有效地促进了企业技术能力提升和规模升级。在机床行业，以大连机床、沈阳机床为代表的中国机床企业技术创新能力和市场竞争力得到了显著提升，大连机床和沈阳机床均进入世界机床行业前十强；在工程机械行业，中联重科也采用类似方式实现了竞争力升级，2008 年，中联重科混凝土机械产品市场占有率跃居全球第一。

中国机床行业是成功实现升级的典型。经过自 21 世纪以来的快速升级过程，我国机床行业的规模、集中度、技术水平和国际竞争力均得到大幅提升。2007

年，国产机床市场占有率从 2001 年的 39.3%提高到 57.4%；数控金切机床产量达到创纪录的 12.60 万台，产量数控化率从 2001 年的 9.12%上升到 20.31%，产值数控化率从 26.2%上升到 44%；机床行业销售收入前 10 名企业的产品销售收入之和已占到全行业销售收入的 46%左右；2007 年，世界机床企业按产值排名，大连机床集团、沈阳机床集团分列第 9 位和第 10 位，中国机床工业迅速崛起，被世界业界视为具有极大发展潜力的新兴力量。

沈阳机床是在新的竞争格局下，技术落后企业实现快速升级的典型，下面以沈阳机床为例，分析我国装备制造业中成功实现升级的企业所遵循的路径及其特征。

沈阳机床实现升级的初始阶段是通过内涵式发展积累组织创新能力和经济实力。21 世纪初，企业股份制改革促进了沈阳机床的组织管理创新。2001 年，沈阳机床着手实施战略变革，并制定了其业务与技术发展战略："专注机床产业，走内涵式发展之路，用新机制、新思路、新方式走出一条国企改革与发展的新路子，形成让每个人的才思都充分涌流，每个创造细胞都被充分激活，每份创造力都充分迸发的生动局面。"正是基于这种理性分析与判断，沈阳机床通过改革引入竞争机制，极大地激发和释放了干部员工的积极性和创造性。2001~2004 年，沈阳机床集团在没有进行外部扩张和兼并的前提下，依靠管理创新挖掘释放内部潜力以实现内涵式增长。2004 年，公司销售收入和资产贡献率是 2000 年的近 6 倍，人均创造销售收入是 2000 年的 15 倍，机床的总产量是 2000 年的 9 倍，世界机床排位由 2002 年的全球第 35 位上升到 2004 年的前 15 位。这种内涵式增长充分显示了沈阳机床集团组织管理和组织创新能力的巨大提升，也为其进行外部资源整合奠定了基础。

在具备了一定的组织管理与组织创新能力以及较强的经济实力之后，沈阳机床决定采取自身能力发展与整合利用外部资源相结合的战略，以实现竞争力快速升级。2004 年 10 月，沈阳机床全资并购世界顶级王牌机床企业德国希斯公司，从而拥有了国际机床品牌、大型机床生产技术、海外生产基地和研发基地。2004 年 12 月 30 日，沈阳机床集团重组云南 CY 集团。2005 年 9 月 17 日，沈阳机床集团正式受让西安交通大学产业（集团）总公司持有的交大昆机全部股权，成为昆明机床的第一大股东。并购德国希斯公司有利于迅速提升沈阳机床重、大型装备的研制能力；重组云南 CY 集团、控股交大昆机，能够通过优势互补，实现市场占有率的迅速扩张。

为了整合利用国际技术资源快速提升技术创新能力，沈阳机床一方面加大自身研发投入，从 2004 年起，每年都将销售收入的 5%作为研发经费投入到技术研发和产品创新中；另一方面，加强与德国希斯公司的技术整合与研发合作。基于技术和产品上的错位，沈阳机床和德国希斯进行了在研发、设计、制造和市场等环节很好的整合。德国希斯在大型机床方面的技术和产品优势，在中国重化工业快速发展的市场上得到了充分释放，希斯的技术在沈阳机床集团昆明机床公司得到应用，产品已经打入中国二重、太重、东方汽轮机厂、沪东重机等重点装备制造业企业；与此同时，通过同德国希斯的联合开发和设计，沈阳机床的技术水平也得到了一定的提升。

在2004年通过并购整合外部资源的基础上，2005年，沈阳机床启动产品研发计划，全面开展国内外合作，多方位整合技术创新资源。在国内，与北京航空航天大学、同济大学合作，与同济大学共同建立数控装备研发中心，利用同济大学在交通、汽车领域的雄厚科研实力，开展面向交通、汽车行业装备制造的应用技术研究。在国际上，2006年，沈阳机床派遣50名工程师到德国，与R+P机床设计院、西门子公司联合开发龙门式五轴联动加工中心、高速卧式加工中心等高档数控机床产品，成功开发了13款具有自主知识产权的高档机床，均达到国际先进水平，满足了我国航空、汽车、船舶等重点行业对高档数控机床的需求，还培养了一批技术骨干。

通过行之有效的升级过程，沈阳机床的技术创新能力和市场竞争实力得到显著提升。2009年实现销售收入120亿元，跃居世界机床行业第5位，由过去以普通机床为主，发展到以数控机床为主，销售额的数控化率由“九五”末期不足10%上升到50%以上。

沈阳机床之所以能够快速实现竞争力升级，主要在于实现了组织管理能力与技术创新能力以及市场营销能力的协调发展，从而使其市场竞争力得到了快速有效的提升。2004年之前，沈阳机床通过内涵式发展获得了组织管理和组织创新能力的巨大提升，并由此提升了经济和技术实力，具备了较好的整合吸收外部资源的基础。2004年，沈阳机床开始了内涵式发展与外延式发展相互补充相互促进的发展模式。一方面，引进外部技术资源与自主研发相结合快速提升自主创新能力，并成功运用于国内生产过程，实现高产品质量与低生产成本相结合；另一方面，运用其技术实力和组织管理能力整合国内企业以获得市场营销能力，[①]将技术创新能力转化为市场竞争优势。

大连机床以及中联重科的升级过程与沈阳机床具有相似的特征。例如，中联重科在实施国际并购以整合利用国际先进技术资源时，已成功实施多次国内并购，积累了重组和整合企业内外部资源的组织能力，并且拥有优秀的管理团队，具有较强的技术实力，还组建了由双方高层组成的整合委员会，以提高其资源整合能力。

---

① 例如，在整合云南CY集团时沈阳机床主要运用组织管理能力和技术优势，成功实现了云南CY集团迅速扭亏为盈。

虽然面对同样的市场机遇，但是多数企业未能有效实现升级，其原因主要在于两方面：①企业技术实力不足；②企业组织能力不足。企业技术实力不足导致其自主研发能力和对外部技术的吸收能力不足；组织能力不足使得企业不能有效整合内外部技术创新资源。这两种因素导致企业在同样的技术和市场条件下获利能力较小，即升级参数 Alpha 值较小。如通信设备行业的华立公司购并飞利浦公司的 CDMA 手机设计业务，TCL 公司与阿尔卡特公司手机业务部门的先合资后购并，均以提升技术能力和市场竞争力为目标而且涉及大量研发资源，然而它们却都以整合失败告终。华立公司的整合失败与其跨行业购并有很大关系，华立公司原来的经验与能力主要局限在电表和房地产行业；而 TCL 整合失败的主要原因在于 TCL 的国际化进程缺乏一个总体战略规划，跨国并购目标定位不够集中明确，研发能力、组织管理能力欠缺，缺乏强势的企业文化难以对文化差异显著的企业进行整合等。

（三）促进我国民族企业为主导的产业升级

如果我国装备制造业升级被国外跨国公司所主导，那么国家对产业自主创新能力和竞争力提升就失去控制。因此必须抓住此次装备制造业升级的重大机遇，采取有效措施促进民族企业主导的装备制造业升级。由于我国民族装备制造企业面对跨国公司的竞争在技术能力方面不具备竞争优势，因而更需要系统利用各种资源和能力形成综合竞争优势，以支持技术能力快速提升和实现产业升级。

1. 完善促进民族企业升级的传导机制

升级机制的关键环节在于通过市场需求升级和需求规模扩张形成对企业技术创新能力升级的激励。在市场需求方面，如果用户偏好倾向于国外企业的产品，则不能对民族企业升级形成有效激励；在装备制造企业方面，如果企业面对市场机会不能采取有效的升级策略和不具备相应能力，同样会错失升级机会。

要使市场需求升级和规模扩张能够促进民族企业为主导的升级，必须采取有效措施以改变消费者偏好格局。一要充分利用政府采购手段支持民族企业升级；二要促进建立企业与用户之间的信任与合作机制；三要通过宣传教育、法律法规的形式强化支持民族企业升级的氛围。

对于具有高外部性和高风险性，制约民族产业技术能力升级的关键性的基础共性技术，政府应牵头整合多方资源进行研究开发，克服民族产业技术升级机制中的市场失灵问题。

面对升级机遇，企业能否采取有效策略，企业家能力禀赋至关重要。我国装备制造业的部分民营企业，如通信设备行业的华为公司和汽车零部件行业的万向集团，创业之初根本不具备经济实力和技术实力，却能在激烈的国际竞争中逐渐创造和形成竞争优势，根源在于其企业家能力禀赋使企业具有较强的战略决策能力，并为企业的组织创新能力、技术创新能力、市场开拓能力发展提供了不竭的动力源泉。企业要成功实现升级，所需拥有的企业家能力禀赋包括：开拓创新与风险承担能力、技术机会和市场机会把握能力、战略决策与战略更新能力、组织管理和组织创新能力。提升企业家能力禀赋，一要选拔具有较强专业技术知识、经营管理能力和开拓创新意识的人才进入经营决策队伍；二要改进原来的基于短期经济指标的国有企业经理考核激励机制，使其个人利益与企业长期竞争力密切相关；三要强化对企业家能力的培养，为企业家提供跨文化管理与沟通的培训，行业技术趋势分析、市场需求趋势分析等，支持企业家能力提升。

2. 要强化企业各种组织能力的协同发展以及资源的整合利用

在新的竞争格局下，面对产业升级的技术和市场机遇，单靠增加研发投入并不能有效提升技术创新能力和市场竞争力，企业各种组织能力和资源是升级的必要因素。因此企业在加大研发投入力度的同时，必须系统发展其组织能力和充分利用其资源优势。

加强企业内部的组织管理和组织创新能力。在技术创新型企业中，企业组织要兼具灵活性和协同性，既要给员工充分自由以发挥个人创造力，又要发挥规模经济和协同效应；既要发展好现有产品，又要不断探索创新，以应对未来的竞争。这种情况下，企业组织形式应该是独立性与统一性相结合，多元文化与共同愿景相结合，在充分发挥自主性、创造性的同时，通过一定的规则程序实现企业内部资源有效整合。

强化企业的内外部资源整合能力即动态能力。动态能力是一种应对技术和市场竞争快速变化的新型组织能力，是实现企业内部与外部资源整合以快速有效地提升竞争力的能力，它需要在实践中不断进行积累和增强。第一，要建立一种组织之间信任与合作的良好环境，应通过行业协会、法规建设等手段促进建立和完善一种组织间信任与合作的良好环境；第二，促进企业之间、企业与科研院所之间多种形式的合作，在合作中积累组织之间相互协调和整合内外部资源的能力；第三，企业要有意识地培养跨越国界、跨越文化的资源整合能力。

善于开发利用成本优势和市场资源优势。无论是从事研究开发还是生产制造，我国企业尚拥有显著的人力成本优势，这是我国企业提高产品性价比，赢得国际竞争的重要资源。企业在进行技术创新提升产品质量的同时，必须注重将成本优势结合进去，以形成最有效的竞争力。在开拓利用我国巨大的市场资源方面，我国企业具有得天独厚的文化优势、语言优势、社会关系优势，但是我国企业信誉资源和形象资源不足，没能与消费者形成良好的信任与合作关系。我国企业应将消费者管理作为企业经营管理的重要环节，努力为消费者提供最优的价值，建立和维护自己的信誉资源与形象资源，与消费者建立良好的信任与合作关系。

参考文献

[1] Barney J. B. Firm Resources and Sustained Competitive Advantage [J]. Journal of Management, 1991 (17).

[2] Dasgupta P. and Stiglitz J. E. Industrial Structure and the Nature of Innovative Activity[J]. Economic Journal, 1980 (90): 266-293.

[3] Heikkinen M. and Tahtinen J. Managed Formation Process of A R&D Network [J]. International Journal of Innovation Management, 2006 (10): 271-298.

[4] Kor Y. Y. and Mahoney J. T. Edith Penrose's (1959) Contributions to the Resource-based View of Strategic Management [J]. Journal of Management Studies, 2004, 41 (1): 183-191.

[5] Phillips A. Technology and Market Structure: A Study of the Aircraft Industry [M]. Lexington, MA: D. C. Heath, 1971.

[6] Sutton J. Technology and Market Structure [M]. Cambridge, MA: MIT Press, 1998.

[7] Teece D. J., Pisano G. and Shuen A. Dynamic Capabilities and Strategic Management [M]. Oxford University Press, 2000.

[8] Tong J. High-tech and High Capability in a Growth Model [J]. International Economic Review, 2005, 46 (1): 215-243.

[9] Zahra S. A. Governance, Ownership, and Corporate Entrepreneurship: The Moderating Impact of Industry Technological Opportunities [J]. Academy of Management Journal, 1996, 39 (6): 1713-1735.

[10] 刘文纲，侯汉坡，刘春成. 企业跨国并购中的技术转移研究——以 TCL 和万向集团的跨国并购实践为例 [J]. 科学学与科学技术管理，2009 (8).

[11] 王东，张秋生. 企业兼并与收购案例 [M]. 北京：北京交通大学出版社，2004.

[12] 王钦. 跨国公司并购中国装备制造业企业的公共政策选择 [J]. 北京师范大学学报，2007 (1).

[13] 许晖，万益迁. 高新技术企业国际化风险感知与防范研究——以华为公司为例 [J]. 管理世界，2008 (4).

[14] 玄兆辉. 新时期我国外资企业研发投入特征研究 [DB/OL]. http: //www.sts.org.cn/fxyj/zcfx/documents, 2010-02-25.

[15] 郑磊. 华为：比较优势与核心竞争力之辩 [DB/OL]. http: //www.china value. net, 2007-02-05.

[16] 中国机电产品进出口商会. 出口数控机床技术指南 [J]. 机械制造，2009.

装备制造业与中国产业结构优化升级协调度研究

王跃伟　陈　航

（辽宁大学商学院，辽宁　沈阳　110136；

沈阳理工大学经济管理学院，辽宁沈阳　110168）

一、问题的提出

2010 年，我国的 GDP 已达 58786 亿美元，正式超越日本成为世界第二大经济体。但在经济发展的背后还隐藏着诸多问题，比如经济发展的质量、效率和结构问题，以及人口、资源和环境问题等。而这诸多问题的解决，更多地依赖于经济结构的调整和转换，其中产业结构的调整又占据了核心地位。产业结构是资源与经济发展之间的连接机制和转换器，自然资源、人力资源在产业间的配置状况不同，经济发展的效果亦不相同。因此，产业结构调整是转变经济发展方式的关键。而当前产业结构调整主要是推动产业结构的优化升级，即努力形成以高新技术产业为先导，基础产业和制造业为支撑，服务业全面发展的产业格局。装备制造业依靠产品技术的换代升级以及在产业链上向技术含量高、附加值高的领域延伸，正逐步改变着人类社会生产方式和生活方式，而由此产生的产业群成为产业结构优化升级和社会进步的重要力量。

本文将以系统的观点看待装备制造业与中国产业结构优化升级的关系，认为第三产业与装备制造业呈现相互作用、相互依赖、共同发展的互补性关系。国内

基金项目：国家社会科学基金重大项目资助课题（08&ZD040），辽宁大学“211”三期工程建设子项目“管理创新与大企业竞争力”。

作者简介：王跃伟（1980—），男，辽宁沈阳人，博士研究生，讲师，研究方向为产业经济、企业管理，E-mail：wywlnu@126.com。

外很多学者对此进行了探索。Park 和 Chan（1989）认为，随着经济规模特别是制造业的扩大，对服务业的需求会迅速增加，同时也提高了制造业的生产率；反之，服务业的增长依靠制造业中间投入的增加。而且，随着经济的发展，服务业与制造业之间彼此依赖的程度将趋于加深。Macpherson（1997）指出，外部技术服务对于纽约国有制造企业的创新绩效具有显著的促进作用。郑吉昌、夏晴（2005）认为，服务业与制造业呈双向互动关系。吕政等（2006）把生产性服务业发展分为种子期、成长期和成熟期，认为制造业对生产性服务业的需求和影响具有阶段性特征，同时，生产性服务业对制造业的影响和作用也具有阶段性特征。但总的看来，现有研究更多的是对装备制造业与产业结构之间关系的定性认识，定性和定量相结合进行系统全面研究的较少。另外，很少有研究涉及装备制造业与产业结构优化升级协调度之间的关系。为此，本文将结合我国实际，首先利用三轴图法绘制并分析我国产业结构演进状况，其次定量研究装备制造业系统与产业结构优化升级系统的协调度，最后分析导致二者有序与无序发展的原因。

二、我国产业结构的演变趋势

（一）三轴图法

以某点为原点，引三条射线，两两相交成 120°，记为 X_1、X_2、X_3 轴，这三轴的尺度表示三次产业的百分点，把三次产业占 GDP 的比重分别表示在三个轴上，依次得到 A、B、C 三点，把三点相连即得到某年度的产业结构三角形（见图 1），从三角形的形状可看出三次产业的分布状况。把历年的三次产业比重依次绘在一张图上，每个三角形都有各自的重心，从重心轨迹可动态地看出某一时期三次产业结构的变化状况。

把三轴图的 X_1 和 X_2 轴作为平面仿射坐标系的坐标轴，把产业结构三角形的 120°夹角平分，其平分线将平面划分为六个区域（见图 2），把结构三角形的重心描绘在仿射坐标系中，其轨迹对应于不同的产业结构状况（见表 1）。产业结构高级化的过程即产业的重心最终落在第 4 区域。经由 1 区→2 区→3 区→4 区，1 区→6 区→5 区→4 区两个方向都能到达第 4 区，但产业结构的变化不同。

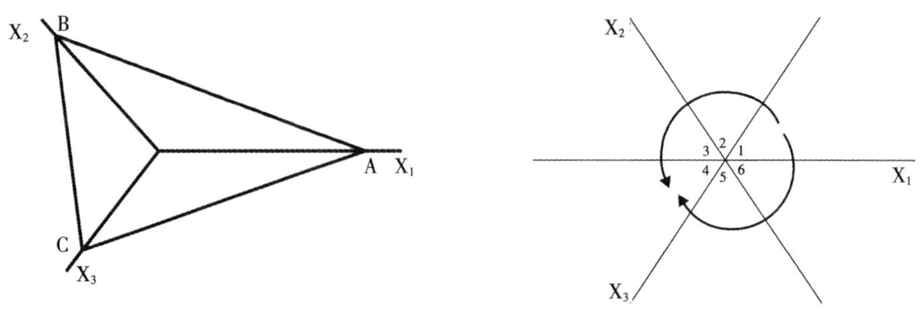

图1　产业结构图　　　　图2　仿射坐标系

表1　产业结构在仿射坐标系中的反映

三次产业结构	$X_3<X_2<X_1$	$X_3<X_1<X_2$	$X_1<X_3<X_2$	$X_1<X_2<X_3$	$X_2<X_1<X_3$	$X_2<X_3<X_1$
区域	1	2	3	4	5	6

（二）我国产业结构的总体演变

运用三轴图法，分析1952~2008年我国产业结构演进情况，将我国三次产业结构三角形的重心标在仿射坐标系中，其轨迹如图3所示。从图3可以看出，1952年以来，我国产业结构是从6区→1区→2区→3区逐渐演进，目前正处于第3区域。进一步观察改革开放以来的发展趋势不难发现：1978~1990年，我国三次产业重心均处在第2区域，20世纪90年代以来则在第2区域与第3区域之

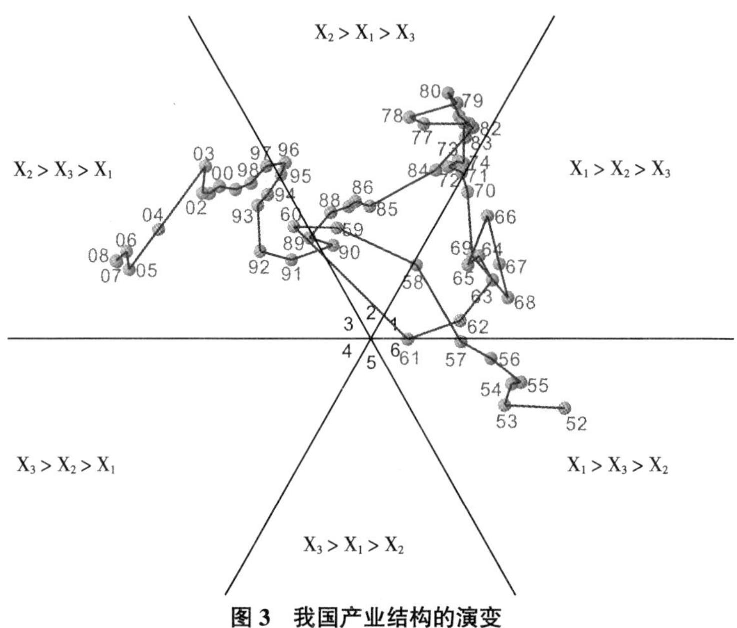

图3　我国产业结构的演变

间徘徊。这说明我国向产业结构高级化迈进的任务还很艰巨，目前仍处在工业化过程中。第二产业是经济发展的主导产业。以英国为代表的发达国家，早在1960年时三次产业的产值构成已达到3：43：54，第三产业比重超过第一、第二产业总和，由工业经济形态转变为服务型经济形态。在我国，第一产业的主导地位虽然已被第二产业所取代，但第一产业的比重仍偏高，第三产业的比重仍偏低，与发达国家之间的距离仍旧很大。不过可喜的是，从图3中我们发现，2003年以来，我国产业结构调整取得的成效明显并有望在“十二五”期间演进到第4区域。

三、装备制造业与产业结构优化升级协调度的实证分析

（一）指标体系

要实证分析装备制造业与产业结构优化升级协调度之间的关系，首先必须建立反映二者状况的指标体系。考虑到中国装备制造业发展的实际情况，我们以装备制造业产值及增长率、增加值占GDP比重、产业规模化程度、产品销售收入和出口交货值6个指标构建指标体系以反映中国装备制造业系统发展的情况。其中，前四个指标反映了装备制造业的地位和规模，后两个指标表示装备制造业科技创新成果向现实生产力转化的规模和国际竞争力。

考虑到今后国家产业结构优化升级的目标，我们以国内生产总值、产业结构变动速度指标、工业化率、单位产值能耗、产业结构高加工度化、第三产业比重和现代服务业比重7个指标构建产业结构优化升级指标体系。其中，前四个指标反映了产业总体情况、演进趋势和能源利用集约化趋势，体现了产业结构合理化，后三个指标反映了产业技术的提高和产业结构的“软化”，体现了产业结构的高度化。考虑到数据获取的可能性，选取1991~2008年数据作为研究对象，数据均来自《中国统计年鉴》和《中国工业经济统计年鉴》。

（二）两个系统协调发展的建模方法

1. 求系统综合发展评价指数的计算方法

为了建立两个系统协调发展的数学模型，首先要计算出各个系统的综合发展

表 2　装备制造业系统指标与产业结构优化升级系统指标

装备制造业指标	总体指标	装备制造业产值 E_1 装备制造业增长率 E_2
	地位指标	增加值占 GDP 比重 E_3
	规模化指标	产业规模化程度 E_4
	科技成果转化规模指标	产品销售收入 E_5
	国际竞争力指标	出口交货值 E_6
产业结构优化升级指标	总体指标	国内生产总值 I_1
	演进趋势指标	产业结构变动速度 I_2 工业化率 I_3
	能源利用集约化趋势指标	单位产值能耗 I_4
	产业技术提高指标	产业结构高加工度化 I_5
	产业结构“软化”指标	第三产业比重 I_6 现代服务业比重 I_7

指数。为尽量减少人为因素，本文利用主成分分析法对系统综合发展状况进行定量评价。主成分分析法（Principal Component Analysis，PCA）是利用线性代数有关理论，将原来众多指标转化为少数几个互相独立，并由原来各单项指标的线性组合来表示的综合指标。其突出优点在于对各原始指标的权数确定不带有人的主观意识，比较客观科学，从而提高了评价结果的可靠性。为了消除由变量的量纲不同所造成的影响，在进行主成分分析前将指标变量进行标准化处理，其计算公式为：

$$X_{ij}=(T_{ij}-\bar{T}_j)/S_j\ (i=1,\ 2,\ \cdots,\ n,\ j=1,\ 2,\ \cdots,\ p) \quad (1)$$

式中，T_{ij} 表示 j 指标历年原始数据，X_{ij} 表示标准化后数据，$S_j=\sqrt{\frac{1}{n-1}\sum_{i=1}^{n}(T_{ij}-\bar{T}_j)^2}$，$\bar{T}_j$ 表示 j 指标在选取时段的平均值，S_j 表示指标的标准差。

将标准化处理后的数据进行主成分分析，得到相关矩阵的特征根及各指标的贡献率、累计贡献率。凡累计贡献率大于 80%的前 K 个成分已基本反映了原变量的主要信息。因此，选取前 K 个指标作为主成分。将标准化后的原始数据代入公式（2）中，求得各主成分得分。

$$F_k=C_{k1}X_1+C_{k2}X_2+\cdots+C_{kp}X_p \quad (2)$$

式中，C_{k1}，C_{k2}，…，C_{kp} 为第 k 个主成分的载荷值，X_1，X_2，…，X_p 为标准化后的指标值。

然后根据各主成分的贡献率利用公式（3），计算系统综合得分，求得各年的系统综合评价指数。

$$F_i=\sum_{m=1}^{k}a_mF_{im} \quad (3)$$

式中，F_i 为 i 年各指标综合发展评价指数（i=1，2，…，n），a_m 为第 m 个主成分的贡献率（m=1，2，…，k），F_{im} 为第 i 年第 m 个主成分得分。

2. 建立两个系统间协调发展的数学模型

协调是两种或两种以上系统之间的一种良性的发展关系。协调度则是对其协调状况好坏程度进行度量的定量指标。为了更清楚的评价两个系统的协调程度，利用模糊数学中的隶属度概念，对两个系统之间的协调程度进行评价。建立状态协调度模型如下：

$$U_{(i/j)}=\exp[-(F_i-F')^2/S^2] \tag{4}$$

式中，$U_{(i/j)}$ 为 i 系统相对于 j 系统的状态协调度，F_i 为 j 系统对 i 系统的实际值，F′为 j 系统对 i 系统要求的协调值，S^2 为 i 系统的实际方差。

由两个系统协调发展的意义及回归分析可知，理想状态的港口系统与城市系统协调发展模式为同步发展。即 i 系统的得分为 N 时，j 系统得分也为 N。但实际中两者完全同步的情况是很少的，因此我们认为当回归系数为 0.8~1 时即可认定两个系统为协调状态。由此，可以确定 F′的值，当城市系统指数为 N 时，要求港口系统指数协调值为（0.8~1）N。

由公式（4）中可以看出，实际值越接近于协调值，状态协调度 $U_{(i/j)}$ 越大，说明系统的协调发展程度越高。通过状态协调度 $U_{(i/j)}$ 可以对系统间协调发展程度进行评价，计算方法见公式（5）。

$$U=[\min\{U_{(i/j)},\ U_{(j/i)}\}/\max\ \{U_{(i/j)},\ U_{(j/i)}\}] \tag{5}$$

式中，U 为 i，j 两个系统的协调度指数；$U_{(i/j)}$ 为 i 系统对 j 系统的状态协调度；$U_{(j/i)}$ 为 j 系统对 i 系统的状态协调度。

公式（5）表明，$U_{(i/j)}$ 与 $U_{(j/i)}$ 的值越接近，U 的值越大，说明两系统间协调发展的程度越高；反之，$U_{(i/j)}$ 与 $U_{(j/i)}$ 的值相差越大，U 的值越小，说明两系统间协调发展的程度越低。当 U=1 时，两系统间完全协调发展。

（三）实证结果

1. 计算两个系统的综合发展指数

首先，进行主成分分析，求得两系统的各指标特征根、贡献率、累计贡献率。由表 3 可知，两个系统的第一、第二主成分的累计贡献率分别为 94.933%和 96.35%，按照累计贡献率大于 80%的原则，故只需求出第一、第二主成分 Z_1、Z_2 即可。

从表 4 两个系统的主成分载荷值矩阵可看出，装备制造业系统的第一主成分 Z_1 在 E_1、E_3、E_4、E_5、E_6 上有绝对值较大的载荷系数，而这五个原始因子与装备制造业发展规模有关，且综合性较强，因此，可概括为装备制造业的规模因子。

表 3 装备制造业系统与产业结构系统的主成分分析结果

	主成分	特征根	贡献率（%）	累积贡献率（%）
装备制造业系统	Z_1	4.659	77.657	77.657
	Z_2	1.037	17.277	94.933
产业结构优化升级系统	Z_1	10.687	89.06	89.06
	Z_2	0.875	7.29	96.35

表 4 主成分载荷值矩阵

装备制造变量	第一主成分 Z_1	第二主成分 Z_2	产业结构变量	第一主成分 Z_1	第二主成分 Z_2
E_1	0.967	–0.181	I_1	0.975	–0.156
E_2	–0.39	0.904	I_2	–0.91	–0.317
E_3	0.850	0.184	I_3	0.704	–0.43
E_4	0.988	0.389	I_4	–0.81	–0.13
E_5	0.986	–0.007	I_5	0.806	0.314
E_6	0.987	0.026	I_6	0.83	–0.136
			I_7	–0.09	0.889

第二主成分在产值增长率（E_2）有绝对值较大的载荷系数，所以概括为增长因子。而产业结构优化升级系统中第一主成分对 I_1、I_3、I_5、I_6 有较大的载荷系数，可以概括为产业结构合理化因子。而第二主成分则在 I_7 有较大的载荷值，因此可概括为产业结构高度化因子。

利用公式（3）计算求出两个系统的综合发展指数（见图 4）。设利用主成分分析法求出的装备制造业和产业结构优化升级系统的综合发展指数分别为 f（x）

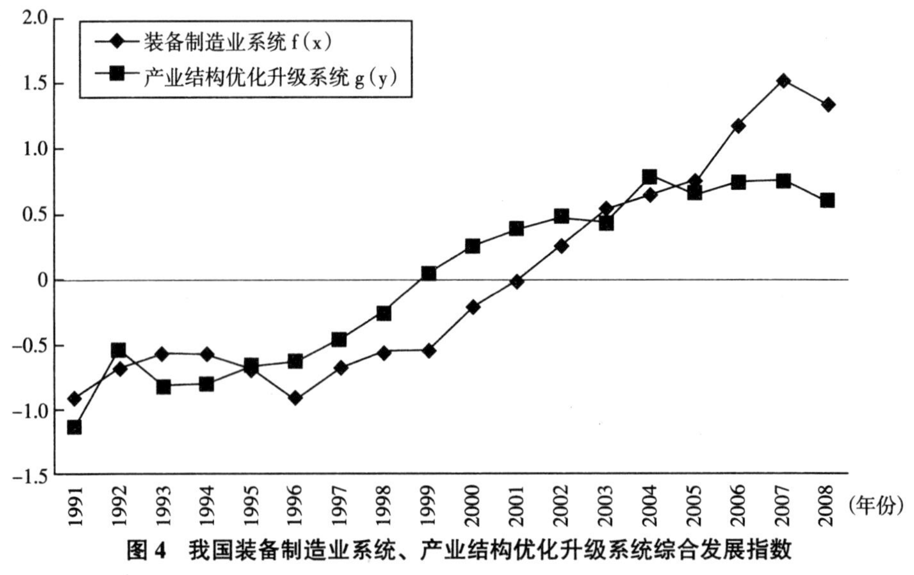

图 4 我国装备制造业系统、产业结构优化升级系统综合发展指数

和 g（y），它具有两个性质：

（1）由于主成分分析法是以某一系统若干年的指标为一个整体，通过分析每个指标在这个整体中的权重求出系统各年的综合发展指数，这个指数反映的仅是该年度在整个评价体系中的相对水平，而不是绝对水平。也就是说，利用主成分分析法求得的指数既有正值，也有负值。当其为正值时，表明该年度的发展水平高于评价范围内的平均发展水平；当其为 0 时，表明为平均发展水平；当其为负值时，表明低于评价范围内的平均发展水平。系统发展水平越高的年度其评价指数越大。

（2）由系统分析的性质知装备制造业系统的得分值与产业结构优化升级系统的得分值在数值上是对等的，即装备制造业系统得分的 1 分与产业结构优化升级系统得分的 1 分是等值的。因此，可以看出，当 $f(x)>g(y)$ 时，反映装备制造业系统发展领先于产业结构优化升级系统的发展；当 $f(x)=g(y)$ 时，反映出该年装备制造业系统与产业结构优化升级系统同步发展；当 $f(x)<g(y)$ 时，则反映装备制造业系统的发展水平滞后于产业结构优化升级系统的发展水平。

2. 计算两系统的协调度值及等级归类

根据以上的计算结果，再利用两个系统间发展的协调度模型，计算得出我国 1991~2008 年装备制造业系统、产业结构优化升级系统协调度值。为了便于更清楚地反映我国装备制造业系统与产业结构优化升级系统协调发展的程度，本文根据文献将系统间的协调度进行了等级划分（见表 5），再结合本文的计算结果，可以得到装备制造业系统和产业结构优化升级系统协调度的等级划分（见表 6）。

表 5　协调度等级划分及其标准

协调度（U）	等级	协调度（U）	等级
0~0.09	极度失调	0.50~0.59	勉强协调
0.10~0.19	严重失调	0.60~0.69	初级协调
0.20~0.29	中度失调	0.70~0.79	中级协调
0.30~0.39	轻度失调	0.80~0.89	良好协调
0.40~0.49	濒临失调	0.90~1.00	优质协调

表 6　装备制造业系统与产业结构优化升级系统发展协调度

年　份	协调指数 U	等级	年　份	协调指数 U	等级
1991	0.589	勉强	1997	0.929	优质
1992	0.942	优质	1998	0.998	优质
1993	0.663	初级	1999	0.642	初级
1994	0.675	初级	2000	0.639	初级
1995	0.980	优质	2001	0.650	初级
1996	0.875	良好	2002	0.779	中级

续表

年　份	协调指数 U	等级	年　份	协调指数 U	等级
2003	0.967	优质	2006	0.806	良好
2004	0.783	中级	2007	0.872	良好
2005	0.958	优质	2008	0.998	优质

由表 6 可知，从总体上看，我国装备制造业系统与产业结构优化升级系统基本处于协调发展水平。1991~1994 年，两者的协调度普遍较低，f(x) > g(y)（除 1992 年外），说明当时的装备制造业系统发展速度相对超前，对产业结构优化升级具有促进作用；1995~1998 年，二者的协调发展水平普遍较高；1999 年虽然回落，但 1999~2002 年，二者的协调发展水平是逐步提高的，这期间一直保持 f(x) < g(y)，说明该时期产业结构优化升级系统得到了快速发展，而装备制造业发展却略显滞后；2003~2008 年，二者的协调发展水平较高且比较稳定，除 2004 年外，均有 f(x) > g(y)，说明此时的装备制造业系统发展促进了产业结构优化升级，特别是 2006 年开始，这种促进作用尤为明显。由此可见，我国装备制造业系统与产业结构优化升级系统之间的相互作用是此消彼长，呈现出周期性。这可能是由以下几点原因造成的：

首先，1991~1994 年，我国装备制造业以对外开放、对内搞活为特征，对外大规模地引进外资与技术，大量消化吸收；同时明确了以能源装备为重点，统筹安排采煤装备、大秦线重载列车、港口装卸设备、运煤船舶、燃煤发电设备及大型钢铁、化工设备的研制任务，取得了巨大的成绩。这在一定程度上带动了产业结构的优化升级。

其次，1995~2002 年，这一阶段国家采取了积极财政政策，启动国债项目，推动了国民经济的复苏，同时带动了装备制造业的发展。但是，引进技术的主体已由政府变为企业，引进技术的数量和费用大增，外商投资企业在技术引进中的比重逐年增加。同时，出现了调控手段削弱、国产化观念薄弱、核心技术空心化等问题。中国装备制造业的发展处于产品生产价值链的低端，而且要依赖大量的资源与能源消耗，同时带来对环境的污染。这在一定程度上阻碍了产业结构的优化升级。

最后，2003~2008 年，在这个阶段，党中央、国务院审时度势，提出振兴装备制造业的重大决策，中国装备制造业获得大发展。特别是在中共十七大后，原机械行业的专业装备制造企业、大型生产企业集团创办的装备制造公司，大专院校、科研院所以及蓬勃发展的民营装备制造业等，在引进、消化、开发、创新先进技术装备的基础上，成功研制了一大批拥有自主知识产权的新工艺、新技术、新装备。此时，中国装备制造业已经形成相当大的规模和能力，总量规模已居世界前列，装备制造业处在充当中国经济发展“发动机”的关口，并极大地促进了产业结构的优化升级。

四、装备制造业促进产业结构优化升级的对策措施

产业结构系统是一种耗散结构，产业结构优化升级可以通过与外界能量、信息等方面的交换，向良性或恶性方向演变，因此装备制造业系统与产业结构优化升级系统呈现出动态、周期性的特征。既然产业结构优化升级是一个动态可变性问题，那么装备制造业只有加快内部结构升级并融入到动态可变的经济全球化和贸易自由化中，才能真正引领我国产业结构的优化升级。这就需要今后我国装备制造业的发展做到以下几点：

第一，整合科技资源，建立开放的技术创新体系。世界装备制造业演进的历史说明，装备制造业发展的真正前沿和战略性的高技术是难以引进的，必须通过自主创新来实现比较优势的“突变”，从而实现装备制造业技术的跨越式发展。模仿创新模式只能缩短与国外发达国家的差距，而核心技术、关键零部件、成套设备都未掌握，跨国公司可以凭借其技术垄断的优势，既保持竞争优势，又给东道国设立了较高的技术壁垒，使技术扩散效应相当有限。所以，能够推动装备制造业升级的核心技术，不可能通过合资获得，也不可能高价购买得到。只有依靠自主创新才能在经济上不受制于人，实现重大技术装备国产化。在当前制造技术日新月异的新形势下，装备制造业的自主创新思路要力求实现五大转变：在发展路径上，从以跟踪为主向加强自主创新转变；在创新方式上，从注重单项技术的创新向以重大装备产品和新兴装备制造业为中心的技术集成创新转变；在创新体制上，从以科研院所改革为突破口向整体推进国家创新体系建设转变；在部署上，从以研究开发为主向科技创新与科学普及并重转变；在国际合作上，从一般性科技交流向全方位合作和主动利用全球科技资源转变。任何企业和民族在通向世界经济的道路上，都是以自主创新为支撑才得以延续发展的，我国装备制造业要实现从加工装配为主向自主研发制造升级，就必须坚持自主创新。

第二，要在增强企业自主创新，大力发展产业集群的同时，积极利用对外贸易和外商直接投资，引进、消化、吸收国外先进的技术，实现装备制造业跨越式发展。随着国际装备制造业转移，跨国公司正逐渐将技术含量相对较多的工序和装备制造业中的边际行业转移到发展中国家，这是我国装备制造业升级的最佳机遇。我国要采取政策鼓励国内装备制造业企业积极接受国际装备制造业转移，鼓励跨国公司在我国进行技术含量更高的中间投入品的生产和研究开发。切实加强

急需的关键技术、重大装备及国内市场紧缺的元器件进口，可以免征关税和进口环节增值税，充分利用进口设备的有效供给，推动装备制造业升级。通过进口的“推力”，为我国装备制造业产品提供要素和技术支持，促进出口产品层次的提高。跨国公司在控制装备制造业核心技术的同时，也以多种方式向发展中国家转移成熟和过剩的生产能力，而这些成熟和过剩的生产能力往往是已淘汰技术的设备，或是能耗大、污染大行业的设备，这些设备的引进很难使国内企业通过技术学习和缓慢的微量技术扩散来建立国际竞争优势。引进和吸纳国外先进的装备制造业主要是想通过技术学习和技术扩散来提高国内装备制造业技术水平，因此，必须提高技术装备的需求层次，使落后陈旧的生产设备没有市场。对引进技术装备的质量和档次要有明确的规定，应引用投资国的技术标准和环境标准，禁止发达国家淘汰或禁止不用的设备在我国使用。要加大政府监督力度，加强环境执法，严格新建工业项目的环境审批，对已有的各种严重污染的外资企业要坚决关停并转，或限期改进工艺，推广清洁生产技术和“绿色技术”。要充分利用进口产品结构，来改变我国装备制造业技术水平和设备层次，从而实现“有选择的进口产品结构提升→国内装备制造业结构优化升级→出口商品结构优化升级”的良性循环。

第三，努力发展装备制造业生产性服务业。装备制造是一个由外部服务、内部服务、生产制造、市场营销和售后服务等活动组成的全过程。在这个全过程的前、中、后都可以有专业性的生产性服务企业为其服务。作为生产制造前端可为生产者提供咨询、规划、研发、设计、采购、金融、物流等服务；在生产制造中端可为生产者提供财务、物流、计量、检测等服务；在生产制造后端可为生产者提供营销、集成、成套、安装、调试、备品备件供应、维修、培训、会展、租赁、物流等服务。这些原本可以形成生产性服务业的新的业态，当前在我国大多被低水平地分解成生产制造企业自身附带的职能了，企业既无法摆脱，又得不到高水平的服务，还浪费了有限的资源。因此，在大力发展装备制造业的同时，还要大力发展现代生产性服务业，并把它做大、做强，这样可以更好地促进产业结构的优化升级。

参考文献

[1] Park S. H., and K. S. Chan. A Cross-Country Input-Output Analysis of Intersectoral Relationships between Manufacturing and Services and their Employment Implications [J]. World Development, 1989, 17 (2): 199-212.

[2] Macpherson A. The Role of Producer Service Out-sourcing in the Innovation performance of New York State Manufacturing Firms [J]. Annals of the Association of American Geographers, 1997, 87 (1): 52-71.

[3] 郑吉昌，夏晴. 基于互动的服务业发展与制造业竞争力关系 [J]. 工业工程与管理，

2005（4）：98-103.

［4］吕政，刘勇，王钦. 中国生产性服务业发展的战略选择——基于产业互动的研究视角［J］. 中国工业经济，2006（8）：5-12.

［5］蒋殿春，夏良科. 外商直接投资对中国高技术产业技术创新作用的经验分析［J］. 世界经济，2005（8）：3-10.

［6］冼国明，严兵. FDI 对中国创新能力的溢出效应［J］. 世界经济，2005（10）：18-26.

［7］李磊，赵旭，张嵎喆，王君. 我国高技术产业结构现状及发展战略分析［J］. 科学学研究，2006（12）：387-394.

［8］冯春晓，韩民春. 基于行业结构分析的高技术产业发展战略研究［J］. 中国科技论坛，2009（9）：37-41.

第二篇

创新管理

技术引进、自主创新与技术效率
——基于辽宁省大中型工业企业的实证分析

王伟光　冯荣凯　尹　博

（辽宁大学商学院，辽宁沈阳　110036）

一、引　言

内生增长理论认为，R&D 投资是效率提升的重要推动力量（李小平，2007）。创新作为知识和技术的重要来源，对经济和社会变迁具有重要的作用。后发国家在技术和收入水平上能够实现成功的追赶，不仅仅依靠技术引进、模仿创新，自主创新在很大程度上发挥了决定性作用。不同国家对技术引进、消化吸收再创新、技术改造、自主创新之间的关系处理不同，形成了差异化的国家经济增长绩效。研究技术引进、技术改造、自主创新与技术效率之间的关系，对经济的可持续发展和技术进步具有重要的意义。

国内外学者对技术引进、自主创新与技术效率研究主要集中在如下几个方面。

（1）技术效率的影响因素。技术效率的影响因素包括企业内部和外部两个方面，企业内部因素中，R&D 人员、消化吸收投入（张海洋、史晋川，2011）、企业规模（吴利华等，2010）、信息通信技术的使用（Francesco D.Sandulli et al.，2009）对技术效率有显著正向影响，R&D 投资、技术引进和国内技术购买对其有抑制作用（张海洋、史晋川，2011）。企业外部因素中，FDI、进口（张海洋、

基金项目：国家社科基金重大项目“我国先进装备制造业发展路径研究”（批准号 08&ZD040），辽宁省高等学校优秀人才支持计划“辽宁现代装备制造产业技术创新体系建设研究”（批准号 WR201008），辽宁省科技厅基金项目“后金融危机时代大企业管理创新问题研究”（批准号 2011401035）“211 工程”三期建设项目“管理创新与大企业竞争力”。

作者简介：王伟光（1970—），男，辽宁清原人，辽宁大学商学院教授、博士生导师、副院长，研究方向：产业技术创新与政策。冯荣凯，辽宁大学商学院技术经济学专业。尹博，辽宁大学商学院技术经济及管理专业。

史晋川，2011）、制度因素（颜鹏飞、王兵，2004；刁丽琳等，2011）、金融约束（Vania Sena，2006）对技术效率有显著影响。

（2）吸收能力是技术引进促进技术效率提高的关键。Wesley M. Cohen、Daniel A. Levinthal（1990）研究认为，吸收能力对企业的技术能力、创新能力以及创新活动的资源配置具有重要作用。Mariano、Pilar Quevedo（2005）通过西班牙制造企业的研究认为，吸收能力相比知识外溢和技术机会对创新效果更为重要。国内学者张海洋（2005）研究认为，高科技行业 R&D 吸收能力较低，内资部门不仅没能吸收外资先进技术，反而呈现显著的逆向技术扩散。朱平芳、李磊（2006）研究发现，国内三资企业内部转移的有形技术对其技术水平提高没有显著贡献。重视技术引进、轻消化吸收，对技术转移效果会产生一定负面影响。

（3）技术引进、自主创新对技术效率有正向影响。唐德祥、李京文、孟卫东（2008），何锋、谭本艳（2009）研究发现，R&D 对技术效率具有显著的正向促进作用，并且东、中、西部地区之间的技术效率存在差异。王滨（2010）认为，FDI 对制造业全要素生产率的前向关联溢出，对技术效率和技术进步有显著的正向影响。吴延兵（2006），吕光桦、宋文飞等（2011），Jefferson 等（2006）研究发现，R&D 与生产率之间仍然表现出显著的正相关关系。但也有少数学者研究发现，R&D 投资并非是生产率增长的原因（李小平，2007）。

（4）技术引进与自主创新具有互补或替代关系。国内外研究学者发现，由于行业、企业的特性不同，企业内部的技术引进和 R&D 活动存在不同程度的替代关系（Lee，1996）和互补关系（Cassiman and Veugelers，2006）。孙建、吴利萍（2009）研究发现，我国工业企业技术创新与技术引进之间具有较弱的互补关系，体现在大中型工业企业、高技术工业企业中，二者互补关系较强；在低技术工业企业中二者体现出替代关系。这说明技术引进与自主创新之间的关系与企业自身技术水平密切相关，在技术水平较低行业中，技术引进对自主创新存在着门槛效应，过量的技术引进将对自主创新产生“挤出”作用（孙建、吴利萍，2009）。

上述研究从不同侧面说明区域软环境以及硬件差异，对技术引进、自主创新和技术效率、生产效率关系的不同影响。由此可见，技术引进、自主创新对技术效率、生产率有正向影响，需要以消化吸收能力提升和引进适宜技术为前提。另外，区域的软环境和硬件基础设施的差异对于技术引进、自主创新与技术效率的关系也产生着重要影响。上述文献为技术效率的影响因素、差异化等特性方面的研究提供了研究参考，但少有学者将技术引进、自主创新、技术改造与技术效率之间的关系作为分析的对象，并揭示它们之间的作用原理。本文通过构建企业技术效率与能力的系统动力学模型，并运用辽宁省 1988~2009 年大中型工业企业的数据，对技术引进、技术改造、自主创新与技术效率之间的关系进行了实证研究，以检验上述理论关系。

二、企业技术效率与能力的系统动力学模型

为分析自主创新、技术引进、技术改造与技术效率之间的关系，本文在前人研究的基础，构建了企业技术效率与能力的系统动力学模型，其中企业技术能力主要包括创新能力和吸收能力。企业技术效率与能力的系统动力学模型流程如图1所示。在该模型中有两个基本假设。

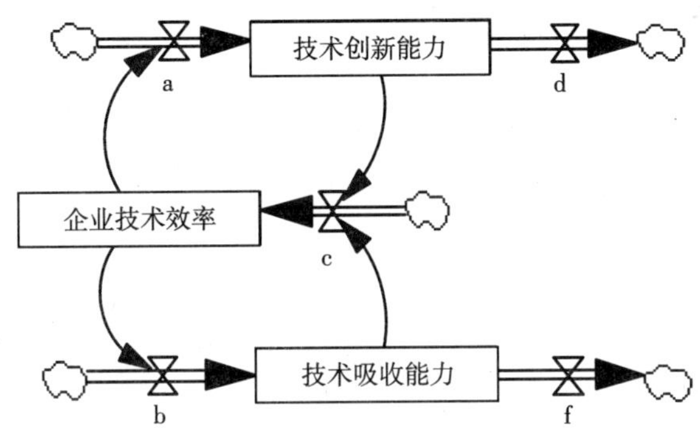

图1　企业技术效率与能力的系统动力学流程

假设1：企业技术效率主要由企业技术创新能力和吸收能力所决定，其中企业技术创新能力受企业的自主创新和技术改造影响，企业吸收能力受企业的技术引进和国内技术购买的影响。

假设2：技术创新能力和技术吸收能力对技术效率的影响存在滞后性，即t期的技术创新能力和技术吸收能力对t+n期的技术效率产生影响，n>0。

根据上述思想，我们构建了企业技术效率与能力的水平方程：

$$XL_{t+n}=XL_{t+n-1}+c_{t+n}\cdot DT \tag{1}$$

$$JN_t=JN_{t-1}+(a_t-d_t)\cdot DT \tag{2}$$

$$XN_t=XN_{t-1}+(b_t-f_t)\cdot DT \tag{3}$$

式中，XL代表企业技术效率；JN代表技术创新能力；XN代表技术吸收能力；c为企业技术效率的增长速率；a为技术创新能力的增长速率；d为技术创新能力衰减速率；b为技术吸收能力增长速率；f为技术吸收能力衰退速率；DT=t-(t-1)=1。XL、JN、XN三个变量既受其前期存量的影响，也受到同期各自增量即速率变量的影响。

企业技术效率与能力的速率方程如下：

$$c_{t+n}=e\cdot\Delta JN_t\cdot\Delta XN_t \tag{4}$$

$$a_t=h(RD_t,\ GZ_t,\ XL_t) \tag{5}$$

$$b_t=g(YX_t,\ GM_t,\ XL_t) \tag{6}$$

式中，c 为技术效率增长率；e 为效率增长率系数；YX 代表技术引进；GZ 代表技术改造；RD 代表自主创新；GM 代表国内技术购买；Δ 代表一阶差分。技术效率增长率 c 受 e、JN 增量、XN 增量共同作用的影响；a 受 RD、GZ、XL 共同作用的影响；b 受 YX、GM、XL 共同作用的影响。

我们可以得到：

$$\Delta XL_{t+n}=e\cdot[h(RD_t,\ GZ_t,\ XL_t)-d_t]\cdot[g(YX_t,\ GM_t,\ XL_t)-f_t] \tag{7}$$

由此，我们认为：$\Delta XL_{t+n}=f(RD_t,\ GZ_t,\ YX_t,\ GM_t,\ XL_t)$，且 RD、GZ、YX、GM 对 XL 的影响存在滞后性。

三、实证分析

本文的实证分析分为两个步骤：第一，运用随机前沿分析模型估算辽宁大中型工业企业的技术效率；第二，根据图 1 理论模型思想，构建以技术效率、技术引进、技术改造、自主创新和国内技术购买为内生变量的向量自回归模型（VAR），讨论各内生变量如何相互影响，并加以预测。综合考量经济分析的合理性和数据可获得性，我们对变量做如下选取：技术引进（YH）用大中型工业企业的技术引进经费和消化吸收经费之和表征；技术改造（GZ）由大中型工业企业的技术改造经费表征；自主创新（RD）由大中型工业企业技术开发经费或 R&D 经费内部支出总额表征；国内技术购买（GM）由大中型工业企业购买国内技术经费表征；企业技术效率（XL）由 SFA 模型估算得出。为了消除可能产生的异方差及减小效率与其他变量数量级的差距，我们采用变量的自然对数形式进行估计，并用 L 代表各变量的自然对数形式。

（一）辽宁大中型工业企业技术效率

我们选择 Battese 和 Coelli（1992）模型，以 C-D 函数作为前沿函数的具体形式，对 29 个省市大中型工业企业的面板数据进行估计，其中重庆并入四川，西藏因数据缺失严重不纳入研究范围，时间跨度为 1987~2009 年。所有数据源自《中国科技统计年鉴》（1991~2010），由于 1987~1989 年的部分数据缺失，我们选取《中国工业经济统计年鉴》（1988~1990）中的各省市工业指标替代。具体估计模型如下：

$$\ln(Y_{it})=\beta_0+\beta_1\ln(L_{it})+\beta_2\ln(K_{it})+\beta_3\ln(K_{it})^2+\beta_4\ln(L_{it})^2+\beta_5\ln(L_{it})\ln(K_{it})+(v_{it}-u_{it}) \quad (8)$$

$$TE_{it}=\exp(-u_{it}) \quad (9)$$

$$\gamma=\sigma_u^2/(\sigma_v^2+\sigma_u^2) \quad (10)$$

式中，式（8）为前沿函数，式（9）为效率计算函数，式（10）为随机前沿模型的判断函数。Y 为工业总产值；K 为生产经营用设备原价；L 为年末从业人员数。

我们使用 Frontier 4.1 对 1987~2009 年 29 个省市的面板数据进行效率估计。估计结果如表 1 所示，仅 β_2 未通过 10%显著水平检验，β_5 通过 10%显著水平检验，其他参数均通过 5%显著水平检验，且 $\gamma=0.726$，接近于 1。由于本文研究的重点是企业技术效率最优的路径，而非企业技术效率影响因素的影响效果。且本文考察对象为大中型工业企业，资本投入对企业规模即工业总产值影响较大，劳动对工业总产值的负向影响是可以接受的（这意味着存在资本节约型技术的可能性）。因此，本文的随机前沿生产函数模型的设定具有合理性。

表 1　SFA 模型参数的最大似然估计结果

	β_0	β_1	β_2	β_3	β_4	β_5
系数	-28.014	-2.243	0.008	0.117	0.036	-0.045
标准差	3.306	0.396	0.283	0.021	0.015	0.031
t 值	8.475	-5.667	0.028	5.552	2.406	-1.448
Log 函数值	-422.139					
LR 检验值	219.071					
γ	0.726					

（二）变量的平稳性检验、协整检验和格兰杰因果检验

1. 五变量平稳性检验和协整检验

本文中表征自主创新、技术引进等变量的数据源于《中国科技统计年鉴》（1991~2010）和《辽宁统计年鉴》（1993~2010）中的大中型工业企业数据，时间跨度为 1988~2009 年，其中，1991 年大中型工业企业消化吸收经费、购买国内技术经费存在缺失情况。本文利用 EViews6.0 软件构建 VAR 模型。为避免出现伪回归情况，本文先对各变量的时间序列样本进行平稳性检验，如表 2 所示。LYX、LGM、LGZ、LRD、LXL 等序列都存在单位根，其各自的一阶差分序列在

1%的显著水平下拒绝存在单位根的零假设，均属于平稳序列，因此各变量序列为 I（1）序列。

表 2 变量平稳性 ADF 单位根检验结果

变量	检验类型（c，t，k）	ADF 检验	1%显著水平	结论
LYX	（c，0，0）	-2.663	-3.831	非平稳
LGM	（0，0，0）	1.051	-2.692	非平稳
LGZ	（c，t，0）	-2.516	-4.468	非平稳
LRD	（0，0，0）	3.325	-2.680	非平稳
LXL	（c，t，4）	-3.566	-4.616	非平稳
ΔLYX	（c，0，0）	-5.160	-3.887	平稳
ΔLGM	（c，t，0）	-8.229	-4.498	平稳
ΔLGZ	（0，0，0）	-3.838	-2.686	平稳
ΔLRD	（0，0，0）	-3.452	-2.686	平稳
ΔLXL	（c，0，4）	-4.403	-3.920350	平稳

注：ΔLYX 表示 LYX 的一阶差分；检验类型（c，t，k）分别表示单位根检验中是否含有常数项（c）、时间趋势项（t）及滞后阶数（k），其中滞后阶数按 SC 准则确定。

五变量均为一阶单整，我们运用 Johanson 协整检验，检验各变量间是否存在长期关系。检验结果如表 3 所示，各变量在 5%显著水平下存在 5 个协整关系，即各变量之间存在长期均衡关系。

表 3 五变量 Johanson 协整检验结果

假设的协整关系数	特征值	迹统计量	5%临界值
None*	0.972638	78.99047	29.79707
At most 1*	0.741512	25.01157	15.49471
At most 2*	0.269870	4.717998	3.841466
At most 3*	0.527000	23.94647	15.49471
At most 4*	0.483126	11.21925	3.841466

注："*"表示 5%水平下拒绝原假设。

2. 三变量的协整关系检验和格兰杰因果关系检验

在构建五变量的 VAR 模型后，我们进行 VAR 模型平稳性检验，其特征根的模出现大于 1 的情况，说明模型不稳定，不能做脉冲响应分析和方差分解。因此，我们放弃建立五变量的 VAR 模型。通过反复对不同变量组合进行协整关系检验、格兰杰因果关系检验、VAR 模型平稳性检验、最优滞后期检验，我们找到 LRD、LYX 和 LXL 三变量可以达到构建平稳 VAR 模型的条件。我们通过 EViews 6.0 软件的滞后长度功能，确定三变量 VAR 模型的最优滞后阶数。如表 4

所示，在 3 期滞后中，5 个评价统计量都给出滞后 2 期最优。由此，我们建立 LRD、LYX 和 LXL 的 VAR（2）模型。

表 4　三变量 VAR 模型滞后长度选择

Lag	LogL	LR	FPE	AIC	SC	HQ
0	-8.692	—	0.000795	1.375	1.523	1.390101
1	105.488	174.627	3.45e-09	-10.999	-10.410	-10.940
2	120.276	17.398*	1.99e-09*	-11.680*	-10.650*	-11.577*

注："*" 表示 5 个评价统计量各自给出的最小滞后期。

在 VAR（2）模型中，我们进行 Johanson 协整检验，检验结果如表 5 所示。LRD、LYX 和 LXL 在 5%的显著水平下存在 3 个协整关系。格兰杰因果检验显示，仅当 LXL 为因变量时，认为 LYX 的滞后项不是方程的内生变量；其他情况，皆可认为自变量为因变量方程的内生变量，如表 6 所示。

表 5　三变量 Johanson 协整检验结果

假设的协整关系数	特征值	迹统计量	5%临界值
None*	0.972638	78.99047	29.79707
At most 1*	0.741512	25.01157	15.49471
At most 2*	0.269870	4.717998	3.841466

注："*" 表示 5%水平下拒绝原假设。

表 6　LYX 、LRD 与 LXL 之间的格兰杰因果关系检验

Dependent variable：LXL			
Excluded	Chi-sq	df	Prob.
LYX	0.492318	2	0.7818
LRD	21.46350	2	0.0000
All	21.74827	4	0.0002
Dependent variable：LYX			
Excluded	Chi-sq	df	Prob.
LXL	5.809331	2	0.0548
LRD	11.95376	2	0.0025
All	13.46373	4	0.0092
Dependent variable：LRD			
Excluded	Chi-sq	df	Prob.
LXL	8.596306	2	0.0136
LYX	5.702745	2	0.0578
All	13.05148	4	0.0110

（三）VAR 模型估计与平稳性检验

VAR（2）模型的三方程可决系数分别为 0.980866、0.611668、0.999994，三方程的拟合优度较好。模型中共计参数 21 个，其中 7 个参数的 t 统计量在 5%显著水平下拒绝原假设，占参数个数的 1/3，可以认为 VAR（2）通过 t 检验。并且，AIC 值、SC 值都较小，F 统计量较大，通过检验。因此，LRD、LYX 和 LXL 的 VAR（2）模型总体效果良好。

仅当 VAR 模型的特征根的模小于 1，即 VAR 模型平稳，VAR 模型脉冲响应函数才有意义。该模型具有 3 个内生变量，滞后 2 期，VAR 模型存在 6 个特征根。如图 2 所示，模型的 6 个特征根的倒数值都在单位圆内，因此，VAR 模型的估计具有良好的稳定性，脉冲响应函数有效。

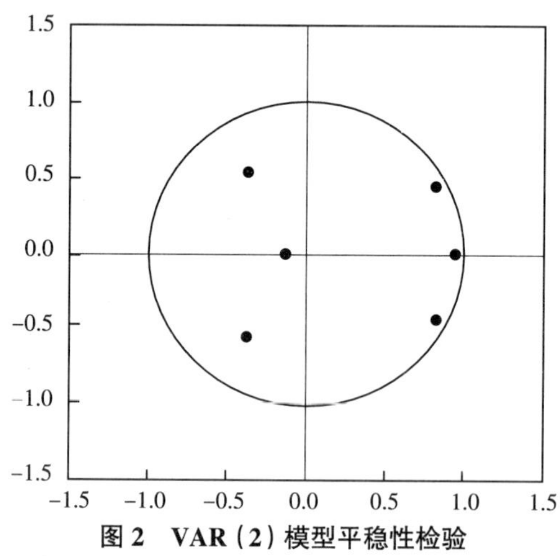

图 2　VAR（2）模型平稳性检验

（四）脉冲响应分析和方差分解

技术效率对自主创新冲击的响应，如图 3 所示，第 1 期自主创新对技术效率并未产生影响，从第 2 期开始产生负向影响，并在第 5 期达到峰值–0.001032，即企业自主创新投入每增加 1%，技术效率降低–0.001032%。随后各期，自主创新对企业技术效率的影响逐渐减弱，接近于 0。技术效率对技术引进冲击的响应，如图 4 所示，在第 1 期并未对技术效率产生影响，在第 2 期和第 3 期产生较微弱的负向影响，从第 4 期开始产生正向影响，并在第 7 期达到正向影响的峰值 0.000478，随后各期影响逐渐减小，接近于 0。

技术引进对自主创新冲击的响应，如图 5 所示，在第 1 期立即产生负向影响，而在第 3 期开始则出现正向影响；自主创新对技术引进冲击的影响，如图 6 所示，在第 1 期并未产生影响，在随后 6 期中产生负向影响后，转为正向影响。由此我们发现，技术引进和自主创新在短期内存在替代关系，但从长期来看，二者之间存在互补关系。

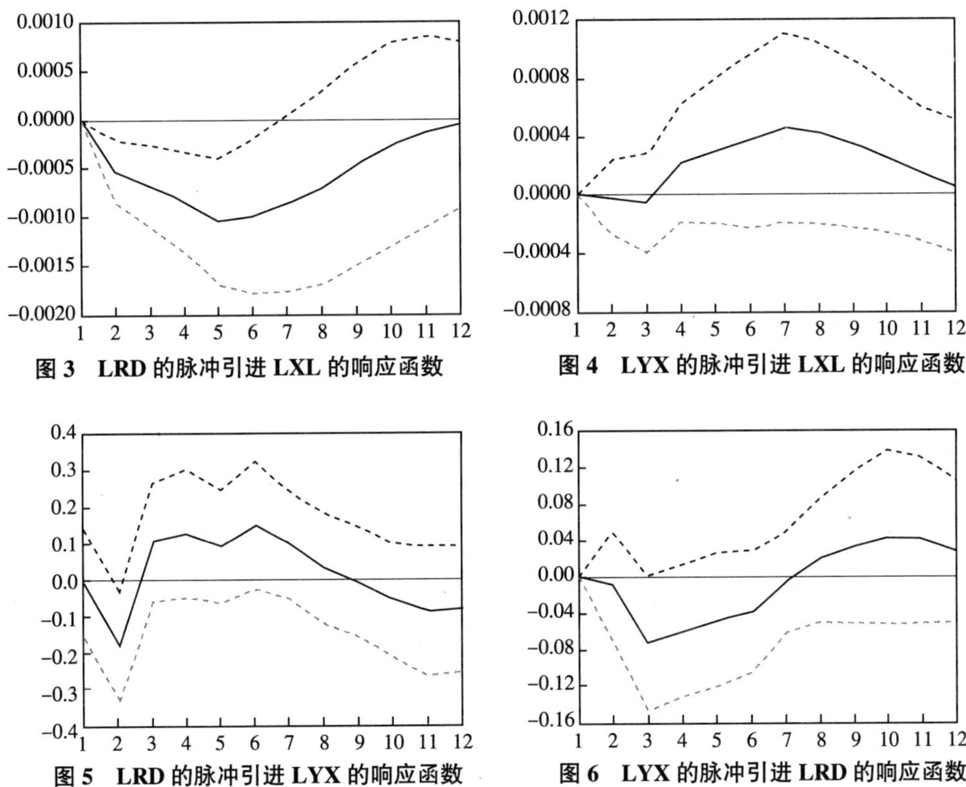

图 3　LRD 的脉冲引进 LXL 的响应函数

图 4　LYX 的脉冲引进 LXL 的响应函数

图 5　LRD 的脉冲引进 LYX 的响应函数

图 6　LYX 的脉冲引进 LRD 的响应函数

方差分解是通过分析内生变量的冲击对内生变量变化的贡献度，评价不同内生变量冲击的重要性（孙敬水，2009）。通过方差分解，我们得到各期扰动项对技术效率预测误差方差的贡献率，以及自主创新和技术引进对技术效率的时滞效应。从第 8 期开始，方差分解结果基本稳定。技术效率自身的贡献率为 18.076%，自主创新对技术效率预测误差的贡献率达到 70.679%，技术引进对技术效率贡献率为 11.229%。由此可见，自主创新的冲击对技术效率影响较大；技术引进的冲击对技术效率影响较小。

四、主要结论

本文基于辽宁大中型工业企业1988~2009年的时间序列数据，构建VAR模型，分析了自主创新、技术引进、技术改造、国内技术购买与技术效率之间的关系，得到以下结论：

（1）自主创新、技术引进、技术改造、国内技术购买与技术效率存在着长期协整关系。此结果在一定程度上验证了企业技术效率与能力的系统动力学模型的基本假设1。尽管五个变量间有长期关系，但技术改造和国内技术购买两变量对其他变量的影响并不显著，五变量无法构建稳定的VAR模型。这表明，相对于从国外技术引进，国内技术的学习效应不突出，从另一个层面而言，国内技术的再创新效应较低，这也在一定程度上印证了国内企业之间技术水平的差异相对较小。

（2）自主创新和技术引进分别对技术效率施加冲击，在第1期，技术效率均未响应，自主创新和技术引进对技术效率存在滞后影响。这验证了企业技术效率与能力的系统动力学模型的基本假设2。由于技术引进、自主创新到技术效率的提升是一个动态演进的过程，需要通过吸收能力将技术、知识内化为企业自身的技术能力，并依托技术创新实现新技术和新知识的输出，实现技术进步和技术效率的提升，因此具有滞后影响。

（3）综合自主创新和技术引进对技术效率的冲击可以发现，二者在第1期均未对技术效率产生影响，技术引进在产生较弱负向影响后，会随着时间的推移即学习效应的强化，开始对技术效率产生正向影响；而自主创新从第2期开始却产生负向影响。技术引进对技术效率的影响表明，辽宁大中型企业需要3年的时间才能够将引进的技术内化，并运用到生产中。技术引进对技术效率影响的时滞较长，反映了辽宁大中型企业技术吸收能力不强。自主创新冲击对技术效率的持续负向影响表明，辽宁大中型工业企业技术创新能力较弱，还没有达到最大限度地发挥自主创新作用的临界点。所以，现阶段，加强以吸收为主的技术引进、提高技术吸收能力相对于自主创新而言，对于辽宁大中型工业企业技术效率的提升更具现实意义。

（4）从技术引进和自主创新彼此的冲击和响应结果来看，短期内企业在技术引进和自主创新上的投入存在替代关系，此结论验证了Lee（1996）的观点。但从长期来看，二者相互依赖、相辅相成，具有互补关系，进而验证了Cassiman和Veugelers（2006）、孙建等人（2009）关于自主创新与外部技术间具有互补关系的观点。

此外，由于技术引进、自主创新与技术效率之间存在着许多复杂关系，再加上不同方法、数据来源以及关键变量确定方面的差异，本文的结论是基于模型的两个基本假设而得出的，还属于一项探索性研究。为了更加深入研究技术引进、自主创新与技术效率之间的内在逻辑，我们下一步将把样本范围进一步扩大，时间跨度延长，同时把市场竞争和行业机会两个变量引入模型，并适当调整选取指标。

参考文献

[1] Jose'Ferna'ndez-Mene'ndez, Jose'IgnacioLo'pez-Sa'nchez, Antonio Rodrl'guez-Duarte, Francesco D. Sandulli. Technical Efficiency and Use of Information and Communication Technology in Spanish Firms [J]. Telecommunications Policy, 2009, 33 (7): 348-359.

[2] Vania Sena. The Determinants of Frim's Performance: Can Finance Constrants Improve Technical Eefficiency? [J]. European Journal of Operational Research, 2006, 172 (3): 311-325.

[3] Wesley M. Cohen, Daniel A. Levinthal. Absorptive Capacity: A New Perspective on Learning and Innovation [J]. Administrative Science Quarterly, Vol.35, No.1, 1990 (3): 128-152.

[4] Mariano Nieto, Pilar Quevedo. Absorptive Capacity, Technological Opportu nity, Knowledge Spillovers and Innovative Effort [J]. Technovation, 2005 (25): 1141-1157.

[5] Gary Jefferson, Bai Huamao, Guan Xiaojing, Yu Xiaoyun. R&D Performance in Chinese Industry [J]. Economics of Innovation and New Technology, 2006, 15 (6): 345-366.

[6] Lee, Jaymin. Technology Imports and R&D Efforts of Korean Manufacturing Firms [J]. Journal of Development Economics, 1996, 50 (1): 197-210.

[7] Cassiman B., Veugelers R. In Serarh of Complementarity in Innovation Strategy Internal R&D and External Technology Acquisition [J]. Management Science, 2006, 52 (1): 68-82.

[8] 李小平. 自主 R&D、技术引进和生产率增长——对中国分行业大中型工业企业的实证研究 [J]. 数量经济技术经济研究，2007 (7)：15-24.

[9] 张海洋，史晋川. 中国省际工业新产品技术效率研究 [J]. 经济研究，2011 (1)：83-96.

[10] 吴利华，刘丽娜，陈燕. 我国钢铁上市公司技术效率差异分析 [J]. 中国科技论坛，2010 (10)：51-56.

[11] 颜鹏飞，王兵. 技术效率、技术进步与生产率增长：基于 DEA 的实证分析 [J]. 经济研究，2004 (12)：55-65.

[12] 刁丽琳，张蓓，马亚男. 基于 SFA 模型的科技环境对区域技术效率的影响研究 [J]. 科研管理，2011 (4)：143-151.

[13] 朱平芳，李磊. 两种技术引进方式的直接效应研究——上海市大中型工业企业的微观实证 [J]. 经济研究，2006 (3)：90-101.

[14] 唐德祥，李京文，孟卫东. R&D 对技术效率影响的区域差异及其路径依赖——基于我国东、中、西部地区面板数据随机前沿方法 (SFA) 的经验分析 [J]. 科研管理，2008 (3)：115-127.

［15］王滨. FDI 技术溢出、技术进步与技术效率——基于中国制造业 1999~2007 年面板数据的经验研究［J］. 数量经济技术经济研究，2010（2）：93-103.

［16］吴延兵. 自主研发、技术引进与生产率——基于中国地区工业的实证分析［J］. 经济研究，2008（8）：51-62.

［17］吕光桦，宋文飞，李国平，韩先锋. 考虑空间相关性的我国区域研发全要素生产率测算［J］. 科学学与科学技术管理，2011（4）：105-110.

［18］孙建，吴利萍，齐建国. 技术引进与自主创新：替代或互补［J］. 科学学研究，2009（1）：133-138.

［19］孙敬水. 中级计量经济学［M］. 上海：上海财经大学出版社，2009.

基于提升企业核心竞争力的科技创新运行机制研究

霍晓姝 何海英
（辽宁大学商学院，辽宁沈阳 110036）

在世界金融危机面前，能够经受住考验并持续发展的企业是那些不断地进行创新并获得绝对竞争优势的企业。在强手如林的竞争中要具有这种绝对的竞争优势，除了“垄断”，就只有“创新”。正如美国经济学家迈克尔·波特所言，就世界范围来看，大多数企业已经走出了资本推进型增长方式，开始从资本推进型向创新推进型转变。由此可见，科技创新已成一个地区或企业持续发展的核心动力，是提升企业核心竞争力的根本因素。

一、企业科技创新环境分析

科技创新环境最早是由欧洲创新环境研究小组（GREMI）的学者们在研究欧洲高新产业区的过程中提出来的。欧洲创新环境研究小组提出创新环境就是在特定的区域内，一系列或主要的非正式的社交关系的复杂网络，经常决定特定外在形象和特定内部表征和归属感，通过集体式的学习过程以提升当地创新能力。欧洲创新环境研究小组实际上是把产业的空间集聚现象同创新活动联系到一起来强调域内创新主体的集体效率和创新行为的协同作用，并提出创新环境是对高科技和创新密集型中小企业集聚区的指代，但地理范围大都局限在欧洲。

在欧洲创新环境研究小组的研究成果的基础上，本文认为科技创新环境就是

作者简介：霍晓姝，辽宁大学商学院，辽宁省沈阳市皇姑区崇山中路 66 号，联系电话：13940247225，邮箱：xiaoshuhuo@163.com；何海英，辽宁大学商学院，辽宁省沈阳市皇姑区崇山中路 66 号，联系电话：15840330033，邮箱：abc@hehaiying.com。

指为了创造、引入、改进和扩散新的知识和技术，从而为创新主体搭建沟通平台，以增强主体之间的联系为目的，以创新为关键动力的相对稳定的开放环境。

科技创新环境根据其对科技创新形成的作用不同可划分为科技创新资源类硬环境和支持类软环境两大部分，资源类硬环境包括基础设施、资金投入和人力资源投入的物质资源等。支持类软环境是指影响创新的制度环境、市场环境以及文化环境等。所以，本文分析科技创新条件环境主要从科技创新的资源富有度和环境支持度两个方面来分析。

（一）科技创新资源富有度分析

科技创新的资源富有度体系由三部分构成：一是科技创新的基础设施，基础设施是科技创新结构中的必需要素，包括企业办科技机构个数、科技项目个数基本条件；二是科技创新的资金投入，包括 R&D 经费支出、R&D 经费占 GDP 的比重和科技活动经费内部支出；三是科技创新的人才积累，高素质的人力资源是科技创新的知识源泉，是知识创新的根本动力，包括各种学历人数比重及从事科技活动的科技人员，如表 1 所示。

表 1　科技创新的资源富有度体系

目标层	准则层	指标层
科技创新的资源富有度体系	基础设施	企业办科技机构个数（个）
		科技项目数（项）
	资金投入	R&D 经费支出（万元）
		R&D 经费支出占 GDP 的比重（%）
		科技活动经费内部支出（万元）
	人力资源	本科毕业生人数（人）
		研究生毕业人数（人）
		科技活动人数（人）

（二）科技创新环境支持度分析

科技创新的环境支持度体系主要分析科技创新的制度环境、市场环境和文化环境三个方面对科技创新形成产生的支持作用，具体包括：

（1）制度环境，包括机制环境和政策法制环境。科技创新机制环境包括企业和科研机构作为科技创新的主体意识、政府直接参与的职能以及以市场为导向的利益激励机制，可从企业和科研机构的内部机制、外部的分配和合作机制来考虑机制环境的建设。

（2）市场环境，是科技创新主体生存的基本环境，包括科技创新成果转化的市场条件、科技成果的产业化程度以及相应的科技中介服务和金融服务的成熟度等几方面。

（3）文化环境，是一种以人为核心，突出人的价值及其价值实现的文化氛围，既包含了对人的充分理解、信任和尊重，又包含了对人的自我实现所提供的价值体系、观念意识、舆论导向和行为准则。如表 2 所示。

表 2　科技创新的环境支持度体系

目标层	准则层	指标层
科技创新的环境支持度体系	制度环境	专利申请数（件）
		发明专利授权量占专利授权量的比重（%）
		各项科学技术奖励获奖个数（个）
	市场环境	技术引进经费支出（万元）
		技术改造经费支出（万元）
		企业扶持资金（万元）
		金融机构贷款（万元）
		政府资金（万元）
	文化环境	图书馆个数（个）
		科学家和工程师（人）
		R&D 人员（人）

本文通过采用德尔菲法（Dephil）和层次分析法（AHP）对科技创新的条件环境所涉及的必要性指标进行赋权。科技创新的资源富有度体系与科技创新的环境支持度体系具体如表 3、表 4 所示。

表 3　科技创新的资源富有度体系指标权重

目标层	准则层	指标层	权重
科技创新的资源富有度体系	基础设施（0.59）	企业办科技机构个数（个）	0.75
		科技项目数（项）	0.25
	资金投入（0.25）	R&D 经费支出（万元）	0.49
		R&D 经费支出占 GDP 的比重（%）	0.31
		科技活动经费内部支出（万元）	0.20
	人力资源（0.16）	本科毕业生人数（人）	0.61
		研究生毕业人数（人）	0.27
		科技活动人数（人）	0.12

表 4　科技创新的环境支持度体系指标权重

目标层	准则层	指标层	权重
科技创新的环境支持度体系	制度环境（0.14）	专利申请数（件）	0.49
		发明专利授权量占专利授权量的比重（%）	0.31
		各项科学技术奖励获奖个数（个）	0.20
	市场环境（0.62）	企业扶持资金（万元）	0.61
		金融机构贷款（万元）	0.27
		政府资金（万元）	0.12
	文化环境（0.24）	图书馆个数（个）	0.64
		科学家和工程师（人）	0.26
		R&D 人员（人）	0.10

（三）科技创新条件环境分析评价方法

（1）由于指标的含义各不相同，指标值的计算方法也不同，造成各指标的量纲各异。为便于计算，要对指标进行标准化处理，常用的标准化法有闭值法、比重法、Z-score 法、极值法等。考虑到本指标体系中的绝大部分指标属于成本型和效益型指标，本文采用比重法进行指标数据的标准化：

当 c_{ij} 为正向作用指标时：$x_{ijt}=\frac{c_{ijt}}{c_{ijo}}$　（1）

当 c_{ij} 为负向作用指标时：$x_{ijt}=\frac{c_{ijo}}{c_{ijt}}$　（2）

式中，x_{ijt} 为指标 c_{ij} 在 t 年经无量纲化后的评定系数；c_{ijt} 和 c_{ijo} 为指标 c_{ij} 在 t 年的统计值和基年或参照系的统计值。

（2）综合评价值的计算。如果用 Y 来表示农业循环经济发展状况的综合评价值，则：

$$Y=\sum w_i Y_i$$

式中，w_i 表示第 i 项指标的权重，Y_i 为第 i 项指标的分值，Y 值越大，科技创新发展水平越高。

二、辽宁省企业科技创新环境的综合评价分析

对辽宁省相关原始数据进行无量纲化，并依据前面所给的评价指标及分析方

法对其科技创新环境进行分析，同时与全国科技创新环境的平均水平相比，分析辽宁省科技创新环境的支持度。经过数据处理发现，辽宁省企业在科技创新基础设施系统中得分为 3846，比相应指标的全国平均水平高出 1605 分。虽然在资金投入系统中辽宁同样占有优势，但与全国相应系统的平均水平没有显著差距，因此，辽宁省在科技创新资源富有度模块中，基础设施占有较大的优势，资金投入得分也较高，在全国处于上游水平，如图 1 所示。

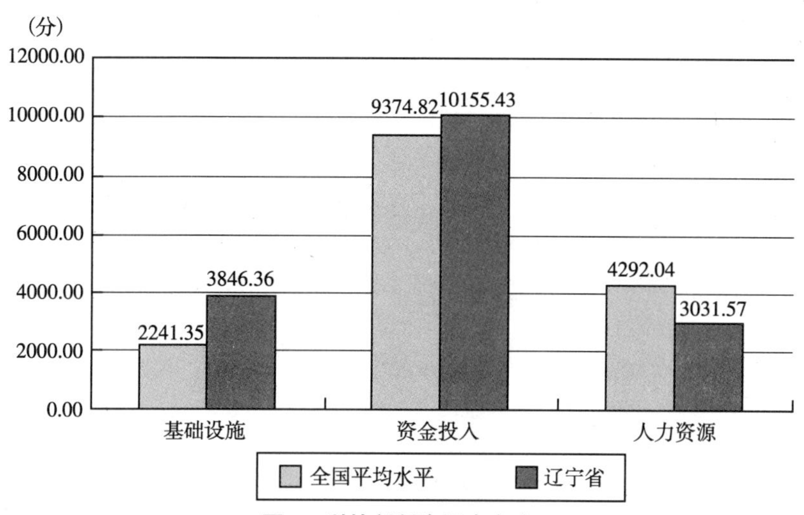

图 1　科技创新资源富有度

在科技创新环境支持度模块中，辽宁省的市场环境系统得分为 719723.28，远远高出相应系统的全国平均水平，但是在制度环境系统中，辽宁省却低于全国平均水平近 41 分，说明辽宁省在相关科技创新的机制环境与政策法规方面的工作还不健全，有待完善。虽然辽宁省文化环境系统得分较高为 6283.51，超出全国平均水平，但是并不处于明显优势。因此，辽宁省在科技创新环境支持度方面，应建立健全相关法律法规来支持企业行业科技创新活动，保持并加大金融环境与文化环境的支持力度，如图 2 所示。

综上所述，在科技创新的资源富有度方面，辽宁省整体水平高出全国平均水平，特别是辽宁省的基础设施系统具有明显优势，所以辽宁省应在保持并完善基础设施和资金投入力度的基础上，加大人力资源的深度开发；在科技创新的环境支持度方面，辽宁省在制度环境系统中还达不到全国平均水平，因此这是辽宁省科技创新环境支持度工作的瓶颈。尽管辽宁省在其他两个系统得分均较高，但是良好的制度环境平台是科技创新活动不可或缺的支持环节。因此，辽宁省在保持并完善市场环境与文化环境的基础上，应争取更多的制度环境方面的支持，构建长效的科技创新运行机制，制定并健全相关政策。

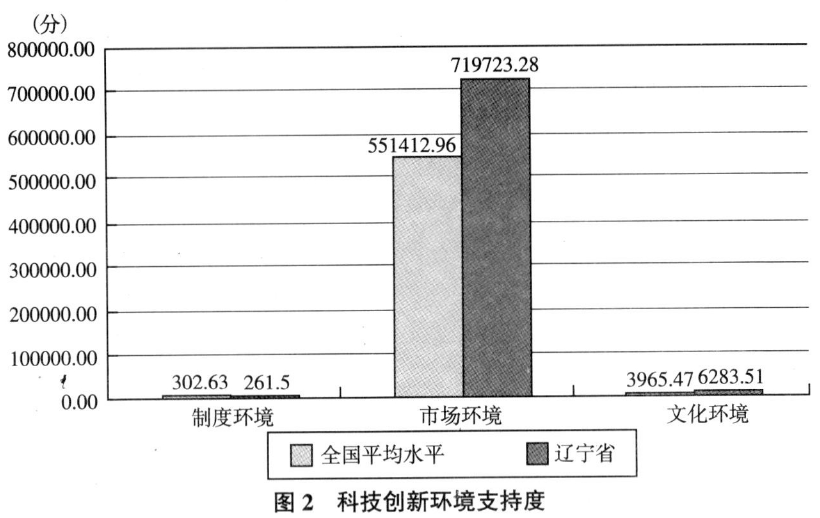

图 2 科技创新环境支持度

三、企业科技创新良性发展的运行机制分析

任何企业均是技术经济行为的组织系统，即任何企业自成立之初就是根据社会的需求整合社会经济、技术资源并将其作为投入进行生产，进而为社会提供产品或服务满足社会需求促进社会发展的经济组织。因此，企业是以有形的物质资源为载体、以技术的投入和产出为手段推进社会进步的组织系统。在社会发展进程中，技术是内涵，经济是外在的表现。技术不断的变化并发展才有经济的强大，因此技术的不断更新才有企业经济组织的持续发展和社会的进步。

由此可见，企业既属于技术系统又属于经济系统，是两者连接点。而科技创新是技术系统与社会、经济系统之间的一种沟通方式，是人类把技术力量转化为经济增长和社会进步的过程。通过科技创新，社会、经济系统将其对技术需求的变化传递给技术系统，同时又将技术系统的增量再作用于社会、经济系统。科技创新是实现技术进步的手段和途径，技术进步是科技创新的宏观效果。而企业是科技创新的主体、科技创新的实现者，科技创新是企业的功能，是其生存和发展的基础。

（一）科技创新能力要素的互动机制

科技创新有效运行所需的能力要素主要有：①生产技术能力，指能够为企业开发与设计新产品和新流程提供支持技术设备的能力，主要和产品技术、过程技术、设计技术和信息技术有关；②人力资源能力，指能够推动企业科技创新人才的能力，包括企业家、科技人员、市场营销人员的体质、智力、知识和技能四个方面；③财务能力，指进行创意和项目所需要的资金支持，包括融资、投资和资本运营；④文化能力，指利用文化凝聚功能整合各项创新资源的能力；⑤市场营销能力，指企业将根据用户特征将产品推向市场、满足需求的能力；⑥经营决策能力，指选择创新产品或提供创新服务的能力。

科技创新六大能力要素是企业进行科技创新活动的基础，缺少任何一项都无法进行科技创新。然而，只有这些要素是难以进行创新活动的，要素间的互动以及必要的运行机制是不可或缺的，企业科技创新运行的成功更多地取决于企业系统内部的运行机制和与外部大系统的信息、人才、资源的交互作用。技术开发是企业科技创新的主要活动，图 3 描述了技术开发中诸要素的互动关系。

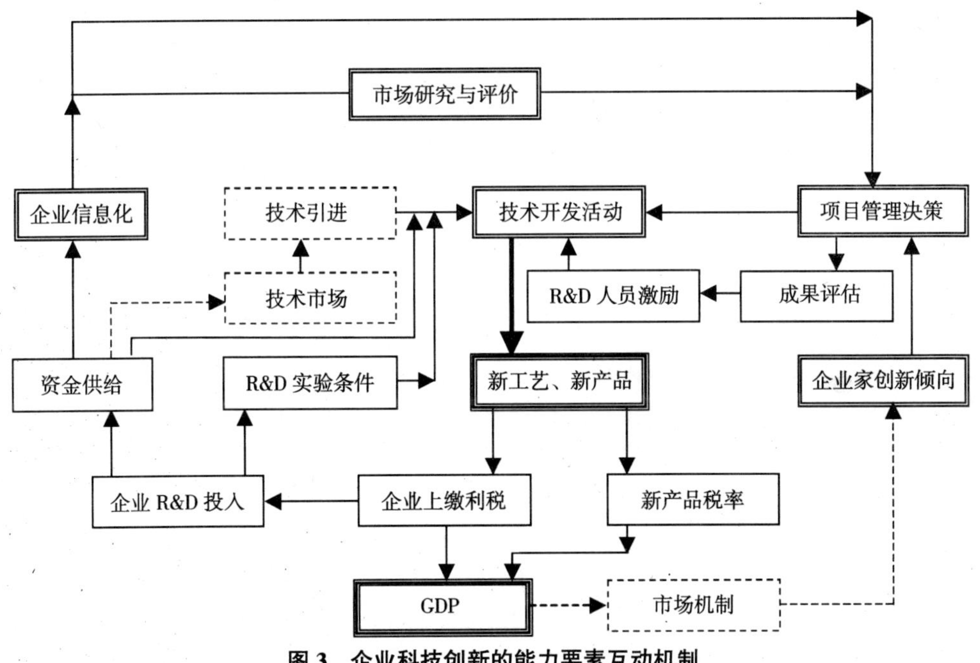

图 3 企业科技创新的能力要素互动机制

从图 3 中可以看出企业的科技活动与经济活动之间的互动关系，通过互动企业的科技力量促进了企业与国家的经济增长。企业的科技创新过程就是各种要素的有机运行过程，各项资源的有效配置使整个创新过程达到一种动态的平衡，在这个过程中包括科技创新资金、科技创新技术、科技创新组织管理三个方面的运行子过程。图 3 中有虚线的方框表示企业可以依靠部分或全部外部资源的节点。

（二）企业科技创新的风险规避机制

创新风险的不确定性这一特征表明科技创新需要正确的决策、精心的组织，需要政府积极的引导、严密的调控，以规避风险或将风险降到最低限度并共担风险，主要由企业内部科技创新风险规避机制与企业外部科技创新风险规避机制组成。

1. 企业内部科技创新风险规避机制

企业要想取得科技创新的成功，既需要有好的外部环境做支撑，也需要企业内部自身在科技创新风险应对方面有十分完善的措施。

第一，树立正确的风险态度，加大对科技创新的投资力度。

第二，建立合理的组织体系。科技创新风险管理组织体系的合理与否，将影响到企业的风险辨识能力和风险处理能力。

第三，建立灵活的生产经营体系。企业在建立生产经营体系时，应采取稳定性与柔性相结合方式。一般认为，稳定性是企业抗风险能力的一个重要因素。企业稳定程度越高，则越能抵消一些外部风险因素的影响。但是，当外部风险因素发生实质性变化，或者大大超过企业的稳定力时，这时就需要有柔性的经营体系。柔性的经营体系要求企业不是与风险因素进行硬性抗衡，而是去适应风险，随着风险的变化而变化。

第四，提升企业的决策质量。有些风险以及风险损失是决策者自己造成的，决策质量低下，是其主要原因之一。

第五，建立科学的信息管理流程。信息不足以及不准确会导致不确定性，进而加剧风险。因此，加强信息管理对于风险防范来说极为重要。

第六，建立吸引人才的激励机制。搞好企业现有人才的开发和利用，充分发挥其最大效能。

2. 企业外部科技创新风险规避机制

在市场经济的框架下，企业成为科技创新主体，政府往往不能直接有效地组织和推动科技创新，因此，只能通过为科技创新创造良好的环境来影响科技创新效果，降低科技创新风险。政府在科技创新的功能中表现为政府创造良好的科技创新环境的功能：为科技创新提高资金保证。由于科技创新属于高投入、高风险、高收益的技术经济活动，商业银行的贷款为安全起见，一般不愿意为企业科技创新提供外部资金支持，而企业的资金更多用于生产经营。创新资金的缺乏，阻碍了科技创新的进一步发展。为此，政府必须通过相关政策的安排，吸引投资者注入资金，强化现有企业自身的融资功能，逐步建立起以企业为主体、多渠道、全方位的资金支持和保障体系；促进企业间联合创新，横向联合或各种形式的合作创新，可以提高科技创新过程中的抗风险能力。在科技创新上，与本行业相关的高等院校、研究所等联合开发，或与有相关技术的不同产业企业间进行联合或合作创新；组建科技创新基金，在产业内部可建立风险基金减缓风险扩大。当科技创新失败后应尽快动用风险基金，进行妥善处理，减少风险的进一步扩大。由于企业间联合进行科技创新，可以提高科技创新的成功率，降低风险。因此，可以由政府组织建立企业科技创新基金；推行全面的政府担保政策，由政府组织建立专为科技创新贷款提供担保的机构，由其为科技创新企业向银行贷款提供担保；组建科技保险公司，科技创新存在风险，因而也可以采用技术开发保险来分散风险，组建科技保险公司，对科技创新项目提供保险或对商业银行科技创新贷款提供保险；建立和健全科技创新风险的预警管理，企业的科技创新活动是一项高风险的活动，但其中许多风险是可以预见的。因此，对科技创新风险的管理应采取超前和预先防范的方式，预先估计、警报和预控风险。其方式是由政府出面组织建立或政府联合各企业共同建立科技创新风险预警系统，进行预警管理。

（三）企业科技创新的人才机制

经济社会发展中的一切竞争关键在于人才的竞争，科技创新竞争也不例外。因为人才是科技创新的主要承担者和完成者，离开人才谈企业科技创新，那只能是一句空话。从当今创新趋势看，“以人为本”应是创新活动的核心。科技创新的人才机制主要包括人才的培养、人才的流动、人才的引进以及企业家在科技创新中重要职能的发挥等方面。

1. 创新人才的培养机制

大学是我国高等教育的中坚力量，肩负着为社会发展提供人才和智力支撑的历史重任。大学要从教学观念、教学内容、教学模式、教学考核与管理等环节，构建和完善有助于培养创新型人才的教育培养机制。同时，加强科研院所和企业对创新人才的各类培养训练，特别是有关科技创新的培养训练。还可以出国学习深造，也可以采用企业、高校及科研机构联合对创新人才培训方式。以形成利用国内外教育培训资源、多种途径和多种方式的创新人才培养机制。可以通过在企业建立工程中心的途径，一方面使科技创新面向企业、面向市场，另一方面使企业形成人才培训的基地。

2. 人才的流动机制

人才的流动可以产生科技创新的溢出效益。因此，应建立健全合法、合理的人才流动机制。随着高新技术园区、科技产业集群的迅速发展，更需要为人才的流动构建便利的共享平台，完善区域科技创新的相关法律，以促进创新人才在区域内的高效流动，进而推动创新成果的扩散和带动科技创新整体水平的提高。

3. 人才引进机制

积极引进人才，保持技术人员队伍的相对稳定并使其充满活力，也是建立健全创新人才机制的一个内在要求。对于企业而言，为充分发挥技术骨干的作用，必须采取相应措施，确保他们留在企业并努力工作。在引进人才方面，一是及时制定和切实落实相关政策，努力吸引那些拥有对本企业发展有益的专利技术人员以资本金或专利技术参股，为企业今后发展积蓄力量。二是鼓励外聘技术人员以现金或薪酬入股，不断壮大企业的科技创新骨干队伍，增强企业创新实力。为了留住人才和吸引人才，还可以采取对做出重大贡献的人一次性予以重奖，或采取奖励其股份的方法；对于开发出高效益的新产品的创新人才，可以拿出新产品利润按恰当的比例付酬等措施。对于政府而言，要制定和切实落实相关政策，加大吸引海外人才回流的力度，如完善留学生创业园的重要功能，鼓励海外创新人才回国创业。

4. 企业家职能发挥机制

企业家是现代企业创新系统运作的核心，是现代企业科技创新行为的最高决策者。按照熊彼特的观点，企业和企业家的职能在于实现创新。企业家的创新意识与行为直接影响到企业的创新进程。国内外的实践也证明，凡是创新搞得好的企业，都至少有一个懂技术、会管理、善创新的企业家。企业家队伍的形成与其职能化的实现，是推动企业实施科技创新的基本保证。对于企业家队伍的建设，应从文化层次、知识结构和思维方式上加以提升和再塑造，同时也要采取国际通行的职业管理者的筛选与使用方法，完善新形势下企业家的激励机制和约束机制，使之真正成为企业科技创新的领军人。

参考文献

[1] 傅家骥. 技术创新学［M］. 北京：清华大学出版社，1998.

[2] 金碚. 企业竞争力测评的理论与方法［J］. 中国工业经济，2003（3）：5-13.

[3] 王秉安. 企业核心竞争力理论应用的探讨［J］. 福建行政学院，福建经济管理干部学院学报，2000（2）：32-36.

[4] 周星，张文涛. 企业核心能力培育与创造持续竞争优势［J］. 经济与管理研究，1999（1）：37-40.

[5] 邹海林. 论企业核心能力及其形成［J］. 中国软科学，1999（3）：56-59.

企业创新型科技人才竞争力评价指标体系的构建及应用

张传庆
（辽宁大学商学院，辽宁沈阳　110036）

2006年，胡锦涛总书记在“两院”院士大会讲话中指出，创新型科技人才是新知识的创造者、新技术的发明者、新学科的创建者，是科技新突破、发展新途径的引领者和开拓者，是国家发展的宝贵战略资源。创新型科技人才竞争力是企业提高核心竞争力的关键，是企业保持长期竞争优势的源泉，它能够使企业的生产可能性边界外移，为企业在某一时期内创造“垄断利润”，并推动企业实现组织创新与管理创新。但如何评估和提升企业创新型科技人才竞争力是摆在所有企业面前的一道难题。

为科学评估企业创新型科技人才的竞争力，本文综合运用文献研究、主成分分析、AHP、模糊评价等方法，构建一套科学评估企业创新型科技人才竞争力的指标体系，并用它来评价一个企业在创新型科技人才开发和管理方面的工作。以此反映企业创新型科技人才竞争力的现状，使企业能够客观地认识自身状况，找出存在的差距，制定行之有效的创新型科技人才开发与管理策略，使企业更有效地开发和利用创新型科技人才，进一步提升企业创新型科技人才竞争力，保持其竞争优势，使企业走上可持续发展的轨道。

一、创新型科技人才竞争力的内涵

创新型科技人才，是指能够适应市场经济需要和科学技术发展要求，具有广

作者简介：张传庆（1982—），男，汉族,山东临沂人，辽宁大学商学院博士，电子邮箱：zcq8888_521@126.com。

博而精深的知识结构、实事求是的科学态度、坚忍不拔的奋斗精神和科技自主创新能力很强的科技人才。人才竞争力是指一个国家或地区人才资源的数量、质量、结构、比例、流动、环境等各类人才因素在社会经济生活的竞争、搏杀和对抗中所显现的总体实力，是各类人才因素量化的有机综合和高度凝集。从创新型科技人才和人才竞争力的概念出发，创新型科技人才竞争力可以界定为长期持续从事科学发现、技术发明、技术创新活动的创新型科技人才数量、质量、结构、创造的科技成果和成长环境的有机综合和高度凝集，是企业人才建设的核心问题，是企业提高核心竞争力和保持持续竞争优势的根本因素。在本文的研究中，创新型科技人才并不是专指具有创新能力和创新意识并能取得创新成果的科技人才，而是指企业创新型科技人才的整体实力。

二、构建企业创新型科技人才竞争力评价指标体系的原则

在构建企业创新型科技人才竞争力评价指标体系时，应重点遵循以下原则：

（1）全面与重点相结合原则。评价体系应包括企业创新型科技人才的基本情况、人才投入、人才产出和人才环境四个主要部分，每一部分均含有若干指标，注意指标间互相联系和互相制约，同一层次指标尽可能的界限分明，以便体现出较强的系统性。同时，又要力求突出重点，把反映创新型科技人才竞争力的要素着重表现出来。

（2）重视人才环境建设原则。创新型科技人才竞争力的提升离不开环境的支持，企业在人才引进、考核、激励、配置等方面的人力资源管理制度以及企业的人文氛围都对创新型科技人才的成长有重要影响。在构建企业创新型科技人才竞争力评价指标体系时，应把企业的制度环境和人文环境建设考虑进来，以帮助企业正确定位目前的创新型科技人才的环境状况，找出改进的目标和方向。

（3）可持续性原则。要充分利用创新型科技人才竞争力指标体系各主要部分的独立评价和综合评价去反映创新型科技人才竞争力的现状，并将各主要部分相互结合对比，用以反映企业前期创新科技人才队伍建设的效果及未来创新型科技人才竞争力提高的潜力，体现出企业在科技创新方面的可持续发展能力。

（4）可操作性原则。确保被选择的指标简单、实用、可重复验证。在细化指标的同时也要力求整套指标简洁、清晰，使指标体系既能全面反映企业创新型科技人才竞争力，又不过于繁杂。

三、企业创新型科技人才竞争力评价指标的选取和指标体系的初步建立

目前，有关企业创新型科技人才竞争力评价研究的文献较少，相关研究主要集中在区域创新型科技人才竞争力评价研究和企业人才竞争力评价研究。韩红利和李荣平根据创新型科技人才竞争力的含义，构建了由人才投入、人才产出和环境建设3个模块、7个要素和17个指标构成的创新型科技人才竞争力评价指标体系，采用线性综合评价方法对全国31个省、自治区、直辖市的创新型科技人才竞争力进行综合测度。王建强和潘华静构建了以人才规模、人才素质、人才投入、人才产出的4个一级指标，共33个三级指标的河北省区域人才竞争力评价指标体系。郭晓丹运用理论模型构建了人才总量、财力投入、创新效率和支撑环境4个一级指标、16个二级指标的企业科技创新人才支撑能力的评价指标体系。陈军华等采用模糊评价法构建了以人力资源竞争力、人才环境竞争力、人才发展竞争力3个一级指标、8个二级指标、20个三级指标的石油企业人才竞争力评价指标体系。王锡群构建了以人才数量、人才比例、人才动态变化、人才效能和人才环境5个一级指标、19个二级指标的企业人才竞争力指标体系。陈峰构建了以企业人才资源、企业人才环境、企业经营绩效3个一级指标、9个二级指标、25个三级指标的中小企业人才竞争力评价的递阶层次结构。

整理以上文献可以发现，尚没有专门针对企业创新型科技人才竞争力的评价指标体系。本文首先总结了企业创新型科技人才竞争力评估的已有研究成果，整合和预选出符合指标体系构建目的和原则的48个有代表性的指标；其次邀请4名高科技企业的管理者和3名高校专家参加座谈会，要求他们从各自的立场出发，依据科学合理的指标体系原则，提出对企业创新型科技人才竞争力各种各样的考评要素，然后进行甄别和综合预选为42个有代表性的指标；最后根据总结、提炼的指标项，编制“企业创新型科技人才竞争力评估指标问卷”，在辽宁省高科技企业发放问卷150份进行调查，收回134份，有效问卷124份，并运用SPSS统计软件进行统计分析，采用主成分分析、方差检验筛选出企业普遍认为重要的指标，并分析每一因素中的共同特征，对各因子进行命名，最终形成了一套聚合效度较高的四级指标体系，如图1所示。二级指标包括创新型科技人才现状、创新型科技人才投入、创新型科技人才产出、创新型科技人才环境共4个，三级指标包括人才数量、人才结构、教育培训、物质环境、科技成果量等共12个，四级指标包括人才总量、学历结构、工作条件、人才考核制度、创新氛围等

共15个。

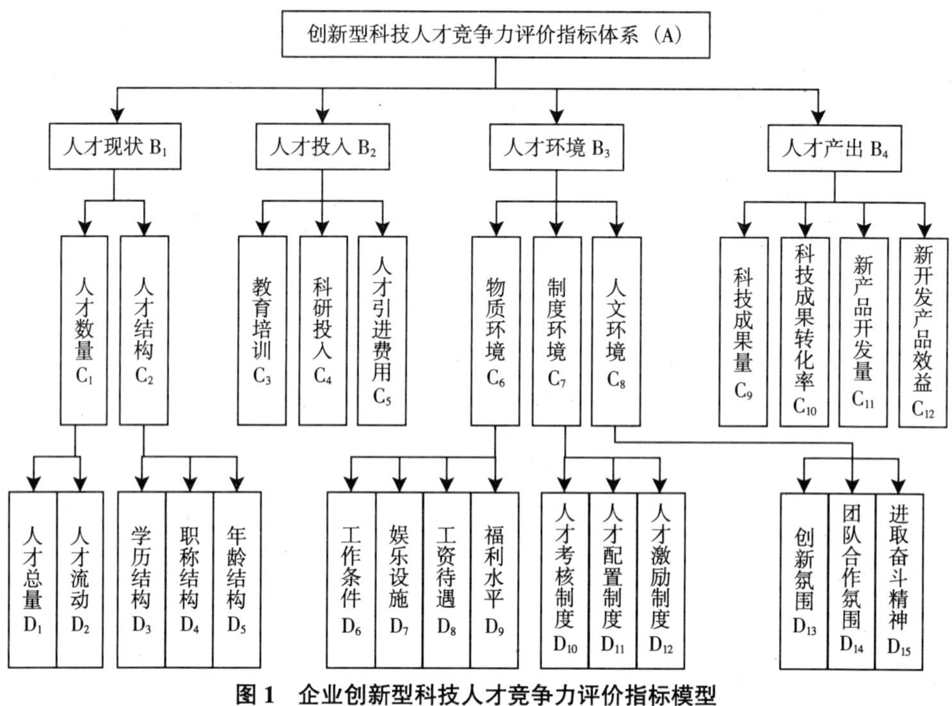

图1　企业创新型科技人才竞争力评价指标模型

四、企业创新型科技人才竞争力评价指标权重的确定

在确定企业创新型科技人才竞争力指标基础上，本文以层次分析法（AHP）为基础建立模型并确定各指标的权重。为确定指标的权重，由4名高科技企业管理人员和3名高校专家共7人组成权重确定小组，通过比较，进行充分的沟通、分析，综合大家的意见，确立大家认可的、具有针对性的指标两两重要性比较值。采用YAAHP0.5.2层次分析法软件对指标重要性比较值进行处理。

（一）企业创新型科技人才竞争力评价指标模型建立

根据初步构建的企业创新型科技人才竞争力评价指标体系，画出递阶层次结构模型，如图1所示。模型共计四层：目标层（A）、准则层（B）、次准则层（C）、方案层（D）。

（二）构造判断矩阵

前面我们已经构建了递阶层次结构体系，确定了各个指标之间的隶属关系，以此为基础构建判断矩阵。判断矩阵用来表述每一层次的各要素相对于上层要素的重要程度，例如判断矩阵：

$$A=\begin{pmatrix} a_{11} & a_{12} & \cdots & a_{1j} & \cdots & a_{1n} \\ \vdots & \vdots & \vdots & \vdots & \vdots & \vdots \\ a_{i1} & a_{i2} & \cdots & a_{ij} & \cdots & a_{in} \\ \vdots & \vdots & \vdots & \vdots & \vdots & \vdots \\ a_{n1} & a_{n2} & \cdots & a_{nj} & \cdots & a_{nn} \end{pmatrix} \tag{1}$$

式中，a_{ij} 表示针对上层元素而言，属于同一上层的要素 i 相对于要素 j 重要程度的数值，即重要性的标度，通常 a_{ij} 采用 1~9 标度。

根据评估指标模型，本文一共构建了 10 个判断矩阵，由 7 人组成的权重确定小组填写指标两两重要性比较值。我们以矩阵 1 为例，表 1 中第一行的 1 代表 B_1 和 B_2 同样重要，1/3 表示 B_1 比 B_4 稍微不重要。1/2 表示 B_1 比 B_3 重要性介于 1 和 1/3 之间。

表 1　B_1、B_2、B_3、B_4 的判断矩阵

A	B_1	B_2	B_3	B_4
B_1	1	1	1/2	1/3
B_2	1	1	1/2	1/3
B_3	2	2	1	1/2
B_4	3	3	2	1

（三）层次单排序及其一致性检验

针对企业创新型科技人才竞争力评价指标模型，在构造的判断矩阵基础上，通过 AHP0.5.2 层次分析法软件运算出最大特征值 λmax、权重向量 W 和一致性比率 CR，依据随机一致性指标 RI 值，如表 2 所示，计算出一致性指标 CI=CR×RI，如表 3 所示。如果 CR≤0.1，则认为判断矩阵符合满意的一致性标准，层次单排序的结果是可以接受的；如果 CR>0.1，则认为判断矩阵不符合满意的一致性标准，层次单排序的结果是不能接受的，须重新构建判断矩阵，直到通过检验。从而最终得到指标体系中各指标的权重。

表 2　RI 指标变化值

阶数	1	2	3	4	5	6	7	8	9
RI	0	0	0.58	0.90	1.12	1.24	1.32	1.41	1.45

表 3　B_1、B_2、B_3、B_4 的权重计算及一致性检验

A	B_1	B_2	B_3	B_4	W_A	一致性判断
B_1	1	1	1/2	1/3	0.1411	$\lambda max = 4.0104$
B_2	1	1	1/2	1/3	0.1411	$CI_A = 0.0035$
B_3	2	2	1	1/2	0.2627	$CR = 0.0039 < 0.1$
B_4	3	3	2	1	0.4550	

以此类推，对所有判断矩阵完成上述操作，将会得到所有判断矩阵的层次单排序的权重及一致性检验。本文构建的 10 个判断矩阵均通过了层次单排序一致性检验。

（四）软件自动运行得出各三级指标对体系总体权重，且整个层次通过一致性检验

（五）企业创新型科技人才竞争力评价指标权重体系

经过 AHP 方法计算并通过一次性检验，最终形成完整的企业创新型科技人才竞争力评价指标权重体系，如表 4 所示。表 4 中的实际等级评分采用主观评价法，根据企业创新型科技人才竞争力每个指标的实际情况，依据强弱分为五个等级进行打分，如表 5 所示。

表 4　企业创新型科技人才竞争力评价指标权重体系

一级指标	二级指标	三级指标	四级指标（要素）		
企业创新型科技人才竞争力评价指标体系	指标	指标	指标	要素对体系总体的权重	实际等级评分
	人才现状（0.14）	人才数量（0.3333）	人才总量（0.8333）	0.0392	
			人才流动（0.1667）	0.0078	
		人才结构（0.6667）	学历结构（0.2385）	0.0224	
			职称结构（0.6250）	0.0588	
			年龄结构（0.1365）	0.0128	

续表

一级指标	二级指标	三级指标	四级指标（要素）		
企业创新型科技人才竞争力评价指标体系	人才投入（0.14）	教育培训（0.2385）		0.0337	
		科研投入（0.6250）		0.0882	
		人才引进费用（0.1365）		0.0193	
	人才环境（0.26）	物质环境（0.6833）	工作条件（0.1014）	0.0182	
			娱乐设施（0.0533）	0.0096	
			工资待遇（0.5713）	0.1026	
			福利水平（0.2740）	0.0492	
		制度环境（0.1998）	人才考核制度（0.1634）	0.0086	
			人才配置制度（0.5396）	0.0283	
			人才激励制度（0.2970）	0.0156	
		人文环境（0.1168）	创新氛围（0.5）	0.0153	
			团队合作氛围（0.25）	0.0077	
			进取奋斗精神（0.25）	0.0077	
	人才产出（0.46）	科技成果量（0.0655）		0.0298	
		科技成果转化率（0.3243）		0.1476	
		新产品开发量（0.1026）		0.0467	
		开发新产品的效益（0.5076）		0.2310	

注：表中括号内的数字为各指标对体系总体的权重。

表 5　等级评分

等级	5	4	3	2	1
含义	非常强	较强	一般	较弱	非常弱

五、基于模糊评价法的企业创新型科技人才竞争力评价指标体系的应用——以辽宁省某家高科技企业为例

模糊综合评价法是一种基于模糊数学的综合评标方法，根据模糊数学的隶属度理论把定性评价转化为定量评价，即用模糊数学对受到多种因素制约的事物或对象做出一个总体的评价。它具有评价结果清晰、系统性强等优点，能较好地解决模糊的、难以量化的问题，适合于各种非确定性问题的解决。根据表 4 的评价指标体系可知，企业创新型科技人才竞争力的相关评价信息具有一定的模糊性，而模糊综合评价能有效地处理模糊信息，使评价结果更加接近现实。因而，本文选择辽宁省某家高科技企业，对其创新型科技人才的竞争力进行评估。通过问

卷，让该企业10名研发人员和管理人员根据等级评分表在指标评价体系的实际等级评分栏打分，以说明如何在实践中应用构建出的企业创新型科技人才竞争力评价指标体系。模糊综合评价过程一般包括五个步骤：

1. 建立评估因素集

2. 建立评估因素权重集

前面我们使用AHP方法建立了完整的竞争力评价体系，即已完成了第一和第二步骤，在此基础上使用模糊综合评价的方法，可以对企业创新型科技人才竞争力强弱程度做出准确评价。

3. 建立评价集

给出模糊值映射：

$$f: Y \rightarrow F(V) \tag{2}$$

$f(y_i)=(r_{i1}, r_{i2}, \cdots, r_{ij}, \cdots, r_{im}) \in F(V)$，$i=1, 2, \cdots, n$。其中，$f(y_i)$是关于因素$y_i$的评语模糊向量，$r_{ij}$是关于$y_i$具有评语（标准）$v_j$的程度。

表5中的实际等级评分采用主观评价法，根据企业创新型科技人才竞争力每个指标的实际情况，按强弱分为五个等级进行打分，如表5所示。V是实际等级评分集，$V=(v_1, v_2, v_3, v_4, v_5)$，其中，$v_1$表示“非常弱”，$v_2$表示“比较弱”，$v_3$表示“一般”，$v_4$表示“比较强”，$v_5$表示“非常强”。

4. 进行单因素评价

由f导出Y到V的模糊关系——综合评价矩阵$R=R_f=(r_{ij})_{n\times m}$。对于第一个指标“人才总量”，该企业的问卷分析显示：比较强的占24.8%；一般的占34.6%；比较弱的占40%，因此得到：$v_1=(0, 0.4, 0.346, 0.248, 0)$。按照此方法依次计算，从而得到各个单因素评价合成的评价矩阵。

5. 综合评价

对于因素集Y上的模糊向量a $(a_1, a_2, \cdots, a_n)$，n=22，通过R变换为评语集V上的模糊集$b=a\cdot R=(b_1, b_2, \cdots, b_m)$，m=5，其中，$b_j=\bigvee_{k=1}^{n}(a_k \wedge r_{kj})$，$j=1, 2, \cdots, m$；$\sum_{i=1}^{n} a_i=1$。

在本问卷的计算中，$a=(a_1, a_2, \cdots, a_n)$，n=22，代表各个指标的权重（指标体系中底层指标的权重）。计算完成后得到b。问卷评语中，非常强代表5分，比较强4分，一般3分，比较弱2分，非常弱1分，因此其W矩阵：W=(1，2，3，4，5)。根据公式$c=\sum_{j=1}^{m} w_j b_j$，m=5，可以算出该高科技企业创新型科技人才竞争力得分，为3.325。

根据计算结果，该高科技企业的创新型科技人才竞争力得分为3.125，处于

5 分制的一般水平和比较强之间（3~4 分）。因此我们可以得出结论：该高科技企业的创新型科技人才竞争力一般。这个结果与我们访谈了解的情况也基本一致，因该高科技企业成立时间不到 4 年，创新型科技人才队伍正处于建设期，创新型科技人才总量还较少，队伍结构还不够合理，制度环境还不够完善，但开发的新产品已创造了一定的效益。

六、结束语

定量和定性相结合的企业创新型科技人才竞争力指标体系的应用，能帮助企业高层管理者了解自身企业创新型科技人才竞争力的现状，发现创新型科技人才开发与管理方面存在的问题，并且通过指标体系的应用进一步总结经验和问题，加大对创新型科技人才的投入，创建和改善有利于创新型科技人才成长的环境，提高创新型科技人才的产出效益，从而不断提高企业创新型科技人才竞争力，提高企业核心竞争力，以保持企业长期竞争优势。

参考文献

[1] 波特，李明轩. 国家竞争优势［M］. 邱如美译. 北京：华夏出版社，2002.

[2] 韩利红，李荣平. 河北省创新型科技人才竞争力评价与分析［J］. 河北大学学报，2009 (6).

[3] 王建强，潘华静. 河北省区域人才竞争力比较研究[J]. 中国人力资源开发，2009（12).

[4] 郭晓丹. 吉林省企业科技创新人才支撑能力建设研究［D］. 吉林大学硕士学位论文，2007.

[5] 陈军华，陈光玖，陈利琼. 基于模糊评价法的石油企业人才竞争力评价［J］. 西南石油大学学报，2009 (1).

[6] 王锡群. 企业人才竞争力评价指标体系的构建［J］. 当地经济，2007 (1).

[7] 陈峰. 中小企业人才竞争力评价与培育研究［D］. 江苏大学硕士学位论文，2010.

[8] 汪树玉，刘国华. 系统分析［M］. 北京：浙江大学出版社，2002.

第三篇

政府规制与企业成长

规制改革对我国发电行业上市公司绩效影响的实证研究
——基于面板数据和随机前沿分析方法

梁树广

（辽宁大学商学院，辽宁沈阳　110036）

一、引　言

发电行业是国家的重要基础产业，是关系到国计民生的公用事业，承担着重要的社会责任。改革开放以来，我国发电行业得到迅速发展。截至 2010 年底，全国发电装机容量达到 96219 万千瓦，是 1978 年的 16.8 倍，全国全口径发电量达到 42280.15 亿千瓦时，是 1978 年的 16.4 倍。我国发电行业能够得到如此快的发展，与我国对发电行业进行规制改革有很大关系。究竟发电行业规制改革与其绩效的关系如何？这是本文研究的主要问题。企业是构成一个行业的基础，要研究发电行业的规制改革效果，首先应从发电企业在规制改革过程的绩效上观察，观察发电企业的绩效是否实现规制改革所要求的目标。发电企业规制改革的目标较多，如规模经济、社会服务、效率等。但是，最终反映到企业绩效上的是提高效率和降低成本。因此，本文衡量发电行业微观层面规制改革效果主要是从规制改革对发电企业的技术效率和利润影响两个方面查看：利润指标主要反映了发电行业的资源配置效率；技术效率反映了发电行业投入产出效率。从数据获得性考虑，本文选取了发电行业的上市公司作为研究样本。

本文选取 1997~2010 年我国 20 家发电行业上市公司数据，利用面板数据和随机前沿分析方法测算了规制改革对公司绩效的影响，为我国政府分析发电行业

作者简介：梁树广（1982—），山东聊城人，辽宁大学商学院 2009 级博士研究生，研究方向：规制经济学。

规制政策的效果提供了一种重要的分析工具，并为当前我国电力产业规制政策的制定提供一定实证依据。本文具体结构如下：第二部分是文献综述；第三部分总结我国发电企业的发展及其规制改革过程；第四部分介绍本文相关的指标、数据和模型；第五部分为实证分析结果；第六部分是结论和启示。

二、文献综述

21 世纪以来，随着规制实证研究的发展，人们越来越认识到：一方面，规制并不会发生在制度真空中，监管者或规制者与企业所处的制度环境会系统地影响企业的行为模式和绩效；另一方面，企业治理结构特征决定于多种制度因素，包括一国的法律体系、社会结构、监管者或规制政策等各个方面。这两点均对传统的规制研究提出了挑战，即规制不仅会影响被规制企业内部的公司治理结构，而且这种影响如何发生、结果如何，还受制于规制者和被规制企业所处的制度环境。我国正处于转型期，而且大部分发电企业是由国有大企业转型过来，政府规制政策必然会影响到企业的运营，同时从发电企业的运营效果也可以反映电力产业的规制政策效果。因此，应建立一个分析框架去分析规制影响被规制企业的运营效果的研究框架。

从以往对规制对企业绩效影响的国内外研究看，主要从两方面探索：一是规制改革对发电企业治理结构的影响，主要是对公司治理结构中的股权结构、董事会特征、企业高管的激励水平影响的考察；二是规制改革对发电企业绩效的影响，主要是从利润和效率角度考察。对于规制改革对发电企业绩效研究主要有 Alexander Vaninsky（2006）用 DEA 方法估计了美国 1991~2004 年电力行业的技术效率，把营业费用和能源耗费作为投入，净资产利用率作为产出，结果显示 1994~2000 年阶段效率比较稳定，在 99%~100%，而在 2000 年后急剧下降，在 94%~95%。Kemal Sarica、Ilhan Or（2007），Antonio Estachea、Beatriz Tovarc 等（2008），Carlos Pestana Barros（2008）分别对土耳其、南非和葡萄牙的发电厂效率进行评估。于良春等（2006）利用面板模型从产业和企业角度研究了电力产业规制改革对企业净资产收益率和资产负债率的影响。陶锋等（2008）、李永来（2009）、白雪洁和宋营（2009）、梁树广（2011）等利用各种 DEA 方法测算电力企业效率，有的研究则更进一步运用 DEA 方法对电力公司的技术效率进行了具体的影响因素分析，并提出了相应的改进措施。还有一些学者利用随机前沿分析方法测算了电力企业的技术效率，如刘新梅（2007），王家庭、赵晶晶（2008），李眺（2009）等，张各兴、夏大慰（2011）利用随机前沿分析技术对我国发电企业的技术效率进行研究，并且测算了公司治理结构以及所有权结构、电价规制改革、环境规制等因素对技术效率的影响。

综上所述，现有对发电行业规制改革效果研究，主要是从行业层面研究，而从企业层面研究的较少，且多是从产权角度单纯研究发电企业效率，没有考虑到外部环境对发电企业绩效的影响。本文基于此，在考虑规制改革环境下，建立计量模型，测算发电企业绩效，并且这里的绩效不仅包括效率还包括利润，同时测算各种因素对发电企业绩效影响，本文未考虑规制对公司治理结构的影响。

三、我国发电企业的发展及其规制改革过程

（一）我国发电企业的发展过程

我国发电企业的发展是一个由垄断逐渐走向市场竞争的过程。我国发电企业发展分为三个阶段。

第一阶段独家办电到多家办电（1949~1997 年）。自新中国成立以来到 1985 年，我国发电产业由国家垄断经营，基本上是“独家办电”，仅有国家投资设立发电企业。当时的发电企业是一家福利单位，存在电价结构不合理、缺乏足够发展基金等问题。为了解决建设资金和电力供应长期不足的问题，1985 年，我国开始对发电市场实行集资办电的政策，这导致了一大批地方、民营、外资、合资发电企业成立，逐渐形成了投资主体多元化的局面，对我国发电产业发展起到极大的推动作用。

第二阶段政企分开（1998~2002 年）。1997 年 1 月，成立国家电力公司开启第二轮电力体制改革，这一阶段的主要目标就是打破政企不分、独家垄断的发电市场结构，改变新中国成立以来电力行业主管部门就是行业经营管理部门的传统经营管理模式。通过公司制改革，实现政企分开，引入竞争、优化资源配置，建立规范有序的电力市场。

第三阶段厂网分开（2003 年至今）。2002 年 3 月，国务院正式批准了《电力体制改革方案》，该方案为了在发电环节引入竞争机制，实行“厂网分开”，将国家电力公司管理的电力资产按照发电和电网两类业务进行划分。同年 10 月，电力资产重组进入实施阶段，根据国务院《发电资产重组划分方案》，2002 年 12 月 29 日，国家电力资产重组和 11 家电力公司的组建（改组）完成。发电环节按照现代企业制度要求，将国家电力公司管理的发电资产直接改组或者重组为规模大

致相当的5个全国性的独立发电集团公司，逐步实行竞价上网，开展公平竞争。

（二）我国发电企业规制改革过程

我国发电企业的规制过程实际上是由严格规制到放松规制的过程。国家电力企业的规制主要是通过进入规制和价格规制。对发电企业的进入规制，1985年以前国家对建设发电企业实行严格的审批制，只有国家可以建立。1985年逐步放松规制，允许民营、外资建立发电企业。1997年，由于金融危机的影响，电力出现供给剩余，国家对发电企业建立又开始严格。2002年后，我国对发电企业实行了放松规制，五大发电企业集团大肆建立发电企业，跑马圈地。虽然，我国发电企业对民营资本和外资放松了进入规制，但是由于受到资本限制、行政垄断、网点、地理位置和盈利能力等因素的限制，在发电企业中，国有资本占主导地位，民营和外资资本所占比例较少。

对发电企业的价格规制，可以分为五个阶段：第一阶段计划经济下的严格规制时期（1980年以前），这一阶段实质上是政府在计划经济条件下对终端用电价格的行政管理；第二阶段电价规制改革起步时期（1980~1985年），这一阶段由于受改革开放的影响，电价的形成机制开始走上价值回归之路；第三阶段价格规制初步形成时期（1986~1997年），由于受1985年集资办电的影响，我国形成了多种电价制度，并最终形成了我国对电力企业以成本加成电价为核心的投资收益率价格规制模式；第四阶段电价规制改革的调整时期（1998~2002年），这一阶段是主要的电价政策调整，是由“经营期定价”政策，调整为按社会平均先进成本定价，同时统一规范了电力企业的资本金收益率水平；第五阶段竞价上网（2003年至今），2003年7月，国务院发布了《电价改革方案》，相继开展了上网电价、输配电价和销售电价改革试点。电价的规制主要有上网电价和销售电价，对于发电企业就是上网电价规制。此阶段实行竞价上网，形成了成本决定机制，具有一定的激励性，但是现在这种价格规制方式还不完善。

从我国发电企业发展及其规制改革过程可以看出，发电企业开始时处于垄断地位，利润率较高，这从上市公司的利润报表中可以看出。随着国家对其进行放松规制，打破垄断，引入竞争，利润率逐渐降低。这个过程应该伴随的是效率的提升，因为原先政府规制对电力企业无任何压力，而随着政府规制改革，实行了激励性规制，逼迫企业降低成本，提高生产经营效率。

四、变量选择和模型设定

（一）变量的选择

1. 被解释变量的选择

从公司绩效的角度考察规制改革的效果时，绩效指标的选取既要反映公司实际绩效又要同时反映规制改革的目标，还要排除宏观经济周期和大市波动对绩效的影响。一般来说，政府规制垄断企业的基本目标有两个：一是使垄断企业得到一个“合理的收入或收益率”；二是垄断企业能够以最低的成本满足社会对其服务的需求。但是在具体目标上，不同学者提出了不同的观点。公司绩效本身也是一个含义广泛的概念。Buekert、Walker 和 Roering 指出，公司绩效包括三层意义：①效果，即与竞争者在产品和服务方面的对比结果；②效率，即投入与产出的比例关系；③适应性，即面对环境威胁与机会选择时的应变能力。苏武康认为，公司绩效是指公司经营的业绩和效率，它反映了公司的经营效果。谭克认为，公司绩效是经营者合理配置公司内外各种资源，有效达成公司目标的程度或表现。

本文综合规制改革的目标和公司绩效的含义，选择了利润和效率两个公司绩效指标。利润率反映了公司实际经营的业绩，而效率反映了公司内部利用各种生产要素的投入产出比。目前，国内外关于公司绩效的实证研究大多采用股票收益的托宾 Q 值和反映公司账面业绩的净资产收益率（ROE）作为公司绩效的度量。虽然托宾 Q 值［企业市价（股价）/企业的重置成本］能够反映公司的综合情况，但是，由于我国资本市场还不完善，没有足够的数据信息计算我国上市公司总资产的重置成本，也就无法准确计算托宾 Q 值。因此，我国大多数学者利用 ROE 作为企业绩效衡量标准。但是企业绩效应当包括“质”和“量”两个方面。因此，本文选择“量”的净资产收益率（ROE）指标和“质”的效率指标衡量公司绩效。

2. 解释变量的选择

（1）规制改革变量。由于选取时间为 1997~2010 年的数据，从我国发电企业及其规制改革过程可以看出，这期间我国发电企业发生重大规制改革就是“厂网分开，竞价上网”。因此，此规制改革变量为“厂网分开”，当公司处于“厂网分开”试点时期时，该变量取 0.5，否则取 0，当公司处于全面进行“厂网分开”

时期时，该变量取 1，否则取 0。厂网分开规制改革于 1998 年开始试点，一开始有 6 个省进行试点，分别是辽宁、黑龙江、吉林、上海、浙江、山东。由于政策效应具有滞后性，本文选取滞后一、二、三期的规制改革变量。

（2）资本结构——资产负债率。在上市公司的资金中，由于使用固定利率或者可浮动的债务资金可以获得税收庇护，并且能够利用债权人的资金，投资于高风险项目，一方面能够获得高收益，而且能转移风险；另一方面利用债务杠杆作用，获取杠杆收益。因此，本文选取反映资本结构的资产负债率作为第一控制变量，以控制杠杆作用对企业绩效的影响。

（3）企业规模——总资产的对数。新古典经济学的企业理论认为，现代企业优势源自规模经济和范围经济。该理论指出了企业规模扩展的内在动因。企业扩大经营规模，可以降低长期平均成本，提高其经营效率，进而产生大规模的生产经济性，在激烈的市场经济中赢得成本优势。因此，本文将企业规模作为对企业绩效影响的第二控制变量，该指标以总资产的自然对数来衡量企业规模。

（4）成长发展指标——上市年龄。一个公司上市时间越长，说明该公司的成长发展时期越长。其对上市公司绩效有两方面影响：一方面是有利影响，由于公司上市时间长，公司在其业务领域内具有各方面优势，如管理、技术、人员等，所以其绩效应该更高；另一方面是不利影响，就是由于上市时间长，公司有很多负担，不能及时更新设备和技术，从而落后于新上市公司的发展。因此，本文选择反映公司成长发展重要指标的上市公司年龄作为影响企业绩效的指标。

（5）成本指标——煤炭价格指数。本文选取的发电行业上市公司，基本以发电为主营业务，而在这些发电公司中，80%以上的公司是以煤为电力源。煤作为发电公司的电力产品的原材料，是一种生产成本。煤价升降对公司的经营绩效有很大影响，而当前我国的这种“市场煤，计划电”机制，是影响我国发电上市公司盈亏的一个重要因素。因此，本文选择了煤炭价格指数作为影响公司绩效的成本指标。

固定资产、在职员工数、净资产收益率、资产负债率、总资产、上市公司年龄从各个上市公司的年报中获得，煤炭价格指数来自于历年的《中国统计年鉴》。从这些数据中发现，我国发电行业上市公司的净资产收益率处于下降趋势，1997 年平均为 16%，而 2010 年平均为 3.45%；资产负债率处于上升趋势，1997 年平均为 39%，2010 年平均为 59.2%，最高达到了 88%；总资产和固定资产处于上升趋势，1997 年平均为 10 亿元左右，2010 年平均达到了 100 亿元以上；煤炭价格指数波动幅度较大。

（二）模型设定

由于本文从利润和效率两个方面衡量公司绩效，因此，需要建立两个模型考察规制改革变量对绩效的影响，并进一步分析了影响绩效的变化因素。

首先，本文以电力企业的净资产收益率为被解释变量，以资产负债率、上市公司年龄、企业规模、规制变量和煤炭价格指数为解释变量，建立面板模型，以衡量规制政策对上市公司绩效的影响。首先根据F检验选择模型的形式，经检验后选择变截距模型，然后通过 Hausman 检验确定应采用固定效应还是随机效应的面板数据模型。而四个模型的横截面检验方差无效，导致 Hausman 统计量设定为零。因此无法根据 Hausman 检验结果判断应采用固定效应模型还是随机效应模型。笔者认为，由于煤炭价格指数和上市年龄的数据问题，致使 Hausman 检验无效。通常固定效应模型适用于仅以样本自身效应为条件的研究，而随机效应适用于以样本对总体效应进行推论。由于本文主要是从我国发电行业上市公司中抽取样本，以推论整个发电行业的规制改革对公司绩效的影响。因此，本文选择个体变截距随机效应模型来进行分析，并根据影响上市公司利润的规制改革变量和其他控制变量，建立面板模型。具体模型如下：

$$Y_{it} = \alpha + \beta R_{it} + \gamma D_{it} + \delta A_{it} + \xi S_{it} + \eta P_{it} + \varepsilon_{it} \tag{1}$$

式（1）即为影响公司净资产收益率的面板模型，式中，Y_{it} 是第 i 个上市公司 t 年的绩效，α 为常数项，β、γ、δ、ξ、η 是各个解释变量的回归系数，其中 R_{it}、D_{it}、A_{it}、S_{it}、P_{it} 分别表示 i 上市公司 t 年的规制改革、资产负债率、上市公司年龄、煤炭价格指数；ε_{it} 为误差项。

本文利用随机前沿分析方法研究规制改革变量对发电行业上市公司技术效率的影响。随机前沿分析方法最早由 Farrell（1957）提出，此后在 20 世纪 70 年代末，Meeusen 和 Broeck，Aigner、Lovell 和 Schmist，Battese 和 Corral 等许多学者发展和完善。本文根据 Battese 和 Coelli（1995）模型的基本原理，采用了基于 Cobb-Douglas 生产函数的随机前沿生产函数模型，对发电行业上市公司技术效率水平及规制改革变量对其影响进行测算。

电力生产是由电力上市公司组织进行的电力产品的生产活动。电力生产过程是一个需要消耗大量人力、物力和财力的过程。因此，本文选取固定资产和员工数量作为投入指标，电力企业的产出形式主要是电力，而电力最终要卖给消费者和企业，形成公司收入，因此本文选取主营业务收入作为其产出指标，反映其产出水平。为了对比，影响效率因素与影响利润因素一样，在此不在对其详细阐述。

因此，本文建立规制改革影响效率的模型如下：

$$\ln(y_{it}) = \beta_0 + \beta_1 \ln(k_{it}) + \beta_2 \ln(l_{it}) + (v_{it} - u_{it}) \quad i=1, 2, \cdots, N; \ t=1, 2, \cdots, T \tag{2}$$

在 BC 模型中，对于技术非效率 u_{it} 的值，可用环境变量的线性回归方程表示：

$$u_{it}=\delta_0+\delta_1(R_{it})+\delta_1(D_{it})+\delta_1(A_{it})+\delta_1(S_{it})+\delta_1(P_{it})\quad i=1,\ 2,\ \cdots,\ N;\ t=1,\ 2,\ \cdots,\ T \tag{3}$$

Battese 和 Corral 将 BC 模型中两个误差项的方差参数 σ_v 和 σ_u 表示为 $\sigma^2=\sigma_u^2+\sigma_v^2$ 和 $\gamma=\sigma_u^2/\sigma_v^2$，若 $\gamma=0$，则 $\sigma_u^2\to0$，说明所有公司都位于有效的生产前沿面上，此时无须使用随机前沿技术对面板数据进行分析，可以运用简单的最小二乘法即可。

五、实证分析结果

为消除截面异方差的影响，利用 EViews6.0 软件，使用广义最小二乘法（GLS）进行回归估计。1997~2010 年，发电行业上市公司绩效与规制变量及其控制变量个体随机效应模型估计结果，如表 1 所示。由于政策具有滞后性，本文选取了规制改革变量滞后 1、2、3 期的随机效应模型，以考察规制政策的滞后性，结果如表 1 中模型 2、模型 3、模型 4 所示。

表 1　1997~2010 年我国发电行业上市公司规制改革对公司利润影响的回归结果

自变量	模型 1	T 检验	模型 2	T 检验	模型 3	T 检验	模型 4	T 检验
C	-7.98*	-10.95	-9.59*	-11.40	-8.74*	-10.49	15.24*	9.26
R	0.22*	7.06	0.16*	4.51	0.01	0.47	0.43*	10.87
D	-1.77*	-12.34	-2.11*	-12.66	-2.49*	-16.13	-1.68*	-14.80
A	-0.08*	-14.23	-0.08*	-11.53	-0.05*	-8.73	0.00	-0.65
S	0.46*	12.63	0.55*	12.78	0.51*	12.21	-0.58*	-7.58
P	-0.01*	-9.26	-0.01*	-8.59	-0.01*	-8.77	-0.01*	-18.31
R^2/调整后的 R^2	0.77/0.75		0.758/0.753		0.787/0.783		0.904/0.902	
F	36.63*		159.35*		173.81*		405.7*	
D.W.值	2.7*		2.1		2.2		2.77	

注：*、**、*** 分别表示在 1%、5%、10%的显著性水平上显著，无 * 表示未通过检验。有滞后变量时，D.W. 检验无效，所以，模型 2、模型 3、模型 4 没有通过 D. W. 值判断自相关。

根据上述数据，运用 Battese 和 Coelli（1995）提出的算法，使用前沿生产函数专用程序软件 FRONTIER-XP 4.1 测算了 1997~2010 年我国发电行业上市公司技术效率及其规制改革变量对效率的影响，结果见表 2、表 3。

表 2　1997~2010 年我国发电行业上市公司随机前沿生产函数的参数估计结果

变量	c	β_1	β_2	δ_0	δ_1	δ_2	δ_3	δ_4	δ_5
系数	4.68*	0.81*	0.06**	9.04**	1.38***	15.16*	-0.62*	-0.31***	-0.1**
t 统计值	5.46	20.27	-1.97	2.18	1.53	3.53	-3.83	-1.51	-1.94
σ^2	2.9*（8.42）								
γ	0.89*（39.56）								
LR	-300.27*								

注：*、**、*** 分别表示在 1%、5%、10%的显著性水平上显著，无 * 表示未通过检验。LR 为似然比检验统计量，此处它符合混合卡方分布，通过了 1% 的显著水平下检验。

1. 显著性检验

从表 1 中可以看出，利润绩效检验模型 1 中的 5 个解释变量的系数都通过了 1%的显著性检验，并且 F 检验也通过了 1%的显著性检验，说明所选择自变量对因变量的解释力度较好。其他三个滞后规制改革变量，F 检验都通过 1%的显著性检验，而且 R^2 值越来越大，模型拟合度越来越好，如滞后 1、2、3 期的 R^2 值为 0.75、0.78、0.9，说明规制政策确实有滞后性，滞后期一般为 3 年。模型 1 中的 D.W.值通过 1%显著性检验，说明模型中不存在自相关问题。

从表 2 中可以看出，效率绩效检验模型中的 LR（似然比检验）值，方程在 1% 的显著水平下通过了检验。这说明，方程中的误差项有明显的复合结构，因此，对于 14 年间的数据使用 SFA 技术是很有必要的。并且，根据 γ 的统计检验结果都为显著，表示 $\gamma = 0$ 的假设被拒绝，说明在模型中的技术非效率都显著存在。

2. 规制改革变量对公司绩效的影响

规制改革变量对净资产收益率的影响为正，说明我国“厂网分开”的规制改革对我国发电行业上市公司利润影响为正，表明我国规制改革确实提高了公司的盈利能力。在随机前沿影响因素分析中，其系数符号所代表含义与其相反（系数 δ_j 所代表的含义是，若 δ_j 为正，表明变量 j 对技术效率有负影响；若 δ_j 为负，表明变量 j 对技术效率的影响为正，并且 δ_j 的绝对值越大，说明该影响就越大）。由表 2 可以看出，规制改革变量的系数为 1.38，规制改革对我国的发电行业上市公司的技术效率有负向影响，表明“厂网分开”规制改革，能够提高公司利润，但是却没有相应提高公司内部的效率。

3. 资产负债率对公司绩效的影响

从表 1 中可以看出资产负债率对净资产收益率有负向影响，说明我国发电行业上市公司的资产负债率并没有促进其利润增长，即资本杠杆并没有发挥增加公司价值的作用。根据资本结构相关理论，资产负债率一般在 50%左右合适，而我国发电行业上市公司的资产负债率大部分在 50%以上，这增加了公司的财务负担并影响公司未来发展，因此，对其盈利有负向影响。在表 2 中，资产负债率对效率的影响系数为 15.16，为负向影响。这说明，高的负债率并没有使公司提高效率生产，这是因为我国的发电行业上市公司是国有企业，还债的最终负责人是国家，对其压力较小，并不能迫使其提高投入产出效率。

4. 上市年龄对公司绩效的影响

上市公司年龄对净资产收益率的影响为负向影响。这是因为我国发电行业上市公司大多是国有企业，国有企业中退休工人负担和社会负担较重，因此，上市时间越长，其负担越重，对利润影响也就是负向。而上市年龄对效率影响是正向的，说明上市公司上市越长，公司的运营能力、技术、人员优势对公司内部的技术效率有较大影响。

5. 资产规模对公司绩效的影响

资产规模对利润是正向影响，由于发电行业上市公司所在行业是一个资本密集型行业，规模越大，其越具有规模经济性，但是效率模型测度中，我国发电行业上市公司已处于规模报酬递减阶段。这可以说与我国 2002 年成立了五大发电集团，各大集团公司跑马圈地、大力投资有关。资产规模对效率也有正向影响。这说明在发电行业中，企业规模对其盈利能力和效率都有较大影响。

6. 煤炭价格指数对公司绩效的影响

煤炭价格指数对利润是负向影响，符合现实中的情况，煤炭价格高，电力企业成本加大，利润减少。一直以来，我国煤炭价格是影响我国发电行业上市公司的重要因素。只要煤炭价格上涨，我国大部分发电企业就会亏损。而煤炭价格指数对效率影响却是正向影响。这表明当企业成本压力增大时，公司就会为了节俭成本，提高公司的管理效率，增大投入产出能力，反而促进了公司技术效率的提高。

7. 发电行业上市公司的效率

从资本和劳动力两大要素的产出弹性来看，$\beta_1=0.81$，$\beta_2=0.06$，资本的产出弹性大于劳动力的产出弹性，不仅通过了 5%的显著性水平，且 $\beta_1+\beta_2<1$，公司处于规模报酬递减阶段。可见，发电行业上市公司是一个资本密集型行业，而且劳动力在发电行业中无显著性作用。因此，目前在我国发电行业上市公司的发展中，资本投入仍然占据着不可替代的地位，这一结论与目前主流看法一致。我国发电行业上市公司 1997~2010 年的平均技术效率为 0.7，并呈波动上升趋势，我国发电行业上市公司的效率总体上不高，见表 3。

表 3　1997~2010 年发电企业上市公司技术效率

公司代码＼年份	1997	1998	1999	2000	2001	2002	2003	2004	2005	2006	2007	2008	2009	2010
600744	0.49	0.00	0.59	0.75	0.77	0.66	0.60	0.62	0.77	0.61	0.63	0.67	0.60	0.78
600795	0.58	0.71	0.71	0.35	0.67	0.61	0.59	0.67	0.69	0.69	0.82	0.85	0.73	0.75
000767	0.70	0.72	0.82	0.44	0.50	0.54	0.52	0.76	0.79	0.74	0.78	0.79	0.59	0.74
000543	0.81	0.81	0.80	0.81	0.83	0.84	0.82	0.89	0.89	0.83	0.84	0.85	0.83	0.83
000426	0.79	0.54	0.69	0.54	0.56	0.54	0.21	0.53	0.60	0.57	0.61	0.68	0.80	0.81
000539	0.82	0.81	0.81	0.81	0.75	0.77	0.85	0.86	0.85	0.85	0.84	0.86	0.83	0.84
000899	0.74	0.58	0.62	0.79	0.80	0.81	0.80	0.71	0.72	0.79	0.67	0.77	0.51	0.55
600098	0.44	0.70	0.72	0.77	0.80	0.80	0.81	0.84	0.89	0.89	0.85	0.87	0.88	0.89
600116	0.45	0.39	0.37	0.39	0.68	0.71	0.64	0.69	0.73	0.71	0.54	0.62	0.53	0.62
600642	0.77	0.37	0.43	0.54	0.59	0.80	0.71	0.73	0.86	0.86	0.86	0.87	0.86	0.91
600863	0.80	0.78	0.73	0.75	0.77	0.71	0.79	0.69	0.69	0.67	0.81	0.76	0.81	0.82
600864	0.43	0.39	0.64	0.49	0.52	0.55	0.54	0.59	0.78	0.75	0.81	0.75	0.70	0.72
600719	0.60	0.32	0.41	0.67	0.67	0.50	0.51	0.56	0.57	0.55	0.56	0.65	0.57	0.65
600886	0.83	0.77	0.84	0.85	0.87	0.69	0.44	0.53	0.57	0.56	0.80	0.83	0.67	0.50
600726	0.74	0.49	0.53	0.79	0.81	0.83	0.68	0.65	0.68	0.67	0.64	0.70	0.80	0.70
600674	0.78	0.63	0.82	0.87	0.88	0.91	0.88	0.87	0.70	0.82	0.60	0.69	0.72	0.75
600101	0.70	0.71	0.74	0.71	0.59	0.68	0.56	0.60	0.57	0.51	0.57	0.69	0.64	0.81
000531	0.67	0.43	0.49	0.56	0.77	0.77	0.74	0.79	0.80	0.78	0.63	0.82	0.79	0.81
000027	0.48	0.48	0.53	0.77	0.80	0.82	0.82	0.82	0.89	0.89	0.83	0.85	0.84	0.85
000037	0.69	0.69	0.70	0.82	0.85	0.79	0.78	0.86	0.85	0.78	0.78	0.83	0.66	0.79
平均值	0.67	0.56	0.65	0.67	0.72	0.72	0.67	0.71	0.74	0.72	0.72	0.77	0.72	0.76

六、结论和启示

本文对我国 1997~2010 年的 20 家发电行业上市公司，运用面板数据和随机前沿分析方法，测算了规制改革、资产负债率、上市年龄、企业规模、煤炭价格指数对公司绩效中的利润和效率影响。通过研究得到以下几点结论和启示。

（1）在两个模型中，规制改革对利润和效率的影响的方向相反，对公司利润有正向影响，对效率有负向影响。这说明我国发电行业 2002 年的“厂网分开”规制改革，提高了公司盈利能力，但是对于公司内部效率无大的影响。提高公司盈利能力，有可能与我国实行的发电企业的“竞价上网”制度有关，而按照规制改革目标，应该是打破垄断，降低公司利润，提高公司效率。但模型中的测算与目标相反，这说明我国的电力行业规制改革对于发电上市公司并无太大影响，而且规制改革效果并不良好，还需继续深化改革。实际上“厂网分开”改革并没有从根本上改变电力产业的市场结构，只是在发电领域引入有限竞争，没有达到充分竞争，在电力行业，输电、配电、售电还是垂直一体化垄断经营，这影响了我国发电企业的公司绩效。

（2）本文利用随机前沿分析方法测算 14 年间我国发电行业上市公司的技术效率，表明其效率呈逐年上升趋势，但是不高，平均为 0.7，还有较大提升空间。在当前我国发电行业上市公司集体亏损的情况下，提高公司内部投入产出能力，可谓是摆脱当前困境的良策。从中也测算出我国发电行业上市公司处于规模报酬递减阶段，资本在发电行业中作用显著，而劳动力作用较小，建议我国发电行业上市公司在维持当前的资本基础上，不可再盲目扩张。

（3）资产负债率对我国发电行业上市公司的利润和效率影响都为负，这表明当前我国发电行业上市公司的资本结构并不在合适的度之内，需要降低资产负债率，不然会影响到公司盈利能力和效率。

（4）上市年龄与利润成反比，与效率成正比。在利润方面，其与我国当前发电行业上市公司中，国有股占绝大地位有很大相关性。截至 2010 年，我国已有 54 家电力上市公司。而从这些公司的股权结构来看，基本上都是国有控股企业，股权集中度较高，国有持股比例普遍在 30%以上，最多的高达 78.1%。在国有股占绝对地位时，公司高层不仅关注利润，也过多关注与自身相关的福利，不注重盈利，因为他们没有剩余索取权。因此，在发电行业，上市公司实行股权多元化，并且建立与公司利润相关的薪酬制度，对于提高一些上市时间较长公司的盈利能力有很大帮助。上市年龄与效率成正比，从一定程度上反映出，发电行业不仅是一个资本密集型行业，也是一个技术密集型行业，因为上市时间较长的公司更具有技术优势和人员优势，这些对于提高公司技术效率有较大帮助。

（5）资产规模对发电行业上市公司的效率和利润都是正向影响。这与前面测算的发电企业是一个资本产出弹性较大一致。这说明在发电行业，只有资产达到一定规模，才能发挥相应的规模经济，从而提高企业的利润和效率。这为我国关闭中小火电厂提供了一定理论依据，因为中小电厂达不到规模经济，并且高耗能。不过，当前我国发电行业上市公司的规模报酬已处于递减阶段，应相应控制规模。

（6）煤炭价格指数与利润成反比，与效率成正比。这与我国当前电价规制有关，当前电价有上网电价与销售电价之分，而与发电企业相关的是上网电价。虽然，现在上网电价实行的是“竞价上网”。实际上还是政府指导定价，同时由于电网公司的垄断地位，对发电企业的上网电价也有价格歧视。发电企业的主要动力源——煤却是市场价，造成当前的“计划电，市场煤”。因此，当煤炭价格上涨较快时，电价调整不及时，造成了电力企业亏损。“竞价上网”制度是一种激励性规制制度，能够激励发电企业努力降低生产成本，增加产出，提高效率。因此，政府在改革我国电力行业规制制度时，也应建立与其相关性较大的煤炭行业的制度，这样，发电企业既能提高盈利能力，也能提高效率。

参考文献

［1］Alexander Vaninsky. Efficiency of Electric Power Generation in the United States：Analysis and Forecast Based on Data Envelopment Analysis［J］. Energy Economics，2006，28（3）：326-338.

［2］Antonio Estachea，Beatriz Tovarc，Lourdes Trujillo. How Efficient are African Electricity Companies? Evidence from the Southern African Countries［J］. Energy Policy，2008，36：1969-1979.

［3］Battese G. E.，Coelli T. J. A Model for Technical in Efficiency Effects in a Stochastic Frontier Production Function for Panel Data［J］. Empirical Economics，1995，20（2）：325-332.

［4］Buekert，Walker and Roering. Organization of Marketing Activities：A Contingency Theory of Structure and Performance［J］. Journal of Marketing，1985，1：13-251.

［5］Carlos Pestana Barros. Efficiency Analysis of Hydroelectric Generating Plants：A Case Study for Portugal［J］. Energy Economics，2008，30：59-75.

［6］Joskow and Rose. The Effect of Economic Regulation，in Schmalensee and Willig ed，Handbook of Industrial Organization，New York：Elsevier Science Publishers，Inc.，1989.

［7］Kemal Sarica，Ilhan Or. Efficiency Assessment of Turkish Power Plants Using Data Envelopment Analysis［J］. Energy，2007，32（8）：1484-1499.

［8］Wing C. C. K.，Yiu M. F. K. Firm Size and Performance of Manufacturing Enterprises in P. R. China：The Case of Shanghai's Manufacturing Industries［J］. Small Business Economics，1997，9（3）：287-298.

[9] 白雪洁，宋营. 中国各省火电行业的技术效率及其提升方向——基于三阶段 DEA 模型的分析 [J]. 财经研究，2008 (10)：15-25.

[10] 何颖，官建成. 我国上市公司的技术效率 [J]. 研究与发展管理，2010 (3)：51-57.

[11] 李斌，尹晓峰. 中国上市公司绩效与宏观经济同步效应的实证分析 [J]. 财经问题研究，2008 (10)：76-82.

[12] 李眺. 生产要素投入、电价规制改革与火电企业的效率 [J]. 财经研究，2009 (4)：107-118.

[13] 李永来. 市场化改革与电力行业效率：基于 DEA 的电力行业上市公司分析 [J]. 当代经济科学，2009 (1)：59-64.

[14] 梁树广，崔健，袁见. 我国电力行业上市公司的股权结构与技术效率关系 [J]. 上海立信会计学院，2011 (4)：78-86.

[15] 刘新梅，张若勇等. 基于随机前沿方法的区域发电技术效率评价 [J]. 统计与决策，2007 (2)：67-69.

[16] 苏武康. 中国上市公司股权结构与公司绩效（第一版）[M]. 北京：经济科学出版社，2003.

[17] 谭克. 资本结构、股权结构和绩效研究 [M]. 北京：中国财政经济出版社，2004：38-87.

[18] 陶锋，郭建万等. 电力体制转型期发电行业的技术效率及其影响因素 [J]. 中国工业经济，2008 (1)：68-76.

[19] 王家庭，赵晶晶. 我国电力行业上市公司技术效率的实证研究 [J]. 兰州商学院学报，2008 (5)：101-107.

[20] 易丹辉. 数据分析与 Eviews 应用 [M]. 北京：中国人民大学出版社，2008：294-304.

[21] 于良春，杨淑云，于华阳. 中国电力产业规制改革及其绩效的实证分析 [J]. 经济与管理研究，2006 (10)：36-40.

[22] 张各兴，夏大慰. 所有权结构、环境规制与中国发电行业的效率 [J]. 中国工业经济，2011 (6)：130-140.

政府设租与企业寻租的一般均衡分析

李旭光
（辽宁大学商学院，辽宁沈阳　110036）

时下市场经济体制中，政府干预社会经济活动的范围越来越大，尤其是自2008年9月15日发生了至今已经影响了全球经济增长的次贷危机或称金融危机（金融海啸）以来，全球各国政府对社会经济活动的干预与介入变得更加明显。美国、英国、法国、俄罗斯、日本、韩国、澳大利亚和中国等，已经先后制定出应对这一金融危机有可能进一步恶化的相关补救措施。政府对社会经济活动的干预主要是对社会微观经济主体的活动进行管制和诱导，这是对市场机制的替代。史普博（1999）认为，政府管制是行政机构制定并执行的直接干预市场配置机制或间接改变企业和消费者供需决策的一般规则或特殊行为。日本著名的管制经济学家植草益（1992）将政府管制称为“公的规制”，并将其定义为社会公共机构依据一定的规则对企业的活动进行限制的行为。因此，政府管制的产生是与市场失灵相联系的，是政府克服市场失灵的一种代替竞争政策的治理机制。当市场机制不能实现资源的有效配置，即出现市场失灵时，政府会通过管制以矫正和改善市场机制内在的问题，干预资源配置。政府管制是社会经济发展的必然结果。传统上对政府作用的考察多出现于市场机制失效前提下的管制研究，对寻租行为的分析多局限于寻租理论框架内的研究。本文假设对政府设定的租金的研究属于新政府管制理论与寻租理论交集的范畴。

一、政府设租（租金的供给）分析

假设政府只是分为中央和地方两级政府，中央政府从社会福利最大化和政治稳定出发只是提供相关的经济政策（制定政策），地方政府（直属管理部门或管制机构）（设租者）则直接面向企业或有关消费者个人（寻租者）进行管制。基于现实的因素，可以假设中央政府只是给出有关的经济政策或有关公共物权的投资意向，不会采取任何形式的设租抽租行为，是公正公平的化身；地方政府（直属管理部门或管制机构）在接受中央政府的委托任务后，则可以在设租或不设租行为中进行选择，通过对双方的博弈分析，期望寻找到有关地方政府（直属管理部门或管制机构）选择设租的运行机制。在地方政府（直属管理部门或管制机构）选择设租与不设租的过程中，中央政府和地方政府（直属管理部门或管制机构）之间的关系是标准的具有不完全信息的委托—代理关系。委托—代理理论是契约理论的重要发展，这一理论的创始人有威尔森（1969）、罗斯（1973）、莫里斯（1974，1975，1976）、霍姆斯特姆（1979，1982）、格罗斯曼和哈特（1983）等。委托—代理理论推动并改进了经济学家对产权所有者、管理者和雇佣工人之间内在关系以及更一般的市场交易关系的理解。本文假设赋予中央政府的委托权的安排是外生的随机变量，集中讨论的是作为委托人的中央政府希望设计一项有激励意义的合约以达到控制地方政府（直属管理部门或管制机构）（代理人）的目的。但因为合约的非完备性的存在，这一过程为地方政府（直属管理部门或管制机构）选择设租创造了条件。

基于现实的考虑，假设中央政府与地方政府（直属管理部门或管制机构）的委托—代理关系主要是建立在两个基本假设之上：一是中央政府（委托人）对随机的产出没有直接的贡献；二是地方政府（直属管理部门或管制机构）（代理人）的行为不易被中央政府（委托人）直接观察到。这样，依据信息经济学中，对称信息合约条件下，通过对委托人最优支付和代理人最优努力的分析，表明中央政府与地方政府（直属管理部门或管制机构）之间存在如下基本结论："在任何满足地方政府（直属管理部门或管制机构）（代理人）参与约束及激励相容约束，而使中央政府（委托人）预期效用最大化的激励合约中，地方政府（直属管理部门或管制机构）（代理人）必须承受部分风险；如果地方政府（直属管理部门或管制机构）（代理人）是一个风险中性者，那么就可以通过使地方政府（直属管理部门或管制机构）（代理人）承受完全风险的办法来达到最优结果。"但由于中央政府（委托人）与地方政府（直属管理部门或管制机构）（代理人）之间存在着信息不对称，双方形成的合约关系一定是不完全合约的委托—代理关系。这样，中央政府（委托人）要想了解地方政府（直属管理部门或管制机构）（代理人）的努力情况并使合约得到最优结果，就必须花费一定的监督成本。因此，在这种情况下，地方政府（直属管理部门或管制机构）（代理人）也不能完全分享自己创造的剩余收益，地方政府（直属管理部门或管制机构）（代理人）会寻求通过寻租活动来弥补自己的这部分损失。因此，在这一委托—代理关系中，地方政府（直属管理部门或管制机构）（代理人）的设租行为就可能产生。

(一) 中央政府与地方政府的委托—代理模型

中央政府（委托人）为了实现社会福利最大化和政治稳定、扩大内需的目标会制定一项相应的经济政策，但考虑到这一政策的实施，需要地方政府（直属管理部门或管制机构）去落实，这样中央政府就会通过设计一种委托—代理合约来约束地方政府（直属管理部门或管制机构）（代理人）的行为，并诱导地方政府（直属管理部门或管制机构）（代理人）为实现中央政府（委托人）目标函数最大化而努力工作。在这种委托—代理关系中，中央政府不可能掌握所有信息，也不可能对地方政府（直属管理部门或管制机构）的活动进行全方位的监督。这样，中央政府不能观测到地方政府（直属管理部门或管制机构）工作的努力程度是否同其所得的报酬相适应，而只能观察到地方政府（直属管理部门或管制机构）的部分工作结果。因此，中央政府所设计的委托—代理合约一定是不完全合约，中央政府在实际中也只能是接受这一次“优”的结局。现实中，中央政府也只是要求地方政府（直属管理部门或管制机构）与其在政治、文化上保持高度的一致，而且这一点又完全是通过中央政府对地方政府（直属管理部门或管制机构）的一把手的绝对人事任免权来实现的（许成刚，2008）。而地方政府（直属管理部门或管制机构）的目标函数是其本身作为经济人的效用最大化，且地方政府（直属管理部门或管制机构）可以利用信息的不对称通过设租行为谋利进而可能损害中央政府的形象。当地方政府（直属管理部门或管制机构）认为其设租的收益大于设租的成本时，地方政府（直属管理部门或管制机构）就会实施设租行为，由潜在的设租者变成现实的设租者。

中央政府的目标函数可以假设为：

max {社会福利} = max {消费者剩余 + 生产者剩余}　　(1)

地方政府的目标函数可以假设为：

max {地方利益} = max {地方（消费者剩余 + 生产者剩余）}　　(2)

按照张维迎（1996）分析，中央政府与地方政府之间即使在静态博弈前提下，两者利益之间也是很难协调一致的。因此，中央与地方之间的委托—代理关系一定是不完全的契约关系。

假设地方政府目标函数中的地方利益的实现主要靠地方政府落实中央政府有关经济政策的实现情况。这样，地方政府在实现地方利益最大化的过程中，其经济人的属性就会极端地表现出来，即地方政府有设租并抽租的积极性和主动性。为便于说明问题，不妨仍使用 VNM 效用函数来近似地替代各自的福利函数。若中央政府想使地方政府（直属管理部门或管制机构）为实现中央政府 VNM 效用最大化（目标是社会福利最大化，但现实中只能接受因信息不对称带来的次优结果，但仍使用 VNM 效用函数表示）而选择行动，就必须设计一个委托—代理合约 S（π）（中央给予地方的转移支付），并根据观察到的地方政府（直属管理部门或管制机构）的经营业绩 π 来进行奖惩，以激励地方政府（直属管理部门或管制机构）选择对中央政府最有利的行动。

按照上述理论模式，借助莫里斯—霍姆斯特姆的委托—代理模型（Mirrlees-Hollmstrom，Hollmstrom 在 1979 年给出了 $t>0$ 的证明），可用 A 代表地方政府（直属管理部门或管制机构）（代理人）可供选择的行为组合，a 表示地方政府（直属管理部门或管制机构）（代理人）行动策略，$a\in A$；当 a 取值 Y 表示设租，取值 N 表示不设租。令 θ 是不受中央政府（委托人）和地方政府（直属管理部门或管制机构）（代理人）控制的外生随机变量，且 $E(\theta)=0$；β 是 θ 的取值范围，θ 在 β 的上分布函数和密度函数分别为 $G(\theta)$ 和 $g(\theta)$。因此，a 和 θ 共同决定地方政府（直属管理部门或管制机构）的一个可观测的经营绩效即通过企业运营中带给中央政府的净利润 π（a，θ）（次优）体现，其中 π（a，θ）的直接所有权属于产权企业所有者。假定企业每年净利润为 π，若地方政府（直属管理部门或管制机构）（代理人）采取的行动是 $a=Y$，π 的分布函数和分布密度函数分别为 $F(Y(\pi))$ 和 $f(Y(\pi))$；若地方政府（直属管理部门或管制机构）（代理人）采取的行动是 $a=N$，π 的分布函数和分布密度函数为 $F(N(\pi))$ 和 $f(N(\pi))$，因此中央政府（委托人）的问题就是设计委托—代理合约 $S(\pi)$，并根据观察到的地方政府（直属管理部门或管制机构）（代理人）经营业绩 π 对地方政府（直属管理部门或管制机构）（代理人）进行奖惩。假定中央政府（委托人）和地方政府（直属管理部门或管制机构）（代理人）的效用函数分别为 $V[\pi-S(\pi)]$ 和 $U[S(\pi)-C(a)]$（C 表示地方政府（直属管理部门或管制机构）（代理人）采取行动 a 时支付的成本），$C(a)=E$，式中 E 表示正常支付的成本。且假设其中，$V'>0$，$V''\leqslant 0$；$U'>0$，$U''\leqslant 0$；$C'>0$，$C''>0$（对 a 求导），即中央政府（委托人）是风险中性者，地方政府（直属管理部门或管制机构）（代理人）是风险规避者。

在此前提下，中央政府（委托人）的目标函数将是次优的，即期望效用函数为：

$$(P)\int[\pi-S(\pi)]f(\pi)d\pi \tag{3}$$

地方政府（直属管理部门或管制机构）（代理人）的目标函数即期望效用函数为：

$$(A)\int[S(\pi)-C(a)]f(\pi)d\pi \tag{4}$$

在不对称信息下，要面临着地方政府（直属管理部门或管制机构）（代理人）行为选择的两个约束：

（1）参与约束，即地方政府（直属管理部门或管制机构）（代理人）接受合约 S（π）中得到的期望效用不小于不接受合约中得到的最大期望效用，即地方政府（直属管理部门或管制机构）（代理人）不接受合约时能得到的最大期望效用，由其面临的外生变量 θ 等因素决定，即为“保留效用”，用 U^* 表示，则参与约束为：

$$(IR)\int U[S(\pi)]f(\pi)d\pi-C(a)\geqslant U^* \tag{5}$$

（2）激励相容约束，在信息不对称情况下，中央政府（委托人）不能观测到地方政府（直属管理部门或管制机构）（代理人）行动 a 和自然状态 θ，而地方政府（直属管理部门或管制机构）（代理人）总是选择自己的期望效用最大化的行动 a。因此，中央政府（委托人）希望的经营绩效 π 只能通过地方政府（直属管理部门或管制机构）（代理人）效用最大化来实现。这里，a=N 是中央政府（委托人）所希望的行为，而 a=Y 或 a=N 是地方政府（直属管理部门或管制机构）（代理人）可选择的两种行动。因此，只有当地方政府（直属管理部门或管制机构）（代理人）选择 a=N 所得到的期望效用大于选择 a=Y 时，地方政府（直属管理部门或管制机构）（代理人）才会选择 a=N，简言之，“不设租获得的效用要比设租获得的效用大”，这可表示为：

$$(IC)\int U[S(\pi)]f[N(\pi)]d\pi-C(N)\geqslant\int U[S(\pi)]f[Y(\pi)]d\pi-C(Y) \tag{6}$$

不完全委托—代理合约将是下面最优化问题的解：

$$\max\int[\pi-S(\pi)]f(\pi)d\pi$$

$$s.t.\ (IR)\int U[S(\pi)]f(\pi)d\pi-C(a)\geqslant U^* \tag{7}$$

$$(IC)\int U[S(\pi)]f[N(\pi)]d\pi-C(N)\geqslant\int U[S(\pi)]f[Y(\pi)]d\pi-C(Y)$$

令 λ 和 t 分别为“参与约束”（IR）和“激励相容约束”（IC）的拉格朗日乘数，最终可得最优委托—代理合约：

$$V'[\pi-S(\pi)]/U'S(\pi)=\lambda+t[1-f(N)/f(Y)] \tag{8}$$

由于 $V'>0$，$U'>0$，可以证明上述方程式中等号左边的函数表达式是 S（π）的增函数，由此在不完全信息下，地方政府（直属管理部门或管制机构）（代理人）的收入 S（π）随 f（N）/f（Y）的变化而变化。因 $t>0$，f（N）/f（Y）越大，S（π）就越小。假定 f（N）/f（Y）对 π 是单调的，即较高的 π 意味着地方政府（直属管理部门或管制机构）（代理人）选择 a=N 的可能性较大。因此，中央政府（委托人）可以根据观测到的净利润 π 来推断地方政府（直属管理部门或管制机构）（代理人）是选择 Y 或 N，进而对地方政府（直属管理部门或管制机构）（代理人）进行奖惩。

（二）地方政府（代理人）的设租博弈（这里仅以完全信息静态博弈为例）

在委托—代理关系中，由于受到约束条件的限制，中央政府（委托人）需要将某些权力授权给地方政府（直属管理部门或管制机构）（代理人），以实现自身效用最大化。地方政府（直属管理部门或管制机构）（代理人）也是效用最大化者，但地方政府（直属管理部门或管制机构）（代理人）在追求自身效用最大化结果的过程中有滥用代理权的可能即参与非生产性的活动，此活动被称为设租行为（Rent-setting）。因此，中央政府（委托人）为维护自身的效用最大化必须对地方政府（直属管理部门或管制机构）（代理人）的行为进行监督并为之付出监督成本，以减少地方政府（直属管理部门或管制机构）（代理人）实施设租对自身效用的影响。

考虑到机会主义的存在，地方政府从自身利益最大化考虑会有两种策略即在设租与不设租之间进行选择以最大化个体利益。这样，中央政府为使社会福利最大化，必须在监督与不监督之间进行选择。

地方政府（直属管理部门或管制机构）（代理人）为中央政府（委托人）工作，假定地方政府（直属管理部门或管制机构）有两种可供选择的策略“设租”（Y）与“不设租”（N）；中央政府（委托人）有两种可供选择的策略“监督”（I）与“不监督”（H）。

令 R 为地方政府（直属管理部门或管制机构）（代理人）的设租收入，C 为监督成本，F 为设租成本［包括被中央政府（委托人）发现设租时对地方政府（直属管理部门或管制机构）（代理人）的罚金］。若中央政府（委托人）实施监督，地方政府（直属管理部门或管制机构）（代理人）的设租行为会被发现，且 $C<F$；若中央政府（委托人）不实施监督，地方政府（直属管理部门或管制机构）（代理人）的设租行为不会被发现，中央政府不仅丢失了租金，还包括因租金而放大的损失 G^*；这些信息是委托—代理双方的共同知识，因此，双方局中人进行完全信息静态博弈时，其收益矩阵可如图 1 所示。

地方政府 / 中央政府	设租	不设租
实施监督	$F-C$，$-F$	$-C$，0
不实施监督	$-R-G^*$，R	0，0

图 1　完全信息静态博弈收益矩阵

这里政府代表社会利益的一方，因为地方政府（直属管理部门或管制机构）的设租行为会降低社会利益，所以中央政府有必要对地方政府（直属管理部门或管制机构）的设租行为进行必要的监督，以证明此博弈没有纯策略的纳什均衡。

为求解这个博弈的混合策略的纳什均衡：令 p 为中央政府（委托人）监督的概率，则不监督的概率为 1－p；q 为地方政府（直属管理部门或管制机构）（代理人）设租的概率，则不设租的概率为 1－q。

对中央政府（委托人）而言，监督的期望效用：

$$V(I)=q(F-C)+(1-q)(-C) \tag{9}$$

不监督的期望效用：

$$V(H)=q(-R-G^*)+0\cdot(1-q) \tag{10}$$

联立方程（9）、方程（10），即：

$$V(I)=V(H)\text{ 时，解得 }q^*=C/(F+R+G^*) \tag{11}$$

对地方政府（直属管理部门或管制机构）（代理人）而言，设租的期望效用：

$$V(Y)=P\cdot(-F)+(1-P)\cdot R \tag{12}$$

不设租的期望效用：

$$V(N)=0\cdot P+0\cdot(1-P) \tag{13}$$

联立方程V（Y）、V(N)，即 V（Y）=V（N）时，解得：

$$P^*=R/(F+R) \tag{14}$$

因此，中央政府（委托人）和地方政府（直属管理部门或管制机构）（代理人）这一混合策略的纳什均衡是：

$$P^*=R/(F+R+G^*),\ q^*=C/(F+R) \tag{15}$$

即对地方政府（直属管理部门或管制机构）（代理人）而言，如果中央政府（委托人）实施监督的概率小于 $R/(F+R+G^*)$，地方政府（直属管理部门或管制机构）（代理人）的最优选择是设租；中央政府（委托人）实施监督的概率大于 $R/(F+R)$，地方政府（直属管理部门或管制机构）（代理人）的最优选择是不设租；中央政府（委托人）实施监督的概率等于 $R/(F+R)$，地方政府（直属管理部门或管制机构）（代理人）随机地选择设租或不设租。对中央政府（委托人）而言，如果地方政府（直属管理部门或管制机构）（代理人）设租的概率大于 $C/(F+R)$，中央政府（委托人）的最优选择是监督；地方政府（直属管理部门或管制机构）（代理人）设租的概率小于 $C/(F+R)$，中央政府（委托人）的最优选择是不监督；地方政府（直属管理部门或管制机构）（代理人）设租的概率等于 $C/(F+R)$，中央政府（委托人）可随机地选择设租或不设租。

因此，该博弈的纳什均衡与设租收入（R）、设租成本（F）以及监督成本（C）有关。设租成本越高，所设租金越多，地方政府（直属管理部门或管制机构）（代理人）设租的概率越小；监督成本越高，地方政府（直属管理部门或管制机构）（代理人）设租的概率就越大。为什么所设租金越多，地方政府或管制机构（代理人）设租概率反而越小？因为，所设租金越多，中央政府（委托人）监督的概率越大，相比之下，监督成本就不算什么了，因此，所设租金越多，地方政府（直属管理部门或管制机构）（代理人）的风险越大，中央政府（委托人）实施监督的概率也越大，设租被查处的可能性也就越大，因此地方政府（直属管理部门或管制机构）（代理人）反而不敢设租。

这个结论与前面的假设有关（即只要中央政府实施监督，设租就会被发现），且 $C<F$。但如果所设租金越多，地方政府（直属管理部门或管制机构）（代理人）会投入更大的成本（F）想办法逃避中央政府（委托人）的监督，从而设租行为更难被发现，该结论就不一定成立。这里，有一点可以肯定，设租成本越高，地方政府（直属管理部门或管制机构）（代理人）设租的概率会减少，中央政府（委托人）实施监督的概率也会减少。

因此，地方政府（直属管理部门或管制机构）（代理人）要达到自身效用最大化，关键在于中央政府（委托人）最优的监督概率 P^*，而 P^* 决定于地方政府（直属管理部门或管制机构）（代理人）的设租收入（R）和设租成本（C）。

综合上面的分析，得到如下结论：在静态博弈的条件下，存在混合策略纳什均衡即地方政府（直属管理部门或管制机构）（代理人）设租的最优选择取决于中央政府（委托人）监督的概率。因此，现实中由于相关的法律制度的缺乏或制度的不健全，尤其在动态的情形下，不仅监督的成本十分巨大，而且试图检验地方政府（直属管理部门或管制机构）进行违法设租的成本支出可能更加巨大。如果考虑存在重复设租的可能，则问题会变得更复杂，相应地监督的成本也会更加巨大。这样，在中央政府与地方政府的博弈中，地方政府（直属管理部门或管制机构）采取设租并抽租的行为可能就是一种常态。研究政府设租这一问题实际上主要是研究地方政府（直属管理部门或管制机构）的设租与抽租问题。

二、企业寻租（租金的需求）分析

“企业与利益集团的寻租行为产生的根本原因在于寻租人追求资本扩张实现最大收益的经济人本性决定的。因此，法律的缺乏和不完善的社会制度条件是寻租得以生长的条件，而追求最大收益的内在动机则是发生寻租的根本动机。”但笔者也注意到，参与寻租竞争活动的人数将会对政府设租产生相应的影响。本部分就是从政府设定租金的需求角度来探讨相关问题。这里仅以寻租者的对称性与租金完全消散为例说明。

按照波斯纳租金消散假说的基本假定条件有：寻租活动是竞争性的，即寻租市场可自由进出。这样对寻租者而言，在边际上赢得租金的成本恰等于寻租的预期收益，一旦寻租的预期收益超过寻租支出，利润机会的存在就会吸引潜在的寻租者进入该市场争夺租金，直至利润机会全部消失；假定边际成本和平均成本固定不变，成本曲线具有无限弹性；不存在寻租活动的外部效应，即寻租活动在其他市场不会产生收益；寻租者是风险中性的。因为在不确定性条件下，风险厌恶的寻租者的寻租支出不可能等于全部租金价值；不考虑由于贿赂等寻租活动的财富转移问题，因为财富的转移对整个社会而言，整体福利水平并没有发生任何变化，其结果仅仅是社会财富的重新分配而已；假定寻租者是对称的（Symmetric）或同质的（Homogenous）；当寻租者的决策是同时且独立进行时，寻租就是在完全信息静态博弈范围内进行的。说明：前两点假定可使得预期利润全部转化为社会成本；第三点假定保证了寻租支出不会产生社会收益（Posner，1975）；在以上假定条件下，寻租的社会成本恰等于塔洛克四边形和哈伯格三角形之和，租金值完全消散，寻租活动在此种情形下完全是“非生产性的”，是一种负和博弈。

在满足以上假定的前提下，可以得出如下命题：当寻租竞争者人数 N=1 时，即在只有 1 个寻租竞争者的情形下，寻租支出将达到最低值；当寻租竞争者人数 N≥2 时，每 1 个寻租竞争者的寻租支出就是寻租竞争者人数的减函数，但所有寻租竞争者的支出总量却是寻租竞争者人数的增函数；当寻租竞争人数 N→∞ 时，寻租的社会成本将达到最高值。

（一）基本模型

通常情形下，假定租金是不可分的（Indivisible），即只有一个寻租竞争者最终会获得租金。在争夺租金的竞争中，寻租竞争者要花费一定的资源影响政府的决策，这是寻租竞争者的寻租成本。假定每个寻租竞争者关于寻租支出的决策是同时进行、相互独立的，如能成功获得租金，他就得到了寻租收益。但寻租竞争者不论能否成功获得租金，其所有花费的时间、精力和金钱等均无法挽回，这就是寻租竞争行为的社会成本。

每个寻租竞争者都是追求利润最大化的，即有：

$$\max \Pi_i = P_i R - C_i = P_i R - E_i \qquad i=1, 2, \cdots, N \tag{16}$$

式中，N 表示寻租竞争者的人数，E_i 表示寻租竞争者的寻租支出（或努力程度），R 表示租金，P_i 表示寻租竞争者赢取租金的概率（如租金是可分的，则 P_i 表示租金的份额）。因没有任何一个人能确保自己肯定会赢得租金，则在寻租过程中，所有寻租竞争者均须花费一定的资源才有可能会获得租金，而每个人成功的概率依赖于他自己的努力程度和其他寻租竞争者努力程度的相对关系。租金的获得可能以排队的方式进行，也可能与寻租竞争者的投入（时间、精力和金钱等）成比例，还可能是投入最多的寻租竞争者最终获得租金。

进一步，采取塔洛克（Tullock，1980）的假定，寻租的结果以概率形式出现：寻租竞争者赢取租金的概率是其自身努力程度（Effort）的增函数，是其他寻租竞争者努力程度的减函数，即有：

$$P_i(E_1, E_2, \cdots, E_N) = \frac{f(E_i)}{\sum_{j=1}^{N} f(E_j)} \quad i=1, 2, \cdots, N \tag{17}$$

$$\sum_{i=1}^{N} P_i = 1$$

这里 $f(E_j)$，$j=1, 2, \cdots, N$ 表示寻租竞争者的支出为 E_j 时获得租金的可能性，分母中 N 表示寻租竞争者的人数。这是寻租理论最常见的概率函数（Baik，1994），它经常可以表示为（Tullock，1980；Corcoran，1984）：

$$P_i(E_1, E_2, \cdots, E_N) = \frac{E_i^r}{\sum_{j=1}^{N} E_j^r} \quad i=1, 2, \cdots, N \tag{18}$$

式（18）保证了租金的确定性，即若非 $E_1=E_2=\cdots=E_N=0$，则必有一个寻租竞争者获得租金，不会存在任何人都得不到租金的可能性。r 是度量寻租支出赢得租金的概率大小的参数，在寻租支出完全相等的情况下，r 越大，则赢得租金的概率越大。在一般情况下，r 可假定为 1，这意味着寻租支出恰等于寻租的预期收益（租金的期望值）。此时，若 $N\to\infty$，则租金完全消散；如果 $r>1$，寻租支出就超过了租金本身，租金倾向于过度消散（Over-dissipation）；如果 $r<1$，寻租支出就小于租金本身，租金倾向于消散不足（Under-dissipation）（Tullock，1980）。因为租金的过度消散意味着寻租竞争者的支出超过租金本身，这说明寻租竞争者如不从事寻租活动则对自己可能更有利，因此租金过度消散的可能性似乎并不大（Kimenyi and Tollion，1982）。

假定 $r=1$，则式（18）变为 $P_i(E_1, E_2, \cdots, E_N) = \frac{E_i}{\sum_{j=1}^{N} E_j}$ (19)

即寻租竞争者赢得租金的概率为其支出水平与所有寻租竞争者的总支出水平之比。

（二）问题的解

假定寻租竞争者人数 $N=2$ 的情形，则式（19）变为：

$$\begin{cases} P_1(E_1, E_2) = \dfrac{E_1}{E_1+E_2} \\ P_2(E_1, E_2) = \dfrac{E_2}{E_1+E_2} \end{cases} \tag{20}$$

两个寻租者均追求利润最大化：

$$\begin{cases} \max\ \{\Pi_1(E_1, E_2) = \dfrac{E_1}{E_1+E_2}R - E_1\} \\ \max\ \{\Pi_2(E_1, E_2) = \dfrac{E_2}{E_1+E_2}R - E_2\} \end{cases} \tag{21}$$

可以证明这一静态寻租博弈存在且只存在唯一的纳什均衡（Nash Equilibrium）（E_1^*，E_2^*）满足：

$$\begin{cases} E_1^* \in \max\ \{\Pi_1(E_1, E_2^*) = \dfrac{E_1}{E_1+E_2^*}R - E_1\} \\ E_2^* \in \max\ \{\Pi_2(E_1^*, E_2) = \dfrac{E_2}{E_1^*+E_2}R - E_2\} \end{cases} \tag{22}$$

其一阶条件成立有：

$$\begin{cases} \dfrac{\partial \Pi_1(E_1, E_2)}{\partial E_1} = R\dfrac{E_2}{(E_1+E_2)^2} - 1 = 0 \\ \dfrac{\partial \Pi_2(E_1, E_2)}{\partial E_2} = R\dfrac{E_1}{(E_1+E_2)^2} - 1 = 0 \end{cases} \tag{23}$$

这一条件实际上分别定义了两个反应函数 $\begin{cases} E_1^* = g_1(E_2^*) \\ E_2^* = g_2(E_1^*) \end{cases}$，解这两个反应函数的交叉点就是纳什均衡（Nash Equilibrium）（E_1^*，E_2^*），如图 2 示。

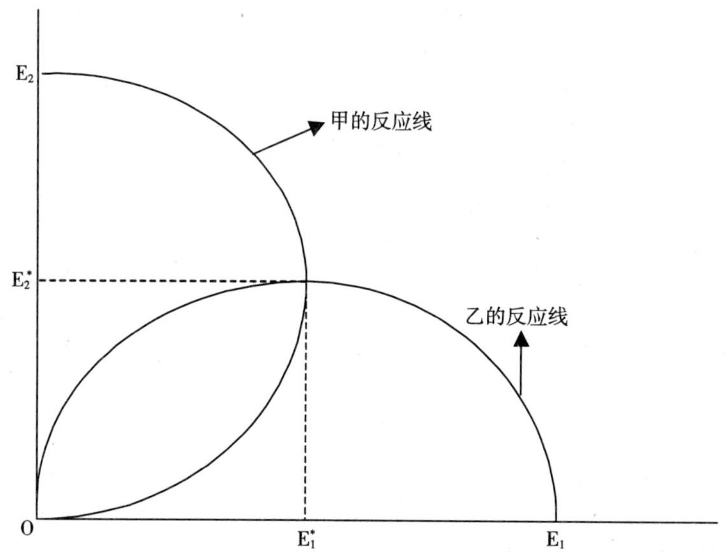

图 2　当寻租竞争者人数 N=2 时，租金的消散程度纳什均衡解

解方程组（23），经过简单计算得到均衡时每个寻租竞争者的寻租支出为：

$$E_1^* = E_2^* = \frac{R}{4} \tag{24}$$

由此知租金的消散程度为：

$$D = \frac{E_1^* + E_2^*}{R} = \frac{1}{2} \tag{25}$$

这说明，当寻租竞争者人数 $N = 2$ 时，为获得租金两个敌对的寻租竞争者，所支付的成本降低了原有租金的价值程度，即租金消散了，而且租金的消散程度达到了租金值的一半。

当寻租者人数为 N 时，每个寻租竞争者的预期利润是：

$$\Pi_i(E_1, E_2, \cdots, E_N) = \frac{E_i}{\sum_{j=1}^{N} E_j} R - E_i \quad i = 1, 2, \cdots, N \tag{26}$$

而且，每一个寻租竞争者都是追求预期利润最大化的个体。

由寻租竞争者的预期利润最大化的一阶条件成立有：

$$\frac{\partial \Pi_i(E_1, E_2, \cdots, E_N)}{\partial E_i} = R \frac{\sum_{j=1}^{N} E_j - E_i}{\left(\sum_{j=1}^{N} E_j\right)^2} = 0 \quad i = 1, 2, \cdots, N \tag{27}$$

其二阶条件满足：

$$\frac{\partial^2 \Pi_i(E_1, E_2, \cdots, E_N)}{\partial E_i^2} = R \frac{(-1)\left(\sum_{j=1}^{N} E_j - E_i\right) \cdot 2 \sum_{j=1}^{N} E_j}{\left(\sum_{j=1}^{N} E_j\right)^4}$$

$$= -2R \frac{(E_1 + E_2 + \cdots + E_{i-1} + E_{i+1} + \cdots + E_N) \cdot \sum_{j=1}^{N} E_j}{\left(\sum_{j=1}^{N} E_j\right)^4} < 0 \tag{28}$$

即满足凹函数的特征。可以假设 N 个寻租竞争者是对称的，则有：

$E_1 = E_2 = \cdots = E_N = E^*$，从而有 $\sum_{j=1}^{N} E_j = NE^*$

于是，$R\frac{(N-1)E^*}{(NE^*)^2} - 1 = 0$，$E^* = \frac{N-1}{N^2} R$ (29)

对 N 求导数有：

$$\frac{dE^*}{dN} = R \frac{2-N}{N^3} = \begin{cases} 0, & N = 2 \\ < 0, & N > 2 \end{cases} \tag{30}$$

可见，当 N=2 时，每个寻租竞争者的寻租支出是 $E^*=\frac{1}{4}R$；当 N>2 时，由于寻租竞争者的人数只能是正整数，所以 N>2 意味着 N=3，4，5，…，每个寻租竞争者的寻租支出是寻租竞争者人数的减函数。当 N=1 时，寻租竞争者的寻租支出是最小的，因在这种情况下，这一寻租竞争者的寻租支出只要是比零大的任一无穷小量，就可以赢取租金。

当寻租竞争者人数为 N 时，所有寻租竞争者的寻租支出总量就是：

$$\sum_{i=1}^{N} E_i = NE^* = R\frac{N^2-N}{N^2} = R\left(1-\frac{1}{N}\right) \tag{31}$$

其对 N 求一阶导数有：

$$\frac{d\left(\sum_{i=1}^{N} E_i\right)}{dN} = \frac{1}{N^2} > 0 \tag{32}$$

因此，所有寻租竞争者的租金总量是寻租竞争者人数的增函数。

租金消散程度：

$$D = \frac{\sum_{i=1}^{N} E_i}{R} = \frac{N-1}{N} \tag{33}$$

可见，当 N=1 时，D=0，租金没有任何消散，此时寻租的社会成本仅仅是福利三角形所代表的哈伯格成本；当 N=2 时，D=1/2，租金消散一半，与前面的结论一致；当 N→∞ 时，$D=\lim_{N\to\infty}\frac{N-1}{N}=1$，尽管每一个寻租者的寻租支出均趋向于无穷小，即有 $\lim_{N\to\infty}E_i=\lim_{N\to\infty}\frac{N-1}{N^2}R=0$，但所有寻租者的寻租支出总和却趋向于租金 R，此时租金完全消散，这正是波斯纳（Posner，1975）提出的命题即在竞争性寻租条件下，租金值会完全消散。这也验证了前面的结论。

对此给出进一步的证明：

根据 $\Pi_i(E_1, E_2, \cdots, E_N)=\frac{E_i}{\sum_{j=1}^{N}E_j}R-E_i \quad i=1, 2, \cdots, N$

在均衡时，寻租者的预期利润是 $\Pi_i(E_1, E_2, \cdots, E_N)=\frac{E^*}{NE^*}R-E^*=\frac{R}{N}-E^*$，将 $E^*=\frac{N-1}{N^2}R$ 代入该式得到：

$$\Pi_i(E_1, E_2, \cdots, E_N)=\frac{R}{N}-\frac{N-1}{N^2}R=\frac{R}{N^2} \tag{34}$$

可见，当 N=1 时，Π=R，即寻租竞争者的预期利润等于租金值，此时寻租竞争行为只是导致财富的转移，而不是财富的消失；当 $N=2$ 时，$\Pi_1=\Pi_2=R/4$，即每个寻租竞争者的预期利润均为 $R/4$；当 $N\to\infty$ 时，$\Pi_i=0$，即假如对租金的争夺不存在进入障碍，寻租是竞争性的，只要寻租竞争者的预期利润大于零，就会吸引新的个体进入这一领域来争夺租金，且每一个寻租竞争者的预期利润最后会均趋向于无穷小。

这里讨论了寻租者的人数和租金消散之间存在着一定的关联性，其结论可能是：由于寻租竞争的存在，一方面会减少寻租竞争者的人数，只留下有能力继续从事寻租竞争并能从中获利的几个寡头寻租者，这样就形成了寡头寻租市场；另一方面会在一定程度上加大政府设定租金的数量和空间。政府在一定程度上，也可能会把设定租金当作常态看待，且把设租作为鼓励寻租者竞争的必要手段。

三、设租行为与寻租行为的一般均衡分析

这里从一般均衡的角度进一步讨论地方政府在设定租金的过程中，涉及在位企业、企业的管制机构和消费者的利益，但这些不同的利益集团在这一过程中所起的作用会有明显的本质不同，其作用的力量大小也有所不同。本部分的分析开始按照塔洛克的思路论证了消费者护租行为与社会福利之间的关系，然后借助 Elie Appelbaum 和 Eliakim Katz（1987）的成果进行的。由于综合分析知道在位企业的力量和其所处的状态应是一般均衡分析中需核心考虑的地方，因此，这里将集中力量研究在位企业在一般均衡中所产生的作用与影响。本部分是在一个寻租的框架内阐述管制者、企业和消费者的交互作用分析的即是一般均衡分析。管制者、企业和消费者这三个主体均被假设为是以自利为动机的，且分析是在考虑市场的本性和参与者的反应函数可供选择的假设下完成的。这里仅以在位企业数目固定情形为例说明。

企业数目固定情形的界定主要是把企业对市场的进入和退出排除在外，这一类市场包括煤电水气等行业垄断市场。这一部分主要是对塔洛克寻租均衡模型的进一步引申，明确分析租金设定者即政府管制者所起的作用。这样便于考虑模型的外生参数变化的影响，主要包括模型中租金的数量变化、从租金中产生的社会浪费的变化和有关政策暗示。

关于消费者利益集团的假设。专制制度下消费者的行为是通过他们对政府管制者的政策结果的反应（或民主呼声）的程度即民意行为进入到模型的，消费者做出对一个特定的政府管制者的决策的反应（或呼声）好坏，依赖于其对这一政府管制者的政策结果的认识；民主制度下消费者的行为是通过他们对政府管制者

的政治支持的程度即投票行为进入到模型的，消费者做出是否支持一个特定的政府管制者的决策依赖于其对这一政府管制者的政策结果的认识。尽管两种制度下消费者的认识可能不完全一致，且同一种制度下不同的消费者的认识也会有所不同，但消费者反映出的认识总体会与实际结果正相关，因为大多数令人喜爱的政策结果才更可能成为被大多数人所接受的结果。

（一）基本假设

假定消费者结成利益最大集团（投票模块或民主呼声），则政府管制者在制定一项特定政策时必将考虑到得到消费者利益集团支持的概率 β，可以设定为：

$$\beta=\hat{\beta}(w),\ \hat{\beta}'(w)\geqslant 0 \tag{35}$$

这里 w 表示政府管制者政策的结果对消费者福利带来的货币变化（即消费者剩余变化的测量值）。政府管制者实施的政策可能涉及给予（$w>0$）还是剥夺（$w<0$）消费者财富的转移支付。

再假设消费者集团由大量的个体组成，这样，由于巨大的组织成本和“搭便车”问题的存在以及较低的个体利益，消费者中每一个体的行为都是利己的行为。每一个消费者都会视其环境是既定的，且仅仅通过其政治投票或呼吁去抵制这一变化。因此，消费者们在试图直接影响政府及其管制者的管制环境方面并不能扮演积极的角色。用博弈论专业术语讲，他们仅是作为跟随者在行动。

关于在位企业的假设。假设政府管制者的某一种政策将导致在位企业可能竞争一不可分割的租金 R，这一租金独立于在位企业的其他活动且不影响别的市场。为竞争这一租金，每一企业将耗费资源以提高其赢取这一租金的概率。假设企业在寻租行为中所花费的每 1 美元中的比例（$1-\alpha$），$0\leqslant\alpha\leqslant 1$，是社会性浪费（例如在广告方面、游说方面等）。这一社会性浪费就是寻租活动中直接的非生产性利润 DUP，也就是一个将达到政府管制者以不同形式出现的确定的比例（例子中是 α）。这些形式可能包括政治捐助、有利于公司或工业的未来就业、直接的现金和非现金支付、金融劝告或信息、从影响公司或工业的直接利益中引致的利润等。但这些现象，在既定人类本性的条件下，在伴随从一个国家到另一个国家的形势变化的同时，将趋近于唯一性。这样，令 E_i 是第 i 个企业花费的数量，则（$1-\alpha$）E_i 就是社会浪费，而 αE_i 是对政府管制者的转移支付（注：在 α 取固定时，假设在 E_i 之间有一比例关系存在，并且从企业 i 获得的政府管制者的净收益是 Z_i，则有 $Z_i=\alpha E_i$。通常，可以详细阐述一个生产函数 $Z_i=G(\alpha E_i)$，并把寻租活动转换成政府管制者的净收益。这一详述，在其他条件一定时，将决定 α 的均衡价值，但并不影响结果的特征）。一般讲，这仅是转移给政府管制者的实际数量而不是将要影响政府管制者行为的总的寻租的数量（包括浪费部分）。因此，企业 i 赢取租金的概率 P_i 将采取企业 i 得到政府管制者数量的一个增函数且是所有其他企业得到政府管制者数量的一个减函数，即 $P_i = P_i(\alpha E_1, \alpha E_2, \cdots, \alpha E_n)$，n 是企业数量。

关于管制机构的官员的假设。假定政府管制者追求的是最大化其目标函数，即管制者的行为也是由其自身利益为动机所驱动的。假设政府管制者是没有内部矛盾的单一的实体。将政府管制者的薪酬由 y 表示而其机会成本的薪酬（在可供选择的职业中的薪酬）由 V 表示。那么，假设风险中性，则政府管制者的期望效用是：

$$E(U) = \hat{\beta}(w)(y + \alpha S) + [1 - \hat{\beta}(w)]V \tag{36}$$

这里 S 由基本关系（43）决定，而租金 R 是从消费者到赢取租金的企业的转移支付。因此：

$$w = -R < 0 \tag{37}$$

（二）基本关系

首先，依照 Tullock（1980），取用下式给出概率：

$$P_i = \alpha E_i / [(n-1)\alpha\bar{E} + \alpha E_i] \tag{38}$$

这里 $\bar{E}$ 是所有企业运作的寻租的期望值。注意到这一函数是关于 α 零次齐次幂的，所以从企业 i 的转移支付比例等同于总的寻租的比例。

在这一部分，假定企业拿到的租金被授权是给定的。因此，给定 Cournot-Nash 行为并且使得期望利润最大化，每一个企业将求解这一问题：

$$\max[\pi_i \equiv P_i(R - E_i) + (1 - P_i)(-E_i)] \tag{39}$$

使用式（38）、式（39）可写成：

$$\max\left[\frac{RE_i}{(n-1)\bar{E} + E_i} - E_i\right] \tag{40}$$

由此导出一阶条件：

$$\frac{\partial \pi_i}{\partial E_i} = \frac{R(n-1)\bar{E}}{[(n-1)\bar{E} + E_i]^2} - 1 = 0 \tag{41}$$

由于对称性，可以假设所有企业的行为是相同的，在均衡时对所有的 i 有 $E_i = \bar{E} = E$。将此代入式（41）解出 E 并得到（对所有的企业而言）：

$$E = R(n-1)/n^2 \tag{42}$$

因此，对一给定的企业数量，其所花费的总数量为：

$$S = nE = R(n-1)/n \tag{43}$$

式中，$(1-\alpha)R(n-1)/n$ 是浪费部分，而 $\alpha R(n-1)/n$ 是对政府管制者的总的转移支付（注：对一般函数 $Z_i=G(\alpha E_i)$，单体企业寻租的最优量可获得 $E=R(n-1)\eta/n^2$，这里 η 是 G 函数的弹性。假设 Z_i 对 E_i 而言是比例函数，则有 $\eta=1$）。

注意到一个负的租金（$R<0$）情形。这是已存在企业的被剥夺的一部分，它将导致寻租的同样数量并因此给政府管制者同样数量的总的转移支付。当 $R<0$ 时，每一个企业的期望利润由式（44）给定：

$$\pi_i \equiv -P_i E_i + (1-P_i)(R-E_i) \tag{44}$$

这里再一次用到 P_i 是赢得的概率假设（这暗示比照损失 E_i-R 仅仅损失 E_i）。最大化 π_i，在式（44）中，参照 $E_i=\bar{E}=E$ 和对称性条件导出最优寻租数量为：

$$E=-R\frac{(n-1)}{n^2}，R<0 \tag{45}$$

这与一个正的租金状态下的情形是相同的。因此，寻租的数量取决于 R 的绝对值而不是其符号。在本章的剩余部分，严格地约定 $R>0$，因为如果 R 能为负，对政府管制者而言，要达到最优就是简单地设置一个尽可能高的负值。

（三）基本问题与解

假定作为一个政府管制者是（弱）偏好的。为了最大化其期望效用，政府管制者选择一个政策，通过租金 R 给出，即最大化式（36）受约束于式（35）、式（37）和式（43）。换言之，政府管制者作为领导者，在选择最优政策 R 行动时要把消费者和企业的反应函数考虑在其中。

政府管制者的期望效用的最大化导出 Kuhn-Tucker 条件（注意：如果允许 $R<0$ 则对所有 $R<0$ 有 $\partial E(U)/\partial R<0$，因此一个可能的解就是尽可能高的强制征税）。

$$\frac{\partial E(U)}{\partial R}=\beta'(R)\left[y-V+\alpha\frac{n-1}{n}R\right]+\beta(R)\alpha\frac{n-1}{n}\leqslant 0\leqslant R \tag{46}$$

注意到，$\frac{\partial E(U)}{\partial R}\leqslant 0\leqslant R$ 表明：

$$\frac{\partial E(U)}{\partial R}\leqslant 0，R\geqslant 0，\frac{\partial E(U)}{\partial R}=0，R=0$$

式（46）的第一项表示 R 的边际成本，并且由于政治支持的递减会带来政府管制者的期望收入递减；第二项表示 R 的边际收益，并且由于企业对寻租的递增会带来政府管制者的期望收入递增。政府管制者的最优政策就是使这两方面的效应平衡。

可以定义：

$$\beta(R)=\hat{\beta}(w)，\beta'<0 \tag{47}$$

定义该概率函数的弹性为：

$$\delta=-\frac{\partial\beta}{\partial R}\frac{R}{\beta}>0,\ R>0 \tag{48}$$

写出一阶条件为：

$$\alpha(n-1)R/n-\delta[y-V+\alpha(n-1)R/n]\leqslant 0\leqslant R \tag{49}$$

给定 β 的一个变量弹性，政府管制者可能在 β 函数上或者富于弹性部分或者缺乏弹性部分选择一个政策 R。容易看到：如果 $y-V>0$，则最优解一定位于概率函数的缺乏弹性部分；如果 $y-V<0$，它将位于富于弹性的部分。这暗示着，如果 β 函数到处是富于弹性的，并且 $y>V$，则政府管制者的最优解将是 $R=0$。对这一原理的说明是：如果选民对从其剥夺的转移支付的强制征税是高度的负责，并且作为政府管制者比作为非管制者会带有高的薪酬，那么，政府管制者除了涉险其工作外，将什么也不做。

考虑二阶条件，从式（46）得到：

$$\frac{\partial^2E(U)}{\partial R^2}=\left[y-V+\alpha\frac{n-1}{n}R\right]\beta''(R)+\left[2\alpha\frac{n-1}{n}\right]\beta'(R) \tag{50}$$

因为 $\beta'(R)<0$，$\beta(R)$ 的凹性对期望效用关于 S 的凹性而言是充分但非必要的条件。对于余下的证明部分，假设 $\frac{\partial^2E(U)}{\partial R^2}<0$。

（四）比较静态分析

这一部分将阐述有关外生变量不同参数变化的效应。注意到：

从式（46）和使用式（48）和式（50）得到：

$$dR/dy=\lambda\beta'(R)<0,\ dR/dV=-\lambda\beta'(R)>0$$

$$dR/dn=\lambda\beta(1-\delta)\alpha/n^2>0,\ y>V,\ (\delta<1)$$

$$dR/dn=\lambda\beta(1-\delta)\alpha/n^2<0,\ y<V,\ (\delta>1)$$

$$dR/d\alpha=\lambda(1-\delta)\beta(n-1)/n>0,\ y>V,\ (\delta<1)$$

$$dR/d\alpha=\lambda(1-\delta)\beta(n-1)/n<0,\ y<V,\ (\delta>1) \tag{51}$$

这里 $\lambda=-1/\left[\frac{\partial^2E(U)}{\partial R^2}\right]>0$，进一步有：

$$dE(U)/dy=\beta>0,\ dE(U)/dV=1-\beta>0,\ dE(U)/dn=\alpha\beta R/n^2>0,\ dE(U)/dy=R\beta(n-1)/n>0 \tag{52}$$

$$dS/dy=\frac{(n-1)}{n}\frac{dR}{dy}<0,\ dS/dV=\frac{n-1}{n}\frac{dR}{dV}>0 \tag{53}$$

$$dS/d\alpha=\frac{(n-1)}{n}\frac{dR}{d\alpha},\ dS/dn=\frac{n-1}{n}\frac{dR}{dn}$$

因此，有如下结论：一个递增的 y 使租金递减，而一个递减的 V 使租金递增。然而，关于租金、α 或者企业数量改变的效应是模棱两可的。如果 y>V，一方面，解产生在概率函数的缺乏弹性的部分，而且一个递增的 α 或 n 将导致递增的租金；另一方面，解产生在概率函数的富于弹性的部分，且 α 和 n 对 R 负方向地影响。

给定上述结果，就能解释不同参数对有关寻租的总量 S、代表社会浪费的量 $(1-\alpha)$ S、政府管制者的福利和消费者福利的影响。从对消费者福利的影响开始，因为由消费者支付的租金是清楚的，所以消费者的福利与 R 负相关。因此，消费者的福利伴随 y－V 递增，但与 α 和 n 的关系是模棱两可的。此外还发现，政府管制者的福利伴随 n、y、V 和 α 而递增。进一步，寻租的总量 S 和社会浪费的量伴随 n、V 和–y 而递增，但它们对 α 变化的反应则是不确定的。再进一步，定义 $\beta=\theta_1\tilde{\beta}$（R，$\theta_2$），这里 θ_1 和 θ_2 是转换参数。例如，θ_1 表示通常的流行变换，而 θ_2 反映弹性 β 的变化。那么，从式（46）和式（49）得到 $dR/d\theta_1=0$ 和 $dR/d\theta_2<0$。换句话讲，流行转换 θ_1 的递增将不影响 S，而消费者的责任的递增将降低 R。

这一点最有意义的暗示是：寻租和社会浪费的降低会随着政府管制者的薪酬的递增而得到。这一有明显的政策性暗示的结论是建立在当政府管制者的薪酬很大、寻租行为的机会成本更大的前提上。因此，对政府管制者的高薪酬是对消费者责任或警觉的一种有效替代，并且在给定提高消费者责任的成本的情形下，这可能是一种更有效的获取更多消费者福利方法。注意到一个递增的 α 值，即更有效的寻租可能或不可能提高消费者的福利也是有意义的。因此，使寻租成为一个更讲成本的活动可能并不是一种降低寻租和社会浪费的好办法。

四、有关结论

文章通过一般均衡的分析方法说明了政府在设定租金的过程中，如果考虑到消费者护租的可能性，一方面有提高设租空间门槛的可能性，另一方面有收敛自己行为的倾向。接着按照 Elie Appelbaum 和 Eliakim Katz（1987）用以分析政府管制者、企业和消费者交互作用的寻租模型，得出了一般均衡分析的有关结论，即对于寻租企业而言，想寻求的租金决定于模型内部，且作为消费者、企业和政府博弈的一种结果。政府设租的规模（即得益与损失的分配）明显地依赖于这些集团的力量和可以提供的选择策略（威胁策略）。因此，由于企业可以自由进出并作为跟随者在行动，政府管制者被表明使用企业从消费者那儿获取租金。在这一情形下，企业既不得益也不损失。同时，对于精于世故的企业而言，政府管制者和企业一起分享从消费者获取来的租金收成。然而，消费者的福利与政府管制者的得益部分连在一起，因此他们得益于一个强有力的中央政府管制者。

参考文献

[1] Amegashie J. Atsu. The Number of Rent-Seekers and Aggregate Rent-Seeking Expenditures: An Unpleasant Result [J]. Public Choice, 1999 (99): 100-108.

[2] Anderson Gary M.A Rent-Seeking Explanation of the British Factory Acts.In Colander, David C. (ed.) [J]. Neoclassical Political Economy: The Analysis of Rent-Seeking, 1988.

[3] Bhagwati Jagdish N. Directly Unproductive Profit-Seeking (DUP) Activities [J]. Journal of Political Economy, 1982 (90): 988-1002.

[4] Buchanan J., Tollion R., Tullock G. eds. Toward a Theory of the Rent-Seeking Society [J]. College Station, 1980 (6): 10-17.

[5] Colander, David C. ed. Neoclassical Political Economy—The Analysis of Rent-Seeking and DUPActivities [J]. Cambridge, Massachusetts, 1984 (6): 10-17.

[6] Rowley Charles K., Tollison Robert D., Tullock G.ed. The Political Economy of Rent-Seeking [J]. Boston, 1988 (8): 10-17.

[7] Stigler George J. 产业组织和政府管制（中译本）. [M]. 上海：三联书店，1989.

[8] 贺卫. 寻租经济学 [M]. 北京：中国发展出版社，1999.

[9] 贺卫. 政府创租行为研究 [J]. 上海交通大学学报（社科版），2002 (1).

[10] 塔洛克·G. 寻租（中译本）[M]. 成都：西南财经大学出版社，1999.

[11] 浙江大学寻租理论研究课题组. 公共领域中的寻租分析 [J]. 社会科学战线，2002 (1).

[12] [日] 植草益. 微观规制经济学 [M]. 北京：中国发展出版社，1992.

企业成长与经济增长
——“双能力”的视角

徐　雷
(辽宁大学商学院，辽宁沈阳　110036)

一、导　言

政府对经济的干预是经济学中一个永恒的话题，自西方资本主义萌芽以来，政府与市场的关系就不断地被学者们讨论着。15~17世纪可以称为重商主义，主张政府干预的思想占主导地位；从1776年亚当·斯密出版《国富论》至20世纪20年代自由放任主义时期，强调市场作用和主张经济自由主义的思想占据了主流地位。20世纪30年代的经济大危机引发了西方经济学在20世纪的第一次大革命，即“凯恩斯革命”。先后出版的《自由放任主义的终结》及《就业、利息和货币通论》正式确立了凯恩斯思想，以亚当·斯密经济理论为基础的传统的、新古典的经济学说因此让位于约翰·凯恩斯经济理论为核心的国家干预理论。进入20世纪70年代以后，西方国家先后出现了新的经济危机，并且通货膨胀与经济停滞同时出现，形成了所谓“滞胀”现象。这一时期诞生了新自由主义思想，新自由主义认为，资本主义市场经济是完善的，私人企事业经营制度有很大优点，应“把政府活动限制在应有的范围内”。进入20世纪80年代以后，西方国家再次出现了失业率猛增且居高不下、国内的生产总值下降、经济增长停滞、政府财政状况恶化等一系列的问题。正是在这样的历史条件下，新凯恩斯主义或新凯恩斯主义经济学应运而生，出现了凯恩斯主义的某种“复兴”，国家干预论东山再起。可以说，在不同的历史条件下，政府对经济的干预力度是不同的，但是，有一个基本规律是存在的，即在经济发展状况好的时期，往往自由主义盛行，在经济低迷时期，国家干预主义就会更加强势。

面对政府对经济的干预，企业如何应对，企业在经营中如何考虑政府政策的影响，这些都是国内外的企业家和学者不得不考虑的问题。在政府“扶持之手”的理论中（Musgrave，1959；Stiglitz，1989），政府被认为是追求社会福利最大化的，通过多种形式的干预措施，政府要解决市场中存在的诸多弊病，如垄断定价、负外部性、失业、贫富差距等问题，这些干预措施包括矫正性税收、管制、总需求管理、政府所有等。而政府“掠夺之手”的理论（Sheleifer，1998）认为，政治家的目标并不是社会福利最大化，而是追求自己的私利，不论是独裁者还是民主政治中的政治家都是如此，只是他们追求私利的方式不同而已。在“俘获”理论中，赫尔曼（Hellman）和考夫曼（Kaufmann）提出了“政府俘获”（State Capture）的概念。指出它是一种腐败形式，是企业通过向政府官员提供私人报酬来影响法律、规则和规章制度的选择和制定。通过俘获政府机构，企业就能够将它们自己的偏好变成整个市场经济博弈规则的基础，创造大量可能为特定部门和个人产生高度垄断收益的政策和制度扭曲，而这通常是以巨大的社会成本为代价的。但是，上述文献主要关注于政府应该怎么做才是社会最优的，而缺乏对政府行为及其对企业决策的影响方面的研究。与之不同的是，企业能力理论认为，能力的差异是企业持久竞争优势的源泉，企业竞争力是由企业的价值创造力、创新变革能力、基础管理能力、全球化营销能力构成的。尽管企业能力理论从企业的角度去分析问题，进入到了“黑箱”里面，但它却忽略了政府的因素。另外，许多关注政治关联的文献探讨了企业主动寻求政府帮助的问题。政治关联即指企业“至少有一个大股东或者企业高管是议员、政府部长，或者与高级政治家或政党具有紧密关系”（Faccio，2006）。这些文献分析了政治关联给企业和社会带来的多方面冲击，相关实证研究成果也证明了政治关联给企业绩效造成的影响。但是，从这些文献中我们仍难以判断政府干预对企业成长路径和一国经济增长的质量。

总之，现有的文献并没有将政府干预纳入企业经营决策中进行考虑，也没有充分解释这种干预对一国经济发展的影响。既然企业的经营必然要面对政府，那么应对政府的能力就构成了企业竞争力的一个重要因素，而另一因素是应对市场的能力。本文将关注四个问题：企业将如何获取这两种能力；拥有了这两种能力后企业会怎样参与竞争；企业的成长轨迹是怎样的；企业行为又怎样影响了经济规模的增长。

二、企业“双能力”

企业应对市场的能力包括企业的生产技术、工艺、产品质量、品牌、研发能力、销售渠道、售后服务等，这些能力都是企业赢得市场竞争的重要因素。那么，什么是企业应对政府的能力呢？要界定企业应对政府的能力，首先要明确政府对企业的作用，这可以从正负两个方面来讲：一是支持之手（Musgrave，1959；Stiglitz，1989），包括政府对企业研发、融资、并购、市场开拓和人才培养等各方面的支持；二是掠夺之手（Sheleifer，1998），包括政府对企业不合理的行政干预和寻租行为等。据此，我们认为，企业应对政府的能力就体现在利用政府支持之手的能力和防止政府掠夺之手的能力上。①

企业竞争力由应对政府的能力和应对市场的能力构成，在不同类型的产业和不同的国家或地区中，这两种能力在企业竞争力中所占的比重是不同的。我们利用柯布—道格拉斯函数设置了下面的企业竞争力构成函数：

$$C=G^{\alpha}M^{\beta} \tag{1}$$

式中，C 表示企业竞争力，包含非政府和市场因素对企业竞争力的影响；G 是企业应对政府的能力，包括企业如何应对政府的税收政策、产业发展政策、管制政策、环保政策和直接的行政干预的能力等；M 是企业应对市场的能力，包括提高产品质量、树立产品品牌、提升售后服务品质等方面的能力。企业可以获取这两种能力，但要面对一定的约束，即有：

$$kG+hM=R \tag{2}$$

这里，R 是企业的经济利润，即企业在支付了各种生产要素成本后的剩余利润。因此，企业有 R 的资源可以分配给两种能力 G 和 M。当然，企业规模越大，其 R 就越大，对于极端的完全竞争市场情况 R=0。k，h∈(0，+∞)，衡量的是企业获取两种能力的困难程度，取值越大，困难程度越高，取值越小，就相对容易。于是，企业的问题就是在资源约束下实现竞争力的最大化。解这个最优化问题，我们得到：

$$G=\frac{\alpha}{k(\alpha+\beta)}R \tag{3}$$

$$M=\frac{\beta}{h(\alpha+\beta)}R \tag{4}$$

令 $\alpha+\beta=1$，有 $G=\alpha R/k$ 和 $M=\beta R/h$，即企业分别把资源 R 的 α 和 β 部分投入到 G 和 M 中去。假定某产业的市场上有 n 家企业，在第 t 期第 i（$i\in[1,n]$）家企业把资源用于获取两种能力后，其所能达到的最大竞争力为：

$$C^{i}_{t,max}=\left(\frac{\alpha}{k}\right)^{\alpha}\left(\frac{\beta}{h}\right)^{\beta}R^{i}_{t} \tag{5}$$

---

① 尽管 Sheleifer 认为支持之手的理论前提是错误的，但本文依然认为，政府对企业的支持作用仍然是真实存在的，尤其是在发展中国家政府的支持显得更为重要。因此，我们在这里仍然把政府作用分为支持和掠夺两个相反的方面。

但是，这只是企业理论上所能获得的最大竞争力，在企业的现实经营中，有两个因素会导致企业无法达到它的最大竞争力：一是它并不能明确知道真实的 α 值和 β 值，因此，企业在分配其资源时，实际上是按照自己的估计或者说是对 α 值和 β 值的一个信念进行的；二是企业在短时期内并不拥有完全的计算能力，它无法准确得知到底应该将多少资源分配给两种能力。这样，企业实际的竞争力将由式（6）给出：

$$C_t^i = \left(\frac{\alpha_i}{k}\right)^{\alpha}\left(\frac{\beta_i}{h}\right)^{\beta} R_t^i \tag{6}$$

式中，α_i 和 β_i 分别表示企业估计出的 α 值和 β 值，企业也正是以此来分配资源。为了简化，我们令 $\sigma^* = \left(\frac{\alpha}{k}\right)^{\alpha}\left(\frac{\beta}{h}\right)^{\beta}$ 和 $\sigma^i = \left(\frac{\alpha_i}{k}\right)^{\alpha}\left(\frac{\beta_i}{h}\right)^{\beta}$，于是，企业所能获取的最大竞争力与其真实竞争力分别为：

$$C_{t,max}^i = \sigma^* R_t^i \tag{7}$$

$$C_t^i = \sigma^i R_t^i \tag{8}$$

那么，企业参与竞争的结果将是什么呢？显然，这与企业的资源 R 及其所获取的竞争力 C 相关。简化起见，我们假设只有两家企业，分别为企业 1 和企业 2。初始的市场规模为 2，且假设市场规模的潜在增长率为 20%，但是因为企业并没有把全部资源运用到市场上去，因此市场规模的实际增长率为 $20\% \times (\beta_1 + \beta_2)/2$。每一期两个企业各自所能获得的市场份额为 $C_t^1/(C_t^1 + C_t^2)$ 和 $C_t^2/(C_t^1 + C_t^2)$，市场份额与市场规模的乘积又形成了企业下一期的资源。企业各期所拥有的资源量就是企业的成长轨迹。下面，我们用数值模拟的方法来分别考察两种情况，即两种能力的比重固定的情况和两种能力的比重不固定的情况。

三、市场规模与企业成长轨迹

当两种能力的比重是固定的时候，即 α、β 值不随时间变化而改变，我们要考虑以下三种情况：一是两家企业都知道 α、β 值；二是只有一家企业知道 α、β 值；三是两家企业都不知道 α、β 值。我们认为，是否能够清楚地知道 α、β 值，反映了一个企业经理人的企业家才能，企业家才能高的经理人更能够认清真实的 α、β 值，从而正确地分配企业资源。另外，我们还要区分不同的市场规模对企业成长轨迹的影响，我们分别取 $\beta = 0.6$（此时市场规模年均增长率为 12%）和 $\beta = 0.2$（此时市场规模年均增长率为 4%）两种情况来进行考察。

（一）两家企业都知道 α、β 值

此时，两家企业是完全同质的，它们对真实的 α、β 值都是清楚的，因此它们都会按照真实的 α、β 值去分配资源，从而获得最大的企业竞争力。这样的话，两家完全相同的企业参与市场竞争就会平分市场需求，从而两家企业的成长轨迹完全重合。只是在 β 值更高的情况下，企业将会有一个更加陡峭的成长轨迹，如图 1 所示。

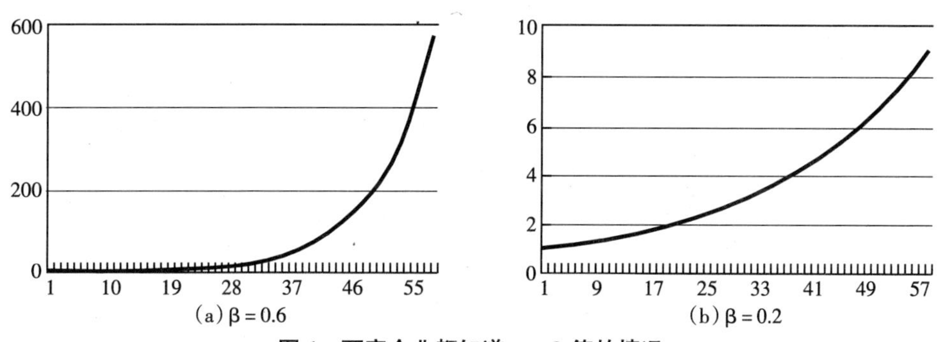

图 1　两家企业都知道 α、β 值的情况

（二）只有一家企业知道 α、β 值

在这种情况下，我们假设两家企业经理人的企业家才能是不同的，企业家才能更高的经理人能够准确判断 α、β 值，而企业家才能低的经理人无法准确判断真实的 α、β 值，但是他可以对真实的 α、β 值做出一个大致的估计，我们设置估计的范围在真实 α、β 值±0.1 之间。这样，两家企业的成长轨迹如图 2 所示。在图 2（a）中，尽管企业 1 的成长轨迹更陡峭，但由于市场规模增长较为迅速，企业 1 仍然拥有自己的市场空间，但是在图 2（b）中，由于市场规模增长缓慢，企业 2 的市场空间完全被压缩，最终市场上只有 1 家企业可以生存。

（三）两家企业都不知道 α、β 值

这种情况下，两家企业都是对真实的 α、β 值做出自己的估计，并据此分配企业资源。此时，两家企业获得的竞争力也是不同的，但在竞争中到底哪家企业能够更具优势是无法判定的，这只能依赖企业的运气。从图 3 中我们可以看出，当 β=0.6 时，即市场规模增长很快时，两家企业均有平稳上升的成长轨迹，但当

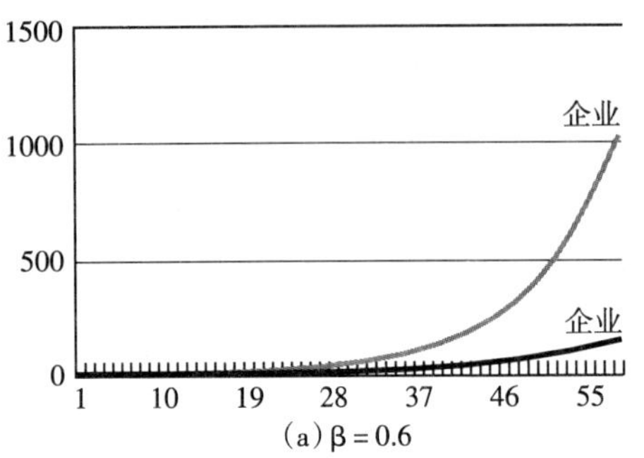

(a) β = 0.6

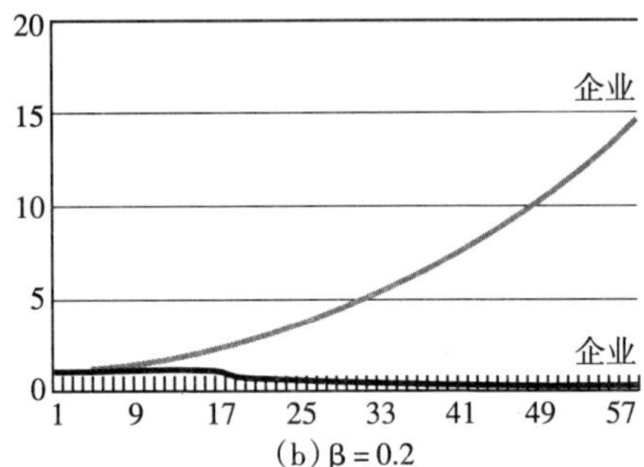

(b) β = 0.2

图 2　只有一家企业知道 α、β 值的情况

市场规模增长缓慢时，运气不好的企业就很难生存了。

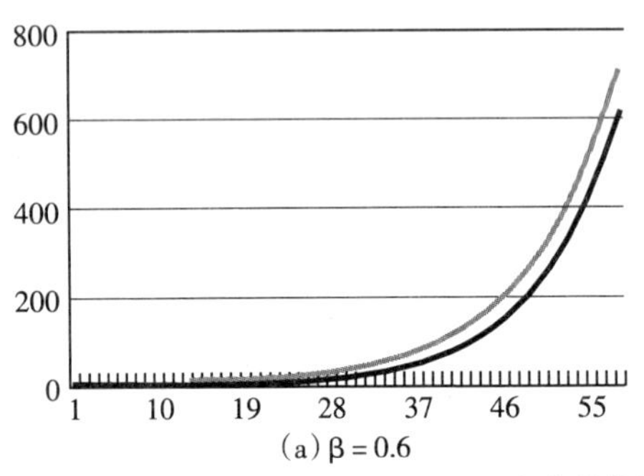
(a) β = 0.6

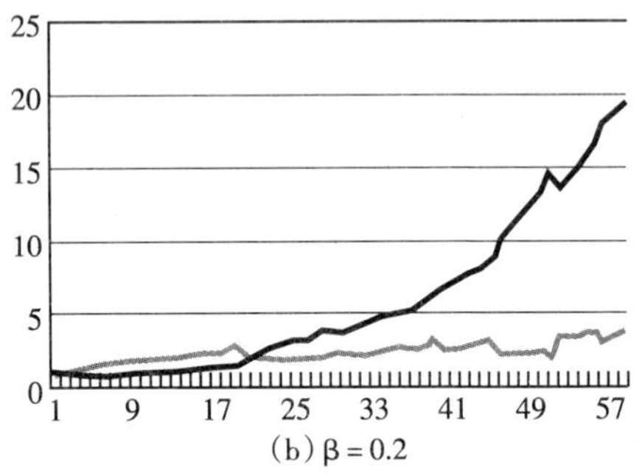
(b) β = 0.2

图 3　两家企业都不知道 α、β 值的情况

四、"伯川德悖论式"的企业竞争博弈

通过上面的分析我们知道，企业应该尽可能地按照真实的 α、β 值去分配资源，这样才能获得最大的竞争力。但是，企业之间是否有合谋的可能性呢？我们仍以两个企业的情况为例进行说明，不论真实的 β 值是否为 0.2，如果两个企业都用全部资源去应对市场，那么，两个企业的竞争力是相同的，它们能够平分市场份额，此时的市场规模会因为全部的资源都用于市场而达到最高增长速度 20%，最终，两个企业获取的资源都能够达到 27174 的最高值。如果两个企业都按照 0.2 的 β 值去分配资源，那么最终它们都只能获得 19 的资源。如果一个企业按照 0.2 的 β 值分配资源，而另一个企业按照 1 的 β 值分配资源，那么前一个企业最终能够获取 1140 的资源，而后一个企业获取的资源则为 0。我们同样通过数值分析的方法得到三种情况下的企业成长轨迹，如图 4 所示。

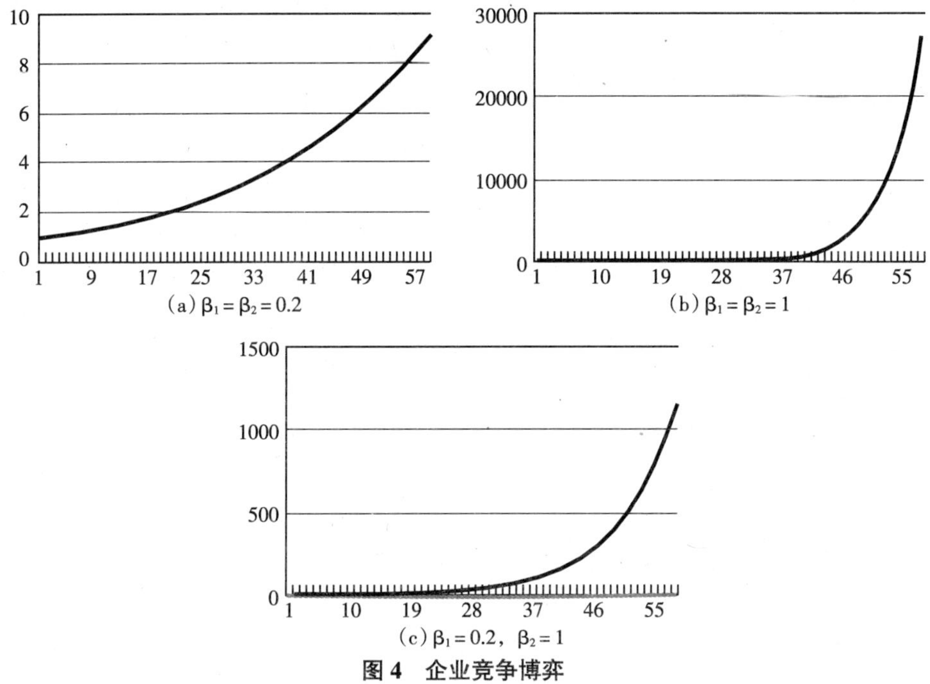

图 4　企业竞争博弈

我们把这三种情况的结果列入表 1，形成企业的博弈矩阵。

表 1　两企业博弈矩阵

	$\beta_2=0.2$		$\beta_2=1$	
$\beta_1=0.2$	19	19	1140	0
$\beta_1=1$	0	1140	27174	27174

从表 1 的博弈矩阵中我们能够找到两个纯策略纳什均衡，即 $\beta_1=\beta_2=0.2$ 和 $\beta_1=\beta_2=1$，两个均衡中两企业的支付都是相同的，分别为 19 和 27174。显然，仅从博弈矩阵中我们能够判断出 $\beta_1=\beta_2=1$ 是一个聚点均衡，即两个企业都希望达到的均衡。这样的结果似乎是让人满意的，但我们通过更进一步的分析就会发现，当两企业都把全部资源用于市场，即 $\beta_1=\beta_2=1$ 时，如果其中一个企业稍稍降低 β 值，其估计的 β 值将更靠近真实的 β 值，此时它就能获得更高的竞争力，从而获取更多的市场资源。例如，当企业 1 取 $\beta_1=1$ 时，如果企业 2 取 $\beta_2=0.9$，那么，最终企业 1 只能获得 0 资源，而企业 2 能够获得 34014 的资源，比 $\beta_1=\beta_2=1$ 的博弈均衡要好，因此企业 2 一定有激励去降低其 β_2 值。如果企业 1 发现自己无法获取资源，它也会降低 β_1 值，这样，两个企业不断降低各自的 β 值，最终达到 $\beta_1=\beta_2=0.2$ 的纳什均衡，这样的过程与伯川德均衡的形成过程很相似，因此我们称为伯川德悖论式的企业竞争博弈。

五、总 结

企业竞争力来源于企业应对市场和应对政府两方面的能力。对于企业来讲，首先要正确估计社会真实的 α、β 值，并据此把资源分配给两种能力。另外，企业之间也应该去寻求一种合作的可能性，把尽可能多的资源分配给市场，从而使市场规模尽可能快的成长，这样才是对企业最有利的。但是，从前面的分析中我们也看到，不论政府出于什么目的，只要政府留给了企业寻租的可能性，企业就会出于自身利益最大化的目的把资源用于应付政府，这就造成了个体理性导致的集体非理性。尤其是在转轨国家，腐败仍然是影响改革进程的一个严峻问题，这就给企业经营制造了大量的灰色空间，造成了严重的资源配置扭曲。

对于政府来说，如果政府的目的是追求短期利益，那么政府就会通过设租、寻租等手段攫取企业的资源。如果政府的目的是追求长期利益最大化，那么政府就应该成为一个“小”政府，只负责提供公共物品，这样才能不扭曲资源的配置，让经济规模迅速成长，同时也能够最大化自己的长期利益。如果政府能够减少设租、寻租，企业就能够把更多的资源投入市场，经济也就会实现更好、更快的发展。转轨国家的改革正是在这个方向上不断前行的，从国家控制经济中的全部资源，到国家逐步让渡自身的控制权，企业可以把越来越多的资源用于研制新产品、改进生产方式、开拓市场等方面，市场才会不断繁荣起来，经济也就呈现出了高速的增长。我们关注这样的过程是否能够持续、能够持续多久，怎样让企业实现一种“合谋”而共同“抛弃”政府，因此，必须要营建出尊重市场的社会环境，毕竟，市场竞争力量的作用会“持续地侵蚀着政府决策的范围和力度”而成为中国改革取得成功的关键。

参考文献

[1] Stiglitz Joseph E. “On The Economic Role of The State” In A.Heertje，ed.，The Economic Role of The State [M]. Oxford：Blackwell，1989.

[2]Sheleifer，Andrei and Vishny，Robert W. The Grabbing Hand：Government Pathologies and Their Cures [M]. Harverd University Press，1998.

[3] Hellman J.，Jones G. and Kaufmann D. Are Foreign Investors and Multinationals Engaging in Corrupt Practices in Transition Economies [R]. http：//info.worldbank. org/etools/docs/library/17640/fdi_trans_0800.pdf，2000.

[4] 尼古莱·J.福斯，克里斯蒂安·克努森. 企业万能 [M]. 大连：东北财经大学出版社，2003.

[5] Faccio. Mara Politically Connected Firms[J]. American Economic Review, 2006, 96 (1): 9-18.

[6] 杨其静. 政治关联与企业成长 [J]. 教学与研究，2010 (6)：38-43.

[7] 罗党论，唐清泉. 政治关联、社会资本与政策资源获取：来自中国民营上市公司的经验证据 [J]. 世界经济，2009 (7).

[8] 乔尔·S.赫尔曼. 转型经济中对抗政府俘获和行政腐败的策略 [J]. 经济社会体制比较，2009 (2)：89-94。

[9] Musgrave Richard A. The Theory of Public Finance [M]. New York: McGraw-Hill, 1959.

[10] Rawski Thomas G. Reforming China's Economy: What Have We Learned[J]. China Journal, 1999 (41): 98-99.

第四篇

企业战略

并购能增强大企业的竞争力吗

——基于上市公司2009年并购案的一项实证研究*

姚海鑫　朱雅琴

（辽宁大学商学院，辽宁沈阳　110136）

一、问题的提出

随着经济全球化的日益加快，企业在国内国际市场的竞争日趋激烈，企业尤其是大企业要谋求自身的生存与发展，必须构建和提升自己的竞争力，以获得一定的竞争优势。自20世纪90年代以来，全球范围内掀起了新一轮企业并购浪潮，许多重大并购案例此起彼伏、高潮不断。尤其是近几年来，在全球金融危机的背景下，在资本经营和低成本扩张的诱惑和推动下，我国也有许多大企业正在掀起一股国内与海外市场的企业并购热潮。而纵观近10多年来全球企业的并购浪潮，我们不难发现，现阶段企业并购呈现一个新的特点，即有越来越多的企业将并购与企业竞争力特别是核心竞争力的构建与提升紧密结合起来，许多企业正试图通过并购来构建和提升自己的竞争力，以期保持企业的持久竞争优势。

从企业成长角度来看，与自我发展的模式相比，企业并购具有时效快、可得性强和低成本等特点。传统的效率理论和市场势力理论均认为，企业并购可以给企业带来多种效应，如并购能给企业带来协同效应、规模经济效应、市场权力效应、交易费用节约效应等。现实中也有许多成功的案例告诉我们，企业并购在增强企业核心竞争力方面确实起到了不可低估的作用。然而，也有不少企业在并购

基金项目：国家社会科学基金项目（09BJY056）、辽宁省社会科学基金项目（L07BJY027）、辽宁大学“211工程”三期重点学科建设项目。

作者简介：姚海鑫，辽宁大学商学院教授、博士生导师，电子信箱：hxyao@lnu.edu.cn。朱雅琴，沈阳工程学院技术经济系副教授、辽宁大学商学院博士生，电子邮箱：zyq9703@163.com。

后不够成功甚至深陷泥潭的案例，如我国的TCL、联想、海尔等都曾有过海外并购的大手笔，原本是想通过收购国外优秀企业来提升企业的核心竞争力，从而迅速走向国际化，但迄今为止仍不能算是成功的案例。

在我国经济转型、企业国际化的进程中，提升我国大企业的竞争力已成为理论界和实务界都十分关注的热点问题。从并购的角度看，人们十分关心的一个问题是，并购究竟能否增强或提升大企业的竞争力？并购是如何增强大企业的竞争力的？并购中哪些要素对大企业竞争力具有显著的影响？本文欲从实证角度来研究并购对大企业竞争力的影响，分析并购如何增强大企业竞争力，以期补充现有研究存在的不足，为提升大企业竞争力提供经验证据和决策依据。

二、文献回顾与研究假设

从实证角度研究并购与企业竞争力的关系，可以从两个不同的角度去研究：一是企业竞争力的大小对并购的影响（包括并购成功与否和并购溢价等），即企业竞争力在并购活动中的优势作用；二是并购对企业竞争力的影响，即并购是否能够提升企业的竞争力。本文研究的是后者。考察并购对企业绩效以及企业竞争力的影响，可以通过考察并购前后企业绩效和竞争力的变化来进行，而就并购活动本身而言，并购价格、并购模式与方式等许多要素都可能对并购后的企业竞争力产生影响。

并购后产生的“协同效应”，一般被认为是企业竞争力增强的最直接表现。然而，在并购活动中，并购价格的确定却是并购的核心问题，定价是否合理关系到并购能否最终成功以及并购后的绩效。如果并购价格过高，则很难达到预期的并购协同效应，会降低并购之后的投资收益率，可能会导致将来整合的失败；反之，如果并购价格过低，可能失去对目标企业的吸引力或缺乏竞争力，造成并购失败。Roll（1986）将“过度自信”的概念引入并购研究，提出管理者“过度自信”假说，认为并购企业的管理者由于过度自信，可能对自身的管理能力过于乐观及高估并购收益，夸大并购带来的协同效应，导致高价收购目标企业；同样，Hayward和Hambrick（1997）通过实证检验，表明管理者的“过度自信”提高了并购溢价，损害了并购的绩效。Krishnan等（2007）通过研究发现，并购溢价的支付和并购公司后续的劳动力削减具有显著的正相关关系。由于人力资本也是企业竞争力的一个重要方面，过度的劳动力削减对公司绩效会产生负面作用，从而削弱企业的竞争力。这些研究都表明存在“过度自信”的管理者更可能实施高定价的并购活动，导致并购企业财富受损，降低并购企业的竞争力。国内学者对此的研究并不多，傅强和方文俊（2008）通过实证研究证明，管理者自信与并购正相关；姜付秀（2009）等采用实证研究方法得出管理者过度自信与企业并购间的关系并不显著的结论。

对于并购企业来说，并购价格中的主要风险来自于定价过高，单纯依靠并购后进行整合经营，成本回收面临困难，给并购企业增加了很大的财务负担。如2008年中联重科（000157）高溢价收购CIFA公司，业界对此存在不少质疑和争议。直到雷曼破产引发全球金融危机时，中联重科确实出价过高已成为不争的事实，因为其并购价格所依据的预期盈利难以实现（聂志萍、聂文忠，2009）。本文认为，并购价格过高会对并购企业造成很大的经济压力，最后可能影响并购的整合价值，不利于并购企业的价值增值，对并购企业的竞争力造成不利影响。基于以上分析，提出假设1：

假设1：并购价格与大企业竞争力显著负相关。

按企业的产业模式划分，并购分为横向并购、纵向并购和混合并购三种方式。有许多学者对并购类型如何影响并购绩效进行了研究，但并没有取得一致的结论。有学者认为，跨行业并购绩效优于同业并购绩效（Agrawal，Jaffe and Mandelker，1992）；还有学者认为，并购类型与并购绩效不存在相关的关系（Lubatkin，1987）。国内大部分学者认为，横向并购有利于提高并购企业绩效（冯根福、吴林江，2001；方芳、闫晓彤，2002；王民治，2005；洪道麟，2006；高明华，2008；李蕾、宋志国，2009；廖运凤，2010）。在这些研究中，虽然选取的样本公司以及观测的年度不一致，实证方法上也会有所不同，但都得出了一个相似的结论，即采取横向并购的上市公司业绩较好。

效率理论认为，并购如果发生在相关行业之间，容易实现协同效应，实现规模经济，可以降低生产与经营成本；而跨行业并购的目的主要是为了降低管理层自身的风险，并不能促进企业效率的提高，所以相关行业并购绩效要优于非相关行业并购。另外，作为同业并购的企业由于具有熟悉目标企业的市场情况、管理技能和技术水平的优势，可以降低并购存在的风险，大大缩减并购后整合的时间和成本，从而提高并购绩效和竞争力；而跨行业并购后，就需要开拓新的产品市场，此时销售渠道的整合风险变大，造成跨行业并购的预期收益具有很大的不确定性。基于以上分析，提出假设2：

假设2：横向并购与其他并购方式相比，更有利于提高大企业竞争力。

关联并购在我国的并购市场中已是司空见惯，通常发生在上市公司与其母公司之间以及上市公司与其母公司下属的其他子公司之间，其规模大概能占到整个并购市场规模的50%（邢天才、贺铟璇，2011）。然而，学术界对于关联并购的研究比较少见，还没有形成对关联并购行为的系统研究。关于关联并购对并购绩效的影响，学者们的研究也未得出一致的结论。黄兴孪、沈维涛（2006）选取关联并购事件331起进行实证研究，结果发现关联并购并没有真正提高上市公司的业绩；宋献中和周昌仕（2007）研究表明，关联并购行为具有较强的投机性，关联并购公司的竞争优势要弱于非关联并购公司。而更多的学者认为，关联并购有利于上市公司绩效的提高（潘瑾、陈宏民，2005；廖运凤，2010）。

公司通过关联并购，可以有效降低并购交易过程中客观存在的诸多风险，如交易定价、信息不对称、选择合适的支付方式等各种风险。关联并购通常可以向市场传递并购企业效益良好的信号，导致市场看好并购企业的股票，短期内使并购企业的股票价格上升，从而增加企业的价值，提高企业的竞争力。在上市的“壳资源”比较稀缺的情况下，通过关联并购的途径，可以快捷地提高上市公司的经营业绩，保住上市公司“壳资源”的融资功能，从而有效提高竞争力。此外，关联并购公司通常对目标公司的资产优劣、管理水平等情况比较了解，因此大大降低了并购的整合难度，可以迅速改善财务状况和经营成果，在短期内可以看到效果，同时会对公司长远发展产生重大影响。基于以上分析，提出假设3：

假设3：关联并购与大企业竞争力显著正相关。

三、研究设计

（一）数据来源与样本选择

本研究以2008~2010年为研究窗口，选取2009年在上海和深圳两个证券交易所上市交易的并购成功的上市公司作为大企业的初始样本。本研究选取样本的原则是：第一，选取2009年营业收入大于50亿元的上市公司作为大企业样本；第二，选择2008~2010年连续上市的上市公司，以考察并购前后以及并购当年对竞争力的影响，保证各指标3年数据全面；第三，事件公告类型为股权收购，且股权收购比例不低于20%；第四，鉴于支付金额较小的并购对并购公司的价值不会带来显著影响，因此剔除并购交易金额低于1000万元的并购公司；第五，若同一家上市公司1年内连续发生多次并购，则选取收购金额最大的并购事件；第六，剔除ST、PT公司，因其并购往往带有特殊的目的。数据来源于Wind数据库、CCER数据库及RESSET金融研究数据库，部分数据与年报进行了核对。所选样本在各行业中的分布情况如表1所示。

表 1　样本公司行业分布情况

行　业	公司数量	单项百分比（%）	累计百分比（%）
A 农、林、牧、渔业	1	2.17	2.17
B 采掘业	8	17.39	19.56
C 制造业	25	54.35	73.91
D 电力、燃气及水的生产和供应业	1	2.17	76.08
E 建筑业	1	2.17	78.25
F 交通运输、仓储业	2	4.35	82.60
H 批发和零售贸易	5	10.88	93.48
J 房地产业	2	4.35	97.83
M 综合类	1	2.17	100
全体	46	100	—

注：行业分类按中国证监会公布的《上市公司行业分类指引》标准划分。

由表 1 可知，并购样本行业分布十分集中，并购主要集中的行业为制造业，占样本总量的 54.35%，居首位；采掘业居第二位，占总数的 17.39%；批发和零售贸易占比为 10.88%，居第三位。这几个行业的并购样本占总体的比例高达 82.62%，其他行业的比重较小。

（二）变量选取

1. 被解释变量——大企业竞争力

关于衡量企业竞争力的指标，学术界存在不同的观点，如果只用某一个指标来衡量，会存在诸多不足，带来很大的片面性；当然用多指标评价也有一定困难或复杂性。本文认为，大企业竞争力是指在竞争性的市场中，一个企业所具有的能够比其他企业更有效地向市场提供产品和服务，并获得盈利和自身发展的综合素质和竞争优势能力，它由生存竞争力、发展竞争力和潜在竞争力三个部分构成。① 本文采用多指标综合评价方法，用生存竞争力选取总资产、净资产收益率、流动资产周转率和资产负债率 4 个指标来表示；发展竞争力选取总资产增长率、营业收入增长率、营业利润增长率 3 个指标来体现；潜在竞争力选取固定资产增长率、投资收益、销售费用收入比 3 个指标来衡量。大企业竞争力评价指标体系见表 2。

① 借鉴国家统计局服务业调查中心确定的大企业集团竞争力评价指标体系由竞争能力和竞争机制两部分组成，其中竞争能力由生存力、发展力和潜力三部分组成。鉴于数据的可获得性，本文没有考虑竞争机制，但由于竞争能力是大企业竞争力的基础和重要保证，因此选取的指标仍能代表大企业的竞争力水平。

表 2　大企业竞争力评价指标体系

层次	准则层	指标层	符号
生存竞争力	规模	总资产（万元）	X_1
	盈利	净资产收益率（%）	X_2
	营运效率	流动资产周转率（%）	X_3
	偿债	资产负债率（%）	X_4
发展竞争力	规模增长	总资产增长率（%）	X_5
	市场扩张	营业收入增长率（%）	X_6
	收益增长	营业利润增长率（%）	X_7
潜在竞争力	对内投资	固定资产增长率（%）	X_8
	对外投资	投资收益（万元）	X_9
	市场拓展能力	销售费用收入比（%）	X_{10}

本文将对上述 10 个指标进行因子分析，然后得到一个综合分值 BEC 作为综合反映大企业竞争力的指标，研究并购对大企业竞争力的影响。

2. 解释变量

（1）并购价格（MPR）：用本次交易总价的自然对数来表示。

（2）并购类型（MKI）：虚拟变量，当属于横向并购时，则 MKI = 1；否则 MKI = 0。

（3）并购的关联属性（MRQ）：虚拟变量，当发生关联并购时，MRQ = 1；当发生非关联并购时，MRQ = 0。

3. 控制变量

此外，本文还选择了以下控制变量：

（1）公司规模（SIE）：并购前一年末公司总资产的自然对数。通常认为，公司资产规模越大，并购后管理层对资源进行整合的能力越强，并购公司的竞争力可能越强。

（2）公司财务风险（DET）：并购前一年末的资产负债率，其值为负债总额与资产总额之商。大量文献认为，资本结构影响企业的投资决策，并且财务杠杆也许能限制管理者的操控性支出，从而影响公司竞争优势（宋献中、周昌仕，2007）。

（3）公司盈利能力（ROE）：并购前一年末的净资产收益率，其值为净利润与净资产之商。一般认为，公司盈利能力越强，越有助于竞争力的提高。

（4）行业变量（INU）：虚拟变量，若为制造业，则 INU = 1；若为非制造业，则 INU = 0。各个变量的选择与定义见表 3。

表 3　变量选择与定义

变量类型	变量名称	变量符号	变量定义	预期符号
被解释变量	并购当年大企业竞争力	BEC_0	对生存竞争力、发展竞争力和潜在竞争力指标通过因子分析得到竞争力指数	
	并购后一年大企业竞争力	BEC_1		
解释变量	并购价格	MPR	本次交易总价的自然对数	-
	并购类型	MKI	虚拟变量，当横向并购时，则 MKI=1；若为纵向并购，则 MKI=0	+
	并购的关联属性	MRQ	虚拟变量，当发生关联并购时，MRQ=1；当发生非关联并购时，MRQ=0	+
控制变量	公司规模	SIE	并购前一年末公司总资产的自然对数	+
	公司财务风险	DET	并购前一年的资产负债率，其值为负债总额与资产总额之商	-
	公司盈利能力	ROE	并购前一年的净资产收益率，其值为净利润与净资产之商	+
	行业变量	INU	虚拟变量，若为制造业，则 INU=1；若为非制造业，则 INU=0	?

（三）因子分析——大企业竞争力的度量

为考察并购对大企业竞争力的影响，首先需要度量大企业竞争力，为此需要构建一个综合得分函数来反映大企业竞争力评价指标体系的 10 个指标。评价方法有多种，但目前较为客观和流行的综合评价方法是因子分析法。

本文在进行因子分析之前，先用两个统计指标检验所选指标体系是否适合做因子分析。①KMO 检验，KMO 统计量的取值为 0~1，KMO 越接近于 0，表明原始变量的相关性越弱；越接近于 1，表明原始变量的相关性越强。按照 Kaiser 关于 KMO 的度量标准，当 KMO 统计量在 0.5 以上时，表示比较适合做因子分析。②巴特利特球形检验，如果该统计量比较大，则适合做因子分析。检验结果见表 4。

表 4　KMO 和巴特利特球形检验结果

统计量		并购前一年（2008 年）	并购当年（2009 年）	并购后一年（2010 年）
KMO 统计量		0.511	0.606	0.547
巴特利特球形检验	卡方值	113.824	132.566	94.353
	自由度	45	45	45
	显著性	0.000	0.000	0.000

根据表 4，10 个变量的并购前一年、并购当年以及并购后一年的 KMO 值均

大于 0.5；巴特利特球形检验的卡方值都比较大，且其对应的相伴概率均小于 0.05，都通过了显著性检验。因此认为所选的 10 个变量都适合做因子分析。

本文采用的因子抽取方法是主成分法，选择的旋转方法为最大方差旋转法，得到各个公共因子及其对应的因子特征根、方差贡献率和旋转载荷矩阵。SPSS 软件输出的因子分析过程及结果详见表 5 至表 7。

表 5　因子分析特征根与方差贡献率

因子	初始状态			提取因子后（旋转后）		
	特征值	方差贡献率（%）	累计方差贡献率（%）	特征值	方差贡献率（%）	累计方差贡献率（%）
1	2.797	27.972	27.972	2.417	24.174	24.174
2	1.695	16.953	44.925	1.795	17.946	42.120
3	1.473	14.728	59.653	1.208	12.083	54.203
4	1.073	10.734	70.386	1.178	11.776	65.979
5	0.933	9.325	79.712	1.073	10.733	76.712
6	0.741	7.406	87.118	1.041	10.405	87.118
7	0.469	4.690	91.808	—	—	—
8	0.413	4.130	95.939	—	—	—
9	0.253	2.525	98.464	—	—	—
10	0.154	1.536	100.000	—	—	—

从表 5 中可看出，如果提取 6 个公共因子，累计方差贡献率已达到 87.118%，这 6 个因子已包含全部变量 87%以上的信息量，因此可以认为这 6 个因子基本反映了原变量的绝大部分信息，具有很强的代表性。这 6 个因子分别用 F_1、F_2、F_3、F_4、F_5、F_6 来表示。根据所选择的公因子的特征值所对应的特征向量来计算公因子的负荷，求出负荷矩阵并作最大方差旋转，结果见表 6。

表 6　旋转后的因子载荷矩阵

大企业竞争力指标	因　子					
	1	2	3	4	5	6
总资产	0.009	0.826	0.050	−0.121	−0.162	−0.216
净资产收益率	0.589	−0.110	−0.243	0.145	0.138	0.615
流动资产周转率	0.024	−0.056	−0.018	−0.010	0.977	−0.066
资产负债率	0.088	0.017	0.946	0.001	0.008	0.073
总资产增长率	0.947	−0.024	0.009	−0.063	−0.008	0.042
营业收入增长率	0.919	0.044	0.121	4.345E−4	0.010	−0.037
营业利润增长率	0.559	−0.573	0.017	0.382	0.074	0.215
固定资产增长率	−0.087	−0.020	0.486	−0.155	−0.243	0.724
投资收益	0.012	0.875	−0.021	0.154	0.093	0.178
销售费用收入比	−0.018	−3.975E−4	−0.023	0.972	−0.012	−0.040

表 6 的因子载荷阵中的数字表示某个变量 X_i 与公因子 F_j 之间的相关系数。表 6 中数据显示：第一个公因子 F_1 与总资产增长率（X_5）、营业收入增长率（X_6）的相关系数较大，这两个变量从不同角度反映上市公司的未来发展潜力，故将 F_1 命名为成长能力因子；第二个公因子 F_2 与总资产（X_1）、营业利润增长率（X_7）、投资收益（X_9）的相关系数较大，这三个变量反映上市公司投入产出情况，故将 F_2 命名为投入产出因子；第三个公因子 F_3 与资产负债率（X_4）的相关系数较大，故将 F_3 命名为偿债能力因子；第四个公因子 F_4 与销售费用收入比（X_{10}）的相关系数较大，故将 F_4 命名为市场拓展因子；第五个公因子与流动资产周转率 X_3 的相关系数较大，故将 F_5 命名为营运效率因子；第六个公因子与净资产收益率（X_2）、固定资产增长率（X_8）的相关系数较大，这两个因子分别反映资产获利能力和资产增长情况，故将 F_6 命名为资产盈利与增长能力因子。

表 7　因子得分系数矩阵

大企业竞争力指标	因子					
	1	2	3	4	5	6
总资产	0.108	0.446	0.039	−0.026	−0.107	−0.173
净资产收益率	0.133	0.067	−0.325	0.022	0.116	0.639
流动资产周转率	−0.051	0.036	0.106	−0.062	0.948	0.024
债务资产比率	0.036	−0.007	0.840	0.088	0.112	−0.151
总资产增长率	0.437	0.035	0.001	−0.121	−0.070	−0.131
营业收入增长率	0.437	0.067	0.126	−0.044	−0.045	−0.234
营业利润增长率	0.159	−0.256	0.037	0.251	−0.007	0.058
固定资产增长率	−0.143	0.023	0.229	−0.107	−0.097	0.702
投资收益	0.002	0.564	−0.064	0.184	0.168	0.310
销售费用收入比	−0.065	0.063	0.086	0.869	−0.065	−0.085

表 7 的因子得分系数矩阵给出了根据 SPSS 统计软件输出结果计算出的因子得分表达式的系数，据此可以写出这 6 个公因子的因子得分函数表达式。为方便计算，这里用一个通用的式子来表示：

$$F_j=\sum_{i=1}^{10} a_{ij}x_i \quad j=1,\ \cdots,\ 6 \tag{1}$$

由式（1）可以计算出 46 个样本的 6 个公因子的得分值，这里省略了因子得分值表。

通过上述因子分析得出公共因子的分值 F_1、F_2、F_3、F_4、F_5、F_6，计算每个样本公司竞争力综合分值，公式如式（2）：

$$BEC=W_1F_1+W_2F_2+W_3F_3+W_4F_4+W_5F_5+W_6F_6 \tag{2}$$

式中，各公因子的权重 W_j 为各因子的方差贡献率占累计方差贡献率的比重，计算公式如下：

$$W_j = \frac{\sigma_j}{\sum_{i=1}^{6} \sigma_j} \tag{3}$$

式中，σ_j 为各因子的方差贡献率。

根据式（2）和式（3），可计算出 6 个公因子权重分别为：$W_1 = 0.2775$，$W_2 = 0.2060$，$W_3 = 0.1387$，$W_4 = 0.1352$，$W_5 = 0.1232$，$W_6 = 0.1194$。因此并购当年的竞争力综合得分值为：

$$BEC_0 = 0.2775F_1 + 0.2060F_2 + 0.1387F_3 + 0.1352F_4 + 0.1232F_5 + 0.1194F_6$$

采用同样的方法，可得到并购前一年和并购后一年的竞争力综合得分为：

$$BEC_{-1} = 0.2297F_1 + 0.1981F_2 + 0.1741F_3 + 0.1441F_4 + 0.1387F_5 + 0.1153F_6$$

$$BEC_1 = 0.2696F_1 + 0.1670F_2 + 0.1668F_3 + 0.1359F_4 + 0.1315F_5 + 0.1292F_6$$

由此得到并购前一年（2008 年）、并购当年（2009 年）和并购后一年（2010 年）的 46 家样本公司的综合得分值，即大企业竞争力的度量指标。

（四）回归模型设计

在前面分析的基础上，本文构建如下两个多元回归分析模型，拟实证检验上述各解释变量对并购当年和并购后一年大企业竞争力的影响。

$$BEC_0 = \beta_0 + \beta_1 MPR + \beta_2 MKI + \beta_3 MRQ + \beta_4 SIE + \beta_5 DET + \beta_6 ROE + \beta_7 INU + \varepsilon \tag{4}$$

$$BEC_1 = \beta_0 + \beta_1 MPR + \beta_2 MKI + \beta_3 MRQ + \beta_4 SIE + \beta_5 DET + \beta_6 ROE + \beta_7 INU + \varepsilon \tag{5}$$

式中，β_0 是常数项，$\beta_1 \sim \beta_7$ 是回归系数，ε 是随机扰动项（假设 $\varepsilon \sim N(0, \sigma^2)$）。

四、实证分析结果及讨论

（一）均值差异的显著性检验

本文根据并购价格、并购类型、并购的关联属性对研究样本进行分组，以便直观地分析这些并购特征变量是否对大企业竞争力产生显著影响。这里把并购价格（MPR）按其均值 10.08 分成 MPR 高组（MPR > 10.08）和 MPR 低组（MPR <

10.08)；而并购类型分为横向并购（MKI = 1）和非横向并购（MKI = 0)；并购的关联属性分为关联并购（MRQ = 1）和非关联并购（MRQ = 0)。分别进行两组均值差异的显著性检验（t 检验），检验结果见表 8。

表 8　均值差异显著性分组检验

Panel A：按照并购价格（MPR）分组			
竞争力	组 1：MPR 高组	组 2：MPR 低组	组 1 VS 组 2
	均值	均值	t 统计量
BEC_0	–0.125	0.125	–2.029*
BEC_1	–0.166	0.166	–2.538**
样本数	23	23	—
Panel B：按照并购类型（MKI）分组			
竞争力	组 1：MKI=1	组 2：MKI=0	组 1 VS 组 2
	均值	均值	t 统计量
BEC_0	0.0199	–0.0373	0.424
BEC_1	0.0863	–0.162	1.751*
样本数	30	16	—
Panel C：并购的关联属性（MRQ）分组			
竞争力	组 1：MRQ=1	组 2：MRQ=0	组 1 VS 组 2
	均值	均值	t 统计量
BEC_0	0.113	–0.113	1.822*
BEC_1	0.125	–0.125	1.863*
样本数	23	23	

注：* 和 ** 分别表示双尾检验在 10%和 5%的统计水平上显著。

分组数据的 t 检验结果表明：①并购当年大企业竞争力（BEC_0）在 MPR 高组和 MPR 低组之间的均值在 10%水平下存在显著差异，并购后一年大企业竞争力（BEC_1）在两组间也存在显著差异（显著性水平 5%)，且 t 统计量值均为负值，初步验证了假设 1。②MKI = 1 组所对应的并购当年大企业竞争力（BEC_0）均值高于 MKI = 0 组，但在统计上并不显著；而 MKI = 1 组所对应的并购后一年大企业竞争力（BEC_1）均值也大于 MKI = 0 组，且在 10%水平下显著，表明横向并购对当年的大企业竞争力虽没有产生显著影响，但对并购后一年大企业竞争力具有显著正向影响，初步验证了假设 2。③MRQ = 1 组的大企业竞争力（BEC_0 和 BEC_1）均值也都大于 MRQ = 0 组，且在 10%水平下都是显著的，假设 3 得到了支持。

（二）相关分析

本文利用 SPSS 16.0 计算了解释变量以及控制变量与被解释变量大企业竞争力（BEC）之间的 Pearson 相关系数，结果见表 9。

表 9 Pearson 相关系数矩阵

变量	BEC_0	BEC_1	MPR	MKI	MRQ	SIE	DET	ROE	INU
BEC_0	1.000								
BEC_1	0.698***	1.000							
MPR	-0.166	-0.353**	1.000						
MKI	0.064	0.255*	0.027	1.000					
MRQ	0.265*	0.270*	-0.095	0.091	1.000				
SIE	0.084	0.064	0.484***	-0.076	0.119	1.000			
DET	-0.181	-0.226	-0.010	-0.101	-0.069	-0.037	1.000		
ROE	-0.109	-0.259*	0.442***	0.047	-0.167	0.052	-0.036	1.000	
INU	0.204	0.118	-0.311**	-0.211	0.044	-0.202	0.033	0.118	1.000

注：*、** 和 *** 分别表示在 10%、5%和 1%的统计水平上显著。

从表 9 的相关系数看，与并购当年大企业竞争力（BEC_0）相关程度较高的解释变量只有并购的关联属性（MRQ）指标，相关系数为 0.265，显然样本公司的关联并购提高了并购当年企业的竞争力；而并购价格（MPR）、并购类型（MKI）与 BEC_0 之间并不存在显著的相关关系，说明并购价格及并购类型对并购当年大企业竞争力并没有产生显著影响。并购价格（MPR）、并购类型（MKI）和并购的关联属性（MRQ）指标都与并购后一年大企业竞争力（BEC_1）显著相关。其中，MPR 与 BEC_1 存在显著的负相关关系，表明并购价格偏高，就越会对并购后一年的大企业竞争力产生不利影响，假设 1 得到了验证；MKI 与 BEC_1 存在显著的正相关关系，表明横向并购的样本公司提高了并购后一年大企业的竞争力，假设 2 得到支持；MRQ 与 BEC_1 存在显著的正相关关系，表明关联并购的存在显著地提高了并购后一年大企业的竞争力，假设 3 得到验证。另外，MPR 与控制变量 SIE、ROE 有显著的正相关关系，表明并购公司的规模越大、盈利能力越强，并购公司越倾向于支付更高的并购价格。

（三）多元回归分析

1. 多重共线性检验

容忍度（TOL）和方差膨胀因子（VIF）是诊断多重共线性的方法。检验结果见表10。

表10 多重共线性检验

变量	MPR	MKI	MRQ	SIE	DET	ROE	INU
容忍度（TOL）	0.563	0.917	0.926	0.696	0.758	0.982	0.851
方差膨胀因子（VIF）	1.777	1.090	1.079	1.438	1.319	1.018	1.175

计量经济学认为，当容忍度（TOL）小于0.1，方差膨胀因子（VIF）大于10时，自变量之间就存在严重的多重共线性。从表10可知，容忍度最小值为0.563，远大于0.1，同时方差膨胀因子最大值为1.777，远远小于10，故解释变量以及控制变量之间不存在严重的多重共线性问题，说明可以进行下一步的多元线性回归分析。

2. 回归模型的估计与检验

本文运用SPSS软件对前面构建的回归模型式（4）和式（5）进行估计与检验，以进一步检验前面提出的假设。这里采用逐步回归分析中的后向剔除法（Backward），回归估计的最终输出结果见表11。

表11 并购对大企业竞争力影响的回归分析（被解释变量：BEC_0、BEC_1）

自变量	模型1		模型2	
	系数	t统计量	系数	t统计量
常数项	-0.113	-1.289	-2.288	-1.572
MPR			-0.154	-3.515***
MKI			0.287	2.247**
MRQ	0.226	1.822*		
SIE			0.157	2.275**
DET				
ROE				
INU				
R^2	0.070		0.283	
Adj-R^2	0.049		0.232	
F统计量	3.321*		5.527***	

注：①模型1是对式（4）的估计，模型2是对式（5）的估计。

②回归时采用的是后向剔除法，故在模型中不显著的项自动排除在模型之外，所估计的回归系数及t统计量均没有列示。

③*、**、***分别表示在10%、5%和1%的水平上显著。

从表 11 的估计结果可以看出，模型 1 的拟合优度（R Square）及调整后的拟合优度（Adj R Square）都不高，模型的解释能力不强，表明还有影响大企业竞争力的其他重要因素；但模型 1 的 F 统计量在 10%的水平下显著，故可以拒绝模型整体不显著的原假设。模型 1 的各自变量中，只有并购的关联属性（MRQ）在 10%的水平下显著，通过了显著性检验，而且其回归系数符号与预期符号方向相同，假设 3 得到了支持。表明关联并购可以在短期内显著提升上市公司的竞争力，原因在于并购企业可以借助于资产的重新优化和组合来实现财富转移或增值。而其他变量如并购价格（MPR）和并购类型（MKI）都没有被纳入回归模型，即并购价格和并购类型对并购当年样本公司的竞争力没有产生显著影响。

从表 11 中模型 2 的估计结果可以看出，并购价格（MPR）、并购类型（MKI）和公司规模（SIE）都通过了显著性检验。其中，并购价格变量在 1%的水平下显著为负，表明并购价格对并购后一年的企业竞争力具有显著的负向影响，即支付高的并购价格会降低并购后一年的企业竞争力，假设 1 得到验证。并购类型（MKI）在 5%的统计水平上显著为正，表明横向并购一年后企业竞争力实现了增长，假设 2 得到了支持。原因在于在中国的资本市场上，企业可以通过横向并购，使资源配置得到优化，实现协同效应，从而扩大市场占有率，提高企业价值和竞争力。而纵向并购和混合并购却因为资源专用性比较强、交易成本高和管理层的过度自信等因素的制约，降低了企业价值和竞争力。模型 2 中的公司规模（SIE）在 5%的水平上显著，其回归系数符号为正，说明公司规模越大，并购后一年企业的竞争力越强，可见公司规模也是影响企业竞争力的重要因素。而并购的关联属性变量（MRQ）没有被纳入模型，表明并购的关联属性对并购后一年的企业竞争力没有显著性影响，假设 3 没有得到支持。但其回归系数符号与预期符号的方向是一致的，即关联并购在一定程度上提高了并购后一年大企业的竞争力。两个模型中的行业因素（INU）都未能通过显著性检验，表明样本公司的行业差异并没有对并购当年及并购后的企业竞争力产生显著影响。模型 2 中的拟合优度为 23.2%（调整的 R^2），模型 2 具有一定的解释力。但调整的 R^2 毕竟不到 30%，说明自变量对竞争力的解释力也是有限的，并购只是影响大企业竞争力的主要因素之一，可能还有其他重要的因素未被考虑。模型 2 的 F 统计量在 1%的水平上显著，故可以认为该回归模型整体上是显著的。

五、研究结论

本文以 2008~2010 年为研究窗口，以 2009 年发生股权并购的 46 家上市公司为研究样本，通过均值差异的显著性检验、相关分析以及多元回归分析，实证检验了并购价格、并购类型和并购关联属性对大企业竞争力的影响，基本验证了文中提出的三个假设，得出了一些有意义的结论：

（1）并购价格显著地影响并购后一年的大企业竞争力，成为并购影响大企业竞争力的主要因素之一。实证结果表明，并购价格与并购后一年的大企业竞争力显著负相关，表明并购公司如果支付过多的溢价，会显著地降低其并购后的竞争力。因此，即使是有实力的大企业，在并购时也应该谨慎出价，不应简单地为了并购的成功而支付过高的并购溢价，否则可能会影响并购企业的长期可持续发展。

（2）样本公司在并购后的竞争力确实发生了变化，这种变化与并购类型有关。实证结果表明，并购类型对并购后的大企业竞争力具有显著影响。横向并购与并购后一年大企业的竞争力显著正相关，横向并购的竞争力提升明显，远高于纵向并购和混合并购。可见横向并购能带来规模经济效应和垄断优势，增强大企业获利能力，从而提高企业竞争力。

（3）并购的关联属性对并购当年的大企业竞争力有显著影响，关联并购显著地提高了并购当年大企业的竞争力；关联并购对并购后一年的大企业竞争力虽有正的影响，但不显著。而并购价格和并购类型对并购当年大企业的竞争力没有显著影响。

本文的实证分析及结论，在一定程度上揭示了并购价格、并购类型以及并购关联属性对大企业竞争力的影响，为我们理解并购与大企业竞争力的关系提供了经验证据。本文结论表明，并购作为提高企业竞争力的重要手段，对大企业竞争力的形成和提升具有重要作用。

本文的实证研究也存在一些不足：①选取的样本只有一年的46个，可能会对研究结论有一定影响；②本文只研究了股权收购形式的并购，并没有涉及资产收购等其他形式，以及不同形式对大企业竞争力的不同影响；③大企业竞争力的影响因素很多，如股权集中度、股权制衡度、行业周期、企业社会责任等，而并购只是其中的一个重要影响因素，如果将其他影响因素纳入模型，可能会有助于模型的解释能力。

参考文献

[1] Agrawal A., Jaffee J. J., G. N. Mandelker. The Post-merger Performance of Acquiring Firms: A Reexamination of an Anomaly [J]. Journal of Finance, 1992, 47 (4): 1605-1621.

[2] Berger P.G., E. Ofek. Diversification Effect on Firm Value [J]. Journal of Financial Economics, 1995, 37 (1): 39-65.

[3] Hema A. Krishnan, Michael A. Hitt and Daewoo Park. Acquisition Premiums, Subsequent Workforce Reductions and Post-Acquisition Performance [J]. Journal of Management Studies, 2007, 44 (5): 709-732.

[4] Lubatkin M. Merger Strategies and Stockholder Value [J]. Strategic Management Journal, 1987, 8 (1): 39-53.

[5] Mathew L.A. Hayward and Donald C.Hambrick. Explaining the Premiums Paid for Large Acquisitions: Evidence of CEO Hubris [J]. Administrative Science Quarterly, 1997, 42 (1): 103-127.

[6] Morck R., Shleifer A., and Vishny R. W. Do Managerial Objectives Drive Bad Acquisitions [J]. Journal of Finance, 1990, 45 (1): 31-48.

[7] Raveendra Chittoor, MB Sarkar, Sougata Ray and Preet S. Aulakh. Third-World Copycats to Emerging Multinationals: Institutional Changes and Organizational Transformation in the Indian Pharmaceutical Industry [J]. Organization Science, 2009, 20 (1): 187-205.

[8] Roll R. The Hubris Hypothesis of Corporate Takeovers[J]. Journal of Business, 1986, 59 (2): 197-216.

[9] 陈健等. 上市公司控制权制衡与关联并购的关系研究 [J]. 管理评论, 2009 (5).

[10] 方芳, 闫晓彤. 中国上市公司并购绩效与思考 [J]. 经济理论与经济管理, 2002 (8).

[11] 冯根福, 吴林江. 我国上市公司并购绩效的实证研究 [J]. 经济研究, 2001 (1).

[12] 傅强, 方文俊. 管理者过度自信与并购决策的实证研究[J]. 商业经济与管理, 2008(4).

[13] 高明华. 中国上市公司并购财务效应研究 [M]. 厦门: 厦门大学出版社, 2008.

[14] 洪道麟等. 多元化并购、企业长期绩效损失及其选择动因 [J]. 经济科学, 2006 (5).

[15] 黄兴孪, 沈维涛. 掏空或支持——来自我国上市公司关联并购的实证分析 [J]. 经济管理, 2006 (12).

[16] 姜付秀等. 管理者过度自信、企业扩张与财务困境 [J]. 经济研究, 2009 (1).

[17] 金碚. 中国企业竞争力报告 (2010) ——金融危机冲击下的企业竞争力 [M]. 北京: 社会科学文献出版社, 2010.

[18] 李蕾, 宋志国. 基于因子分析法的我国上市公司并购绩效实证研究 [J]. 技术经济与管理研究, 2009 (6).

[19] 李善民等. 并购论坛 2009 [M]. 北京: 中国经济出版社, 2010.

[20] 李善民等. 收购公司与目标公司配对组合绩效的实证分析 [J]. 经济研究, 2004 (6).

[21] 廖运凤. 中国零售业上市公司并购绩效实证研究 [J]. 北京工商大学学报 (社会科学版), 2010 (5).

[22] 刘文炳. 中央企业国际竞争力研究——并购重组的视角 [J]. 北京: 中国经济出版社, 2011.

[23] 刘笑萍等. 产业周期、并购类型与并购绩效的实证研究 [J]. 金融研究, 2009 (3).

[24] 聂志萍, 聂文忠. 并购价格影响因素与定价风险判断[J]. 财会月刊 (中旬), 2009 (12).

[25] 潘瑾, 陈宏民. 上市公司关联并购的绩效与风险的实证研究 [J]. 财经科学, 2005 (1).

[26] 宋献中, 周昌仕. 股权结构、大股东变更与收购公司竞争优势——来自中国上市公司的经验证据 [J]. 财经科学, 2007 (5).

[27] 王民治. 我国上市公司并购方式效应分析 [J]. 经济问题探索, 2005 (12).

[28] 邢天才, 贺铟璇. 并购特征与收购公司长期并购绩效研究 [J]. 生产力研究, 2011 (5).

[29] 姚海鑫, 刘志杰. 外资并购国有企业股权定价财务影响因素的实证分析 [J]. 中国软科

学，2009（10）.

［30］姚海鑫，于健. 外资并购国有股权溢价的影响因素分析［J］. 东北大学学报（社会科学版），2010（3）.

［31］姚海鑫，朱雅琴. 基于信号博弈的外资并购国有企业定价研究［J］. 辽宁大学学报（哲学社会科学版），2010（5）.

［32］臧卫国. 股权集中度 制衡度与上市公司竞争力——基于因子分析法的实证检验［J］. 财会月刊（下旬），2011（7）.

［33］张旭等. 企业社会责任与竞争力关系的实证分析［J］. 科研管理，2010（3）.

［34］周小春，李善民. 并购价值创造的影响因素研究［J］. 管理世界，2008（5）.

［35］朱宝宪. 公司并购与重组［M］. 北京：清华大学出版社，2006.

大企业竞争力对并购溢价的影响

姚海鑫　于　健
（辽宁大学商学院，辽宁沈阳　110136）

一、问题的提出

并购是大企业获取新资源、提升竞争力的重要途径，而并购定价又是并购谈判中的核心问题。进入21世纪以来，许多大企业凭借其强大的经济实力和竞争优势，频频发起天价并购，并购金额令人咂舌。从2001年美国在线并购时代华纳的交易价值为1060亿美元，成为美国历史上最大的并购案例，到2011年8月谷歌宣布将以125亿美元收购摩托罗拉移动；从2005年联想以12.5亿美元收购IBM的PC机业务，到2010年3月吉利汽车以18亿美元收购沃尔沃100%股权，国内外大企业往往不惜重金通过并购获得目标企业的资源。国内外的文献表明，并购中支付溢价是很普遍的现象：Alexander（1991）等人的研究样本表明并购溢价均值为50.5%。笔者（2010）在关于外资并购溢价的一项研究中也发现：2002~2009年，外资企业并购的我国上市公司股权净资产溢价率为70%。另据彭博社统计：2001~2009年，美国纳斯达克市场上美国国内企业并购平均溢价率在40%以上；从数字上看，大企业在并购定价时似乎显得财大气粗，为实现并购战略不计成本；从能力上说，大企业往往具有丰富的并购经验和谈判能力，具有降低并购价格的条件。大企业所具有的资金实力、规模优势、谈判能力等可以概括为大企业在并购过程中体现出的竞争力。人们关心的问题是：有竞争力的大企业是否

基金项目：国家社会科学基金资助项目（09BJY056）、辽宁省社会科学基金资助项目（L07BJY027）和辽宁大学“211工程”三期重点学科建设项目。

作者简介：姚海鑫，辽宁大学商学院教授、博士生导师，电子信箱：hxyao@lnu.edu.cn。于健，辽宁大学商学院讲师、博士研究生，电子信箱：li8052@126.com。

在并购中真的具有某种优势？大企业竞争力对并购价格的确定是否具有显著的影响？大企业竞争力是否影响并购溢价、是如何影响并购溢价的？这些问题的回答，对于理解和分析企业竞争力与并购的关系具有重要意义。

二、文献综述

（一）国外的相关研究

关于影响并购溢价的因素问题，国外学者进行了大量的研究。Nielsen 和 Melicher（1973，1978）通过线性多元判别方法对影响因素进行识别，发现以下 4 个因素对并购溢价有显著的影响：相对市盈率、主并企业主营利润比率、预计并购前后 EPS 变化的百分比、预计并购前后现金流比率。前两个因素的判别系数为正；后两个因素的判别系数为负。Ferris（1977）等人研究了现金并购的溢价与多种解释变量之间的相关关系，通过对 50 个现金并购案的回归估计提出了现金溢价模型参数的经验估计。认为被并购企业股权越分散，并购溢价就越高；主并企业的相对谈判地位越强，支付的溢价越低。Rhoades（1987）研究发现，被并购银行及其所处市场的高成长率和被并购银行较低的平均资本与资产比率会吸引银行家支付高额溢价。Slusky 和 Caves（1991）研究了企业并购溢价与各种协同效应之间的相关性，研究发现并购溢价与实际的协同效应无关，但财务协同效应对并购溢价的影响却是显著的。Hayward 和 Hambrick（1997）研究了收购公司在支付并购溢价时，CEO 的过度自信在并购中的作用。Gondhalekar Sant 和 Ferris（2002）选择 1973~1999 年美国纳斯达克市场现金并购案为样本，同时考察了主并公司和被并公司的数据，研究发现：并购溢价呈逐年减少趋势，且跨行业并购溢价远低于同业并购；过度投资的企业倾向于支付更高的溢价；主并企业的自由现金流、被并企业的 EPS 与并购溢价正相关；企业的规模同并购溢价之间存在联系。Laamanen（2007）研究发现，被并购方的研发投资及其投资增长率与并购溢价正相关；被并购方的市净率与并购溢价负相关。Raman Shivakumar 和 Tamayo（2008）以 1977~2005 年美国 4716 家上市公司为样本，研究了目标公司的盈余质量与并购溢价的关系，发现盈余质量与并购溢价正相关，而且这种关系的强弱随着企业产权的性质不同而发生变化。Bargeron Schlingemann 和 Zutter（2008）研究了 1980~2005 年发生的 453 桩私人企业并购和 1214 桩公共并购案例，结果发现在对公共公司进行并购时，私人并购者所支付的平均并购溢价为 35.02%，低于公共并购者的46.5%，这进一步证明，产权性质是决定并购溢价的一个主要因素。

（二）国内的相关研究

目前，国内学者关于并购溢价影响因素的研究尚属于起步阶段，实证研究的文献更是少见。朱宝宪、朱朝华（2003）以1998~2001年完成的11起并购作为研究的样本，分析了影响并购价格的多个因素，得出了大市相对疲弱、主并公司股价相对较高、负债/资产比率相对较低、现金流相对较充分时进行并购可以有效地降低并购支付价格的结论。潘琰（2007）选择2002~2003年138宗国有股权有偿转让为研究样本，结果发现控股权与并购溢价正相关，净资产、总股本与并购溢价负相关。姚海鑫、刘志杰（2009）以1995~2008年外资成功并购境内上市公司国有股权案例为研究样本，通过因子分析法对外资并购国有股权定价的财务影响因素进行了实证分析，得出了市场评价因素、成长因素和负债因素是影响外资并购国有股权定价的三个主要因素。姚海鑫、于健（2010）分析了外资并购国有股溢价的影响因素，发现公司价值、产权性质、证券市场周期与并购溢价存在显著关系，相对于非国有股而言，国有股的外资并购溢价偏低。

从国内外研究现状来看，对大企业竞争力与并购的交叉关联性的研究还很少见。因此，本文以我国证券市场的股权并购案为研究样本，针对大企业竞争力对并购溢价的影响进行实证分析，旨在从实证角度揭示这种影响，具有一定的理论价值和现实意义。

三、研究设计

（一）研究假说

1. 议价能力说

并购定价过程的实质是并购双方讨价还价的动态博弈过程，双方的议价能力往往成为并购价格的决定性因素。在并购过程中，大企业可以凭借其在行业中的龙头地位和雄厚的资金实力，在并购谈判过程中处于主导地位，具有更强的谈判议价能力。另外，大企业往往具有更多的资本运作经验，可以选择更为有利的市场时机，并通过选择高效的并购模式和融资渠道，以较低的并购成本快速达到并购意图。Ferris、Melnik 和 Rappaport（1977）认为，主并企业的相对谈判地位越强，支付的溢价越低。Gondhalekar 等（2004）研究发现，企业的规模同并购溢价之间存在联系。朱宝宪、朱朝华（2003）认为，主并公司股价相对较高、现金流相对较充分时进行并购可以有效地降低并购支付价格。由此可知，大企业在并购过程中凭借议价能力有更多机会获得“并购折价”，即在并购过程中以较低的溢价水平获得目标资产。因此，本文提出议价能力说，即假说 1。

假说 1：大企业竞争力越强，经理人支付的并购溢价越低。

2. 经理人过度自信假说

大企业竞争力往往表现为大企业拥有强大的经济实力、明显的技术优势和庞大的市场份额等方面，企业可以获得超额投资回报，这会导致大企业的经理人员在并购中过度乐观，盲目自大，对并购的前景过度乐观，最终支付更多的并购溢价。Roll（1986）将管理者过度自信或乐观主义假设引入公司金融，提出了著名的经理人狂妄假说（Hubirs Hypothesis）。该假说假定市场是有效的，而经理层是无效的，市场中许多公司并购活动的失败，原因在于管理者的过度自信，高估目标公司，对收购后的收益过度乐观，从而发起了一系列有损企业价值的收购。Hayward 和 Hambrick（1997）认为主并公司 CEO 的过度自信提高了并购溢价。Gondhalekar 等（2004）研究发现，主并企业的自由现金流与并购溢价呈正相关，这反映了优势企业经理人在并购中的乐观心态。可见，与竞争力较弱的企业相比，竞争力强的大企业经理人更有可能受到这种乐观情绪的影响，进而在并购过程中支付更多的溢价。因此，本文提出假说 2。

假说 2：大企业竞争力越强，经理人支付的并购溢价越高。

大企业竞争力对并购溢价的影响在理论上存在上述互相矛盾的结论，至于并购实践究竟支持哪种假说，则需要实证研究来验证。

（二）数据来源与样本选择

本文选取 2002~2010 年我国上市公司之间已经完成的股权并购案例为研究样本，之所以这样选择主要基于以下几方面考虑：①上市公司符合大企业的标准。大企业的认定标准是相对的，是随着经济发展而不断变化和提高的，我国上市公司基本都是全行业中的优质公司，不论是企业规模，还是市场份额，在同业中都处于优势地位。因此，本文选择上市公司为研究对象，符合大企业定义的一般要求。②要同时获得一桩并购案例中的主并公司竞争力和并购溢价的数据，只能选择并购双方都是上市公司的股权并购案例。③2002 年，证监会出台了《上市公司收购管理办法》，对我国上市公司股权并购进行规范，上市公司并购行为亦有章可循。④2002 年以后，我国会计准则已经形成比较完整规范的体系，上市公司会计信息质量显著提高，为我们获得更为可靠的实证数据提供了前提条件。

在选择样本时，本文选择了并购股权比例大于20%的案例，剔除了涉及金融类上市公司的并购案例和并购价格显失公允以及其他无法获得全面数据的并购案例，最后得到30宗成功并购的案例作为研究样本。样本所取数据来源于Wind数据库、上市公司的财务报告及临时公告等资料，数据处理利用了SPSS 11.5统计软件。

（三）变量选取

为研究大企业竞争力对并购溢价的影响，本文选择了并购溢价率作为因变量，自变量则分为竞争力和并购特征两类。

本文构建了评价大企业竞争力的三维度指标：企业规模、盈利能力和成长性。规模是大企业最重要的特征，还是最主要的评价指标；其次是盈利能力，是大企业维持自身竞争力的重要保障；最后是成长性，但大企业由于规模已经较大，成长性一般来说没有明显的竞争优势。本文利用资产总额、净资产收益率、净资产增长率三个变量作为大企业竞争力三维度指标的替代变量。本文选择并购支付方式、并购时机选择、控制权转移作为并购特征的维度指标，将并购方式、市场周期、股权比例作为替代变量。变量的具体含义和计算方法见表1。

表1　变量定义

变量符号	变量名称	变量含义	研究目的	预期符号
Premium1	并购溢价率1	（并购价格-每股价值）/每股价值，每股价值的计算方法如下：股权分置改革前，每股价值按照每股净资产计算，数据选自距并购价格基准日之前最近的财务报告；股权分置改革后，每股价值以并购价格基准日前被并公司股票20日均价代替	并购溢价	
Premium2	并购溢价率2	（并购价格-每股净资产）/每股净资产，每股净资产的数据选自距并购基准日之前最近的财务报告	并购溢价	
Roe	净资产收益率	净资产收益率=净利润/净资产，取并购前三年平均值	获利能力	+/-
Asset	总资产	距并购定价基准日最近的财务报告，数据获取的最小单位为万元	企业规模	+/-
OE	净资产增长率	（期末净资产-期初净资产）/期初净资产，取并购前三年平均值	成长性	+/-
SE	并购方式	虚拟变量：换股并购，取1；现金并购，取0	支付方式	+
MC	市场周期	虚拟变量：2006~2007年、2009年为牛市，MC取1；2002~2005年、2008年、2010年为熊市，MC取0	并购时机	+
Share	股权比例	并购股权占目标公司总股本的比例	控制权	+

(四) 模型构建

根据研究假说，笔者构建如下模型：

模型一：

$$Premium1 = a_0 + a_1 Roe + a_2 lnAsset + a_3 OE + a_4 SE + a_5 Share + a_6 MC + \mu \quad (1)$$

模型二：

$$Premium2 = a_0 + a_1 Roe + a_2 lnAsset + a_3 OE + a_4 SE + a_5 Share + a_6 MC + \mu \quad (2)$$

式（1）、式（2）用于研究大企业竞争力对并购溢价的影响，Premium 是并购溢价（下文简写为 Pre），竞争力的替代指标有 Roe、lnAsset、OE，其中 lnAsset 是资产总额的自然对数，主要为消除变量的异方差，同时也消除变量量纲的影响。SE、Share、MC 为控制变量。通过模型一和模型二的对比研究，可以考察大企业竞争力在股权分置改革背景下对并购溢价的影响，研究中主要以模型一为主。

四、统计分析与检验

(一) 基本描述统计

表 2 是 2002~2010 年成功并购的 30 家上市公司样本数据的描述分析统计表。

表 2　样本数据的描述分析统计

	样本数	最小值	最大值	均值	标准差
Pre1	30	–0.100	0.283	0.103	0.121
Pre2	30	0.000	14.560	2.693	4.288
Roe	30	0.026	0.493	0.174	0.122
Asset	30	51715	10181548	2752446.930	3243231.395
OE	30	–0.050	0.4000	0.140	0.100
SE	30	0.000	1.00	0.267	0.500
Share	30	0.1969	1.000	0.492	0.325
MC	30	0.000	1.000	0.367	0.490

从表 2 可以看出，Pre2 的均值为 270%，最大值达到了 1456%，而且 Pre2 的均值明显大于 Pre1，说明股权分置改革使得非流通股转为流通股之后，市场价格

被认为是计算公司价值最主要的参考数据，并购价格的确定主要依据是股票的市场价格，改变了以每股净资产为基础的历史格局，股权并购的净资产溢价率明显提高。值得一提的是，Pre1 最小值为-10%，是因为并购价格为并购基准日前 20 日均价的 90%，而本文计算并购溢价率的标准是 20 日均价，故产生了“负”溢价。

再看大企业竞争力的三个指标：Roe 的均值是 17%，说明主并公司盈利能力总体较强；Asset 用来评价公司规模，均值为 275 亿元，说明主并公司大多是具有较大资产规模的企业；OE 的均值是 14%，说明主并公司平均成长性较强，但主并公司之间的成长性指标差距较大，最大的为 40%，最小的为-5%。另外，SE 均值为 27%，说明样本中换股合并的案例不足 1/3，现金并购仍然是主要的并购方式，但同时笔者也发现，近些年换股合并有明显增多的趋势；MC 均值为 37%，说明超过六成的并购发生在资本市场的熊市阶段，这也暗示大企业的经理人员在积极选择并购时机；Share 的均值是 49%，说明样本中的并购案例常常伴随控制权的转移。

综上分析可知，样本数据显示参与并购的大企业主要表现为规模大、效益好、成长性强的特征。另外，大企业发起的并购具有支付高溢价、寻求获得控制权、优选并购时机和支付方式的显著特点。同时，股权分置改革大大提高了上市公司股权并购的净资产溢价率。

（二）分组数据对比分析

为研究股权分置改革对并购溢价的影响，笔者按照并购价格确定的时间为标准，将样本数据分为股改前组、股改后组，利用 U 检验和 K-S 检验两种非参数检验对 Pre1 与 Pre2 展开对比研究。其中：U 检验又称“曼—惠特尼秩和检验”，可以检验两个总体的均值是否有显著的差别；K-S 检验能够检验两个总体分布是否存在显著差异。检验结果见表 3。

表 3　股改前后组非参数检验统计

	Pre1	Pre2			Pre1	Pre2
Mann-Whitney U	99.500	14.000	Most Extreme Differences	Absolute	0.375	0.929
Wilcoxon W	235.500	150.000		Positive	0.375	0.929
Z	-0.522	-4.083		Negative	-0.214	0.000
Asymp. Sig.（2-tailed）	0.602	0.000	Kolmogorov-Smirnov Z		1.025	2.537
Exact Sig. [2×（1-tailed Sig.）]	0.608（a）	0.000（a）	Asymp. Sig.（2-tailed）		0.244	0.000

根据表3的检验数据可知，Pre1没有通过显著性检验，Pre2通过了显著性检验，表明股权分置改革前后净资产并购溢价率存在系统性差异，说明Pre1、Pre2计算标准不同所导致的差异是不可忽视的，股改导致了我国上市公司股权并购估值的巨大变化，但这是否改变了竞争力与并购溢价的规律性仍需进一步研究。另外，在评价比较我国上市公司并购溢价率时，也必须严格注意计算基础的一致性，注意股权分置改革带来的股权价值变化问题。

（三）相关分析

本文针对30家成功并购的样本数据，运用SPSS 11.5软件计算了竞争力指标、并购交易特征指标与并购溢价率之间的Pearson相关系数、Kendall's tau_b相关系数和Spearman相关系数。三种方法计算出的结果基本一致，由于篇幅限制，本文列出了Pearson相关系数和Spearman相关系数，具体结果见表4。

表4 各变量的Pearson相关系数和Spearman相关系数

	Pre1	Pre2	Roe	Asset	OE	SE	Share	MC
Pre1	1.000	0.523**	-0.154	0.305	-0.020	0.315	0.331	0.273
Pre2	0.342	1.000	0.442*	0.491**	0.293	0.559**	0.556**	0.501**
Roe	-0.190	0.385*	1.000	0.587**	0.594**	0.375*	0.368*	0.532**
Asset	0.373*	0.310	0.383*	1.000	0.172	0.523**	0.573**	0.412*
OE	-0.023	0.256	0.614**	-0.140	1.000	0.070	0.224	0.384*
SE	0.400*	0.391*	0.306	0.551**	0.025	1.000	0.774**	0.323
Share	0.358	0.485**	0.428*	0.587**	0.121	0.960**	1.000	0.270
MC	0.284	0.340	0.477**	0.182	0.394*	0.323	0.347	1.000

注：变量间的Pearson相关系数和Spearman相关系数均是对称矩阵，这里为方便计，将两个矩阵合二为一，对角线左下部分为Pearson相关系数，右上部分为Spearman相关系数。**、*分别表示在1%、5%水平上显著。

从表4中我们发现：

（1）Pre1与Pre2之间存在显著的相关性，主要原因是样本中并购案例近一半发生在股权分置改革之前，这使得样本中Pre1与Pre2的值重复较多。

（2）Pre2与绝大多数的变量（除OE外）都呈显著的正相关关系，Pre1与Asset、SE、Share三个变量之间存在一定的正相关关系。可以判断，竞争力评价维度中大企业成长性（OE）与并购溢价之间关系较弱，企业规模是影响并购溢价的主要因素之一。

（3）Asset和Roe与代表交易特征的三因素之间呈显著的相关关系，不但说明样本中大企业的盈利能力与规模正相关，还表明大企业并购中体现出牛市并购、大额股权交易、换股合并等特征，具体案例体现在中国铝业、潍柴动力、东方电气等几只蓝筹股的并购上。

（4）Share 与 Pre1、Pre2 正相关表明，并购溢价与收购股权的比例正相关，由于样本中的并购案例多涉及目标公司的控制权，证明上市公司的控制权转移具有溢价效应。

（5）MC 与 Pre2、竞争力三因素均呈显著正相关关系，说明在资本市场牛市周期发生的并购具有主并公司绩效好、并购溢价高的特征，这与现实案例也是极其吻合的。

综上所述，相关分析基本上反映出大企业竞争力是影响并购溢价的因素，这种竞争力表现在公司规模和盈利能力上，而与成长性不存在显著相关性。大企业的并购行为主要表现为：具有规模优势和较强盈利能力的大企业，在资本市场牛市中实施获得目标企业控制权的并购交易。另外，获得企业的控制权是需要额外支付溢价的。

（四）回归分析

1. 模型的估计与检验

为了进一步分析大企业竞争力对并购溢价的影响，本文首先利用最小二乘法，将全部变量数据代入式（1）和式（2）进行回归估计，结果见表 5 中的模型 1、模型 2。统计结果显示，调整后的 R^2 达到了 0.139、0.186，模型不存在自相关现象。但回归过程发现模型变量之间可能存在一定共线性，方程的总体拟合效果一般。

接下来，本文构建了竞争力与并购溢价的回归模型，回归估计结果见表 5 中的模型 3、模型 4。不难看出，模型 3 调整后的 R^2 提高到了 0.395，而模型 4 调整后的 R^2 却下降到了 0.135，两模型不存在自相关和共线性问题。本文认为，出现这种状况的主要原因在于 Pre2 的计量标准问题。本文进一步采用“逐步回归法”对回归模型的解释变量项进行估计。结果见表 5 中的模型 5，研究中没有发现自相关和共线性的异常情况，模型 5 的拟合度进一步提高，调整后的 R^2 达到了 0.42，F 值为 8，说明方程的线性关系显著。针对股改之后的样本组，笔者采用逐步回归的方法对 Pre1 进行拟合回归，得到模型 6。模型 6 的拟合效果进一步提高，R^2 提高到了 0.652。

最后，本文对竞争力三个维度进行了标准化处理加权，生成了新变量 Compete，变量权重比例设置为 Roe：lnAsset：OE＝4：4：2，引入控制变量（考虑共线性，剔除了 Share），对 Pre1 进行拟合，估计结果见模型 7。模型 7 中各变量均通过了显著性检验，但拟合效果有所下降。

表 5　回归估计结果汇总

变量	模型 1 Pre1	模型 2 Pre2	模型 3 Pre1	模型 4 Pre2	模型 5 Pre1	模型 6 Pre1	模型 7 Pre1
常数项	-0.553** (-2.733)	-10.430 (-1.155)	-0.746** (-3.733)	-12.693 (-1.537)	-0.527*** (-2.860)	-1.349* (-3.120)	0.123*** (3.400)
Roe	-0.943*** (-4.387)	-2.556 (-0.266)	-0.805*** (-3.711)	4.834 (0.528)	-0.657*** (-3.802)	-0.885*** (-3.653)	
lnAsset	0.049*** (3.210)	0.494 (0.732)	0.066*** (4.424)	0.995* (1.592)	0.051*** (3.623)	0.104*** (3.794)	
OE	0.445* (2.014)	4.736 (0.480)	0.502** (2.152)	6.192 (0.629)		0.491* (1.969)	
Compete							-0.333*** (-2.327)
SE	0.012 (0.084)	-8.179 (-1.289)					0.104** (2.251)
Share	0.095 (0.463)	15.649 (1.701)					
MC	0.073* (1.845)	1.235 (0.699)			0.098** (2.435)	0.102** (2.234)	0.093* (1.958)
F	5.687	2.102	7.323	2.502	8.000	7.549	4.202
Adjusted R^2	0.139	0.186	0.395	0.135	0.420	0.652	0.249
D.W.	1.655	1.970	1.870	2.047	1.750	1.862	1.707

注：***、**、* 分别表示在 1%、5%和 10%水平上显著；括号内数据表示 T 统计量。

2. 回归分析结果与讨论

本文根据样本和变量选择的不同分别进行了 7 次回归。下面将逐一讨论回归结果。

（1）从模型 1 可以看出，Roe、lnAsset、OE、MC 通过了显著性检验，其他变量尽管没能通过显著性检验，但其回归系数与预期符号的方向是一致的。通过观察 T 统计量可以发现，Roe、lnAsset、OE 的 T 值较大，说明大企业竞争力对并购溢价具有重要影响。进一步观察 Roe、lnAsset、OE 的系数可以发现，Roe 为负，lnAsset、OE 为正，说明竞争力三个维度对并购溢价的影响也不尽相同，模型中盈利能力强的公司支付的溢价较低，而规模大、成长性好的公司支付的溢价较高。模型 3 的结果与模型 1 的完全一致，而且模型 3 的拟合效果得到了进一步的提高，说明剔除了其他变量之后，竞争力因素对并购溢价的解释能力进一步增强。模型 5 是逐步回归的结果，结果发现 Roe、lnAsset、MC 最终成为解释变量，并且 Roe 的系数为负，lnAsset、MC 的系数为正，Roe 的 T 值最大，说明盈利能力对并购溢价的影响最重要。纵观 3 个模型，其基本结论是一致的，即大企业竞争力对并购溢价有显著影响，不同的维度影响不尽相同，盈利能力和企业规模的影响较显著。

(2) 从模型 2 可以看出，没有变量通过显著性检验，说明回归的效果比较差。模型 4 中 lnAsset 通过了显著性检验，系数为正，Roe 和 OE 没能通过检验，总体上看，模型 4 的拟合效果依然不够理想，说明有更主要的因素没有被纳入回归方程。本文认为，产生这种结果的主要原因在于市场制度的变化。2005 年，股权分置改革后，市场对于非流通股的估值基础转向了市场价格，这使得股权并购溢价率近似等于股票的市净率减 1，即 Premium= (P/B) -1，这大大提高了并购的净资产溢价率。2007 年 6 月 30 日，《国有股东转让所持上市公司股份管理暂行办法》出台，国有股东协议转让上市公司股份的价格应当以上市公司股份转让信息公告日前 30 个交易日加权平均价为依据，彻底改变了以净资产为主要定价依据的历史。在"有形之手"与"无形之手"的共同作用下，2005 年、2006 年以后的净资产并购溢价率较过去明显提高，这说明在股权流通性质发生重大变化的情况下，仍然利用净资产溢价率进行并购溢价的研究是不可取的。因此，依据股权分置改革的背景下获得的未经调整的样本数据进行研究，得出大企业竞争力对并购溢价率的整体解释效果欠佳也在情理之中。

(3) 模型 6 是针对股权分置改革之后的样本进行的逐步回归分析，结果发现变量符号没有变化，变量的显著性增强，拟合效果大大改善，继续支持已有的研究结论。这说明，股权分置改革之后，我国上市公司股权并购溢价与大企业竞争力的关系基本呈现如下规律：盈利能力强的公司支付的溢价较低，而规模大、成长性好的公司更可能支付高溢价。这一规律与根据股改前后总体样本得出的结论一致，这说明，股改并没有改变大企业竞争力与股权并购溢价之间的内在规律。

(4) 模型 7 是针对并购成功组样本，将大企业竞争力三维度进行合并形成一个新变量 Compete，然后对 Pre1 与 Compete 和控制变量进行回归分析得出的模型。结果发现 Compete 的系数为负，且 T 值最大，说明大企业竞争力与并购溢价负相关。可以判断，大企业竞争力三个维度相互作用的最终结果倾向于对支付并购溢价产生抑制作用，即支持"议价能力说"。模型 7 的最大研究局限在于竞争力三维度权重的设计带有较大的主观性。

综上所述，我们认为大企业竞争力对并购产生影响，这种影响表现为竞争力强的大企业支付更低的并购溢价。在竞争力三个维度中，各因素的作用方向不尽相同：盈利能力强的大企业倾向减少并购溢价的支付，规模大和成长性好的大企业倾向于支付较高的并购溢价。至此可以认为，假说 1、假说 2 均有合理的成分，可能随研究样本不同、研究方法不同而得出不同的结论，但就目前我国上市公司股权并购实践和本文的研究结论来看，笔者认为假说 1 成立。

五、研究结论

本文围绕大企业竞争力对并购溢价的影响展开实证研究，选取了 2002~2010 年我国上市公司之间的股权并购案例为研究对象，建立了评价竞争力的三维度指标体系，运用描述统计、相关分析、回归分析等方法，对本文提出的假说进行实证检验，并对我国上市公司并购的其他相关问题展开讨论。本文主要研究结论如下：

（1）大企业竞争力特征与并购特征。参与并购的上市公司多为规模大、效益好、成长性较强的大企业，同时，大企业并购具有支付高溢价、寻求获得控制权、优选并购时机和支付方式的显著特点。大企业竞争力是影响并购溢价的重要因素，这种竞争力主要表现在企业规模、盈利能力上。上市公司控制权转移具有溢价效应。

（2）大企业竞争力可以降低并购溢价。竞争力影响并购溢价主要表现为：大企业为实现其并购战略，凭借其较强的议价能力，支付更低的并购溢价。在竞争力三个维度中，规模竞争力是推高并购溢价的最主要影响因素，盈利能力强的公司倾向于支付较低的溢价，成长性对并购溢价的影响不显著。总体而言，我们的研究支持了议价能力假说。

（3）股权分置改革对竞争力与并购溢价的影响。首先，股权分置改革改变了并购市场的估值基础，此时仍然利用净资产溢价率进行研究是不可取的。其次，股权分置改革既没有改变我国资本市场固有的并购溢价水平，也没有改变大企业竞争力对并购溢价产生影响的基本规律。

本文的主要不足在于大企业竞争力指标维度设计较少，如果能够增加竞争力指标维度的数量，将会更加准确、全面、系统地评价大企业竞争力。另外，如果能够将被并公司的公司价值作为控制变量，回归模型的效果可能会得到进一步的改善。下一步研究中，可以着重分析大企业竞争力是通过何种途径对并购溢价产生影响的。

参考文献

[1] Alexander R. Slusky and Richard E. Caves. Synergy, Agency, and the Determinants of Premia Paid in Mergers [J]. The Journal of Industrial Economics, 1991, 39 (3): 277-296.

[2] Bargeron L. L., Schlingemann F. P., Stulz R. M., et al. Why do Private Acquirers Pay so Little Compared to Public Acquirers [J]. Journal of Financial Economics, 2008 (89): 375-390.

[3] Ferris K., Melnik A., Rappaport A. Cash Tender Offer Pricing: An Empirical Analysis [J]. Mergers and Acquisitions, 1977 (12): 9-14.

[4] Gondhalekar V. B., Sant R. R., Ferris S. P. The Price of Corporate Acquisition: Determinants of Takeover Premia [J]. Applied Economics Letters, 2004 (11): 735-739.

[5] Nielsen J., Melicher R. A Financial Analysis of Acquisitions and Merger Premiums [J]. Journal of Financial and Quantitative Analysis, 1973 (3): 139-148.

[6] Nielsen J., Melicher R. Financial Factors That Affect Acquisition Prices [J]. Review of Business and Economic Research, 1978 (8): 96-106.

[7] Raman K., Shivakumar L., Tamayo A. Targets' Earnings Quality and Bidders' Takeover Decisions [M]. London: London Business School Press, 2008.

[8] Raveendra Chittoor, MB Sarkar, Sougata Ray and Preet S. Aulakh. Third-World Copycats to Emerging Multinationals: Institutional Changes and Organizational Transformation in the Indian Pharmaceutical Industry [J]. Organization Science, 2009, 20 (1): 187-205.

[9] Roll R. The Hubris Hypothesis of Corporate Takeovers [J]. Journal of Business, 1986 (59): 197-216.

[10] Stephen A. Rhoades. Determinants of Premiums Paid in Bank Acquisitions [J]. Atlantic Economic Journal, 1987, 15 (1): 20-30.

[11] Tomi Laamanen. On the Role of Acquisition Premium in Acquisition Research [J]. Strategic Management Journal, 2007, 28 (13): 1359-1369.

[12] 潘琰. 国有股权转让研究 [M]. 北京：科学出版社，2007.

[13] 姚海鑫，刘志杰. 外资并购国有企业股权定价财务影响因素的实证分析 [J]. 中国软科学，2009 (10).

[14] 姚海鑫，于健. 外资并购上市公司国有股权溢价问题研究[J]. 东北大学学报，2010 (3).

[15] 于健. 产权性质、公司价值与外资并购溢价 [J]. 辽宁大学学报，2010 (5).

[16] 朱宝宪，朱朝华. 影响并购溢价的因素分析 [J]. 中国并购评论，2003 (2).

基于企业家精神的动态能力生成机理研究

邱国林　赵永杰
（东北财经大学工商管理学院，辽宁大连　116025）

一、相关研究综述与问题的提出

动态能力理论是对核心能力理论的延伸和发展，它产生于动荡复杂的竞争条件下，以增强企业对环境变化的反应能力为目的，聚焦于核心刚性的克服，被认为是动态环境下企业持续竞争优势的来源。

现有研究主要集中于对动态能力概念内涵、形成机制、影响因素等的探讨。其中，动态能力形成机制的研究是动态能力理论中最为核心的问题，对这一问题的解答是动态能力理论能否有效指导企业开发和提升动态能力的关键。现有这方面的研究成果大致可以分为两类。

一是组织内部视角，主要观点包括：动态能力的形成是由企业所拥有的资产位势和历史发展路径所决定的（Teece et al.，1997）；学习机制引导与塑造企业动态能力的形成与演化过程（Zollo and Winter，2002；Eisenhart and Martin，2000；Zott，2003；Zahra et al.，2006）；知识形成的动态过程即为动态能力的形成与演变过程（Helfat and Peteraft，2000，2003）；动态能力形成过程即为企业形成技术轨道和技术范式的过程（Iansiti and Clark，1994；Suart and Podolny，1996；Rosenkopf and Nerkar，2001）等。

二是环境视角，主要是从“本地生产系统”的角度考察企业动态能力和环境

作者简介：邱国栋（1961—），男，东北财经大学工商管理学院教授，博士，博士生导师，主要从事企业管理方面的研究，E-mail：qiuguodong@dufe.edu.cn。赵永杰（1971—），男，东北财经大学工商管理学院博士生，企业管理专业，漯河职业技术学院副教授，电话：0411-84712718　13889539539。

影响因素的关系，源于一些学者从网络嵌入性视角考察企业动态能力的尝试，如Doving 和 Gooderham（2008）提出，任何与某一外部合作伙伴单一的联系都难以应对动态的环境，因此企业间关系的多样性或范围可以被视为动态能力的重要表现。

近年来，上述两种观点开始出现相互融合的趋势，如一些学者提出动态能力生成的自组织理论，把动态能力的形成视为一个与环境相适应的自组织过程（Leoncini et al.，2003；Masini et al.，2004；Srhreyögg and Kliesch-Eberl，2007）。但是总体上看，对动态能力的研究尚处于起始阶段，现有的分析框架还不够完善和成熟，因此不能较为全面地解释动态能力的本质和持续竞争优势的源泉。

动态能力是企业“整合、建立和重新配置内部与外部能力来适应快速变动环境的能力”，研究其生成机理应该体现这一内外结合的特征。企业家是企业创新的主体，他们介于市场与企业组织之间，是信息的集中者和决策的制定者，在企业“整合、建立、重新配置内外部能力来适应快速变动环境”的过程中发挥着无可替代的主导作用，只有他们才能凭借其独特的地位和企业家精神，根据企业内部条件与外部环境的变化不断地筛选、组合、重组企业的资源和能力。但是以波特为代表的传统竞争优势理论主要关注既定的产业结构特征，强调外部环境，忽视了企业自身因素。而基于内生角度的资源能力理论乃至现有的以传统资源能力观为基础的动态能力理论，虽然在一定程度上解释了企业异质性的根源，但对影响企业成长的灵魂人物和企业发展的引擎——企业家，并未给予足够的关注，以至于在很大程度上忽略了企业家在动态配置和整合企业资源与能力过程中的异质性。这一问题突出表现为：在对动态能力生成过程的研究中普遍存在企业家缺位现象。这一状况妨碍了人们对动态能力生成过程认识的深化。

现有研究表明，企业家和企业家精神与组织能力的生成和演进具有内在的关联。例如 Rumelt（1984）认为，企业家精神紧密地与独一无二的、奇异的资源表现及调整相关。Priem 和 Butler（2001）以及 Barney（2001）认为，资源基础模型应通过创新的和企业家的过程理论加以深化。我国学者贺小刚等（2007）指出，核心能力理论出现困境的一个主要原因在于它并没有将介于市场与企业组织之间的企业家纳入研究模型。企业家精神是企业的灵魂。本文尝试将企业家精神纳入对动态能力生成机理的研究，并且引入系统动力学分析视角，在一个系统思考的框架内深入探讨动态能力的生成机理。

系统动力学产生于 20 世纪 50 年代，本质上是一种从整体出发强调系统思考的研究模式和分析方法。在 1961 年出版的《工业动力学》中，系统动力学的创立者弗睿斯特（Jay Forrester）首次展示了系统思考方法是如何为组织问题带来解惑之光的。到 20 世纪 70 年代初，系统动力学逐渐发展成为一种了解和认识人类动态复杂系统的具有普遍性的研究方法。20 世纪 90 年代，随着彼得·圣吉（Peter

M. Senge)《第五项修炼》出版，系统思考和系统动力学的研究方法日益成为组织和战略管理问题研究的新焦点。引入这一分析视角，有助于打开动态能力生成的“黑箱”，为破解企业能力演化中的两难困境，提高我国企业的国际竞争力、促进我国经济健康发展提供理论借鉴。

二、理论架构

（一）基本思路

以往对企业动态能力的分析，主要将其界定为一种持续的战略变革能力或改变惯例的惯例。虽然强调其动态性，但是却不具有直接可考查性，因而不能解释其形成过程，无法有效地指导企业的实践。组织即兴[①] 是面对高速变化的外界环境，为提高组织的应变能力和临场发挥能力、抓住稍纵即逝的机会而发展起来的一个研究领域。从战略管理的角度看，组织即兴就是立即进行学习与模仿的战略互动行为。在战略决策过程中组织的即兴行动不只限于某一时点事件，而是期间内的连续现象。正是由于组织在技术执行过程中会出现一连串的即兴活动，导致在组织实践过程中经常会发生不间断的变革（Vera and Crossan，2004）。由此，本文认为组织即兴行为是企业动态能力的表现，组织即兴水平是企业是否具有动态能力的主要推断依据。

组织即兴是一个具有可考查性的指标。现有的测度研究是基于对组织即兴概念内涵的界定提出的，主要集中于设计与执行之间的时间间隔（Miner and Moorman，1998）、设计与执行刻意而根本的融合（Miner et al.，2001）、创新和创新速度（Vera and Crossan，2005）、利用现有资财（Cunha et al.，1999）等方面，虽然强调其内涵的准确性，却忽略了易考核性。从战略管理的实践来看，组织即兴能力表现为快速战略调整能力和快速战略执行能力两个方面。快速战略调整能力和快速战略执行能力本身的易考查性，使得我们可以用可考核的具体指标考查组织即兴水平，并据此推断其动态能力，因此为动态能力生成的理论与实践研究

① 即兴的英文对应词是“Improvisation”，源自拉丁文“Improvisus”，意指事前未及预见（Barrett，1998）。因此，即兴并非谋定而后动，而是临机应变的行动。关于企业即兴现象的讨论来自于以音乐或戏剧的即兴为隐喻来分析组织内的即兴现象。目前，组织理论学界关于组织即兴现象的研究尚处于萌芽发展阶段（Vera and Crossan，2004）。国内对组织即兴现象的研究尤为稀少。

提出了一个重要的研究思路。

Moorman 和 Miner（1998）的研究表明，组织记忆① 可以提高组织即兴的速度、新奇性和有效性，即产生有价值的即兴。其中，过程性记忆能够增加组织即兴的有效性和速度，降低新奇性；陈述性记忆能够增加组织即兴的有效性和新奇性，降低速度。过程性记忆主要表现为企业的主导逻辑。② 主导逻辑是存在于管理者头脑中的强势逻辑，是公司据以认识、评估环境的工具，在相当一段时期内在决策过程中起主导作用。

与主导逻辑密切相关的是企业家精神。企业家精神包括个体、组织和社会三个不同层面的内涵。其中，个体层面企业家精神的本质是经营者认知，它决定着经营者对待事物的基本态度。组织层面的企业家精神是个体层面企业家精神的组织化，表现为组织层面的价值理念和战略导向。从与主导逻辑的关系来看，企业家精神具有双重构面：一方面，由于认知形成过程的路径依赖性，企业家精神很容易被组织固化而形成主导逻辑；另一方面，由于其创新性本质的存在，企业家精神又具有反组织固化，即改变主导逻辑的特征。

组织即兴也具有双重构面：创新和创新速度。从企业家精神与组织即兴的关系看，由于认知引导行动，企业家精神中“形成主导逻辑”构面可以促进组织即兴中“创新速度”构面。而组织即兴中“创新速度”构面又可以通过惯例化机制转化为企业的动态能力。惯例化是实现从组织即兴到动态能力转变必不可少的重要环节，但是惯例的形成也会导致企业能力面临成长上限。成长上限的出现会激发企业家精神中的“改变主导逻辑”构面，从而促进组织即兴中的“创新”构面，而组织即兴中的“创新”构面又促使企业不断地改变惯例，从而促进成长上限的突破、实现企业进一步成长。

（二）动态能力生成的分析框架

基于上述分析，我们从系统演进的视角提出一个由“企业家精神—组织即兴—动态能力”构成的动态能力生成的分析框架（见图 1）。这一框架的内在逻

---

① Moorman 和 Miner（1998b）将组织记忆分为过程性记忆和陈述性记忆两种，认为过程性记忆是关于事情如何被完成的记忆，通常包括技能或惯例；陈述性记忆是对事实、事件或命题的记忆。

② 主导逻辑是由先验图式（Schemas）理论发展而来的。1986 年，Prahalad C. K 和 Richard A. Bettis 将先验图式概念引入战略理论提出了主导逻辑的概念，用以解释公司多元化与绩效之间的关系。之后又在 1995 年的论文中扩展和论述了主导逻辑，他们认为：第一，主导逻辑就是一个信息过滤器，决定着什么样的信息被排除在公司决策之外，什么样的信息被过滤出来用于公司的战略及经营之中；第二，主导逻辑属于决定战略成败的基因层次的、最深层的、最根本的要素；第三，对过去的记忆往往会阻碍新的学习过程，所以在进行新的战略学习之前，必须遗忘旧的主导逻辑（Bettis and Prahalad，1995）。

辑表述为：①动态能力的生成是一个有反馈的循环推进的过程。该过程涉及三个关键变量——企业家精神、组织即兴和动态能力之间复杂的系统结构和系统动力机制。②认知、行为、能力三种不同层面的互动关系将上述三个关键变量联结起来，并且构成了企业能力形成和重构的前馈和反馈过程。③“认知→行动”之间的时间间隔或互动频率反映出组织系统的即兴水平，前馈与反馈的时间间隔或互动频率反映出组织系统的动态能力水平，前者是后者的表现形式，也是后者形成的关键。④上述三种不同层面的互动关系表述为——认知影响行动，行动影响能力，能力水平反过来又会影响下一阶段的认知。

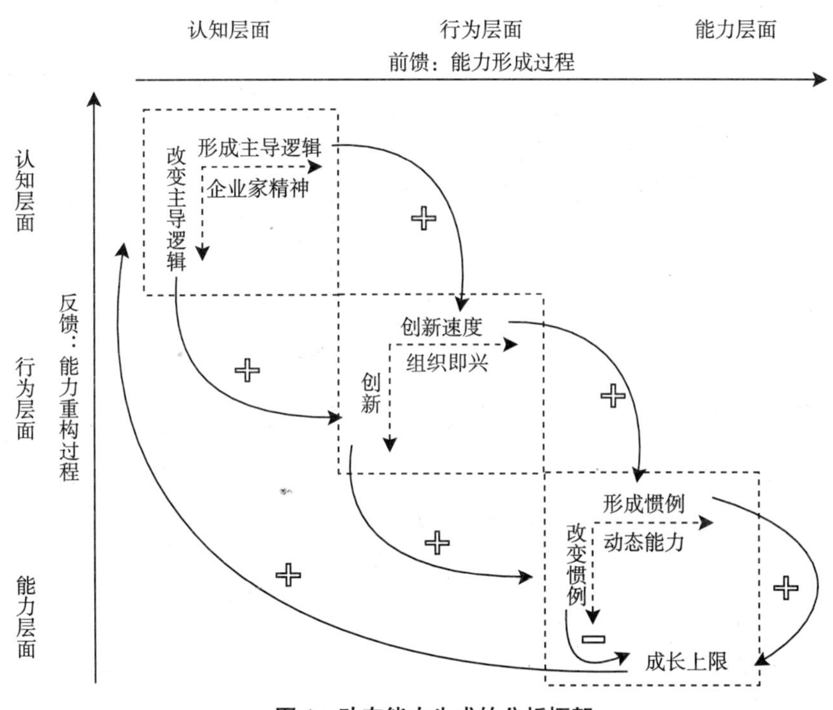

图1　动态能力生成的分析框架

由此可见，作为“整合、建立和再配置内部与外部能力来适应快速变动环境的能力”，动态能力的生成是一个有反馈的循环推进的过程，该过程涉及企业“认知层面→行为层面→能力层面”三个层面的循环转化，包括前馈和反馈两个环节。其中，前馈过程即能力形成的过程，其基本路径为：从企业家精神到组织即兴，再经能力形成到成长上限。反馈过程即能力重构的过程，其基本路径是：从成长上限到对企业家精神的激发，再经组织即兴到能力的重构。上述过程连续有序地发生于认知、行为和能力三个不同的层面，构成了“企业家精神—组织即兴—动态能力”之间非线性的联结关系，而它们之间具有循环推进关系的复杂因果关系链条则构成了企业动态能力生成的基本路径。

基于此，本文拟以上述框架为基础，结合系统动力学分析方法和对 5 家典型企业的案例分析，深入探究企业动态能力生成的内在机理。

三、研究设计

（一）研究方法的选择

案例研究是当代社会科学研究中广泛使用的一种研究方法，它适合回答“怎么样”和“为什么”之类的问题，有利于获得其他研究手段所不能获得的数据、经验知识，并以此为基础来分析不同变量之间的逻辑关系，进而检验和发展已有的理论体系。根据实际研究中运用案例数量的不同，案例研究分为单一案例研究和多案例研究。一般认为，采用多案例研究能够增强说服力，提高外在效度。本文拟采用多案例研究方法对上述理论框架进行实证检验。

（二）目标案例的选取

表 1　本研究的案例选取标准及理由

序号	选取标准	理　由
1	有较长发展历史	长期成长是考察企业动态能力的基础
2	在动态能力方面表现出色	以符合研究主题（动态能力生成机理）的需要
3	在企业家精神方面表现突出	以符合本研究从企业家精神视角研究动态能力生成的需要
4	既包括分布于不同的经济发展区域的中国企业，也包括发达国家（以美国和日本为代表）的典型企业	以体现社会层面企业家精神、制度创新、技术进步等主要变量的异质性及其对动态能力生成的影响
5	属制造业企业	制造业是我国市场化比较充分、外部环境变化较快的行业，有利于体现环境的动态性特征 将研究对象限定于制造业，可以避免因业务性质差异太大而产生变异，提高研究的信度
6	代表性强、社会影响大	以提高本研究的外在效度

根据上述选取标准，我们最终选出 5 家企业进行案例研究，它们是苹果公司、丰田汽车公司、联想集团、海尔集团和华为技术有限公司。在分析单位的选

择上，本研究采用了嵌入性多分析单位设计，资料收集涉及三个层面，其中企业是主要分析单位，企业家是最小分析单位，而企业所处的社会制度背景和技术进步背景也十分重要。

（三）资料收集方法和研究的信度与效度

信度与效度是评价案例研究品质的关键。为了提高本研究的信度，我们建立了案例研究数据库，制定了具体详细的案例研究草案，并且严格遵循规范化的步骤进行，以确保研究的每个步骤都具有可重复性。

案例研究的效度检验主要体现在建构效度和外在效度方面。为了提高研究的建构效度，我们尽量采用多元的证据来源，注重证据链的形成。本文采用的资料来源包括：①从学术文献数据库中搜索到的已有研究文献，包括案例分析和行业分析；②关于5家企业及其企业家的媒体报道，包括Google和百度搜索引擎搜索到的网页新闻和专题报道，以及报纸、杂志、影音的新闻报道等；③企业或外界观察家出版的有关该行业、该企业和/或企业领导人的书籍，主要是传记性、纪实性著作；④直接从企业获得的材料，包括从公司网站、组织内档案（含企业内部出版品、培训资料、工作手册）、年度报告和企业其他文件中获取的信息。资料的获得方法有三种：①作者到案例企业进行的实地调查，包括现场访谈和现场考察，调查对象是3个中国的案例企业和2个国外企业的中国办事处；②与案例企业管理层进行的座谈；③通过对3位有案例研究经验的资深学者和3位做过相关采访的资深记者的访谈获取的信息等。部分访谈在得到访谈对象认同的情况下进行了录音。此外，为削减作者对资料收集可能具有的倾向性以及受访企业代表回答问题的主观性等特征，我们邀请对案例企业知情的企业人士和熟悉案例研究的学者对案例研究报告草案进行了检查和核实。

Yin（1994）认为，案例研究方法在选取案例企业的时候遵从复制法则而非抽样法则。此外，Eisenhardt（1989）认为，包括4~10个案例的跨案例研究可以提供一个良好的分析归纳。为了提高研究的外在效度，本研究采用逐项复制的方法选取5家企业作为案例研究对象，分别独立地从5个案例中得出结论并相互印证。

（四）数据分析与报告撰写

我们分两阶段完成本文的案例分析。首先是案例内分析。遵循前面提出的概念定义和理论框架，采用内容分析法对整理形成的文献资料加以描述性编码，以获得对单个案例的透彻理解，进而分别撰写出每个案例的案例背景、发展历程和案例报告。其次运用系统动力学分析方法、结合深入的跨案例比较分析，构建了动态能力生成机理的分析模型，以形成对动态能力生成的深入认识。受论文篇幅所限，深入的案例内分析与综合性跨案例比较分析在文中合并显现。

四、目标案例分析

（一）目标案例背景介绍

表 2 对这 5 家企业作了简要介绍。

表 2 案例企业简介

企业名称	苹果公司	丰田汽车公司	联想集团	海尔集团	华为技术有限公司
所属行业	制造业	制造业	制造业	制造业	制造业
核心业务	电子科技产品	汽车制造	个人电脑	家用电器	电信设备
创业时间	1976 年	1937 年	1984 年	1984 年	1988 年
创业地点 总部地点	美国硅谷	日本爱知县和东京都	中国北京	中国青岛	中国深圳
创始人	乔布斯	丰田喜一郎	柳传志	张瑞敏	任正非
行业排名	个人电脑的始祖，全球电脑市场占有率最高，曾达 26%，目前占全球电脑市场份额的 3.8%	2008 年开始逐渐取代通用汽车公司成为全世界排行第一位的汽车生产厂商，占全球汽车市场份额的 9.4%	世界第四大计算机制造商，联想 PC 在中国市场的份额超过了 30%	中国最大的家电制造企业，目前大型白色家用电器全球市场占有率为 6.9%，全球第一	全球第二大通信设备制造商，也是继联想之后，成功闯入世界 500 强的第二家中国民营科技企业
发展阶段	三个阶段： ①创业阶段（1976~1985 年） ②受挫阶段（1985~1996 年） ③复兴阶段（1997 年至今）	三个阶段： ①创业阶段（20 世纪 30~50 年代） ②高速增长阶段（20 世纪 60 年代至 80 年代中期） ③全球化阶段（20 世纪 80 年代中期以后）	三个阶段： ①创业阶段（1984~1996 年） ②多元化成长阶段（1996~2003 年） ③国际化成长阶段（2004 年至今）	四个阶段： ①名牌战略阶段（1984~1991 年） ②多元化阶段（1992~1997 年） ③国际化战略阶段（1998~2005 年） ④全球化战略阶段（2006 年至今）	三个阶段： ①成长扩张阶段（1988~1996 年） ②国际化战略阶段（1996~2003 年） ③二次创业阶段（2003 年至今）

（二）动态能力生成的系统动力机制

从系统动力学的视角看，世界需要一种相互关联的语言，即一种以环状相连的语言——反馈。反馈有两种不同的类型："增强环路"和"调节环路"。"增强环路"是成长的引擎，通常表述为一条闭合的正反馈环；"调节环路"倾向于自我修正、以维持某些目标，通常表述为一条闭合的负反馈环。在自组织系统中，反馈的存在使组织具有了自修正功能：当外部环境出现变化的时候，组织会通过反馈启动自修正程序，直到系统进入另一种相对平衡的状态。

从战略管理的角度看，组织即兴能力由战略期间快速战略调整能力和运营期间快速战略执行能力两部分构成，本研究对比分析了上述 5 家企业战略调整能力与战略执行能力的形成过程与形成路径，进而运用系统动力学分析方法，构建了企业动态能力生成的系统动力机制模型，如图 2 所示。

从战略期间分析，环境的动态性增强了对实时信息沟通的需要，实时信息沟通可以促进主导逻辑突破，而不断突破主导逻辑意味着战略调整能力增强，战略调整能力的增强进一步促进实时信息沟通。由此形成了一个由"实时信息沟通 $\xrightarrow{+}$ 主导逻辑突破 $\xrightarrow{+}$ 战略调整能力 $\xrightarrow{+}$ 实时信息沟通"构成的具有增强环路特征的因果关系链条。

从运营期间分析，环境的动态性增强了对资源柔性的需要，资源柔性促进技术柔性，技术柔性促进结构柔性，结构柔性有利于形成快速战略执行能力，快速战略执行能力进一步促进了资源柔性。由此形成了一个由"资源柔性 $\xrightarrow{+}$ 技术柔性 $\xrightarrow{+}$ 结构柔性 $\xrightarrow{+}$ 快速战略执行能力 $\xrightarrow{+}$ 资源柔性"构成的具有增强环路特征的因果关系链条。

通过对案例企业的分析发现，组织即兴能力的形成过程实际上是由上述两个紧密相关的增强环路构成的。一方面，快速战略调整能力和快速战略执行能力一起构成了组织即兴能力；另一方面，由于战略调整的结果会直接或间接地影响资源柔性、技术柔性和结构柔性的状态，因此战略调整系统实际上也对战略执行系统具有重要的影响。

（三）"高杠杆解"与良性循环的激活机制

增强环路有两种行为方式：要么是恶性循环，要么是良性循环。具体表现为恶性循环还是良性循环取决于环路的触发方式。对案例企业的分析发现：上述两个增强环路中各变量都存在相应的动力机制，危机意识和“抛弃政策”① 有利于促进主导逻辑突破；市场导向有利于促进资源柔性和实时信息沟通；组织内部的试验文化和组织外部的技术进步有利于增强企业的技术柔性；企业层面和社会层面的制度创新有利于促进组织结构的柔性化。这些动力机制归根结底都源于企业家精神，因此企业家精神是上述系统要素的激活机制，也是图 2 系统结构中的“高杠杆解”。

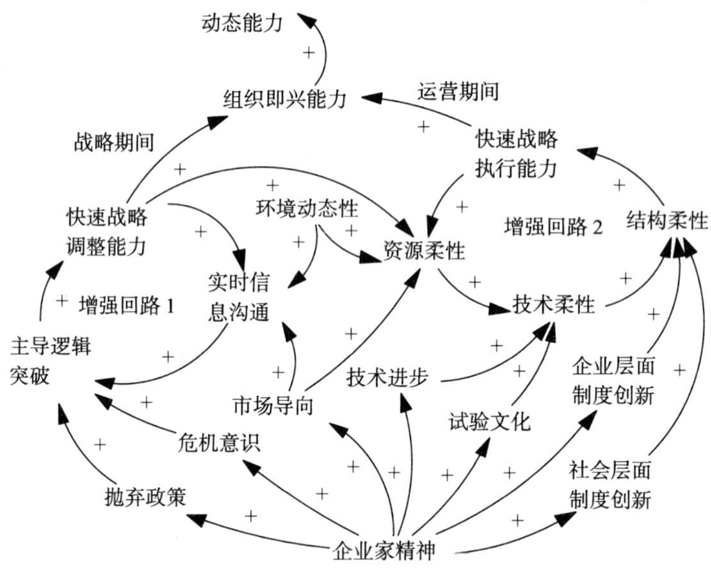

图 2　企业家精神与动态能力生成的系统动力机制

“高杠杆解”是彼得·圣吉在《第五项修炼》中提出的一个概念，其意义在于可以利用杠杆作用，以小而专注的行动产生重大而持久的改善。寻找“高杠杆解”的思路：一是寻找“主环路”以及连接最多的核心节点，这是因为谁在系统中占据的位置最重要、拥有的关系最多，谁的影响力就最大；二是通过系统动力学建模以及在此基础上进行敏感性分析使得“高杠杆解”变得清晰，这是因为通过敏感性分析可以确定模型中某些特定变量对系统中其他要素的影响，进而从影

① 选自《德鲁克管理思想全书》第 74 页。德鲁克（Drucker）提出：“在动荡的年代里，抛弃政策尤其重要。在一个企业一帆风顺的时候，需要一个系统的抛弃政策。”意思是说，现有大企业在创新上的最大障碍，可能就是不愿抛弃过去。只有有计划和有系统地淘汰陈旧、正在死亡的事物，才能解放新工作上所需的各种资源，特别是最稀缺的资源——能干的人员，更好地创造未来。

响力的不同找出“高杠杆解”的踪影；三是可以参考系统基模①来寻找“高杠杆解”。在图2所示的系统结构中，企业家精神是连接最多的核心节点，即是这一系统中的“高杠杆解”。

自熊彼特在其著名的创新理论中提出“创新的主动力来自于企业家精神，企业家精神的本质就是创新”的思想以来，对企业家精神内涵与维度的研究呈现出不断扩大的趋势，先后把风险性、先动性、自主性、进取性、合作性、学习性等都纳入其范畴，导致对这一概念至今尚未形成统一的界定。目前，对于企业家精神的研究分布于企业家个体、组织和社会三个不同的层面。个体层面的企业家精神是企业家个体在经营管理企业的特殊环境中形成的，体现了其职业特点的价值观念、思维方式和心理状态；组织层面的企业家精神是个体层面企业家精神在组织中的扩散，是一种弥漫于公司上下的价值取向和战略导向；社会层面的企业家精神是企业家精神在社会层面的传播和扩散，是在长期的个体、组织与社会互动中形成的社会成员共有的综合性精神品质和意志。本文通过多案例分析从三个层面探讨了企业家精神激活系统要素、促进动态能力生成的内在机理。

（四）过程悖论与动态能力控制机理

企业家精神为动态能力的生成提供动力的观点已经得到不少研究者的认同。例如Zahra等人（2006）认为，企业家精神以及基于企业家精神的企业家活动对企业资源、技能配置和学习模式都有影响，而这两个方面对于动态能力的培育具有决定作用。但是只考虑动态能力生成的动力机制有可能导致企业走向另外一个极端：过于频繁的战略变革也可能导致成本的上升，使企业最终因无力承担高昂的调整费用而失败。这一现象的出现使企业的战略变革很容易陷入两难困境：要么变革不足难以适应环境变化，要么变革过度导致成本上升，有人称之为过程悖论（王翔，2006）。所以研究动态能力的生成机理不仅需要考虑动力来源，还要研究控制机理。

“系统基模”即系统的基本模型，是系统动力学研究者指导人们学习如何看见个人与组织生活中“复杂背后引发变化的结构”的关键。通过对案例企业的分

① 20世纪80年代初LA的总裁Carles Kiefer建议使用更简单的方法来表达系统动力概念，1985年美国创新协会启用了“系统基模”这一概念。Jennifer Kemeny、Michael Goodman和Peter Senge一起将最常见的行为归纳为系统基模图，Senge在1990年出版的《第五项修炼》中，对这些基模进行了整理和介绍。系统基模是系统动力学研究者对我们在工作、学习中经常看到的一些一度重复发生的结构形态及其运作规律的描述和总结，可以为我们准确快速地找到“高杠杆解”提供重要的指导。

析发现，企业的战略成长过程本质上就是一个成长上限基模①（见图 3）：一方面，良好的战略规划有利于战略执行，有效的战略执行促进了企业成长，企业的成长又进一步促进了更完善的战略规划，“战略规划能力 $\xrightarrow{+}$ 战略执行能力 $\xrightarrow{+}$ 企业成长 $\xrightarrow{+}$ 战略规划能力”构成了一个成长或改善的增强环路；另一方面，企业成长在促进战略规划能力提高的同时也会导致战略规划刚性的产生，进而形成战略执行的刚性。由于环境动态性的影响，战略规划和战略执行的刚性使得企业对环境变化的反应变慢，进而导致市场绩效下降，而市场绩效的下降限制了企业的进一步成长。因此，在动态环境中，企业成长的同时也在不知不觉中触发了抑制成长的调节环路，表述为“企业成长 $\xrightarrow{+}$ 战略规划刚性 $\xrightarrow{+}$ 战略执行刚性 $\xrightarrow{-}$ 对环境变化的反应 $\xrightarrow{+}$ 市场绩效 $\xrightarrow{+}$ 企业成长”。在调节环路的影响下，运作一段时间之后，改善的速率会逐渐慢下来，或甚至终于停止。

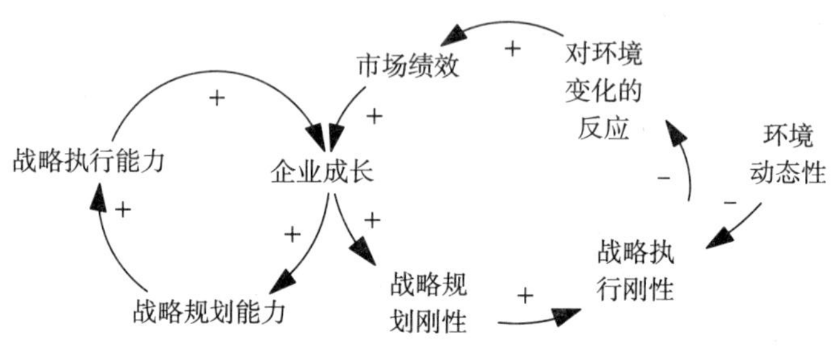

图 3　战略管理的成长上限模型

对案例企业的分析发现，产生过程悖论原因是由于企业在努力通过克服战略刚性促进进一步成长的过程中，除了存在着图 4 所示的调节环路①“企业成长 $\xrightarrow{+}$ 战略规划刚性 $\xrightarrow{+}$ 战略执行刚性 $\xrightarrow{-}$ 对环境变化的反应 $\xrightarrow{+}$ 市场绩效 $\xrightarrow{+}$ 企业成长”外，还潜藏着一条增强环路②“企业成长 $\xrightarrow{+}$ 战略规划刚性 $\xrightarrow{+}$ 战略执行刚性 $\xrightarrow{-}$ 对环境变化的反应 $\xrightarrow{+}$ 成本变化 $\xrightarrow{+}$ 市场绩效 $\xrightarrow{+}$ 企业成长”。②

① “成长上限基模”是彼得·圣吉从弗睿斯特（Jay Forrester）和其他系统思考先驱者在 20 世纪六七十年代开发的通用结构移植过来的。是一种最常见的基模，其基本含义是增强环路在导致快速成长的同时，不知不觉中触动了另一个抑制成长的调节环路，从而导致成长的减缓、停止甚至下滑。

② 在系统动力学的因果反馈图中，环路的性质取决于环路中负向链接的个数，包含了奇数个负向链接的环路为调节环路，包含了偶数个负向链接的环路为增强环路，本环路包含了两个负向链接，因此为增强环路。

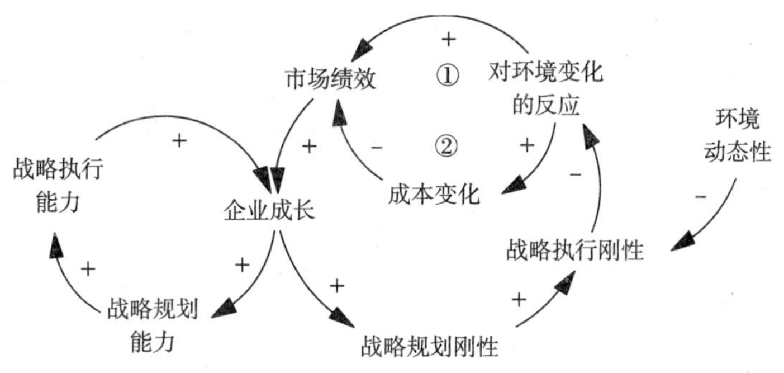

图 4　过程悖论的系统动力学解因

管理大师德鲁克对创新点的探讨为过程悖论的解决提供了思路。在德鲁克看来，企业的每一次重大创新活动都是一个生命周期过程，其整个成长历程是由无数次创新周期联结而成的。企业要保持持续的成长，就需要持续的创新。创新点应该选择在企业最辉煌的时刻，即每一个成长周期的最高点。而一旦确定了时机，就应该采取“抛弃政策”，毅然决然地抛弃和更新业务。从经济学角度分析，这是因为在到达成长周期最高点之前，核心能力创造的边际价值是大于边际成本的，即这时经营上的“边际搜寻”有利于实现利润最大化，核心刚性是可取的。一旦越过了成长周期的最高点，则边际价值小于边际成本，“边际搜寻”导致利润下降，核心刚性显现负面影响。由此可见，将创新点确定为每一个成长周期的最高点是在不破坏利润最大化原则的基础上发展企业动态能力的唯一选择，因为唯有该点才能保证图 4 调节环路①中出现成本上升为零、对市场绩效的负面影响为零，进而对企业成长的影响为零的情况，或者说唯有在该点才能彻底破解增强环路②对企业动态能力发展带来的负面影响。

但是上述对创新点的分析只是一种理论上的探讨，因为德鲁克所说的创新点是指企业推出创新行动的实际时点。从实践的角度看，企业创新活动的推出不是一个具体的时点问题，而是一个包含着“发现创新需求”→“组织科研开发”→“研发成功”→“科研成果的市场化”等一系列复杂环节的不确定过程，因此如何确定创新活动的提前期实际上是一个很难解决的问题。这也是实践中过程悖论难以有效破解的主要原因。对案例企业的分析发现，实时信息评估机制是企业准确识别战略调整时点，及时破解过程悖论的关键。

五、动态能力生成机理模型解析

（一）组织即兴能力的生成机理

本研究以快速战略调整能力和快速战略执行能力两个指标对 5 个案例企业不同发展阶段的组织即兴能力做出评价，进而分析了两个增强环路的运作水平和运作性质（是良性循环还是恶性循环）及其对组织即兴能力的影响。通过对 5 家企业的综合分析发现，这 5 家企业组织即兴能力的生成具有如下特征：

1. 具有增强环路特征的战略调整能力生成机制

对 5 家企业不同发展阶段的研究表明，战略调整能力的生成机制可以表述为由“实时信息沟通 $\xrightarrow{+}$ 主导逻辑突破 $\xrightarrow{+}$ 战略调整能力 $\xrightarrow{+}$ 实时信息沟通”构成的具有增强环路特征的因果关系链条，而且这一增强环路在实践中存在良性循环和恶性循环两种不同的运作方式。这 5 家企业中有 3 家企业（丰田汽车公司、海尔集团和华为技术公司）在各战略阶段总体上都处于良性循化状态，2 家企业（苹果公司和联想集团）在不同的发展阶段表现出不同的运作特征。

在丰田汽车公司案例中，创业初期，丰田喜一郎敏锐地捕捉到汽车工业发展的巨大机遇，并且通过逆向工序分解、启用和修改泰勒制以及从自己的传统行业纺织业中转移知识等方式开发出更适合国内需要的、燃耗功率高、可靠耐用的汽车技术，到 20 世纪 50 年代为止，终于使企业走上了稳定发展的轨道。60 年代后期，日本进入汽车化时代，家庭轿车在普通家庭里得到迅速普及。丰田汽车公司抓住这一机会，在产量和质量两方面迅速实现了能力积累，为进军海外奠定了坚实的基础。1973 年和 1979 年两度爆发的石油危机使欧美国家汽车行业受到巨大冲击。但是由于对市场信息的敏锐感知，丰田大胆突破了“以大规模制造方式生产和销售大功率、高能耗汽车”的主导逻辑，调整航向进入了“实时信息沟通 $\xrightarrow{+}$ 主导逻辑突破 $\xrightarrow{+}$ 快速战略调整能力 $\xrightarrow{+}$ 实时信息沟通”的良性循环。

在海尔集团案例中，创业初期通过实施“名牌战略”，确立了青岛电冰箱总厂（海尔集团的前身）在中国电冰箱行业的领头地位。在此基础上，由于对市场信息的准确把握，1992~1997 年，海尔大胆突破专业化经营的主导逻辑，走上了多元化道路，从而进入了“实时信息沟通 $\xrightarrow{+}$ 主导逻辑突破 $\xrightarrow{+}$ 快速战略调整能力 $\xrightarrow{+}$ 实时信息沟通”的良性循环。

在华为公司案例中，创业初期，既无资金又无技术的华为抓住国内电信市场的巨大机遇，利用压强原理和各个击破的方法，逐渐取得技术领先地位。自1996年起，国内电信行业基础投资力度开始减弱，电信设备市场的总体发展速度明显放缓，[①] 对于已经控制了30%国内市场的华为而言，国内市场拓展空间已不能满足企业继续快速增长的需要了。基于实时信息沟通，华为主动突破了国内经营的主导逻辑，从1996年起正式将开拓国际市场作为公司发展战略的重点，从而进入了“实时信息沟通 $\xrightarrow{+}$ 主导逻辑突破 $\xrightarrow{+}$ 快速战略调整能力 $\xrightarrow{+}$ 实时信息沟通”的良性循环。

在苹果公司案例中，创业阶段，随着具有划时代意义的个人电脑 Apple Ⅱ 的面市以及具有图形界面操作系统的 Macintosh 电脑的推出，苹果公司获得了巨大的成功。然而辉煌的创业经历也使苹果形成了主导逻辑惯性，认为：只要拥有足够的技术实力，开发出更高级、更新颖的电脑，苹果就能不断地创造下一个辉煌。苹果的迅速成功不仅吸引了计算机行业的巨头 IBM 转而进军个人电脑市场，而且吸引了众多的投资者：100多家电脑等高科技公司如雨后春笋般在只有388平方公里的硅谷建立起来——美国电脑产业进入了高速发展期。不幸的是，迅速成功的苹果忽略了实时信息沟通，因而在1985~1995年跌入了“实时信息沟通不足 $\xrightarrow{+}$ 主导逻辑惯性 $\xrightarrow{+}$ 战略调整缓慢 $\xrightarrow{+}$ 实时信息沟通不足”的恶性循环。

在联想集团案例中，创业阶段，既无资金又无技术的联想以贸工技为战略路线、抓住国内电脑市场的巨大机遇，取得了成功：1996年联想的台式机超越国外品牌，市场占有率位居国内市场第一。辉煌的创业历程也使联想形成了主导逻辑惯性。1996年后，联想走上多元化道路，尝试在互联网、手机和房地产等多个领域复制自己的成功。然而由于在这些领域中缺少实时信息沟通能力以及未能突破其经营电脑产业的主导逻辑，企业不幸陷入“实时信息沟通不足 $\xrightarrow{+}$ 主导逻辑惯性 $\xrightarrow{+}$ 战略调整缓慢 $\xrightarrow{+}$ 实时信息沟通不足”的恶性循环。

2. 具有增强环路特征的战略执行能力生成机制

对5家企业不同发展阶段的研究表明，战略执行能力的生成机制可以表述为由“资源柔性 $\xrightarrow{+}$ 技术柔性 $\xrightarrow{+}$ 结构柔性 $\xrightarrow{+}$ 快速战略执行能力 $\xrightarrow{+}$ 资源柔性”构成的具有增强环路特征的因果关系链条，而且这一增强环路在实践中存在良性循环和恶性循环两种不同的运作方式。5家企业中，丰田汽车公司、海尔集团和华为技术公司3家企业在各战略阶段总体上都处于良性循化状态，苹果

① 根据 CCID 提供的数据，我国电信运营商固定资产投资的年平均增长率在1996~2000年降低到24.9%，2000~2002年更是快速降低到2.1%。

公司和联想集团 2 家企业在不同的发展阶段表现出不同的运作特征。

在丰田汽车公司案例中，基于 20 世纪 70 年代的战略调整，通过与通用汽车公司合作生产，以及先后在美国、英国、东南亚等地建立独资或合资企业的方式迅速提高了资源柔性，开发出以小型内燃发动机为核心，便宜、小巧、效率高的小型车生产技术，进而通过组织与管理流程改善，大大提高了小型车的生产效率，使企业进入“资源柔性 —+→ 技术柔性 —+→ 结构柔性 —+→ 快速战略执行能力 —+→ 资源柔性”的良性循环。

在海尔集团案例中，基于第二阶段的多元化战略调整，在当地政府的大力支持下，海尔通过“吃休克鱼”、“先吃后克隆”等资本运营方式迅速提高了资源、技术和结构柔性，使企业进入了“资源柔性 —+→ 技术柔性 —+→ 结构柔性 —+→ 快速战略执行能力 —+→ 资源柔性”的良性循环。

在华为公司案例中，在第二阶段国际化战略调整的基础上，华为通过构建国际战略合作伙伴关系等形式不断增强资源和技术柔性，同时也通过建立华为《基本法》以及与 IBM 的 ISG（全球服务部）合作完成以“集成产品开发”和“集成供应链”为代表的流程改革等方式进行了彻底的组织与管理流程变革，从而使企业进入了由“资源柔性 —+→ 技术柔性 —+→ 结构柔性 —+→ 快速战略执行能力 —+→ 资源柔性”构成的良性循环。

在苹果公司案例中，由于第二阶段选择了封闭的市场策略，企业顽固地坚持拒绝开放其标准，将合作伙伴一个个赶走，从而越来越丧失资源的柔性，被迫陷入由“资源柔性下降（失去合作伙伴）—+→ 技术柔性下降（操作系统与流行的兼容机软硬件不兼容）—+→ 结构柔性下降（技术人员自大且享受特权，对营销和管理部门抱有歧视和不合作的态度，组织协调困难）—+→ 战略执行能力下降（苹果之后推出的几款电脑均难以再现昔日的辉煌）—+→ 资源柔性下降”构成的恶性循环。

在联想集团案例中，第二阶段过于多元化的战略选择，使联想在各个业务领域的资源投入受到限制，降低了资源柔性，进而也使技术柔性（不断开发出适合市场需要的新技术）和结构柔性（组织协调能力）受到削弱，从而在运营领域陷入了由“资源柔性下降 —+→ 技术柔性下降 —+→ 结构柔性下降 —+→ 战略执行能力下降 —+→ 资源柔性下降”构成的恶性循环。

3. 战略调整能力和战略执行能力共同促进组织即兴水平（即动态能力水平）的提高，对 5 家企业不同发展阶段的研究都证明了这一结论

在丰田汽车公司案例中，20 世纪 70 年代由于形成了战略调整能力和战略执行能力的良性循环，丰田汽车公司整体上表现出很高的组织即兴水平，正是这种动态能力使丰田汽车公司化危机为机遇，逆市成长，迅速打开欧美市场，走上了国际化道路。20 世纪 80 年代中期以后，由于日、美、欧轿车厂家的产品概念全都转向“欧洲型单体车身的小型车”，国际汽车市场的竞争异常激烈。同时，汽车行业的国际联盟频繁出现，企业面临的竞争强度日益升级。而作为日本企业，丰田汽车公司还面临日元贬值以及日美贸易摩擦事件频繁出现等严峻挑战。但是由于实现了实时信息沟通，丰田汽车公司再次敏锐地感知到环境的变化，并且采取措施大胆突破主导逻辑惯性——在保持自己开发—生产方面竞争优势的同时深刻反思在营销和战略管理等方面的不足，从而通过迅速的战略调整提高了自己应对环境变化的能力。迅速的战略调整也促进了运营能力的提高，进而使丰田继续保持很高的组织即兴水平。进入21世纪以后，丰田保持持续成长，并且自2008年始逐渐取代通用汽车公司成为全世界排行第一位的汽车生产厂商。

在海尔集团案例中，1992~1997年由于形成了战略调整能力和战略执行能力的良性循环，海尔集团整体上表现出很高的组织即兴水平，到1997年海尔成功地从白色家电进入黑色家电，初步形成了多元化经营的“联合舰队”集团运作模式。1998年以后，海尔再次通过实时信息沟通克服主导逻辑，走上国际化发展道路，从而进入了新一轮的由“实时信息沟通 $\xrightarrow{+}$ 主导逻辑突破 $\xrightarrow{+}$ 快速战略调整能力 $\xrightarrow{+}$ 实时信息沟通”构成的良性循环。基于这一战略调整，海尔通过在海外投资设厂、构建国际战略联盟、海外经营的本土化等方式进一步提高了资源柔性和技术柔性，完善了组织与管理流程，从而在运营层面也进入新的良性循环：“资源柔性 $\xrightarrow{+}$ 技术柔性 $\xrightarrow{+}$ 结构柔性 $\xrightarrow{+}$ 快速战略执行能力 $\xrightarrow{+}$ 资源柔性”。近年来，为迎合信息时代的到来，海尔又提出网络家电概念，开始利用自身横跨白色家电、黑色家电和米色家电的优势，创造一体化的家电系统，并逐步转向信息产业领域，建立电子商务平台。然而，由于在这些领域信息沟通不足导致的连锁反应，目前海尔在信息产业的战略调整和战略执行都显现出疲态。据易观国际发布的《中国移动终端和渠道年度综合报告》（2005~2006）显示，海尔GSM手机2005年的市场占有率仅为1%左右。为应对挑战，2005年海尔提出“人单合一”的海尔模式，强调人和市场的统一，速度和准确度的统一，以增强实时信息沟通，促进快速战略调整能力和快速战略执行能力的形成，进而促进组织即兴水平的提高。

在华为公司案例中，第二阶段由于形成了战略调整能力和战略执行能力的良性循环，华为整体上表现出很高的组织即兴水平：出现了海外销售的高速增长①和产出效率的明显提升。②然而正当华为的流程改革进行得如火如荼的时候，IT经

① 1999~2004年，华为的海外销售收入分别为：5000万美元、1.28亿美元、3.3亿美元、5.5亿美元、10.5亿美元、22.8亿美元。

② 1996年，华为的人均销售收入仅为57万元/年，而到了2005年，人均销售收入增加到了接近150万元/年。

济泡沫的破灭却使全球信息行业进入了冬季。2002年，受到影响的华为出现了创业15年以来的第一次负增长。同时，随着企业规模的扩大和业绩的下滑，华为员工的创业激情开始消退。但是以实时信息沟通为基础，华为为应对危机做出了迅速的战略调整，例如通过及时的资产剥离提高了资金柔性、通过新股权分配方案的推出改善了结构柔性等，从而使企业保持了很高的组织即兴水平：2009年，华为全球销售收入1491亿元（约合218亿美元），成为全球第二大通信设备制造商。2010年，华为入围《财富》500强，成为继联想集团之后，闯入世界500强的第二家中国民营科技企业。

在苹果公司案例中，第二阶段由于形成了战略调整能力和战略执行能力的恶性循环，苹果公司的组织即兴能力衰退，越来越不能适应环境的变化：1996年，其市场占有率从最高点26%滑落到3%，几乎走到了破产边缘。危急关头，乔布斯被聘任为公司的临时总裁兼最高执行长官挽救心爱的苹果。乔布斯回归后，增强了企业的实时信息沟通和主导逻辑突破能力，使苹果重新进入“实时信息沟通 $\xrightarrow{+}$ 主导逻辑突破 $\xrightarrow{+}$ 快速战略调整能力 $\xrightarrow{+}$ 实时信息沟通”的良性循环。同时，通过适时进行战略调整、重建战略联盟关系，苹果公司的资源柔性也得以恢复，企业因此也进入了“资源柔性（对内促进团队合作、对外重拾伙伴关系）$\xrightarrow{+}$ 技术柔性（不断开发出真正适合市场需要的技术）$\xrightarrow{+}$ 结构柔性（构建相对统一的组织管理体制，协调开发、生产和销售部门之间的关系）$\xrightarrow{+}$ 快速战略执行能力 $\xrightarrow{+}$ 资源柔性”的良性循环。在上述两个良性循环的增强环路作用下苹果公司的组织即兴水平得以提高，逐渐恢复了昔日的活力。

在联想集团案例中，第二阶段由于形成了战略调整能力和战略执行能力的恶性循环，联想的组织即兴水平有所下降。不仅在多元化投资领域受挫，而且其核心业务也开始受到影响，截至2004年初，其PC业务的国内市场份额由原来的28%缩小到24%。基于比较充分的信息沟通，从2004年起联想开始系统梳理现有业务，重新调整战略方向。总体思路是在归核化收缩战线的基础上开始进入国际化战略阶段。由于缩短了战线，更加专注于核心业务和重点业务，联想在这些领域的实时信息沟通得以加强，企业重新回到“实时信息沟通 $\xrightarrow{+}$ 主导逻辑突破 $\xrightarrow{+}$ 快速战略调整能力 $\xrightarrow{+}$ 实时信息沟通”和“资源柔性 $\xrightarrow{+}$ 技术柔性 $\xrightarrow{+}$ 结构柔性 $\xrightarrow{+}$ 快速战略执行能力 $\xrightarrow{+}$ 资源柔性”的良性循环。2007年第三季，联想计算机出货量仅次于美商惠普与戴尔计算机，成为全球第三大PC厂商。[①] 2009年，在美国《财富》杂志公布的2008年度全球企业500强排行

---

① 但在宏碁（Acer）计算机完成收购美商捷威（Gateway）后，第三名落入宏碁手中，联想成为第四名。

榜中，联想年收入 167.88 亿美元，排名第 499 位。

（二）企业家精神激活系统要素的内在机理

1. 企业家精神激活实时信息沟通的内在机理

“个体层面的企业家精神→市场导向→实时信息沟通”。

组织层面的企业家精神↗

随着规模的扩大和结构的复杂化，实时信息沟通变得越来越困难。要适应动态环境变化、提高快速战略调整能力，必须强化企业的实时信息沟通机制，包括组织与环境之间的信息搜寻机制、组织内部的信息传递机制。即：一方面通过有效的信息搜寻机制，及时获取有效信息、察觉正在发生甚至正在酝酿的环境变化；另一方面通过流畅的信息沟通机制避免组织成员信息感知的不连续或是偏差、协调组织内部的应变反应、提高应对效率。

目前对市场导向有两种界定的视角。一是行为视角，如 Kohli 和 Jaworski（1990）认为，市场导向是三种活动的集合：组织范围内与现有和将来消费者需要相关的市场情报的产生；这种情报在部门间的传播与扩散；组织层面上对市场情报的反应。二是文化视角，如 Narver 和 Slater（1990）将其定义为一种能最有效地诱发创造顾客价值所必须行动的组织文化。对 5 家企业不同发展阶段的研究表明：企业在文化和行为层面的市场导向有利于实时信息沟通机制的建立和完善，而市场导向是企业家精神内涵的构成部分，个体和组织层面的企业家精神有利于促进市场导向的形成。

创业时期，受创始人乔布斯企业家精神影响，苹果公司形成了强烈的市场导向，促进了信息沟通。在此基础上，企业成功推出了具有划时代意义的 Apple Ⅱ型个人电脑，成为个人电脑的始祖。此后随着 1985 年乔布斯被迫离职以及成功后组织层面企业家精神出现衰退，苹果公司渐渐偏离了市场导向，信息沟通能力下降，以至于在市场上接连失利。1997 年，乔布斯回归苹果，在他的努力下苹果公司个体和组织层面的企业家精神得以恢复，经营的视角重新回到消费者需求，信息沟通能力的提高促进了苹果的复兴。

创业时期受创始人丰田喜一郎企业家精神影响，丰田汽车公司形成了强烈的市场导向，促进了信息沟通。他们根据日本自然资源贫乏的实际情况，确立了开发燃耗功率高、可靠耐用的汽车的发展方向，很快进入稳定发展的轨道。此后在神谷正太郎、丰田英二、大野耐一等企业家精神影响下，进一步强化了市场导向，提高了信息沟通能力，从 20 世纪 60 年代起丰田汽车公司进入高速增长阶段。1965 年，丰田荣获了世界三大质量奖项之一、日本质量管理的最高奖——戴明奖，声名远播，为其打开国际市场奠定了基础。20 世纪 70 年代，强大的信息沟通能力促使丰田汽车公司成功抓住了两次石油危机带来的发展契机，在海外市场尤其是美国市场上获得了巨大的成功。

创业初期受创始人柳传志企业家精神影响，联想集团形成了强烈的市场导向，促进了信息沟通。他们根据电脑市场的需求先后开发出可将英文操作系统翻译成中文的联想式汉卡、联想品牌的个人电脑、联想笔记本电脑以及可一键上网的个人电脑等产品，使联想在个人电脑行业站稳了脚跟。2004 年以后，在企业家精神的驱动下，通过对多元化业务的系统梳理和调整，强化了市场导向，促进了信息沟通，提高了企业绩效。2005 年联想 PC 在中国市场的份额超过了 30%。

1985 年，张瑞敏亲自带领职工砸碎了 76 台存在问题的冰箱，砸醒了海尔人的质量意识和市场意识。市场导向的形成，促进了信息沟通。创业初期通过对当时的国内家电市场的调查和分析，确立了企业发展的“名牌战略”。1998 年之后，海尔集团根据对国内外家电市场的信息沟通，及时进行战略调整，将国际化作为生存发展的必由之路。进入 20 世纪后，为了迎合信息时代的到来以及有效应对主业利润变薄的危机，海尔集团再次调整战略，开始利用自身横跨白色家电、黑色家电和米色家电的优势，创造一体化的家电系统，并逐步转向信息产业领域，建立电子商务平台。

创业初期受创始人任正非企业家精神影响，华为形成了强烈的市场导向，促进了信息沟通。基于对国内电信设备市场的准确把握，完成了从代理国外企业模拟交换机到取得技术领先地位、雄踞当时国内通信设备四巨头“巨大中华”之首的质的飞跃。自 1996 年起国内电信行业基础投资力度开始减弱，电信设备市场的总体发展速度明显放缓。华为再次基于准确的信息沟通进行了快速战略调整，将开拓国际市场作为公司发展战略的重点。

2. 企业家精神激活主导逻辑突破的内在机理

“个体层面的企业家精神→危机意识→主导逻辑突破”。

↘抛弃政策↗

主导逻辑是管理者从对现有业务的管理经验中提炼出的一套共享的业务理念和管理知识。企业在前一阶段的成长或成功经验很容易通过惯例化程序转化为主导逻辑。储存在组织记忆中的主导逻辑一旦形成，企业便会在遇到问题的时候，自动地从其记忆中取回原来的方法与当前问题匹配并加以解决。静态环境下，这为企业核心业务的开展提供了稳定持续的支撑；动态环境下，则会导致组织对不确定性环境变化的反应能力下降。

危机意识和抛弃政策是企业家精神内涵的构成部分，其中危机意识是企业家进行战略思考的起源，抛弃政策则是使企业避免“昨天的成功导致明天的失败”的不二法门，二者共同为主导逻辑突破提供系统动力。著名管理大师德鲁克曾经在一次访谈中指出：企业最常掉进的陷阱，就是无法系统化地抛弃掉不合时宜的、过时的做法，特别是所有那些看起来充满睿智，但却没有用的“伟大创新”。最成功的组织（企业或非营利组织），都会有一套系统化的“抛弃程序”。通过对5家企业不同发展阶段的研究表明，危机意识和抛弃政策有利于主导逻辑突破，而个体层面企业家精神则促进了危机意识和抛弃政策的形成。

苹果公司创始人乔布斯是一个富有企业家精神的领导人，这使他在任期间表现出强烈的危机意识和大胆的抛弃政策。危机意识使乔布斯对苹果产品的设计有着近乎完美的要求。据熟悉乔布斯的人士称，几乎每当苹果的重要产品即将宣告完成时，乔布斯都会退回最本源的思考，并要求将产品推倒重来。抛弃政策主要体现在苹果公司推陈出新的速度上：乔布斯从不固守现有技术，在他任职期间，加快推陈出新的速度以强化攻势一直是苹果重要的战略选择。乔布斯强烈的危机意识和大胆的抛弃政策使苹果公司不断突破主导逻辑，提高战略调整能力：从Apple Ⅱ型、Macintosh 型个人电脑到 iPod 音乐随身听、iPhone 手机，每一个产品的诞生都是电子产品和电子商业圈内一个奇迹的诞生。

丰田汽车公司创始人丰田喜一郎是一个富有企业家精神的领导人，这使他在任期间表现出强烈的危机意识和大胆的抛弃政策。大胆的抛弃政策使得丰田喜一郎在丰田自动织机制作所的纺织业务还欣欣向荣的时候大胆创立了丰田汽车公司，开始了汽车制造历程。强烈的危机意识使得丰田喜一郎在创业初期就带领企业形成了不断学习和改进的传统。他们以亨利·福特创立的制造系统为技术基础，通过启用和修改泰勒制以及从自己的传统行业纺织业中转移知识等方式，不断地进行技术引进和知识转移，1945~1955 年，丰田的生产率提高了 10 倍。危机意识和抛弃政策为丰田汽车公司主导逻辑突破提供了系统动力，促进了企业快速战略调整能力的形成。

联想集团创始人柳传志是一个富有企业家精神的领导人，这使他在任期间表现出强烈的危机意识和大胆的抛弃政策。柳传志曾经说过：“我们一直在设立一个机制，好让我们的经营者不打盹儿，你一打盹儿，对手的机会就来了。”强烈的危机意识，使联想形成了“玩命干”的企业文化，也使得在 1994 年的“柳倪之争”中，柳传志力排众议坚持了贸工技的道路。抛弃政策主要体现在联想产品推陈出新和不断进入新领域的速度上，2004 年，当企业发现多元化实践产生负面影响的时候，联想及时反思并且快速进行了战略调整。

海尔集团创始人张瑞敏是一个富有企业家精神的领导人，在任期间表现出强烈的危机意识和大胆的抛弃政策。张瑞敏曾经用“如履薄冰”来形容自己的心情。他也曾经在公开的场合明确指出：以前那些有效的方法，甚至是成功的方法，今天来看，都必须抛弃了，需要采取新的策略。危机意识和抛弃政策促使海尔不断突破主导逻辑，保持了很高的战略调整能力。

华为创始人任正非是一个富有企业家精神的领导人，在任期间表现出强烈的危机意识和大胆的抛弃政策。从《华为的冬天》、《北国之春》等文章中，可以看出任正非持续不断的危机意识，他时刻提醒华为员工“萎缩、破产一定会到来”。抛弃政策体现在任正非对华为管理的不断变革上：创业初期，华为的管理带有很强的任正非个人色彩。走上国际化道路之后，由于看到了自己与国际竞争对手的巨大差距，任正非通过建立《基本法》以及与IBM的全球服务部合作完成以“集成产品开发”和“集成供应链”为代表的流程改革，大胆抛弃了以个人的意志推动组织运行的做法，使企业开始走上了规范化管理的历程。危机意识和抛弃政策促使华为不断突破主导逻辑，保持了很高的战略调整能力。

3. 企业家精神激活资源柔性的内在机理

“个体层面的企业家精神→市场导向→资源柔性”。

组织层面的企业家精神↗

通过对5家企业不同发展阶段的研究表明：市场导向有利于资源柔性的形成，个体和组织层面的企业家精神有利于促进市场导向。

苹果公司强烈的市场导向促进了资源柔性的形成。早期乔布斯和沃兹以仅有的1300美元创办了苹果，但是基于市场导向的“苹果电脑设计方案”吸引了近100万美元的风险资本，解决了创业初期的资金短缺问题。1985~1995年，企业家精神的衰退使苹果公司偏离了市场导向，它赶走合作伙伴，越来越失去了资源柔性。1997年，乔布斯回归后，通过大刀阔斧的改革使苹果回归到真正的市场导向，他们重拾合作伙伴关系、加强了内部协调，增强了资源柔性，促进了快速战略执行能力的形成。

丰田汽车公司强烈的市场导向促进了资源柔性的形成。早期由于日本劳动力市场不发达，企业多实行终身雇用制，造成劳动力成本居高不下，为解决这一问题，丰田在1950年大规模劳资纠纷事件后，通过采取最小化正式职工人数和培养“多任务操作工人”的做法增强了人力资源的柔性。

联想集团强烈的市场导向促进了资源柔性的形成。创业之初，联想既无资金又无技术，在柳传志企业家精神影响下，以市场为导向，通过代理惠普等国际品牌的电脑产品掌握了市场需求，学习了先进的生产和管理技术，为自主品牌的推出奠定了基础。2005年，通过对IBM PC业务的收购成功地将品牌推向了世界。

海尔集团强烈的市场导向促进了资源柔性的形成。在多元化阶段，充分利用国有企业的资源优势，在当地政府的大力支持下，以资本营运为核心内容进行规模扩张。通过“先吃后克隆”的方式使海尔集团由单一电冰箱生产厂商成为了全家电生产厂商，由青岛走向了全国，初步形成了多元化经营的“联合舰队”集团运作模式。提出全球化战略后，又创造了网络家电的概念，利用自身横跨白色家电、黑色家电和米色家电的优势，创造一体化的家电系统。

华为强烈的市场导向促进了资源柔性的形成。创业初期，通过与国内电信运营商建立广泛的合作关系以及高薪和员工持股制度，提高了资源柔性。进入国际化战略阶段之后，又通过在世界各地建立战略合作伙伴关系等方式，提高资源柔性：截至2007年底，华为已成为欧洲所有顶级运营商的合作伙伴。

4. 企业家精神激活技术柔性的内在机理

“个体层面的企业家精神→试验文化→技术柔性”。

社会层面的企业家精神→技术进步↗

企业技术的形成通常是以“一环紧扣一环”的形式、沿着“自我强化”的良性循环轨迹不断发展和强化的，称为技术刚性。技术刚性会限制组织成员将创新的战略思想转化成实践，增强技术柔性有利于提高快速执行能力。技术刚性的形成主要有两方面的原因：一是随着企业的成长，组织内部技术创新的动力出现衰退；二是现有市场中存在的技术机会为企业提供了现实的获利空间，缓解了生存的压力和技术开发的紧迫性，导致企业越来越缺少技术创新的压力。通过对5家企业的研究表明：允许试错的试验文化和社会层面的技术进步分别为提高企业的技术柔性提供了内在和外在的动力机制。而个体和社会层面的企业家精神有利于促进试验文化的形成和技术进步的发展。

苹果公司总部所在地硅谷是全美乃至全球高科技公司最为密集的区域和最富有企业家精神的区域之一，是孕育大批创业型企业和企业家的摇篮，企业家精神是推动硅谷地区技术进步的根本动力。Apple Ⅱ型电脑成功地打开市场之后，市场机会导致技术刚性不期而至。然而随着兼容性电脑技术的发展成熟，苹果公司现有技术基础遭到颠覆。1997年，乔布斯回归后通过大刀阔斧的改革：一方面使苹果上下恢复了允许失败的试验文化，另一方面为适应技术进步的要求开展了技术变革。在这两种因素的共同作用下，苹果公司提高了技术柔性：以iMac和iPod两个传奇性产品的成功面世为标志，一个富有创造力的苹果形象复归了。

丰田汽车公司总部所在地东京都是日本的政治、经济中心，也是亚洲地区金融、贸易等交流活动的中心，企业家精神是推动东京地区技术进步的根本动力。20世纪30年代，当丰田喜一郎在丰田自动织机制作所内设立汽车部的时候，日本的纺织行业还欣欣向荣。技术进步带来的巨大机会——汽车工业诱人的发展前景，使丰田汽车公司克服技术刚性，进入汽车制造行业。同时在丰田喜一郎等影响下，丰田上下形成了允许失败的试验文化，1951年，丰田公司开始推行的“动脑筋，提方案”制度更加强化了这种氛围。试验文化提高了丰田汽车公司的技术柔性：1945~1955年，丰田的生产率提高了10倍。

联想总部所在地中关村是我国高科技公司最为密集的区域和最富有企业家精神的区域之一，是孕育大批创业型企业和企业家的摇篮，也是我国IT等高科技产业的先锋。企业家精神是推动中关村地区技术进步的根本动力。在联想集团的成长历程中，企业深受技术进步的影响，始终紧跟全球高科技产业发展潮流。同时在柳传志企业家精神影响下，联想上下形成了允许失败的试验文化。在技术进步和试验文化的双重推动下，联想逐步提高了技术柔性：1985 年开发出具有联想功能的汉卡，1990 年生产及供应联想品牌个人电脑台式机，1996 年推出笔记本电脑，之后又先后推出掌上电脑、手机等。

海尔总部所在地青岛市地处东部沿海，是我国较早实施改革开放的地区之一，孕育了大批创业型企业和企业家，企业家精神是推动青岛地区技术进步的根本动力。随着技术进步的发展，海尔的主营业务——家电行业的利润越来越薄，海尔现有的技术优势遭到颠覆。同时，在张瑞敏的影响下，海尔上下形成了允许失败的试验文化。在技术进步和试验文化的双重推动下，海尔集团逐步提高了技术柔性，将核心业务从家电行业转向信息产业、生物工程、电子商务等新兴产业。

华为总部所在地深圳地处东南沿海，是我国最早实施改革开放的地区之一，孕育了大批创业型企业和企业家，企业家精神是推动深圳地区技术进步的根本动力。华为技术有限公司是在世界通信设备行业技术进步的巨大诱惑作用下形成的。同时，在任正非的影响下，华为上下形成了允许失败的试验文化。在技术进步和试验文化的双重推动下，华为逐渐提高了技术柔性：最初致力于小型交换机的开发，1998 年为适应 3G 技术发展机遇的要求开始对 3G 商用系统进行长期巨额的研发投入，成为全球少数几个全面掌握 WCDMA 3G 核心技术，能够提供全套商用系统的厂商之一，之后又进入终端等领域，致力于提供全 IP 融合解决方案。

5. 企业家精神激活结构柔性的内在机理

“个体层面的企业家精神→企业层面的制度创新→结构柔性”。

社会层面的企业家精神→社会层面的制度创新↗

组织结构是企业运营的平台，组织结构的形成也具有路径依赖特征，而且一经形成就不易改变，称为结构刚性。动态环境下，结构刚性会对创新战略思想的实践转化形成限制，结构柔性则有利于增强快速的战略执行能力。通过对 5 家企业的研究表明：企业层面和社会层面的制度创新分别为结构柔性的形成提供了内在和外在的动力机制。而个体和社会层面的企业家精神有利于促进企业和社会层面的制度创新。

企业家精神推动着硅谷和美国社会层面的制度创新。在乔布斯企业家精神影响下，苹果公司进行了很多企业层面的制度创新。上述双重制度创新促进了苹果公司结构柔性的增强。如随着 1980 年，苹果公司上市确立了现代企业制度，规范的公司治理结构随之形成。1997 年后，苹果公司通过企业制度创新对内加强了部门间的协调与合作，对外加强了合作伙伴关系。

企业家精神推动着东京和日本的制度创新，如“系列化”企业体制的形成和完善。在丰田喜一郎等企业家精神影响下，丰田公司进行了很多企业层面的制度创新：1954 年在学习借鉴福特汽车公司生产系统的基础上创新生产方式，为准时生产制奠定了基础；1956 年将美国“超市”管理理念引入企业，形成了与传统“推式生产系统”截然不同的“拉式生产系统”。上述双重制度创新促进了丰田汽车公司结构柔性的增强：改变了生产部门与服务部门之间的倒挂关系，拉动了职能部门的服务，提高了职能部门的服务质量和服务意识，促使企业形成销售与生产、生产与服务、服务与管理的协调发展，也促进了员工参与管理。

企业家精神推动着中关村和中国的制度创新。在柳传志等企业家精神影响下，联想进行了很多企业层面的制度创新：1994 年通过上市确立了现代企业制度；2001 年通过改制确立了员工持股制度。上述双重制度创新促进了联想集团结构柔性的增强：通过确立现代企业制度使联想形成了规范的企业治理结构。通过两次改制使联想实现了员工持股计划，理顺了内部权力和利益分配机制，完善了员工激励机制。

企业家精神推动着青岛和中国的制度创新。在张瑞敏企业家精神影响下，海尔进行了很多企业层面的制度创新：如以琴岛海尔集团公司成立为标志，完成了由单一生产型企业到生产经营型企业的转变。在创国际品牌的过程中贯彻“市场链”制度。2005 年起，海尔集团提出“人单合一”发展模式。上述双重制度创新促进了海尔集团结构柔性的增强：1991 年股份制改造和 1993 年上市推动海尔由直线职能制转变为事业部制。在贯彻“市场链”管理制度的过程中，完成组织流程再造。2005 年，海尔集团提出“人单合一”战略模式并开展了相应的制度创新，推动海尔又一次进行组织结构的根本变革：由传统的金字塔结构向倒金字塔（权力倒置）结构转变。

企业家精神推动着深圳和中国的制度创新。在任正非企业家精神影响下，华为进行了很多企业层面的制度创新：1996 年起草《基本法》确立了规范的管理制度；1998 年起，与 IBM 全球服务部合作引进西方先进的管理制度，构建科学的管理流程。上述双重制度创新促进了苹果公司结构柔性的增强：以《基本法》的起草为契机构建了灵活的矩阵管理结构，即将按战略性事业划分的事业部和按地区战略划分的地区公司作为华为最主要的两个利润中心，以加快公司的发展速度。以与 IBM 管理顾问公司合作进行制度创新为契机，采取了以流程为核心的结构变革。

（三）战略调整时点的识别与动态能力控制

通过对 5 个企业的研究表明：这些企业都曾有过战略调整时点选择不当的经历，之后它们从失败中学习，先后建立起实时信息评估机制，从而改善了战略调整的效果。由此可见，实时信息评估机制是企业准确识别战略调整时点、有效克服过程悖论的关键。

1982年5月，苹果公司由于仓促推出设计不成熟的AppleⅢ型电脑，引起了用户的普遍不满，企业声誉急剧下降，股市连连下跌，苹果公司遭遇了历史上最悲惨的经营季度。惨痛的教训使乔布斯认识到实时信息评估的重要性，回归苹果后，他很注重通过实时信息评估提高战略调整的准确度。1997年9月，受到好友甲骨文公司CEO拉里·埃里森的启发，乔布斯决定快速推出一款没有存储器、能够直接接通到网络之上、价格只有PC一半的网络计算机（NC）。但经过严谨的评估，他果断改变了思路，要求设计师精心设计出一台流线造型、显示器与主机合为一体的电脑，并于1998年6月隆重上市，这就是iMac。这款拥有半透明的、果冻般圆润的蓝色机身的电脑重新定义了个人电脑的外貌，并迅速成为一种时尚象征。

1949年，由于生产的汽车产品大量积压，丰田汽车公司出现了历史上最严重的资金不足，不得不酝酿裁减人员的计划，由此又引发了大规模的劳资纠纷，公司陷入了随时可能破产的危机。危机过后，丰田汽车公司建立起实时信息评估机制，其中包括为调动全体员工参与信息提供和评估积极性而于1951年开始推行的“动脑筋，提方案”制度。实时信息评估机制为丰田汽车公司准确把握战略调整时机、改善调整效果做出了重要贡献。

从1996年在电脑市场站稳脚跟时起联想走上了多元化道路，然而仓促上马的多元化在推动联想快速规模扩张的同时，也使企业由于分散资源、四处出击而造成了一系列问题。2004年，联想高层从问题中吸取教训，通过构建实时信息评估机制，完成了以归核化为中心的战略调整，使企业重新进入了健康发展的轨道。实时信息沟通机制也为联想2005年成功收购IBM PC业务做出了贡献。

1984年，张瑞敏出任青岛电冰箱总厂厂长，当时企业虽然从德国引进了世界一流的冰箱生产线，但是生产出来的冰箱却存在诸多质量问题，财务亏空147万元，产品滞销，人心涣散。张瑞敏基于实时信息评估，确立了企业发展的“名牌战略”，成功地将海尔塑造为我国电冰箱行业的领先者。进入多元化阶段后，通过从组织层面完善实时信息评估机制，海尔成功完成了“以吃休克鱼为核心”的产业扩张。确立了国际化路线后，又通过市场链制度和倒逼机制将员工个人纳入企业的实时信息评估体系，从而有效地提高了战略调整的准确度。

创业初期，在开发局用交换机时华为选择了局用模拟交换机。当时一名没有文凭的生产线工人曹贻安提出数字交换机技术已经成熟，开发模拟局用交换机华为很快会被淘汰，华为接受这一建议，从而避免了一次战略性开发错误。这一事件促进了华为实时信息评估机制的发展。1996年，华为开始起草《基本法》以规范的管理取代以任正非个人为中心的信息评估机制，之后又通过流程化改革进一步使信息评估建立在科学的流程之上。

六、研究结论与展望

本文运用系统思考和多案例研究方法，对“企业动态能力的生成机理”这一问题进行了深入的分析，最后得出如下结论：

（一）提出了一条基于企业家精神的动态能力生成路径

在日益动荡复杂的竞争条件下，企业是快速地死亡还是快速地成长，不再取决于其在现有一两件事上出众的运营能力，而是取决于随着环境的变化而不断构建、整合和重构新的资源和能力的能力，即动态能力。但是由于动态能力概念本身的抽象性，我们很难直接考查和深入揭示其生成机理。

本文以组织即兴水平推断其动态能力，提出了一个由关系链条“企业家精神—组织即兴—动态能力”构成的企业动态能力生成的分析路径，为动态能力生成的理论与实践研究提出了一个重要的研究思路，如表3所示。

表3　基于企业家精神的动态能力生成路径

前因变量	表征形式	结果变量
企业家精神	组织即兴	动态能力
个体层面的企业家精神	快速战略调整能力	动态能力
组织层面的企业家精神		
个体层面的企业家精神	快速战略执行能力	
组织层面的企业家精神		
社会层面的企业家精神		

（二）组织即兴的两个可考核的具体指标——快速战略调整能力和快速战略执行能力共同决定和表征着企业动态能力水平

本文通过比较案例研究证明：快速战略调整能力和快速战略执行能力作为组织即兴的两个具体可考查指标共同表征企业的动态能力水平。二者的形成机制可以分别表述为由“实时信息沟通 $\xrightarrow{+}$ 主导逻辑突破 $\xrightarrow{+}$ 战略调整能力 $\xrightarrow{+}$ 实时信息沟通”和“资源柔性 $\xrightarrow{+}$ 技术柔性 $\xrightarrow{+}$ 结构柔性 $\xrightarrow{+}$ 快速战略执行能力 $\xrightarrow{+}$ 资源柔性”构成的具有增强环路特征的因果关系链条。

（三）企业家精神是组织即兴形成过程中系统结构的“高杠杆解”

本文通过系统思考和多案例研究发现，企业家精神是企业动态能力生成系统中系统要素的激活机制，也是组织即兴形成过程中系统结构的“高杠杆解”，其作用在于激活战略规划系统和战略执行系统中的增强机制，促使具有增强环路特征的两大系统保持良性循环状态。进而从个体、组织和社会三个层面深入探讨了企业家精神激活系统要素的、促进动态能力生成的内在机理。

（四）实时信息评估机制是破解过程悖论的关键

研究表明，及时构建和完善实时信息评估机制是确保企业准确识别战略调整时点、有效克服过程悖论的关键。企业发展初期，信息评估机制主要限于企业家个体层面，信息评估功能依赖企业家个人对市场信息的敏锐感知和判断完成。随着企业的成长，应该逐步以规范的评估制度取代以个人为中心的信息评估机制。成熟的企业应该以制度和文化相结合的方式充分调动全体员工参与信息提供和评估的积极性。

需要说明的是，本文的实证研究只是对本研究提出的理论框架做出了初步检验，要使研究结论更加令人信服还需要通过大规模量化研究进行更深入的实证检验。后续研究可以开发出企业家精神、快速战略调整能力、快速战略执行能力等变量的操作性量表进行定量分析和检验，也可以通过系统动力学建模方法对本文构建的系统结构进行模拟检验，以得出更量化的研究结论，弥补本文的研究局限。

参考文献

[1] Doving E. and Gooderham P. N. Dynamic Capabilities as Antecedents of the Scope of Related Diversification：The Case of Small Firm Accountancy Practices[J]. Strategic Management Journal，2008，29（8）：841-857.

[2] Teece D. and Pisano G. The Dynamic Capabilities of Firms：An Introduction [J]. Industrial and Corporate Change，1994，3（3）：537-556.

[3] Rumclt R. P. Towards a Strategic Theory of the Firm [M]. In R. B. Lamb.（ed.），Competitive Strategic Management，Prentice-Hall，Englewood Cliffs，N. J.，1984.

[4] Priem R. L. and Butler J. E. Is the Resource-Based “View” a Useful Perspective for Strategic Management Research? [J]. Academy of Management Review，2001，26（1）：22-40.

[5] Barney J. B. Resource-based Theories of Competitive Advantage：A Ten-year Retrospective on the Resource-Based View [J]. Journal of Management，2001，27（6）：625-641.

[6] D. Vera and M. Crossan. Theatrical Improvisation：Lessons for Organizations [J]. Organi-

zation Studies，2004，25（5）：727–749.

［7］Moorman C. and Miner A. S. The Convergence of Planning and Execution：Improvisation in New Product Development［J］. Journal of Marketing，1998，61（1）：1–20.

［8］Eisenhardt Kathleen M. Building Theories from Case Study Research［J］. The Academy of Management Review，1989，14（4）：532–550.

［9］Zahra S. A.，Sapienza H. J. and Davidsson P. Entrepreneurship and Dynamic Capabilities：A Review，Model and Research Agenda［J］. Journal of Management Studies，2006，43（4）：917–955.

［10］Kohli A. K. and Jaworski B. J. Market Orientation：The Construct，Research Propositions and Managerial Implications［J］. Journal of Marketing，1990 ，54（2）：1–18.

［11］Narver J. C. and Slater S. F. The effect of a Market Orientation on Business Profitability［J］. Journal of Marketing，1990，54（4）：20–35.

［12］郑胜华，芮明杰. 动态能力的研究述评及其启示［J］. 自然辩证法通讯，2009（5）：56–64.

［13］贺小刚，潘永永，连燕玲. 核心能力理论的拓展：企业家能力与竞争绩效的关系研究［J］. 科研管理，2007（4）：141–148.

［14］项保华，罗青军. 基于主导逻辑与规则的战略循环模式［J］. 西北工业大学学报（社会科学版），2002（4）：23–26.

［15］余菁. 案例研究与案例研究方法［J］. 经济管理·新管理，2004（10）：24–29.

［16］罗伯特·K. 殷. 案例研究设计与方法（第三版）［M］. 周海涛译. 重庆：重庆大学出版社，2004.

［17］邱绍良. 系统思考实践篇［M］. 北京：中国人民大学出版社，2009.

［18］时鹏程，许磊. 论企业家精神的三个层次及其启示［J］. 外国经济与管理，2006（2）：44–51.

［19］陈立新，张玉利. 现有企业的突破性创新动能研究［J］. 现代管理科学，2008（5）：38–40.

买方抗衡势力对上游企业竞争策略的影响
——基于讨价还价均衡的分析

綦 勇 李 凯 刘智慧

(东北大学工商管理学院，辽宁 沈阳 110819)

一、引 言

随着大型零售组织的兴起，传统纵向关系中上游企业的卖方垄断势力逐渐被抵消，出现买方抗衡势力下的新型纵向产业关系。目前，针对买方抗衡势力的研究已成为产业组织理论研究的热点，特别是买方抗衡势力对消费者福利以及企业策略选择的影响分析日益受到关注。

既有研究对买方抗衡势力的研究多关注零售商买方势力对消费者效用以及消费价格的影响。Dobson 和 Waterson（1997），Chen（2003），Erutku（2005），Inderst 和 Wey（2007）分析了买方势力的效果，其中 Ungern-Sternberg（1996）、Dobson 和 Waterson（1997）认为，买方势力反映在零售市场集中度的提高，只有在零售市场竞争激烈时买方势力可以降低消费价格并带来社会福利改善；吴绪亮（2010）对不同纵向关系下消费者福利变化进行研究，以上这些研究很少涉及买方势力对上游厂商行为的影响。此外，一些学者对下游买方势力影响上游生产商的产品多样化进行了分析，Dobson 和 Waterson（1999），OECD（1999），USFTC（2001）认为，强大的零售商迫使制造商边际利润下降，导致消费者可选择产品种类减少；买方势力对上游制造商策略性行为的研究，Inderst 和 Shaffer（2004）考虑了买方势力和产品多样性的问题，分析了两个零售商合并对买方抗衡势力的

作者简介：綦勇（1969—），男，山东莱州人，副教授，博士，研究方向：产业组织理论。李凯（1957—），男，辽宁昌图人，教授，博士生导师，研究方向：产业组织理论，公司治理。刘智慧（1988—），男，山西忻州人，硕士研究生，研究方向：产业组织理论。

影响，并认为上游厂商会在这种情况下选择增加产品多样化的创新投资策略；Chen（2004）研究了零售商抗衡势力存在对上游垄断厂商的产品多样化影响，认为买方抗衡势力会降低消费者价格，但也扭曲垄断厂商产品多样化选择，但该研究关注于产品多样性的选择，未提出买方势力对上游产品差异程度的影响；Erutke（2005）在Chen（2003）基础上，引入零售商之间相互影响和产品差异化因素，指出随着连锁零售商买方势力的增强，竞争性独立零售商的批发价格和零售价格呈现非单调变化。以往对买方抗衡势力的研究较多集中于对下游消费者效用和价格的影响，大量关注买方抗衡势力对下游零售市场以及对上游产品多样化的影响，较少关注买方抗衡势力存在时上游供应商的策略行为影响；本文关注买方抗衡势力存在对于上游产品差异化程度的影响，而且这种差异化程度体现在互补性与替代性的变化。此外，本研究引入下游零售商之间的相互影响，分析上游产品差异程度以及买方抗衡势力对消费者效用影响也是本研究关注的问题。

本研究在平方效用函数设定基础上，分析在不同的纵向关系结构中，不同的差异化生产策略对上游生产商利润的影响，衡量零售商买方抗衡势力对消费者效用水平的影响，考察竞争性零售商批发价格和零售价格随买方抗衡势力的变化。

本文结构安排如下：第二部为基本模型设定；第三部分分析下游存在买方抗衡势力对上游厂商利润的影响；第四部分讨论买方抗衡势力存在与否对消费者的效用以及零售商批发价格和均衡价格的影响；第五部分为结论。

二、基本模型设定

在下游零售商不存在和存在买方抗衡势力两种情形下，考察上游厂商产品差异化策略对上游厂商利润的影响，并分析两种情形下消费者效用的变化。假定上下游纵向结构由上游垄断供应商和下游双寡头零售商组成，上游供应商具有卖方垄断，向两家下游零售商分别提供两种差异化产品。第一种情形为下游不存在买方抗衡势力，考察上游厂商不同差异化策略下企业利润变化；第二种情形为单一零售商存在买方抗衡势力，分析上游厂商不同的差异化策略对企业利润以及消费者效用水平的影响。两种情形均采用两阶段动态博弈，零售商之间进行古诺竞争；本研究假定上游厂商对下游供货商实行线性定价。

假定消费者对1和2两种产品偏好无差异，那么消费者效用水平不仅取决于消费产品数量，还取决于产品的差异程度，这里采用平方效用函数衡量消费者效

用水平，消费者效用函数表示为：[①]

$$U\ (q_1,\ q_2) = q_1 + q_2 - \frac{q_1^2 + q_2^2 + 2\eta q_1 q_2}{2} + I \tag{1}$$

s.t. $I = Y - p_1 q_1 - p_2 q_2$

式中，$q_1 = q_{1i} + q_{1j}$；$q_2 = q_{2i} + q_{2j}$

q_{1i}、q_{1j} 表示消费者在下游两个零售商消费产品 1 的数量，q_{2i}、q_{2j} 表示消费者消费产品 2 的数量，q_1、q_2 分别为产品 1 和产品 2 的消费量；I 表示消费者在 1 和 2 以外其他商品上获得的效用；η 表示产品差异程度，其中 $\eta \in [-1,\ 1]$，当 $\eta \in [0,\ 1]$ 时，两种产品是相互替代的，其替代程度随着 η 的增大而增大，当 $\eta \in [-1,\ 0]$ 时，两种产品是互补的，其互补程度随着 η 的减小而增大；特别的，当 $\eta = 1$ 时，两种产品为完全替代产品，当 $\eta = 0$ 时，两种产品相互独立，当 $\eta = -1$ 时，两种产品为完全互补产品。从消费者效用最大化的一阶条件，可得消费者对产品 1 和产品 2 的逆需求函数：

$$P_1 = 1 - q_1 - \eta q_2$$

$$P_2 = 1 - q_2 - \eta q_1 \tag{2}$$

考虑由一家上游供应商（M）和两家下游零售商（R_i）和（R_j）组成的纵向分离结构，讨论上游厂商差异化策略对企业利润的影响。

假设 1：上游制造商 M 决定其供货价格，下游零售商（R_i）和（R_j）根据上游厂商的供货价格决定其产量。

假设 2：产品差异化生产边际成本为 $C = c + \frac{1}{\eta + 1}$，[②] 式中，c 为边际成本中相同成分，标准化 $c = 0$，η 为差异化程度，考虑产品差异化程度越大，边际生产成本越大。

假设 3：上游制造商 M 有足够大的生产能力来满足市场需求。

考察纵向分离结构下，制造商和零售商之间的供货合约采取线性收费，式中，w 是单位产品批发价格，仍然采用两阶段动态博弈分析：

考虑博弈的第一阶段，构建上游生产商利润函数：

$$\Pi_M = (w - C)(q_1 + q_2) \tag{3}$$

博弈第二阶段，下游零售商之间进行古诺产量竞争，可以确定两种产品的市场需求和价格，得到下游零售商的利润函数：

$$\Pi_{R_i} = (P_1 - w) q_{1i} + (P_2 - w) q_{2i}$$

---

① 研究产品质量创新和市场结构关系的论文中经常采用平方效用函数的形式，其中包括 Shubik（1980），Erutke（2005）、Jonathan P.C.（2010）等。

② 考虑产品差异化程度增加会使边际成本增加，现实中企业将打印机中插入插件使得打印速度变快，考虑插件和改装需要时间，需要一定成本。

$$\Pi_{R_j}=(P_1-w)q_{1j}+(P_2-w)q_{2j} \tag{4}$$

利用动态博弈求解的逆向归纳法，首先由零售商决定市场销售量，其次由零售商利润最大化的一阶条件可以求出下游厂商的市场需求和均衡价格：

$$q_{1i}^*=q_{2i}^*=q_{1j}^*=q_{2j}^*=\frac{1-w}{3(\eta+1)} \tag{5}$$

$$q_1^*=q_2^*=\frac{2-2w}{3(\eta+1)} \tag{6}$$

$$P_1^*=P_2^*=\frac{1+2w}{3} \tag{7}$$

博弈第一阶段，上游制造商确定其供货价格，由利润最大化的一阶条件可以得到上游厂商供货价格：

$$w^*=\frac{\eta+2}{2(\eta+1)} \tag{8}$$

因此，纵向分离结构下，当下游零售商没有买方抗衡势力时，上游供应商的供货价格只与生产成本和产品差异程度有关。将式（3）代入式（8）中，上游供应商的利润可以表示为：$\Pi_M=\frac{\eta^2}{3(\eta+1)^3}$。考察上游制造商差异化生产策略对于上游利润的影响：

$$\frac{\partial\Pi_M}{\partial\eta}=\frac{2\eta}{3(\eta+1)^4}\begin{cases}>0 & (\eta>0)\\<0 & (\eta<0)\end{cases} \tag{9}$$

即 $\eta\in[-1,0]$ 情况下，厂商利润随着 η 增大而减少，即上游企业产品互补性增加利润增大；$\eta\in[0,1]$ 情况下，厂商利润随着 η 增大而逐渐增加，即上游企业产品替代性增加利润增大。

特别的，$\Pi_M^{-1}>\Pi_M^1>\Pi_M^0$，即在纵向分离情况下，上游生产商有意愿去生产互补性差异产品来提高利润，生产完全互补产品更有利，如图 1 所示。

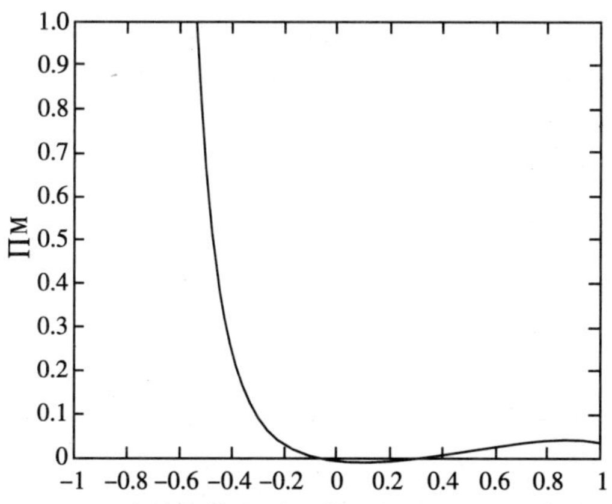

图 1 无买方抗衡势力时上游利润随差异化变化曲线

命题 1：下游不存在买方抗衡势力时，制造商边际成本 C 随产品差异程度增加而增加，上游制造商利润随差异化程度减弱呈现出 U 形变化。生产互补产品时，上游厂商利润随着产品互补程度的增强而增加；生产替代性产品时，上游厂商利润随着产品替代程度增强而增加。特别的，当生产完全互补产品时，上游厂商利润达到最大。

三、存在零售商抗衡势力的情形

考虑下游厂商（R_i）存在买方抗衡势力，上下游企业联合利润最大化时，研究下游厂商讨价还价能力与上游厂商不同竞争策略对企业利润的影响时，仍然采用两阶段动态博弈分析。

博弈第一阶段，上游厂商决定供货价格 w；下游零售商同时采购上游两种产品 1 和 2。博弈第二阶段，下游两个厂商进行古诺双寡头竞争来确定市场需求量和价格；供应商与零售商协商结果由一般纳什均衡决定，由于市场中下游厂商 R_i 存在买方抗衡势力，设零售商 i 的抗衡势力是用参数 γ 来衡量，其中 $\gamma\in(0,\ 1)$，产品采购价格为 w；而 R_j 不存在买方抗衡势力，其采购价格为 s；其他假设与第二部分相同。因此一般纳什讨价还价问题可以表示为：

$$\max\ (\Pi_R^i)^{\gamma}\ (\Pi_M^i)^{1-\gamma}$$

$$\text{s.t.}\quad \Pi_R^i+\Pi_M^i=\Pi^{i*} \tag{10}$$

容易得到讨价还价解是：$\pi_R^i=\gamma\Pi^{i*}$ 和 $\pi_M^i=(1-\gamma)\ \Pi^{i*}$。因此，参数 γ 决定联合利润中零售商的份额。

上游生产商利润函数表示为：

$$\Pi_M=(w-C)\ (q_{1i}+q_{2i})+(s-C)\ (q_{1j}+q_{2j}) \tag{11}$$

产业联合利润：$\Pi^{i*}=(w-C)\ (q_{1i}+q_{2i})+\Pi_{R_i}$

下游零售商利润函数为：

$$\Pi_{R_i}=(P_1-w)\ q_{1i}+(P_2-w)\ q_{2i} \tag{12}$$

$$\Pi_{R_j}=(P_1-s)\ q_{1j}+(P_2-s)\ q_{2j}$$

仍然利用动态博弈求解的逆向归纳法，零售商利润最大化可求出纵向分离时下游零售商的均衡需求量、利润和均衡价格。可知：

$$q_{1i}^*=q_{2i}^*=\frac{1-2w+s}{3(\eta+1)} \tag{13}$$

$$q_{1j}^*=q_{2j}^*=\frac{1-2s+w}{3(\eta+1)} \tag{14}$$

$$q_1^* = q_2^* = \frac{2-w-s}{3(\eta+1)} \tag{15}$$

$$P_1^* = P_2^* = \frac{1+w+s}{3} \tag{16}$$

将式（13）、式（14）代入式（6），进行第一阶段博弈，上下游厂商讨价还价，$\frac{\partial(\Pi_R^i)^\gamma(\Pi_M^i)^{1-\gamma}}{\partial w} = 0$ 得到：

$$w'^* = \frac{1+\gamma}{2(\eta+1)} + \frac{(1-\gamma)(1+s)}{4} \tag{17}$$

由于零售商（R_j）不具有抗衡势力，其采购价格 s 取决于上游制造商利润最大化，因此：

$$s = \frac{1+w+2c}{4} + \frac{1}{2(\eta+1)} = \frac{1+w}{4} + \frac{1}{2(\eta+1)} \tag{18}$$

将式（15）代入式（18）之后，考察上游制造商生产策略 η 对供应商利润的影响。

$$\frac{\partial \Pi_M}{\partial \eta} = \left(\frac{\partial w}{\partial \eta} + \frac{1}{(\eta+1)^2}\right) \times 2 \times \frac{1-2w+s}{3(\eta+1)} + \left(w - \frac{1}{\eta+1}\right) \times 2 \times \frac{\left(-2\frac{\partial w}{\partial \eta} + \frac{\partial s}{\partial \eta}\right)(\eta+1) - (1-2w+s)}{3(\eta+1)^2} + \left(\frac{\partial s}{\partial \eta} + \frac{1}{(\eta+1)^2}\right) \times 2 \times \frac{1-2s+w}{3(\eta+1)} + \left(s - \frac{1}{\eta+1}\right) \times 2 \times \frac{\left(-2\frac{\partial s}{\partial \eta} + \frac{\partial w}{\partial \eta}\right)(\eta+1) - (1-2s+w)}{3(\eta+1)^2}$$

$$\begin{cases} >0, & \eta > 0 \\ <0, & \eta < 0 \end{cases} \tag{19}$$

在下游存在买方抗衡势力的情形下，当 $\eta \in [-1, 0]$ 时，上游厂商利润随着 η 增大而增加，因此生产替代产品时利润较大；当 $\eta \in [0, 1]$ 时，上游厂商利润随着 η 减小而增加，所以生产互补产品利润较大。特别的，$\Pi_M^{-1} > \Pi_M^1 > \Pi_M^0$，即存在下游买方抗衡势力的情况下，上游生产商有意愿去生产互补性差异产品来提高利润，生产完全互补产品更有利。

命题 2：当上游制造商有垄断势力，下游厂商存在古诺双寡头竞争，同时下游一个厂商存在抗衡势力时，制造商边际成本 C 随产品差异程度增加而增加，上游制造商利润随产品差异化程度增加呈现出 U 形关系：当生产替代产品时，上游厂商利润随产品替代性增强而增大；当生产互补产品时，上游厂商利润随产品互补性增强而增大。特别的，生产完全互补产品更有利。

四、消费者效用水平变化

（一）消费者效用分析

讨论买方抗衡势力存在与不存在两种情形下不同的纵向关系结构中消费者效用水平的变化。

1. 不存在买方抗衡势力的情形

批发价格为 $w^*=\frac{\eta+2}{2(\eta+1)}$，因此由平方效用函数可得 $U=\frac{4(1-w)(2+w)}{9(1+\eta)}$，衡量差异化程度对效用的影响：

$$\left.\frac{\partial U}{\partial \eta}\right|_{q_1=q_1^*,\ q_2=q_2^*}=\frac{-5\eta^2-2\eta+6}{9(\eta+1)^4} \tag{20}$$

当不存在买方抗衡势力时，消费者效用随着产品差异化程度的降低呈现非线性变化，效用水平在产品替代性达到一定值时（$\eta=0.9136$）达到最大值随后出现微弱降低。说明消费者效用在产品完全互补时最小，随着产品替代程度增强达到最大值，随后出现微弱下降趋势，如图 2 所示。

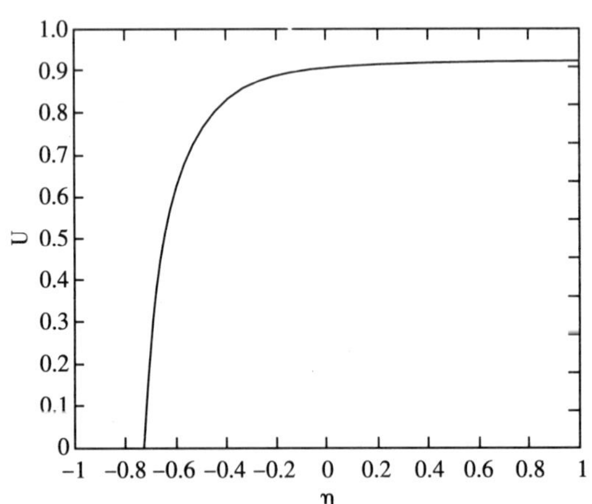

图 2　无买方抗衡势力时消费者效用随产品差异化变化曲线

2.考虑上游其中一个零售商存在买方势力的情况下，消费者效用变化

将 q_1^*、q_2^* 和 w^* 代入 $U=q_1+q_2-\frac{q_1^2+q_2^2+2\eta q_1 q_2}{2}$，得到消费者效用函数。

得到消费者效用随买方势力变化如下：

$$\left.\frac{\partial U}{\partial \gamma}\right|_{(q_1=q_1^*,\ q_2=q_2^*)}=\frac{40\eta\left[(125+83\gamma)\eta^2+(350-118\gamma)\eta+225+15\gamma\right]}{9(15+\gamma)^3(\eta+1)}$$

$$\begin{cases}>0 & \eta\in[0,\ 1]\\ <0 & \eta\in[-1,\ 0]\end{cases}\tag{21}$$

当上游生产替代性产品时，消费者效用随着下游厂商买方势力增加而增加，说明买方抗衡势力增强了消费者效用。当上游生产互补性产品的时候，随着下游厂商买方势力增加，消费者效用减小，说明零售商买方势力损害了消费者效用。分析下游零售商抗衡势力增强对消费者消费数量的影响：

$$\frac{\partial(q_1^*+q_2^*)}{\partial\gamma}=\frac{200\eta}{3(\eta+1)^2(15+\gamma)^2}\begin{cases}>0 & \eta\in[0,\ 1]\\ <0 & \eta\in[-1,\ 0]\end{cases}\tag{22}$$

$$\frac{\partial P_1^*}{\partial\gamma}=\frac{\partial P_{21}^*}{\partial\gamma}=\frac{100\eta}{3(\eta+1)(15+\gamma)^2}\begin{cases}<0 & \eta\in[0,\ 1]\\ >0 & \eta\in[-1,\ 0]\end{cases}\tag{23}$$

命题 3：当存在买方抗衡势力时，产品的均衡价格和均衡产量随零售商买方抗衡势力的变化仅同产品的替代程度相关。当上游选择生产替代性产品策略时，均衡价格随抗衡势力增加而下降，导致产品消费数量随抗衡势力增加而增加；当上游选择生产互补产品策略时，均衡价格随着抗衡势力增加而上升，导致产品消费数量随着抗衡势力增加而减少。

可知，当上游给定生产策略时，消费者效用将随着买方抗衡势力而变化。当上游生产替代产品时，买方抗衡势力导致均衡价格下降，消费产品数量上升，消费者效用水平上升。当上游生产互补产品时，买方抗衡势力导致均衡价格上升，消费数量下降，消费者效用水平下降。

命题 4：在纵向分离结构下，下游一个厂商存在抗衡势力时，消费者效用随着买方抗衡势力变化与上游生产策略有关。当上游生产替代性产品时，消费者效用随着买方抗衡势力增强而上升；当上游生产互补性产品时，消费者效用随着买方抗衡势力增强而下降。

因此，无论下游零售商抗衡势力是否存在，上游供应商都将倾向于生产互补产品达到其自身最大利润，而相应的消费者效用水平则在这种情形下达到最低值，反之结论相反。

（二） 买方抗衡势力对上游供货价格的影响

随着下游买方抗衡势力增强，零售商侵蚀上游制造商利润能力增强，利润逐渐集中于下游零售商。上游生产商面对下游买方抗衡势力将选择不同的竞争策略来弥补利润损失，一方面选择生产差异化产品，另一方面选择不同的供货价格来增加利润。

考察具有买方抗衡势力的零售商供货价格对其讨价还价能力的变化，存在：

$$\frac{\partial w'^*}{\partial \gamma}=-\frac{80\eta}{(\eta+1)(15+\gamma)^2} \tag{24}$$

即上游生产替代性产品时，买方势力增强会使上游生产商降低对拥有势力零售商的供货价格，拥有买方抗衡势力的企业存在供货成本优势；上游生产互补性产品时，抗衡势力会使其供货价格上升，即买方势力无法带来供货成本优势。

考察买方势力对其他竞争零售商的影响，存在：

$$\frac{\partial s}{\partial \gamma}=-\frac{20\eta}{(15+\gamma)^2(\eta+1)} \tag{25}$$

可以看出，当上游生产替代性产品时，抗衡势力增强会使上游生产商降低其他竞争性零售商供货价格，这是由于买方势力损害了上游厂商的利润，上游厂商为了避免其他竞争零售商由于供货成本过高退出市场，会选择降低其他零售商供货价格来增大销量，从而弥补买方势力厂商造成的损失，但竞争性零售商价格降低的速率远低于拥有抗衡势力的零售商；当上游生产互补性产品的时候，买方势力同样会增加竞争性零售商产品供货价格，这是由于拥有买方势力厂商进货价格上升导致了其他零售商的进货价格上升。

当上游厂商产品差异化程度较小时，下游零售商买方抗衡势力增强，上游厂商会主动向下游竞争性厂商让利，降低下游竞争性零售商的进货价格，使得上游厂商从竞争性零售商处获得部分利润。因此，当上游生产不完全替代产品时，买方抗衡势力能够降低生产商的供货价格，消费者均衡价格，同时也降低了其他零售商的进货价格；反之，当上游厂商生产产品差异化程度比较大的时候，产品供货价格则会出现相反的变化。上述结论扩展了 Chen（2003）的结论，该研究认为，当下游主导厂商的买方抗衡势力增强时，会降低零售商的产品供货价格，使最终消费品价格下降；本文与 Chen（2003）一样，认为抗衡势力存在时并不一定具有“水床效应”。同时该研究同 Erutku（2005）结论有所不同，认为下游连锁厂商的买方抗衡势力增强使竞争性独立厂商进货价格会出现倒 U 形变化，这是由于大型零售商抗衡势力增强，使得供应商首先采取提高竞争性零售商供货价格来弥补利润损失，到抗衡势力增加到一定程度时，供应商会降低供货价格来增加销量，以保证上游企业的利润获得。但以上研究均未考察在互补性产品策略存在的情形下，引入下游零售商相互作用来分析买方抗衡势力存在对上游企业产品策略选择的影响，这正是本文主要贡献之一。

命题 5：纵向分离结构下，下游单一零售商存在买方抗衡势力的情形，产品供货价格随着抗衡势力的变化与上游生产策略有关。当上游生产替代性产品时，下游两类零售商供货价格随着抗衡势力增强而下降；当上游生产互补性产品时，下游两类零售商供货价格随着抗衡势力增强而上升。

五、结　论

本文通过构建上游垄断厂商和下游双寡头零售商的纵向结构，考虑在产品边际成本随产品差异性变化的前提下，建立上游生产商差异化生产策略和下游竞争策略的动态博弈模型。在既有研究基础上，关注买方抗衡势力存在与不存在两种情形下上游厂商生产策略对企业利润以及消费者效用影响。研究表明，无论零售商买方抗衡势力是否存在，上游厂商利润随产品差异性变化仍呈现U形变化，而上游企业会倾向于选择生产互补性产品。不存在买方抗衡势力时，消费者效用随着上游产品差异性变化呈现非线性变化，即消费者效用随产品差异性减小而增加，在产品替代性达到一定程度时达到最大值之后出现略微下降趋势，存在抗衡势力时，当上游生产替代产品时，消费者效用水平随着抗衡势力上升而增加，生产互补产品时，消费者效用水平随着抗衡势力上升而降低。

在上游生产替代产品时，买方抗衡势力会使消费者效用上升。事实上，纵向分离时，单侧垄断零售商的买方势力能够提高消费者效用的假说存在一定的局限性。现实中，大型连锁零售商具有较强的买方抗衡势力，一方面存在规模优势，另一方面大批量采购使得其进货价格存在优势，产品销售价格也较低，从这个角度看买方势力并增强了消费者效用。

本文采用平方效用函数，设定上游厂商生产差异化产品，研究下游买方抗衡势力存在对上游供应商利润、产品供货价格、均衡价格和消费者效用的影响，本文结论扩展了Chen（2004）的结论，其研究认为抗衡势力可以降低供货价格，但却同时降低了产品多样性，致使消费者福利降低。但其研究未涉及产品之间差异化的特征，未能给出抗衡势力对于差异化产品市场效应的影响。本文认为“水床效应”的存在需要一定条件，大型零售商抗衡势力的增强会同时降低该零售商和竞争性零售商的进货价格，同时降低最终消费品价格。

本文对上游制造商在面对买方抗衡势力时的竞争策略选择进行了分析，在下游双寡头垄断的结构下，且单一买方存在抗衡势力时，上游生产商可以通过选择差异化生产策略来提高自身定价势力，从而获得超额利润。特别的，当选择差异化生产时，买方抗衡势力存在或不存在情形下，上游利润总会随着产品差异化增强而增加；同时研究发现，这样生产策略会导致消费者效用减少。现实经济生活中，大型生产商经常采用互补配件分拆销售的方式来提高自身定价能力，但这种供货方式通常增加消费者购买成本。

本文尚存在一些局限，首先，模型中的动态博弈过程都是建立在完全信息的前提下开展的，事实上，上下游之间信息并不是完全的，上游厂商通常难以准确判断下游市场销售数量，因此在后续研究中可以将模型扩展，延伸到不完全信息动态博弈过程进行分析。其次，下游双寡头竞争结构设定不能完全反映现实，因此应该向多寡头垄断竞争下游厂商推广。

参考文献

[1] Chen Z. Dominant Retailers and the Countervailing Power Hypothesis [J]. RAND Journal of Economics，2003，34（4）：612–625.

[2] Chen Z. Monopoly and Product Diversity：The Role of Retailer Countervailing Power [J]. Carleton Economic Papers，2004（5）：4–19.

[3] Daniel F. Spulber. The Quality of Innovation and the Extend of the Market [J]. Journal of International Economics ，2010（80）：260–270.

[4] Dobson P. W.，Waterson M. Countervailing Power and Consumer Prices [J]. Economic Journal，1997（107）：418–430.

[5]Dobson P. W.，Waterson M. Retailer Power：Recent Development and Policy Implications [J]. Economic Policy，1999（28）：133–164.

[6] Erutku C. Buying Power and Strategic Interactions [J]. Canadian Journal of Economics，2005，38（4）：1160–1172.

[7] Galbraith J. K. American Capitalism：The Concept of Countervailing Power [M]. Houghton Mifflin，1952（6）：119–121.

[8] Inderst R. Shaffer G. Retail Mergers，Buyer Power，and Product Variety [J]. Economic Journal，2007（117）：45–67.

[9] Inderst R.，Tommaso M. V. Buyer Power and the Waterbed Effect [N]. Working Paper，2007.

[10] Inderst R.，Wey C. Buyer Power and Supplier Incentives [J]. European Economic Review，2007（51）：647–667.

[11] Irmen A.，Thisse J. F. Competition in Multi–characteristics Spaces：Hotelling was Almost Right [J]. Journal of Economic Theory，1998，78（1）：76–102.

[12] Jonathan P.C.，Gustav F.，Dieter G.，Richard F.H.，Peter M.K. Two State Capital Ac cumulation with Heterogenous Products：Disruptive vs. non–disruptive goods[J]. Journal of Economic Dynamics & Control，2010（9）：1–17.

[13] OECD. Buyer Power of Large Scale Multiproduct Retailers [J]. Background Paper by the Secretariat，Roundtable on Buying Power，DAFFE/CLP，1998（98）：21，Paris.

[14] Shubik M.，Levitan R. Market Structure and Behavior [M]. Cambridge，Harvard University Press，1980.

[15] USFTC. Report on the Federal Trade Commission Workshop on Slotting Allowances and Other Marketing Practices in the Grocery Industry，2001（2）：8–16.

[16] von Ungern–Sternberg T. Countervailing Power Revisited [J]. International Journal of Industrial Organization，1996，14（4）：507–519.

[17] 吴绪亮. 纵向市场结构与买方抗衡势力研究 [J]. 产业经济研究，2010（1）：39–47.

大型零售企业与供应商合作关系演进
——基于渠道关系生命周期视角

李玉龙
（辽宁大学商学院，辽宁沈阳　110036）

一、问题的提出及相关文献综述

零售商与供应商作为营销渠道中的两个十分重要的环节，正日益频繁而密切的接触。这一现象根源于流通渠道的缩短。流通渠道缩短的经济学意义在于提高资源配置效率，但渠道缩短的同时也引发了相应的管理问题。买方市场的逐渐确立，使得原来处于生产商附属地位的零售商开始占据主导地位，零供关系发生巨大变化。大型零售商在与其供应商合作的过程中，冲突时有发生。如何改善彼此关系，实现双赢，是理论界与实践界共同关注的问题。

近年来，学术界对零售企业与供应商合作关系问题的研究逐年增多，如大型零售企业主导供应链模式、大型零售企业渠道权力来源、大型零售企业渠道权力使用对供应商的影响等方面。

Farris 和 Ailawadi（1999）以食品营销渠道为例进行的实证研究表明，大型零售企业优异的市场绩效并非源于纵向的渠道权力转移，而是源于大型零售企业在水平方向上市场权力的加强。Bloom 和 Perry（2002）对比分析了沃尔玛的供应商与非沃尔玛供应商之间的市场绩效的差异，认为对于大型制造商而言，与沃尔玛之间的合作有助于提升其市场绩效；而对于中小型制造商而言，与沃尔玛的合作则会降低其利润水平。

庄贵军（2006）对零售商与供应商之间的依赖关系进行了实证研究，研究指出：不论是供应商还是零售商，实力越强者越倾向于被自己的合作伙伴较高程度

作者简介：李玉龙（1983—），男，辽宁大学商学院博士研究生，研究领域：渠道管理。

地依赖，而实力越弱的成员越倾向于更多的依赖合作伙伴；在零售商和供应商关系中，双方对彼此依赖程度的感知存在较大的差异；对彼此依赖程度感知上的差异会增大零售商和供应商之间被感知到的冲突。钱丽萍（2010）从制造商的视角研究了制造商影响战略的使用与零售商的知识转移，指出制造商使用强制性影响战略不但对零售商知识转移有直接的负面影响，同时还会通过破坏双方关系团结而产生间接的负面影响。

已有一些学术研究注意到合作关系的演进，即合作关系从构建到合作关系成长、成熟、衰退和终止的过程。吴宇迪（2007）、卓翔芝（2008）、张丽萍（2006）等学者对营销渠道合作关系的演进进行了探索性研究；王磊（2004）、邸婷（2009）等对零售商与供应商合作关系建立进行了研究；张光明（2006）以造船业供应链为例对企业间合作关系的建立、运行和维护进行了研究；Das 和 Teng（1997）认为合作关系过程可划分为七个阶段，即伙伴的挑选、协商、合作关系的建立、运作、评估与修改等。后来，Das 和 Teng（2002）又把七个阶段精练为形成、运作和结果三个阶段。

从文献中可以看出，近年来学术界对零供关系问题的研究视角广泛，但从关系演进视角出发进行零供关系研究的还很少见，有关合作关系过程研究的几篇文献并未具体到零供层面。零供合作关系演进过程是否存在有别于一般合作关系演进过程的特殊性，如果有，这种演进轨迹如何，各演进阶段的特点是什么，现实零供企业如何面对这一演进过程，这为本研究提供了较好的理论和现实探索空间。通常，完整的渠道合作关系过程应从合作关系构建起始，但考虑到本研究已经清楚界定了研究对象——大型零售企业与供应商的合作关系，因此本研究将合作关系演进研究界定于合作关系构建以后，基于合作关系的动态性、复杂性等特点，运用渠道关系生命周期理论对其演进阶段（成长、成熟、衰退、蜕变）进行探究，洞悉其随时间的变化轨迹，以更好地指导零供合作关系管理。

本研究中的大型零售企业指的是那些专门从事零售活动，将商品和服务直接出售给最终消费者使用的商业企业及分支机构。这些零售企业通常规模较大，实力强劲，且能及时获取真实的需求信息，对整个供应链的影响力强。典型的如百货业中的沃尔玛、家乐福，家电零售业中的国美、苏宁。供应商特指那些最终目标顾客是普通消费者，且其产品常常需要经过大型零售企业才能到达消费者手中的供应商企业。这些供应商企业可以是制造商、经销商或其他中介商，本研究为了方便统称为零售企业的供应商。但这些供应商在本行业内必须是具有一定规模、一定品牌知名度，大型零售企业经常与之合作的。此外，如无特殊说明，本研究中的合作关系均指大型零售企业与其供应商的合作关系。本研究中的零供合作关系侧重于对合作关系阶段、过程的关注；强调直接的、长期的合作；强调相互之间信任与信息共享；强调共同努力实现共有的计划和解决共同的问题。

二、大型零售企业与供应商合作关系演进的构念模型

西方学者对渠道关系的研究表明，渠道关系确实存在一个从考察、形成、成熟到衰退的周期。Stauss（1987）根据客户价值的不同，将客户关系生命周期分为七个阶段：开拓期、社会化期、成长期、成熟期、衰退期（危险期和解约期）、中断期和恢复期。Dwyer、Schurr（2000）首次研究了营销渠道成员关系的发展过程，将关系生命周期划分为五个阶段：认识阶段、考查阶段、扩展阶段、承诺阶段和解体阶段。Jap 和 Ganesan（2001）将关系周期划分为：考查阶段、形成阶段、成熟阶段和衰退阶段。国内学者陈明亮（2005）等也认为，关系生命周期应包含考查阶段、形成阶段、稳定阶段和衰退阶段四个主要阶段。

合作关系的演进框架、模型是研究合作关系过程变化的有力工具，西方学者 Niederkofler（1991）基于战略适当和运作适当这两个基本变量提出了一个合作关系的演进框架。他还认为，战略适当指的是伙伴企业所拥有的资源禀赋对于合作要实现的目标是充足的，运作适当是指双方为合作所提供的资源与合作关系运作中问题的兼容，战略或运作上的持久不当都会使合作关系停顿或终止。国内学者张先国、杨建梅（2003）分析了由联盟环境、联盟情境和联盟演化构成的战略联盟演化过程的动力模型，他们指出，联盟环境影响联盟情境，联盟演化过程是由联盟情境规定的，联盟情境则由集体力量、伙伴间冲突和相互依赖性三个变量来测度，并从市场共通性、竞争地位、资源构面和声誉三个方面分析了联盟的组织环境对这三个变量的影响，如表 1 所示。

表 1　组织环境（伙伴企业之特质）和联盟情境关系分析

伙伴企业之特质	对联盟情境的影响		
	集体力量	伙伴间冲突	相互依赖性
市场共通性（增加）	增加	增加	无影响
竞争地位（提高）	增加	无影响	降低
资源构面的多样性（增强）	无影响	减少	增强
声誉（增高）	增加	减少	无影响

资料来源：张先国，杨建梅. 战略联盟演化过程的动力模型［J］. 经济管理，2003（16）：35-39.

阮平南、李红（2010）对战略联盟的形成及演化进行了研究，以生命周期理论为基础，分析横向和纵向二类战略联盟的不同演化方向，将战略联盟生命周期划分为形成及成长、稳定和衰退三个阶段，并通过联盟环境、联盟情境变量和联

盟演化三者间的相互关系，建立战略联盟演化动力模型。

Doz（1996）的研究认为，存在几组影响合作关系演进的合作关系情境变量，如任务的定义、伙伴的惯例、交接的结构以及对绩效、行为和动机的期望，这些情境决定了合作伙伴间的学习在合作中的开展。在总结多项研究的基础上，Das 和 Teng（2002）提出了合作关系情境的三个抽象变量：集体力量、伙伴间冲突和相互依赖性。他们认为，集体力量是合作关系的正面效应，指伙伴企业针对双方合力追求的特定战略目标而积聚的资源禀赋。因此，伙伴企业间通过结合市场力量、技术及其他关键资源提高合作关系的集体力量，从而增加各伙伴企业成功的可能。伙伴间冲突是合作关系的负面效应，指伙伴企业间在偏好、利益及合作关系运作等方面的分歧程度。相互依赖性表明了对合作关系的要求，直接或间接地涉及了信任、沟通、承诺、能力、权力等因素，这些因素常可交叉置于合作关系情境变量中，如信任、沟通、承诺、权力可以置于伙伴间冲突中，能力则可置于集体力量中。

研究沟通、信任、权力、承诺等因素对营销渠道合作关系的影响是近年来学术界的热点。广义理解，沟通就是在信息的流动过程中获得共享。在渠道合作关系中，沟通常被形容为合作成员间的“黏合剂”，渠道中的信息流主要依靠沟通完成其功能，沟通有单向和双向之分，但相关研究表明，双向沟通对渠道合作关系的发展效果明显。信任的经济学含义常指社会成员之间在某些方面认为相互值得信赖，可以从事交换或合作的预期。渠道领域的多年研究成果共认，渠道合作关系成员间信任是一种相互信任，在这种相互信任的渠道关系中，渠道合作关系会更加紧密，当渠道关系双方信任程度降低，会导致渠道合作关系的破裂。Pengandshenkar（1997）将合作关系破裂归结为合作关系内部缺乏相互信任。Wildeman（1995）也得出结论：缺乏信任关系是大部分合作关系夭折的重要原因。庄贵军、周筱莲（2002）对权力、冲突与合作进行的实证研究表明，在中国企业的渠道行为中，一个渠道成员的权力越大，其将越倾向于少使用强制性权力，多使用非强制性权力；使用强制性权力会导致渠道成员之间较高水平的冲突；运用强制性权力会降低渠道成员的合作水平，而运用非强制性权力则有助于加强渠道成员之间的合作。张闯（2005）认为，渠道权力主体受利益的驱动总是致力于保持或加大这种权力的非均衡状态。权力的对抗性特征使得权力关系内部存在着一种促使权力趋向平衡的动力机制，而渠道权力正是在均衡与非均衡之间运动变化的。承诺是渠道成员保持长期关系意愿和期望的反应。渠道成员保持关系的动机有很多种，根据渠道成员是基于外部回报还是出于内心的真挚情感，承诺可以划分为算计性承诺和忠诚性承诺。算计性承诺是基于外部回报所做出的保持关系的打算，即渠道成员在分析维持关系带来的收益以及终止关系引起的成本的基础上保持渠道关系。忠诚性承诺是由于渠道成员在价值、经营理念以及目标等方面的一致性而做出的保持关系的打算，即具有忠诚性承诺的渠道成员愿意保持关系是因为对渠道合作方有一种忠诚和归属的情感。

结合前人的研究成果，本研究提出大型零售企业与供应商合作关系演进构念模型，如图 1 所示。

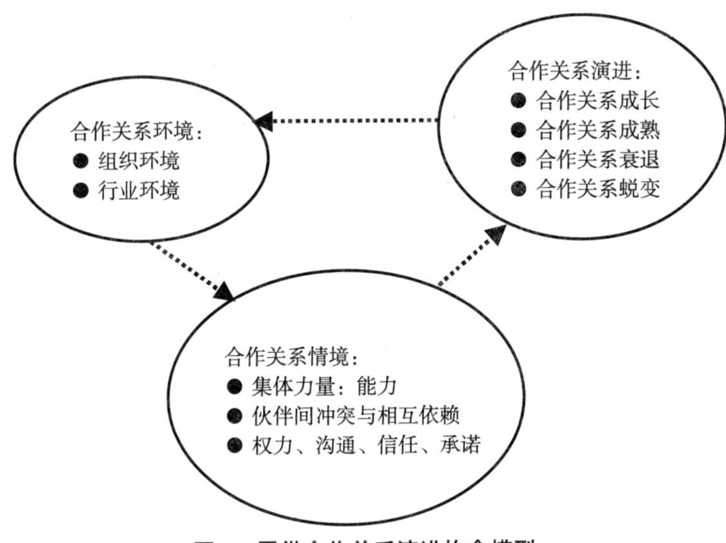

图 1　零供合作关系演进构念模型

就构念而言，可以分为单维构念（Unidimensional Construct）和多维构念（Multidimensional Construct）。根据 Law 等人的定义，存在于多重范围内并且包含一组相互关联的属性或者维度的构念称为多维构念，本研究中的合作关系环境、合作关系情境与合作关系演进均属多维构念。在零供合作关系演进过程中，合作关系环境影响着合作关系情境，合作关系情境规定了合作关系的演进。合作关系演进与其合作情境既是独立的又是存在影响关系的，合作关系情境不同，则演进动力不同，从而合作关系发展过程所经历的特别阶段也会不同。合作关系的演进同时也会影响合作关系环境，如某些合作关系在形成之后迅速地被改变形式，而另一些合作关系却可以稳定地维持下去。合作关系演进过程（成长、成熟、衰退、蜕变）是由合作关系情境规定的，合作关系情境则由集体力量（能力）、伙伴间冲突与相互依赖性（权力、沟通、信任、承诺）来测度。之所以将伙伴间冲突与相互依赖性放在一起，是考虑到权力、沟通、信任、承诺各因素间的相互关联性。

本模型中的合作关系环境维度在前人研究的基础上增加了行业环境子维度，主要是考虑到零售业有别于其他行业，零售业内最明显的分工就是零售业态的演化和创新，从而使现代零售业发展成为由众多业态（百货店、超市、专业店、便利店等）构成的庞大产业。各种零售业态所销售的商品、提供的服务和满足的消费需求是不相同的，即它们之间的分工互补关系明显强于同业竞争关系，而且随着零售业态的继续分化和发展，各种业态之间的竞争关系将越来越淡化，分工互补关系将越来越明显，甚至最终可能会成为零售产业的子产业。考虑到合作关系情境下的信任、承诺、权力三因素在零供渠道合作关系中的重要影响性，本模型中加入了合作关系情境变量因素信任、承诺、权力。本研究将零供合作关系演进过程界定为合作关系成长、合作关系成熟、合作关系衰退及合作关系蜕变四个阶段。

三、大型零售企业与供应商合作关系演进的轨迹分析

大型零售企业与供应商合作关系演进模型给出了零供合作关系过程研究的框架，具有较强的指导意义。但从操作策略的角度看，考虑到合作关系的动态性、复杂性等特点，还需以此分析框架为基础，基于渠道关系生命周期理论，有针对性地对大型零售企业与供应商合作关系演进阶段进行探究，洞悉各阶段随时间的演进轨迹。大型零售企业与供应商合作关系演进轨迹的横轴为合作关系演进时间，纵轴为合作关系水平，如图 2 所示。

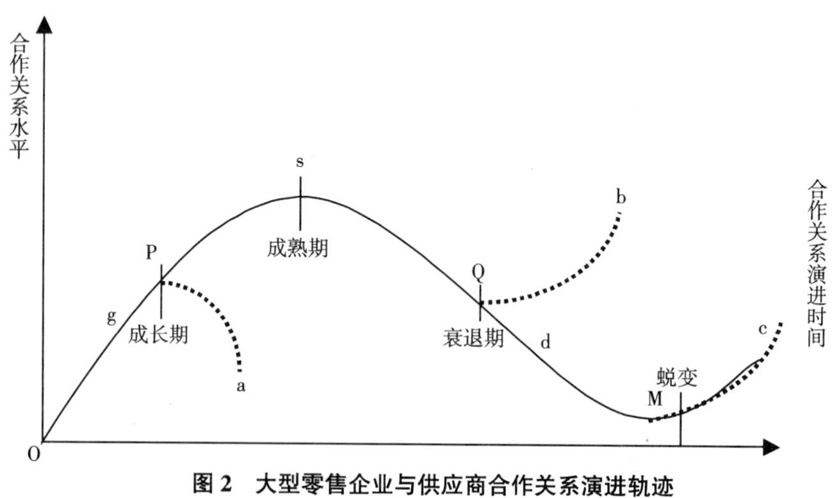

图 2　大型零售企业与供应商合作关系演进轨迹

从图 2 中可以看到，在合作关系的成长阶段末期、成熟阶段末期和衰退阶

段，都会出现拐点，使合作关系偏离正常的生命周期轨迹，即图 2 中拐点 P、Q、M 处虚曲线 a、b、c 所示。虚曲线 a 迅速下降，代表合作关系水平明显下滑，合作关系衰退提前出现；虚曲线 b 呈上升趋势，表明合作关系水平经过成熟期后开始下降，但又继续上升，促使合作关系朝着更高级的方向进化。虚曲线 c 代表经过蜕变期后，零供合作关系重获新生，又进入新的关系周期。因此，在大型零售企业与供应商合作关系生命周期中，应调整合作关系中的信任、承诺、非强制权力使用、沟通等因素，尽量避免 P 拐点的出现，使其在 Q 或 M 拐点沿着虚曲线 b、c 的方向演进升级。

基于大型零售企业与供应商合作关系演进轨迹，结合前文的构念模型本研究提出了大型零售企业与供应商合作关系演进的简易数学模型：

$$Y_i=\alpha A+\beta B+\varepsilon \quad (i=1,\ 2,\ 3,\ 4) \qquad (1)$$

模型中，i 表示大型零售企业与供应商合作关系演进的 4 个阶段：i=1 表示大型零售企业与供应商合作关系的成长阶段；i=2 代表大型零售企业与供应商合作关系的成熟阶段；i=3 代表大型零售企业与供应商合作关系的衰退阶段；i=4 代表大型零售企业与供应商合作关系的蜕变阶段。Y_i 表示第 i 阶段的合作关系水平（i=1，2，3，4），A 为集体力量，B 为伙伴间冲突与相互依赖性，$A\geqslant0$，B 的大小取决于相互依赖性与冲突的和，因为伙伴间冲突是合作关系的负面效应；假设 α、β 为常数，分别为集体力量 A、伙伴间冲突与相互依赖性 B 对合作关系水平 Y 的贡献权重，$0\leqslant\alpha$、$\beta\leqslant1$；ε 为随机扰动项，代表如行业、规模等可能被忽略的变量的贡献。

（一）大型零售企业与供应商合作关系成长阶段分析

事实上，在关系成长阶段前，零供企业间已经通过签约和相互提供资源而建立起了合作关系。此阶段，零供成员合作关系背后的合理性是，渠道关系可以使双方获得更大而且公平的收益。此阶段的零供合作关系特点是零供成员之间已经有了一定的了解和信任，初步关系收益的获取，增强了双方进一步发展关系的驱使力。双方的信任呈螺旋式上升，相互的依赖性开始提高，双方进行合作并感受到他们在追求共同的目标，双方的互动交流在此基础上又进了一步。成长阶段，一方企图压榨另一方的现象并不常见，双方会进一步加大双边专用性资产投入以维持和巩固他们业已形成的良好合作关系，由于彼此的相互吸引，没有一方会被另一方轻易放弃，他们愿意共同开展业务。成长阶段，零供双方为保持关系方还需要做很多工作，包括双方各个方面的日常沟通交流以持续地改善服务，构建以沟通、信任与承诺为特征的双边治理机制，单就承诺而言，此阶段双方做出了一定程度的关系承诺，但此阶段更多的是算计性承诺，感情性承诺并不很强。这样的关系成长持续一段时间后，双方的关系就会自然进入到下一个阶段，即合作关系成熟阶段。成长阶段的不稳定因素仍然存在，如大型零售商开始尝试凭借其渠道优势，使用强制性权力，清除不合意供应商，供应商也会因为与大型零售商合作的低利润，选择与大型零售企业分手，这便出现了图 2 中所示的成长阶段虚曲线 a，合作关系过早夭折。

（二）大型零售企业与供应商合作关系成熟阶段分析

现实渠道中常存在这样的现象，即某零售商经营某知名品牌会有大的销量，但通常利润较薄，而经营不知名的品牌利润相对较高但销量较小。在这种情况下，零售商常不会放弃该知名品牌，因为与该知名品牌合作已久，零售商经营知名品牌的短期直接利益或许不大，但得到的长期利益可能远远大于直接利益。此时的零售商和供应商在考虑利润的同时还会更多的关注那些利润以外的因素。

在零供渠道关系成熟阶段，双方之间的感情承诺、依赖、信任关系快速增长，并达到非常高的程度，双方脱离这种双边锁定关系的转移成本很高，因此双方都不愿意脱离这种关系。此阶段，如合作关系演进模型：$Y_2=\alpha A+\beta B+\varepsilon$，（i=1，2，3，4）中所示，合作企业为维持彼此间的合作关系，会不遗余力的继续增强合作关系的集体力量 A，将资源投入扩展到技术、管理等无形资源上。但随着资源的不断共享，合作企业间通过不断地协调与适应，企业间的冲突和相互依赖性 B 会逐渐减弱。此阶段，各合作关系情境变量变化明显，因此，合作关系水平仍会增长，并在此阶段的某个时刻达到峰值，峰值过后开始出现合作关系水平缓慢下降的趋势。但这种下降趋势有时可以克服。

原因在于，由于合作关系经过前一阶段的成长积累，已经形成较高的合作关系水平，加之大型零售企业在发展过程中优势凸显，优秀的大型零售企业会带领与之合作的供应商向更高合作关系水平迈进，使合作关系水平 Y_2 在拐点 Q 处从下降进入缓慢上升阶段，如图 2 中虚曲线 b 所示。

（三）大型零售企业与供应商合作关系衰退、蜕变阶段分析

零供合作关系需要双方的共同努力来维持，但破坏却只需一方。关系的衰退是一个渐进的周期，它是关系满意度降低到一定程度的结果。当双方的信任与承诺不再存在时，渠道成员间的合作关系意愿便降低到了他们想要结束的程度。零供渠道关系衰退阶段，双方感情承诺、互信、相互依赖性都有明显的下降，冲突和矛盾频发，加之此阶段合作企业的技术创新和学习能力也有所下降，集体力量 A 也随之降低，伙伴企业间的相互依赖性下降，伙伴间冲突增加，使得合作关系

水平 Y_3 急剧下降。此阶段，如果不采取有效措施，合作关系会从衰退走向死亡。

衰退阶段并不意味着双方合作关系的结束，合作双方根据实际情况调整战略目标，引进新技术，调整产品范围，改良管理模式，增进互信和承诺，会使合作关系水平 Y_3 由濒临死亡蜕变重生，从而出现拐点 M，使合作关系沿着图 2 中曲线 c 的方向发展。蜕变后的合作关系常常更加牢不可破，因为彼此已经共同经历过风雨，更加珍惜这来之不易的合作之果。

四、大型零售企业与供应商合作关系演进的案例研究

本文选取家乐福作为大型零售企业的代表，研究家乐福与其供应商的合作关系演进主要考虑到以下三个方面：第一，家乐福作为现代化大生产条件下“大卖场”业态的首创者之一，目前业务范围已遍及世界 30 多个国家和地区，其“开心购物家乐福”和“一站式购物”等理念得到了消费者的广泛认可，其声誉卓著的专业管理技术和迅速盈利的业绩也得到了业界的认可；第二，家乐福在零售领域的影响力较强，具有完整的供应商管理体系，这既保证了家乐福商品供应链的畅通和利润回报，又在一定程度上保障了与其合作的供应商资金链的顺畅和盈利的实现；第三，家乐福与供应商合作关系在中国一直备受政府、媒体和公众的广泛关注，挖掘、研究和分析家乐福与其供应商的关系，对实业界了解零供关系发展，折射营销渠道运行的改变有很大的实践意义。

国外学术界关于渠道合作伙伴关系领域的研究主要有两种方法：一是问卷调查法；二是内容分析法。研究中，问卷调查法的有效性和可靠性在很大程度上依赖于被访问者的主观意识，因而遭到部分学者的批评；内容分析法是对客观事实陈述进行剖析，Cowton（2002）认为这种方法的使用可以克服问卷调查方法的局限性，这也是本研究采用内容分析法进行分析的原因。

（一）家乐福与供应商合作关系成长、成熟阶段

目前，国内零售业态渠道关系生命周期短期化趋势明显，大多数业态的发展关系成熟期短，甚至在远没有达到成熟期即开始出现衰退。通过跟踪家乐福官方网站的新闻报道可以看到，1995 年家乐福进入中国市场初期，采取有别于其他零售企业的单店经营模式，这种模式非常适合中国国情，使家乐福的店面迅速铺满中国，遥遥领先于其他竞争对手。这一过程中，家乐福与供应商的业务开展迅速，合作关系也得到快速成长。自 2004 年我国取消对外商投资商业企业在地域、

股权和数量等方面的限制以来，家乐福进入和扩张的速度加快，在渠道中的优势地位逐渐确立，渠道话语权增强，与上游较强实力的供应商合作密切，合作关系渐趋成熟。事实上，也正是这种渠道强势给零供合作关系不稳定注入了一针“催化剂”，导致后来的合作关系衰退阶段出现。

家乐福的超大规模经营给供应商和消费者带来的好处十分明显。就供应商而言，家乐福的品牌知名度高，强势的品牌效应让蜂拥而至的供应商获得大量客流；进入家乐福有利于供应商开拓市场，加快商品周转速度，带动销售和业务成长。不过，随着家乐福一起扩张的还有它的“额外收费”，家乐福向上游供货商收取进场费、促销费、节日费等各种费用获得利益，供货商通过缴纳这些费用，获得货品的优先权和上架权。名目繁多的收费，给供应商带来了巨大压力。

家乐福在零售终端地盘上的强势常源于区位、经验和声誉等形成的进入壁垒、规模经济和范围经济、全国性的市场势力、区位垄断势力及零售差异化。Rochet 和 Tirole（2004）从网络外部性视角解释了大型垄断企业竞争优势的来源，即大型零售企业具有建立竞争性生产商与消费者之间中介的平台功能。对一个平台而言，与其进行联系业务的参与者（即成员，包括供给方和消费者）越多，该平台对其他潜在参与者的吸引力就越大，不论原有的参与者是否实际通过该平台进行业务交易。在消费方面，消费者群体规模越大，平台企业降低服务成本、提高服务质量的激励就越大，消费者成员之间以及潜在的消费者获益的可能性也就越大。因而在价格、服务等因素相同的情况下，消费者倾向于选择大的平台，其原理就在于此。

（二）家乐福与供应商合作关系衰退阶段

家乐福采用的是单店经营模式，自己拥有采购权，有别于沃尔玛采用的整体进入，由总公司统一调度、部署的经营模式。在进入中国市场的初期，单店经营适合中国国情，使家乐福的店面迅速铺满中国，遥遥领先于其他竞争对手。但是在零售业竞争激烈、经营趋于规范化的今天，单店被充分放权，缺乏监控的体制滋生了许多腐败问题，尤其是向供应商索取“进场费”过程中大大损害了供应商的利益，这正是家乐福与供应商合作关系衰退的导火索。

2004 年，上海、南京两地的炒货行业协会联手抵制家乐福，抗议其收取高额进场费；2005 年，澳柯玛与家乐福谈判进驻问题，因超市方采购费用高等诸多潜规则导致合作破裂；2006 年，乳制品大户蒙牛爆出要从家乐福撤柜的消息，原因是家乐福方面开出的促销费、返利费等费用过高，使蒙牛不堪重负。不过，由于少有其他足够强大的零售企业在要货量上可与家乐福这样的卖场巨头相抗衡，很多供应商尤其是一些本土供应商的实力又相对较弱，多数时候他们都不得不选择沉默和忍受，即便是那些实力强劲的品牌供应商有时也要接受零售商的一些要求，选择与之合作。2011 年，康师傅与家乐福的和解即是明证。

大型零售商在交易中优势地位的形成，是市场经济从自由竞争走向垄断竞争的必然结果，是现代商品流通发展的规律使然。市场的发展赋予了大型零售商一种能力和机会，并不是说大型零售商就可以凭借其优势地位，随意向供应商索取各种通路费用、拖欠货款，侵害上游供货商的利益，这种短视行为必然导致零供合作关系不和谐。对于家乐福与供应商合作关系衰退阶段的根本原因分析，笔者认为首当其冲的是利润。上述家乐福与供应商冲突频起的事实，究其背后都是为了追求自身利益的最大化，此时的零供双方实际上陷入了“囚徒困境”。此外，笔者还认为，制度与规范的缺失、家乐福与供应商之间的合作形式、信息不对称、家乐福对待供应商的强势、进场费的收取等均是造成家乐福与供应商合作关系衰退的原因。

（三）家乐福与供应商合作关系蜕变期

在规模经济不明显的时代，家乐福依靠进场费等“盘剥”供应商的方式，更有助于实现面向消费者的低价策略和零售企业自身的高盈利。但在竞争对手快速地完成跑马圈地的过程后，零供关系的不和谐正在拖家乐福中国市场的后腿。家乐福意识到，在实现消费者愿望和需求方面，与供应商是合作者而不是对手。对零供双方来说，在理念和实践过程中，满足消费者需求是最基本也是最具挑战的任务。零供双方应致力于更高的联盟伙伴关系的建设，它能帮助零售商与供应商更好地开展工商合作。

2009 年，家乐福积极对中国业务进行变革与创新，着力于改善与供应商的关系，节约成本，维护家乐福的低价策略。在系统采购方面，家乐福从 2007 年起将在欧洲实践成功的“农民直供”模式引入中国。所谓“农民直供”即家乐福直接向农民采购农产品，这一模式有助于提高农民的收入，同时，虽然在短期尚未盈利，但长期来看必定会降低公司采购成本。在营运方面，家乐福 2009 年继续实行“门店节能计划”。目前，家乐福在中国的店面全部完成了节能改造，比以前节能 20%，单店每年可以节省 100 万元，145 家店全年累计可节省上亿元。为了改善供应商关系，2009 年，家乐福还推出了“中小企业融资计划”，旨在帮助中小供应商拥有更好的现金流，以应对金融危机。2009 年，以上三项举措极大地提高了家乐福中国品牌美誉度，同时也降低了企业的运营成本。2010 年，在“农民直供”上，目前农民直供的蔬菜水果占家乐福蔬果产品的 15%左右，家乐福计划上海、北京两地将这个比例提升到 50%。同时在本土化策略上，家乐福的中小企业融资计划也将会继续推进。

2011 年以来，家乐福开始着手与渠道上游供应商建立联盟式合作关系。联盟式的合作关系是以合作、双赢为前提，以相互信任为基础建立起来的，使零售商与供应商之间能够共享信息、共担风险、共同获利的关系。联盟式合作关系是零售商与供应商之间达成的最高层次的、由双方为共同的目标而建立的一种长期的合作关系。这种关系的建立通常是由零售商驱动的，因为一般开展联盟式合作关系管理的零售企业在管理等方面通常都优于供应商，从而有足够的影响力去说服供应商参与到改进活动中来。从找到合适的供应商到与之建立联盟式合作关系，一般要经过图 3 所示的流程。

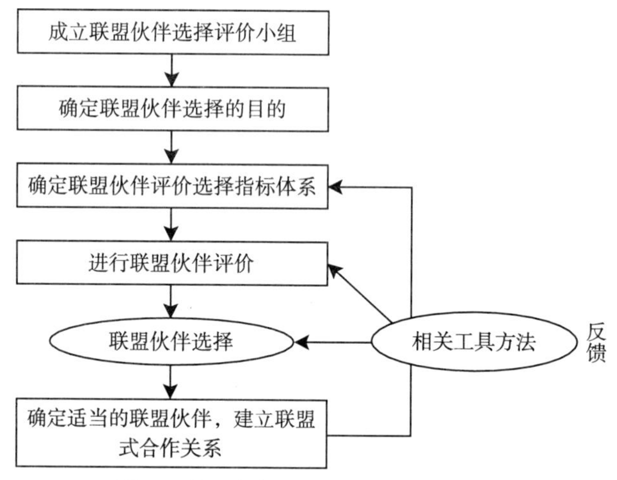

图 3　联盟式合作关系选择的基本步骤

综上，零供渠道合作关系需要在双方不断博弈中建立、维护和完善。在现代化分工与协作的体系中，大型零售商确实占据了更优势的地位。但有的大型零售商常滥用优势权力，不公正地对待供应商，导致零供关系危机。从根本上讲，长期渠道关系的动机是战略性的和经济性的。一个长期的渠道关系一定是一个有着共同利益预期、相似价值认同的双边共同治理的渠道关系。

五、结　语

本研究以关系生命周期理论为基础，通过对合作关系环境、合作关系情境变量和合作关系演进三者间的相互关系分析，构建了大型零售企业与供应商合作关系演进构念模型，借助该构念模型，从成长、成熟、衰退、蜕变四个阶段探究了大型零售企业与供应商合作关系演进轨迹，并构建了一个大型零售企业与供应商合作关系演进简易数学模型，基于该模型，结合家乐福与供应商的合作关系演进案例，对零供合作关系各阶段进行了探讨。本研究采用理论研究和案例分析相结合的方法，探讨零供营销渠道合作关系演进问题，笔者旨在于对解读零供渠道合作模式、实施渠道关系管理提供一个有价值的分析框架。这一点，既是立意所在，也是希望对渠道理论的主要贡献所在。本文得出以下结论：

大型零售企业与供应商合作关系的生命周期越长，合作关系越稳定；共同的合作意愿与长期利益的预期以及价值理念的认同是构建良好零供合作关系的基本要素；一个长期导向的合作关系对于渠道双方来说，会获得持续的竞争优势和较大的长期利益；零供关系的稳定重点在于彼此的感情承诺、依赖、信任关系的建立；以沟通、协商为平台，确立双方工作程序与内容是维持与发展良好零供合作关系的必要条件；以专用资产、契约合同为机制，构建以信任与承诺为核心的关系规范是维持与发展良好零供合作关系的关键。

大型零售企业与供应商之间建立合作关系以后，合作关系的维系是一个长期而困难的过程，零供企业间信任与承诺关系的建立是基于行为的连续性、长期持续和可靠的相互关系进一步强化后才形成的，它产生于对过去或未来的预期。如果零供企业过去有过合作，合作关系越长、波动期越短、个人关系越稳定，越有助于加强产生信任的社会心理纽带；如果没有合作过，那么合作企业长期积累起来的名誉就很重要，名誉感越强烈就越有可能做出诚信的行为。合作双方经过长期观察，预期双方合作能带来满意的收益就会产生相互间的承诺和信任，如果双方能预期相互关系再进一步发展而带来更大的利益时，那么这种关系就随着战略合作的深入而得到强化。

零供关系新形势下，供应商需要零售企业提供及时有效的市场信息和需求，零售企业需要供应商提供更低的采购成本和更快的订单响应速度。借助于供应商的品牌优势，零售企业能够迅速提升自己在消费者心目中的地位，营造有竞争力的品牌。而对于供应商而言，借助零售企业的渠道优势，能够帮助供应商扩大商品销售量，实现品牌的规模化，巩固品牌的市场影响力。传统的以制造商为基础的各种渠道设计与实施的策略具有明显的单边色彩，已显现自身的局限性。

需要指出的是，零供合作关系演进是一个动态复杂的问题，大型零售企业与供应商保持长期稳定的双赢合作关系受多因素影响，如合作关系维护的激励与监督机制、信任机制，没有有效的关系维护机制，就不可能维持良好的合作关系。基于此，针对大型零售企业与供应商合作关系建立一套完善的关系维系机制至关重要，探究大型零售企业与供应商合作关系维护机制也将是本研究的后续研究方向。

参考文献

[1] Das T. K., Teng Bing-sheng. Partner Analysis and Alliance Performance [J]. Scandinavian Journal of Management, 2003 (19): 278-308.

[2] Wildeman. Relationship Marketing and Distribution: Channels [J]. Journal of the Academy of Marketing Scienee, 1995, 23 (4): 305.

[3] 庄贵军，周筱莲，周南. 零售商与供应商之间依赖关系的实证研究 [J]. 商业经济与管理，2006 (6): 25-27.

[4] 钱丽萍，刘益，喻子达，陶蕾. 制造商影响战略的使用与零售商的知识转移——渠道关系持续时间的调节影响 [J]. 管理世界，2010 (2): 13-17.

[5] 张先国，杨建梅. 战略联盟演化过程的动力模型 [J]. 经济管理，2003 (16): 35-39.

[6] 阮平南，李红. 基于生命周期理论的战略联盟演化分析 [J]. 武汉理工大学学报，2010 (10): 181-184.

[7] 王琳，陈树文. 基于关系生命周期的渠道关系保持策略研究 [D]. 大连理工大学硕士学位论文，2005.

[8] 徐忠海. 从产品生命周期到客户生命周期——企业营销理念的变化 [J]. 企业经营与管理，2001 (8): 25-29.

[9] 陈明亮，袁泽沛，李怀祖. 客户保持动态模型的研究 [J]. 武汉大学学报，2001 (11): 675-684.

[10] 杨楠楠. 家乐福的供应商管理 [D]. 北京理工大学硕士学位论文，2008.

[11] 张闯. 渠道权力转移了吗——SCP 范式下中国消费品渠道的实证研究 [J]. 中国零售研究，2009 (2).

社会性交换、承诺偏好与最优激励契约

一、引言

长期以来，经典激励理论主要关注的是最优化契约中的薪酬激励问题，例如 Edward P.Lazear 和 Sherwin Rosen（1981），Bengt Holmstrom（1982），Edward P. Lazear（1989），George P. Baker（1992）等著名学者对相对绩效评价、锦标赛理论、弹性绩效评价方法的讨论都是围绕薪酬激励展开的。然而，在管理实践中，许多企业发现，薪酬激励员工的作用是有限的，而一些慈善机构等非营利组织可以用微薄的工资聘请到非常有工作积极性的员工。甚至在政府等公共部门也很少将薪酬水平与员工的绩效相联系，例如 Charles Goodsell（1998）的实证结果表明，美国邮局的邮件准时收发率高达 98%，但该组织员工的薪酬几乎和绩效没有关系。近年来，随着行为经济学与实验经济学的发展，学者们发现，在维持理性人假设前提下，代理人的内在激励是除了薪酬激励以外的另一个重要激励因素。这种内在激励源于代理人的内在偏好，例如，Dufwenberg 和 Kirchsteiger（2004）模型中的互惠偏好，Bolton 和 Ockenfels（2000）研究的公平偏好，Andreoni 和 Miller（2002）模型中的利他偏好，陈叶烽（2009）解释的亲社会行为等。将这些因素纳入效用函数可以更好的解释经济生活中的一些现象。例如，大学生宁愿放弃城市里的高薪工作，到边疆支教；科学家宁愿放弃优越的生活环境，到偏远地区从事秘密科研。

当我们回到理性人的基本假设，这些具有明显的社会性情感特性的内在激励因素，是否是经济人的理性选择呢？社会交换理论中的社会性交换可以很好地解释这个问题，由于社会性交换会带来预期的社会性收益，所以社会性交换需求驱使下的内在激励行为是理性选择的结果。从本质上说，人们在社会性交换的驱使下所产生的认同和承诺是互惠偏好、公平偏好、利他偏好等内在激励形式的基础。我们将这种产生内在激励的基本偏好称为承诺偏好。基于以上观点，本文围绕考虑代理人承诺偏好的最优激励契约展开研究。本文余下部分的结构安排如下：第二部分是文献回顾；第三部分从委托人与代理人之间存在的社会性交换关系入手，建立一个简单的模型说明具有承诺偏好的代理人与委托人之间的最优契约，解释代理人的参与约束条件以及最优努力水平；第四部分介绍模型的应用；第五部分是总结性评论。

二、文献回顾

Roland Benabou、Jean Tirole（2003）较早用正式的经济学模型证明了内在激励（Intrinsic Motivation）如何通过"镜中我"（Looking Glass Self）机制产生强大的激励作用，他们同时强调信任的影响作用，并讨论什么情况下外在激励会影响内在激励。在这个系统性论述的基础上，后来的学者主要围绕具体形式的内在激励如何影响员工积极性展开讨论。他们所讨论的内在激励主要有两种表现形式：

（1）对组织的认同偏好，George Akerlof、Rachel Kranton（2005）将员工的组织认同偏好分为两类，一类是认为自己是组织中的一员，以组织利益最大化来规范自己并付出高水平努力；另一类是不认为自己是组织中的一员，始终以"局外人"的身份自居，在工作中只会付出尽量低的努力水平。他们通过静态地比较发现，组织认同在激励员工上发挥了更大的作用，认为组织应该投入资源改变员工的组织认同感，并且以军队为例详细阐述了员工对组织的认同偏好会产生强大激励作用。

（2）对工作或任务的认同偏好，Timothy Besley、Maitreesh Ghatak（2005）讨论在任务导向型的组织或部门中，工作本身会激励员工积极投入努力，强调委托人与代理人的共同工作偏好会促进组织效率，当委托人与代理人的类型一致时，这种匹配会激励员工更加努力工作。Canice Prendergast（2007，2008）进一步阐述代理人对工作的偏好是重要的内在激励内容，探讨存在工作分工和任务分解的情况下，代理人激励水平的变化以及委托人如何雇用代理人。然而，他们无法很好地解释多任务委托时，对工作的偏好是如何发挥激励作用的。

Mathias Dewatripont、Ian Jewitt 和 Jean Tirole（1999）以及 Bruno Frey 和 Reto Jegen（2001）认为，代理人与委托人的内在偏好一致时会带来效率的改进，但他们重点关注效率优化，而忽视对内在偏好的分析和探讨。一些实验研究的结果也证明了员工期待薪酬以外的其他激励，Gibbons（1998）认为，人们很在意公司回报了什么给自己，但由于没有得到很好的规划，所以公司给他们的常常不是他们想要的。正如 Canice Prendergast（2008）所说，尽管人们认识到薪酬激励的有限性，而且员工的内在激励非常重要，但经济学研究文献仍然较少探讨不同内在偏好情况下的员工激励问题。

标准的委托—代理理论从本质上所揭示的是一种委托人与代理人之间的交换关系。双方以契约的方式达成一种严格的经济性交换：委托人支付给代理人报酬，代理人为委托人提供劳动。这种交换达成的条件是：委托人要求代理人劳动所带来的收益不少于其支付给代理人的报酬；代理人要求得到的报酬不少于其劳动付出的成本。而在现实生活中，除了经济性交换之外，还普遍存在一种社会性交换。根据著名社会学家 Blau（1964）的观点，经济性交换和社会性交换是两种不同形式的交换方式，与经济性交换的物质性补偿特征不同，社会性交换是一种“自愿行为”，更倾向于象征性或社会资源的交换，例如认同或尊重。同时，Haas 和 Deseran（2001）以及 Gould Williams 和 Davies（2005）的研究表明，从事社会性交换行为的个体出于相信对方最终会对等地回报给自己，因此显著地改变他们的态度和行为。虽然这种回报并未明确写入法律合同，但个体仍会出于信任而将其视为自身利益的增加。在委托人与代理人的交换关系中，同样存在这种社会性交换，在模型中表现为具有承诺偏好的代理人在预期效用函数中多了一份社会性收益。

当代理人对委托人产生一种承诺（Commitment）心理时，一方面代理人对委托人的价值观、处事风格等产生认同、喜爱和满意，获得一种在薪酬之外带来的满足感，进而自愿付出额外努力；另一方面代理人出于对委托人的认同而产生的信任，相信可能得到晋升机会、出国深造、技能培训、特殊荣誉等非物质性收益，从而在薪酬之外获得效用的增加，愿意更加努力工作。我们将这种代理人称为具有承诺偏好的代理人。具有承诺偏好的代理人在为自己所认同的委托人工作中可以获得一种社会性收益，并且有着很强的内在激励特征。组织行为学认为员工的这种承诺心理反映了个体接受组织的目标并为之工作的意愿。Porter 等（1974）主张承诺心理包括了三个层次的含义：一是相信并接受组织的目标和价值观；二是愿意为了组织目标的完成付出额外努力；三是强烈地希望保持作为组织成员的身份。Mowday 等（1982）将承诺分为态度上的承诺和行为上的承诺。具有承诺偏好的代理人广泛存在于各类组织中。例如，员工宁愿放弃更高薪酬的工作机会，而跟随原来的主管一起工作；下属愿意在工作之余为上司提供额外服务；职员愿意无偿加班帮助老板渡过难关；“志同道合”的人们愿意一起承担巨大风险进行创业。

综上所述，目前还有大量的内在激励形式及其影响机理尚未通过正式经济学模型得到论证，而从社会交换理论视角讨论承诺偏好如何激励员工，有益地补充了内在激励理论的不足，丰富了当前该领域的研究成果。同时，也能为现实生活中存在的员工士气低沉、流失率高、跳槽频繁等管理困境找到一个新的理论解释视角，帮助管理者优化员工激励机制。

本文的分析框架不同于 George Akerlof、Rachel Kranton（2005）模型，主要创新在于：首先，本文模型采用社会交换理论作为理论推导的基础，与 George Akerlof、Rachel Kranton（2005）所阐述的源于社会分类的认同不同，本文分析的代理人的承诺偏好是社会性交换的结果，更加贴近于理性人假设。其次，本文认为“人”是比“组织”、“工作”更靠近的互动对象，代理人对委托人的承诺行为比代理人对组织或工作的认同更直接，也更典型。最后，本文在委托代理模型的分析框架下，完整地求解了代理人存在承诺偏好情况下的最优激励契约，而 George Akerlof、Rachel Kranton（2005）则只是列出两种情况的效用函数进行简单的对比，缺乏严格的模型论证。

三、考虑代理人承诺偏好的激励模型

我们考虑一个委托人和一个代理人的情况，委托人的风险偏好是中性的，代理人的风险偏好是规避的。

假设 1：代理人所提供的努力水平为 e，委托人所得利润为 π，$\pi \in [\underline{\pi}, \overline{\pi}]$，$\pi$ 与 e 随机相关，对所有的 π 与 e，都有 $f(\pi/e) > 0$。代理人的努力水平不可观测。

假设 2：代理人有两种努力选择，e_H 和 e_L，在所有的 $\pi \in [\underline{\pi}, \overline{\pi}]$ 上，$F(\pi/e_H) \leqslant F(\pi/e_L)$，也就是说委托人的期望利润水平在代理人选择 e_H 时要比选择 e_L 时高。

假设 3：代理人具有工资 w 和努力水平 e 的伯努利效用函数 $u(w, e)$，对于所有的 (w, e)，$u_w(w, e) > 0$，$u_e(w, e) \leqslant 0$，令 $u(w, e) = v(w) + z - kg(e)$，式中，$v(w)$ 代表工资 w 给代理人带来的效用，$v(w) = 0$，$v'(w) > 0$，$v''(w) < 0$；z 代表代理人在执行任务中可能获得的社会性收益所带来的效用，$z \geqslant 0$；$g(e)$ 代表代理人付出努力水平 e 所带来的负效用，即代理人的努力成本，$g(e_H) > g(e_L)$；k 代表代理人具有的承诺偏好所带来的努力负效用的变化系数，$k \in (0, 1]$，即代理人的承诺偏好使得努力成本降低的程度。当代理人不具有承诺偏好时，$k = 1$，$z = 0$。

假设 4：委托人的效用函数是项目所得利润减去支付给代理人的工资之后的余额，$U^p = \int_{\underline{\pi}}^{\overline{\pi}} (\pi - w(\pi)) f(\pi/e) d\pi$。

假设 5：代理人的保留效用 $\bar{u} \geqslant 0$ 外生给定。

根据以上假设，委托人与代理人的契约优化问题可以表示如下。

委托人的效用函数：

$$\max_{\{e,\ w\}} U^{p}=\int_{\underline{\pi}}^{\overline{\pi}}(\pi-w(\pi))f(\pi/e)d\pi \tag{1}$$

约束条件有两个：

参与约束条件：$u\ (w,\ e)=\int_{\underline{\pi}}^{\overline{\pi}}(v(w)+z-kg(e))f(\pi/e)d\pi\geqslant\bar{u}$

激励相容约束：$e=\arg\max_{e}\int_{\underline{\pi}}^{\overline{\pi}}(v(w)+z-kg(e))f(\pi/e)d\pi$

因为代理人只有两种努力选择 e_H 和 e_L，所以我们可以先分别考虑引导不同的努力选择水平下的最优激励计划 $w(\pi)$，然后再考虑 e 的最优选择。

（一）当委托人激励代理人选择努力水平 e_L 时

式（1）可以简化为：

$$\max_{\{e,\ w\}} U^{p}=\int_{\underline{\pi}}^{\overline{\pi}}-w(\pi)f(\pi/e)d\pi$$

$$\text{s.t.}\ (a)\int_{\underline{\pi}}^{\overline{\pi}}(v(w))f(\pi/e)d\pi+z-kg(e)\geqslant\bar{u}$$

$$(b)\ e=\arg\max_{e}\int_{\underline{\pi}}^{\overline{\pi}}(v(w)+z-kg(e))f(\pi/e)d\pi \tag{2}$$

假设此时委托人给代理人的最优工资为 w^*，满足代理人的效用大于或等于保留支付，那么代理人在此激励工资水平下将一定选择 e_L。因为代理人的工资支付将不会因为其努力水平提高而增加，所以代理人会选择给他带来负效用最低的努力水平 e_L。也就是说约束条件（b）是必然成立的，只要满足约束条件（a）的激励工资就是最优化的激励工资。式（2）可以再次简化为只含约束条件（a）的最优化问题，w（π）必须满足以下一阶条件：

$$L=-\int_{\underline{\pi}}^{\overline{\pi}}w(\pi)f(\pi/e)d\pi+\lambda\left[\int_{\underline{\pi}}^{\overline{\pi}}(v(w))f(\pi/e)d\pi+z-kg(e)-\bar{u}\right]$$

$$\frac{\partial L}{\partial w(\pi)}=-f(\pi/e)+\lambda v'(w)f(\pi/e)\leqslant 0$$

$$\frac{\partial L}{\partial \lambda}=\int_{\underline{\pi}}^{\overline{\pi}}(v(w))f(\pi/e)d\pi+z-kg(e)-\bar{u}\geqslant 0$$

根据互补松弛性条件，$w\frac{\partial L}{\partial w}=0$，$\lambda\frac{\partial L}{\partial \lambda}=0$，且 $\lambda\geqslant 0$

当 $w(\pi)>0$ 时，$\frac{\partial L}{\partial w(\pi)}=0$，得 $\lambda=\frac{1}{v'(w)}$

因为 λ 是一个常数，且 $v''(w)<0$，$v'(w)$ 是一个单调递减函数，所以 $w(\pi)$ 也是一个常数。

从一阶条件中，我们可以直接观察到 $\lambda>0$，因为如果 $\lambda=0$，则说明 $\int_{\underline{\pi}}^{\overline{\pi}}(v(w))f(\pi/e)d\pi+z-kg(e)>\bar{u}$，那么委托人还可以通过减少工资支付来改进自身的效用，而不影响代理人的努力选择，所以最优的激励工资应该是在 $\lambda>0$，$\int_{\underline{\pi}}^{\overline{\pi}}(v(w))f(\pi/e)d\pi+z-kg(e)=\bar{u}$ 时实现。所以 $v(w)+z-kg(e)=\bar{u}$，即 $w(\pi)=v^{-1}[\bar{u}+kg(e)-z]$。

即如果委托人希望代理人选择努力水平 e_L，则最优激励方案为支付给代理人固定工资 $w^*(\pi)=v^{-1}[\bar{u}+kg(e_L)-z]$，代理人在该激励方案下的最优努力水平选择也是 e_L。代理人的社会性收益带来的效用 z 越高，固定工资的水平就可以设置得越低，代理人的承诺偏好使得努力负效用降低的能力越强，即 k 越小，固定工资的水平就可以设置得越低。

当 $w(\pi)=0$ 时，$\frac{\partial L}{\partial w(\pi)}\leqslant 0$，因为 $\lambda>0$，$v(w)=0$，所以 $z-kg(e_L)=\bar{u}$，即只要社会性收益减去努力负效应的差等于保留效用，即便委托人支付给代理人的工资为 0，代理人也会接受该契约，选择努力水平 e_L。

以上分析可以总结为：

定理 1：若委托人激励代理人选择努力水平 e_L，则最优激励方案为支付给代理人固定工资 $w^*(\pi)=v^{-1}[\bar{u}+kg(e_L)-z]$，代理人的期望效用为保留效用 $\bar{u}$。若代理人的社会性收益减去低水平努力的负效应的差等于保留效用，固定工资可以为 0。

（二）当委托人激励代理人选择努力水平 e_H 时

式（1）可以简化为：

$$\max_{\{e,w\}} U^P=\int_{\underline{\pi}}^{\overline{\pi}}-w(\pi)f(\pi/e)d\pi \tag{3}$$

$$\text{s.t. (a1)}\quad \int_{\underline{\pi}}^{\overline{\pi}}(v(w))f(\pi/e)d\pi+z-kg(e)\geqslant\bar{u}$$

$$\text{(b1)}\quad \int_{\underline{\pi}}^{\overline{\pi}}(v(w))f(\pi/e_H)d\pi+z-kg(e_H)\geqslant\int_{\underline{\pi}}^{\overline{\pi}}(v(w))f(\pi/e_L)d\pi+z-kg(e_L)$$

同样，$w(\pi)$ 必须满足以下一阶条件：

$$L=-\int_{\underline{\pi}}^{\overline{\pi}}w(\pi)f(\pi/e)d\pi+\lambda\left[\int_{\underline{\pi}}^{\overline{\pi}}(v(w))f(\pi/e)d\pi+z-kg(e)-\bar{u}\right]$$
$$+\eta\left[\int_{\underline{\pi}}^{\overline{\pi}}(v(w))f(\pi/e_H)d\pi+z-kg(e_H)-\int_{\underline{\pi}}^{\overline{\pi}}(v(w))f(\pi/e_L)d\pi-z+kg(e_L)\right]$$

$$\begin{cases}\dfrac{\partial L}{\partial w(\pi)}=-f(\pi/e)+\lambda v'(w)f(\pi/e)+\eta v'(w)[f(\pi/e_H)-f(\pi/e_L)]\leqslant 0\\ w\dfrac{\partial L}{\partial w}=0,\ w\geqslant 0\\ \dfrac{\partial L}{\partial \lambda}=\int_{\underline{\pi}}^{\overline{\pi}}(v(w))f(\pi/e)d\pi+z-kg(e)-\bar{u}\geqslant 0\\ \lambda\dfrac{\partial L}{\partial \lambda}=0,\ w\geqslant 0\\ \dfrac{\partial L}{\partial \eta}=\int_{\underline{\pi}}^{\overline{\pi}}(v(w))f(\pi/e_H)d\pi-\int_{\underline{\pi}}^{\overline{\pi}}(v(w))f(\pi/e_L)d\pi+kg(e_L)-kg(e_H)\geqslant 0\\ \eta\dfrac{\partial L}{\partial \eta}=0,\ \eta\geqslant 0\end{cases}$$

与前一种情况中的分析一样，从一阶条件中可以直接观察到 $\lambda>0$。当 $w(\pi)>0$ 时，$\dfrac{\partial L}{\partial w(\pi)}=0$，即：

$$-f(\pi/e)+\lambda v'(w)f(\pi/e)+\eta v'(w)[f(\pi/e_H)-f(\pi/e_L)]=0$$

可以化为：

$$\frac{1}{v'(w(\pi))}=\lambda+\eta\left[1-\frac{f(\pi/e_L)}{f(\pi/e_H)}\right] \tag{4}$$

从式（4）可以推出 $\eta>0$，因为如果 $\eta=0$，那么 $w(\pi)$ 就会是一个固定的常数，从上一种情况中我们已经推导出了这样的结果，$w(\pi)$ 是一个固定值时，代理人的最优努力选择水平是 e_L，不符合约束条件（b1），所以 $\eta>0$。

因此，就有：

$$\int_{\underline{\pi}}^{\overline{\pi}}(v(w))f(\pi/e_H)d\pi+z-kg(e_H)-\bar{u}=0 \tag{5}$$

$$\int_{\underline{\pi}}^{\overline{\pi}}(v(w))f(\pi/e_H)d\pi-\int_{\underline{\pi}}^{\overline{\pi}}(v(w))f(\pi/e_L)d\pi+kg(e_L)-kg(e_H)=0 \tag{6}$$

因为代理人的努力成本 $g(e_H)>g(e_L)$，所以要满足式（6）必然有：

$$\int_{\underline{\pi}}^{\overline{\pi}}(v(w))f(\pi/e_H)d\pi>\int_{\underline{\pi}}^{\overline{\pi}}(v(w))f(\pi/e_L)d\pi$$

假设此约束条件下的最优激励工资水平为 $w^{**}(\pi)$，又根据式（4），当 $\dfrac{f(\pi/e_L)}{f(\pi/e_H)}<1$，可以得到 $w^{**}(\pi)>w^*$，当 $\dfrac{f(\pi/e_L)}{f(\pi/e_H)}>1$，可以得到 $w^{**}(\pi)<w^*$。我们记

$\Delta w(\pi)=|w^{**}(\pi)-w^{*}|$。$\Delta w(\pi)$便是为了激励代理人选择高努力水平所设置的与$\pi$相关的变动工资水平。

$$\int_{\underline{\pi}}^{\overline{\pi}}(v(w^{**}))f(\pi/e_H)d\pi-\int_{\underline{\pi}}^{\overline{\pi}}(v(w^{**}))f(\pi/e_L)d\pi=k[g(e_H)-g(e_L)]\leqslant g(e_H)-g(e_L)$$

从上式可以看出，当$0<k<1$时，因为代理人最优激励工资水平带来的效用在高努力水平下与低努力水平下的差距小于代理人两种努力水平下的负效应差距。又因为$v'(w)>0$，$v(w)$是一个递增函数，效用差距缩小意味着变动工资水平变小，也就是说，代理人具有的承诺偏好效应k，使得最优激励工资水平的$\Delta w(\pi)$变小。

根据式（5），最优激励工资水平$w^{**}(\pi)=v^{-1}[\bar{u}+kg(e_H)-z]$，同样代理人的社会性收益带来的效用z越高，工资水平就可以设置得越低；若代理人的承诺偏好使得努力负效用降低的能力越强，即k越小，工资的水平就可以设置得越低。

另外，我们分析$w(\pi)=0$不是最优解。因为$\eta>0$，式（6）等于0，当$w(\pi)=0$时，将其代入式（6），得到$kg(e_L)-kg(e_H)=0$。这与假设$g(e_H)>g(e_L)$相矛盾。所以，当委托人要激励代理人选择高努力水平时，支付的工资水平不可能为零。

以上分析可以总结为：

定理2：若委托人激励代理人选择努力水平e_H，则需要支付给代理人的最优激励工资水平$w^{**}(\pi)=v^{-1}[\bar{u}+kg(e_H)-z]$，大于激励低努力水平下的最优固定工资水平$w^{*}(\pi)=v^{-1}[\bar{u}+kg(e_L)-z]$，代理人的期望效用为保留效用$\bar{u}$。

定理3：在两种努力水平下，都存在代理人的社会性收益带来的效用z越高，最优化工资水平就可以设置得越低，代理人的承诺偏好使得努力负效用降低的能力越强，即k越小，最优化工资的水平就可以设置得越低。

定理4：当$k\in(0,1)$时，委托人激励代理人选择两种努力水平的最优工资水平之间的差距$\Delta w(\pi)$变小。

（三）委托人应激励代理人选择何种努力水平

委托人在高努力水平下的期望利润比低努力水平下的期望利润增加：

$$\Delta\pi=\int_{\underline{\pi}}^{\overline{\pi}}\pi f(\pi/e_H)d\pi-\int_{\underline{\pi}}^{\overline{\pi}}\pi f(\pi/e_L)d\pi$$

委托人在高努力水平下支付给代理人的期望工资比低努力水平下增加：

$$\Delta w(\pi)=w^{**}(\pi)-w^{*}=v^{-1}[\bar{u}+kg(e_H)-z]-v^{-1}[\bar{u}+kg(e_L)-z]$$

当$\Delta\pi>\Delta w(\pi)$时，委托人选择激励代理人进行高水平努力；当$\Delta\pi\leqslant\Delta w(\pi)$

时，委托人选择激励代理人进行低水平努力。

当代理人具有使努力负效用降低的承诺偏好能力 k 时，使得 $\Delta w(\pi)$ 比 $k=1$ 时减少。因此，增加了 $\Delta\pi>\Delta w(\pi)$ 的可能性，使得委托人选择激励高努力水平的概率大于激励不具有承诺偏好的代理人选择高努力水平的概率。

定理 5：当 $k\in(0,1)$ 时，委托人激励代理人选择高努力水平的概率比 $k=1$ 时增加。

综上所述，当代理人具有承诺偏好时，由于存在社会性收益所带来的效用 z 以及使努力负效用降低的承诺偏好能力 k，使得最优化激励合同结构与一般的代理人的最优化激励合同有所区别。一方面，固定的效用 z 给代理人带来确定的效用增加，满足代理人的风险规避需求，同时也补偿了一部分保留效用，使得委托人支付的期望工资降低；另一方面，承诺偏好能力 k 降低了努力负效用，也使得委托人支付的期望工资降低，同时承诺偏好能力 k 还缩小了不同努力水平下的最优激励工资直接的差距，使得高努力水平下委托人的期望利润增加。因此，在代理人的承诺偏好可观察的情况下，委托人更愿意激励具有承诺偏好的代理人选择高努力水平。

四、模型应用

以上模型分析了不同的委托人与代理人类型的匹配下的最优化激励契约。在大量存在具有承诺偏好的代理人的组织里，这种最优化效率是很容易达到的。但也可能由于信息搜寻成本与非对称信息的存在，会存在一些人为的障碍和自然的摩擦。现实经济生活中存在许多薪酬激励无法有效激励员工的情况，这时组织会寻找其他激励方式，因而花费大量成本。根据本文的模型，管理者应该重视员工与组织之间的社会性交换，重视员工社会性收益的获取，注重培养员工的承诺心理。下面我们讨论这个模型结论的几个主要应用。

（一）高风险的创业团队

人们常常发现一些志同道合的人愿意放弃丰厚的待遇，而共同谋求一个不确定的未来。他们对团队或团队领袖有着高度一致的认同，对所追求事业的目标和价值有着高度一致的认同，愿意付出额外的努力追求共同目标的实现。这是典型的高承诺员工的表现。绝大多数企业的成长史中都有一段高风险的创业之初，社会性交换与承诺偏好很好地解释了为什么创业元老们愿意领取微薄的工资而从事艰苦的创业工作。一方面，社会性交换带来的社会性收益大大地降低了他们未来收益的不确定性，尽管是风险规避型的员工也愿意接受这一契约；另一方面，承诺偏好使得员工努力成本降低。所以当存在社会性交换和承诺偏好时，高风险的创业团队的涌现是十分合理的。

（二）非营利组织中的人员甄选

在福利院、救助中心、特殊疾病研究中心等一系列慈善机构或公益性组织里，他们聘用员工通常不会以薪酬来吸引人才。员工对组织目标和价值观的认同程度往往成为他们甄选人才的最主要标准。员工的承诺偏好在这一类非营利组织里具有特别重要的意义。高承诺所带来的努力成本的大幅度降低以及社会性收益的大幅度增加是他们出色完成组织委托任务的重要条件。因此，有的组织可能刻意压低工资，以吸引有承诺偏好高的员工，以保证组织特殊使命的实现。

（三）公共部门中的薪酬设置

我们发现，在政府等公共部门，职员的产出难以观察，不能像流水线旁的工人或者销售人员一样准确的评价绩效。王小龙（2000）认为，公共部门亟待解决薪酬激励效率低下的问题，根本原因在于缺乏敬业激励机制。因此要想提高公共部门的激励效率，需要更多地依赖于类似于“敬业”心理的内在激励因素。政府等公共部门的管理者在人才招聘中，应该重视对人才承诺心理的甄别，遴选出高承诺型的人才。由于此类组织的薪酬数量往往是制度上外生给定的，能够用于激励的奖金数量非常有限，所以组织应该积极地寻找高承诺型人才，同时积极地投入资源去培养和提高员工的承诺水平。另外，在公共部门存在着丰富的社会性交换可能，对奖金的设定即使不和绩效挂钩，员工期待中的社会性收益仍然可以有效激励员工努力工作。尤其是在一些资金有限的公共部门里，对员工的承诺偏好的认识尤其重要。此外，在一些产出难以观察的社会性服务行业，也希望雇用具有承诺的内在激励的员工。

五、结　论

本文的目的在于揭示代理人内在激励的一种重要形式：承诺偏好，分析考虑这种内在偏好的最优激励契约。模型很好地解释了组织为何重视下属忠诚度以及愿意投入资源培养下属的承诺偏好，尤其是在非营利组织，政府等公共管理部门以及学校、医院等事业单位，承诺偏好是员工内在激励的重要表现形式，能够有效地改进组织绩效。如果在管理实践中忽视代理人的内在激励因素，则可能造成管理的低效率。由于篇幅所限，本文仅讨论了避免道德风险情况下的最优激励契约，将来还可进一步讨论存在逆向选择可能情况下的最优激励问题以及团队合作中的承诺型代理人的激励问题。

参考文献

[1] George P. Baker. Incentive Contracts and Performance Measurement [J]. The Journal of Political Economy，1992，100 (3)：598–614.

[2] Canice Prendergast. Intrinsic Motivation and Incentives [J]. American Economic Review，2008，98 (2)：201–205.

[3] Canice Prendergast. The Motivation and Bias of Bureaucrats [J]. American Economic Review，2007，97 (1)：180–96.

[4] Timothy Besley，Maitreesh Ghatak. Competition and Incentives with Motivated Agents [J]. The American Economic Review，2005，95 (3)：616–636.

[5] Benabou Roland，Jean Tirole. Intrinsic and Extrinsic Motivation [J]. Review of Economic Studies，2003，70 (3)：489–520.

[6] Dewatripont Mathias，Ian Jewitt，and Jean Tirole. The Economics of Career Concerns，Part Ⅱ：Application to Missions and Accountability of Government Agencies [J]. Review of Economic Studies，1999，66 (1)：199–217.

[7] Akerlof George，Rachel Kranton. Identity and the Economics of Organizations [J]. Journal of Economic Perspectives，2005，19 (1)：9–32.

[8] Frey，Bruno，Reto Jegen. Motivation Crowding Theory [J]. Journal of Economic Surveys，2001，15 (5)：589–611.

[9] Holmstrom Bengt. Moral Hazard in Teams [J]. Bell Journal of Economics，1982，13 (2)：324–340.

[10] Lazear，Edward P. Pay Equality and Industrial Politics [J]. Journal of Political Economy，1989，97 (3)：561–580.

[11] Lazear，Edward P.，Sherwin Rosen. Rank–Order Tournaments as Optimal Labor Contracts [J]. Journal of Political Economy，1981，89 (5)：841–864.

[12] Goodsell，Charles. The Case For Bureaucracy [M]. Washington，DC：CQ Press，2004.

[13] Dufwenberg M.，Kirchsteiger G. A Theory of Sequential Reciprocity [J]. Games and Economic Behavior，2004 (47)：268–298.

[14] Bolton G.E.，Ockenfels A. ERC—A Theory of Equity，Reciprocity，and Competition [J]. American Economic Review，2000，90 (1)：193–208.

[15] Andreoni J.，Miller J. Giving According to GARP：An Experimental Test of the Consistency of Preferences for Altruism [J]. Econometrica，2002，70 (2)：737–753.

[16] Blau P. M. Exchange and Power in Social Life [M]. New York: Wiley, 1964.

[17] Haas D., Deseran F. Trust and Symbolic Exchange. Soc Psychol Q, 1981, 44 (3): 3-13.

[18] Gould-Williams J.& Davies F. Using Social Exchange Theory to Predict the Effects of HRM Practice on Employee Outcomes [J]. Publ Manage Rev, 2005, 7 (1): 1-24.

[19] 陈叶烽. 亲社会性行为及其社会偏好的分解 [J]. 经济研究, 2009 (12): 131-144.

[20] 王小龙. 我国公共部门的劳动契约和敬业激励 [J]. 经济研究, 2000 (11): 45-57.

传统人力资本、组织资本和社会资本的有机整合
——信息技术型人力资本

李录堂
（西北农林科技大学经济管理学院，陕西杨凌　712100）

随着计算机信息网络技术的发展，特别是手机信息网络技术的应用，中国网民空前增加，中国社科院发布的 2010 年《信息化蓝皮书》指出，中国网民已达 3.84 亿人，世界其他各国的网民也在快速增加，这就需要我们研究网民空前增加背后的各种规律和作用机理。

一、信息技术型人力资本的内涵

手机、互联网等信息网络技术的应用直接或间接地提高了国民使用者的书面和口头语言沟通能力及语言理解能力，对初中以下和小学文化程度的成年人来说特别显著。因此我们认为，通过计算机（手机）网络技术等手段来集成已有知识、经验和市场信息与传统人力资本结合实际上已形成一种新型人力资本，我们把它称为“信息技术型人力资本”。这种人力资本是指劳动者通过信息网络技术在收集存储信息、加工处理信息、利用和传播信息等投资中所获得的知识和技能累积而凝结在劳动者身上的资本量，同时还包括劳动者通过信息网络技术整合和吸收组织资本和社会资本而凝结在劳动者身上的资本量，它与劳动者通过教育、培训、迁移、保健、实践经验等方面的投资而获得的知识和技能累积或凝结在劳

作者简介：李录堂（1962—），男，西北农林科技大学教授，博士生导师，研究方向：管理理论与人力资源管理、信息管理系统。

动者身上的资本量（传统人力资本）有显著的不同，更与纯粹单一的组织资本和社会资本不同，因此，它是一种复合型人力资本和更加现实的人力资本，它研究各类网络信息对人（体力劳动者、知识劳动者）的知识和技能形成的特殊影响。

从初步研究观察看，信息技术型人力资本首先是通过手机、互联网等信息技术对使用者的传统人力资本发挥作用的。例如，现实中农户使用手机的本意是与外界联系，但客观上不自觉地提高了农户使用者的非传统书写、阅读理解和语言沟通能力——传统人力资本，定制手机短信和上互联网浏览则可以增加农户使用者在特定领域的知识量——传统专用人力资本，这就是以手机短信和互联网为基础的信息网络技术对传统人力资本的影响。其次它对农户组织资本和社会资本发挥提升作用（事实上，信息技术型人力资本与传统人力资本、组织资本和社会资本三者间的作用是相互的，而不是单向的，如图 1 所示）。农民行为实际观察研究还表明，手机网络和互联网上的特定知识、技术、经验和市场信息所形成的信息技术型人力资本，一方面会引起农户群体组织性联合规模化购销行为增加——对农户户主组织资本的作用——提高了农户户主的自组织能力，另一方面则会使农户信息搜寻范围扩大、数量增加、沟通和交易成本降低——对农户户主社会资本的作用——扩大了农户户主对外联系范围并提高了其与外界建立关系的能力。当前中国农户最缺乏的是组织资本和社会资本，但 QQ 群、飞信好友、SNS 好友、微博粉丝等网络自组织载体不自觉地提升着农村和城市使用者的组织资本和社会资本。信息网络技术对农户作用的直接结果，使农户传统人力资本、组织资本和社会资本转变成现实的信息技术型人力资本——极有可能实现对农户非土地要素的规模化改造——最终体现为信息技术型人力资本对农业发展的产业贡献。

二、信息技术型人力资本概念提出的客观依据

（1）从现象和数量上看，如本文前面所指出的，2010 年中国网民已达 3.84 亿人，我们可以近似地认为我国的信息技术型人力资本存量已达 3.84 亿人。因为现实情况是，手机信息网络技术较多地提高了体力劳动者（接受初中以下教育者）的知识和技能水平，而计算机网络技术较多地提高了劳动者的知识和技能水平。在如此短的时间内形成如此多的信息技术型人力资本是传统人力资本无法达到的。

（2）从人力资本存储方式和形成趋势看，越来越多的知识、方法、科技成果、经验等存储于网上数据库，人力资本的存储和形成越来越依赖于网络数据库。

（3）从经济形态上看，有人估计我国网络经济总量已达数万亿元，网上交易

量还在快速上升（2009年，工信部前部长李毅中在一次新闻发布会上表示，3G牌照4500亿元的直接投入，由此测算，能带动上万亿元的经济总量；2011年6月4日消息，据国外媒体报道，在当日发布的第五期年度 Cisco Visual Networking Index（VNI）Forecast 中，思科公司预计，到2015年网络互联设备的数量将会超过150亿台。该公司还指出，到2015年全球互联网流量的总量将翻两番，达到每年966艾字节，互联网流量将从2004年的1艾字节增加至80艾字节。我们可以做出肯定判断：推动网络经济发展的核心力量是信息技术型人力资本，信息技术型人力资本加速了科技创新和推广。

（4）从学科交叉的角度看，该概念是信息网络技术与人力资本理论的交叉，反映了劳动者与手机或计算机结合越来越紧密的客观事实。

（5）从经验上看，我们使用手机和计算机网络的每个人都从信息网络上获得了知识、方法和技能等信息，自组织能力和对外联系能力也明显提高，而信息网络技术创新了人类使用、存储和消费信息的方式。

以上事实分析告诉我们：信息技术型人力资本概念是反映现实的，它是对现实的科学概括。

三、信息技术型人力资本的形成机理

信息技术型人力资本是信息网络技术与传统人力资本结合，以及利用信息网络技术整合、吸收社会资本和组织资本的结果。从历史和现实看，一切人力资本都是在组织资本和社会资本环境中成长和发挥作用的，信息网络技术为三者的有机结合创造了物质技术条件，片面和孤立地研究某一方面都是不科学的。正如国外学者凯罗里（Caroli，2001）所指出，目前经济学家对信息技术、员工技能和组织结构之间的相互关系还知之甚少。

（一）传统人力资本研究的局限性

传统人力资本（Human Capital）是指劳动者受到教育、培训、迁移、保健、实践经验等方面的投资而获得的知识和技能的累积人力资本价格模型，亦称“非物力资本”。对于传统人力资本的概念，一般认为是1979年度诺贝尔经济学奖得主西奥多·W.舒尔茨在1960年美国经济学年会上的演说中系统阐述的。舒尔茨对人力资本的最大贡献在于他第一次系统提出了人力资本理论，并冲破重重阻力使其成为经济学一门新的分支。舒尔茨还进一步研究了人力资本形成方式与途径，并对教育投资的收益率以及教育对经济增长的贡献做了定量研究。贝克尔等弥补了舒尔茨只分析教育对经济增长宏观作用的缺陷，系统进行了微观分析，研究了人力资本与个人收入分配的关系。

传统人力资本是一种“非物力资本”，学者们在研究时更多地考虑其与物质资本的相似性特征，而忽视了人力资本存在和实现的环境形态——组织网络和社会关系网络。受历史的局限，当时的学者没有研究信息网络技术对传统人力资本形成的作用和贡献。也没有从信息网络技术的角度研究组织资本和社会资本对传统人力资本作用及它们之间的关系。信息技术型人力资本研究恰好修正了传统人力资本研究的这些缺陷——通过信息网络技术与传统人力资本相结合来整合、吸收组织资本和社会资本，同时组织资本和社会资本也给人力资本变成现实提供组织和社会支持。

（二）组织资本研究的局限

组织资本概念的出现缘起经济学家在研究团队生产过程中发现组织具有资本的某种性质，且这一性质是传统人力资本效能发挥作用的组织保障。信息技术型人力资本的组织资本正是从信息网络技术的角度研究企业与市场边界以内诸多个体传统人力资本的组织化，它借助信息网络技术使组织个体的传统人力资本彼此相互整合形成团队协作、集体智慧、组织文化知识、企业理念、科学的规章制度及组织性行为习惯等过程中所产生的规模化思维、规模化活动和规模化联系及其战略的总和，它是一种特殊的资本形式。已有关于组织资本研究的局限在于没有系统考虑信息网络技术对组织要素的整合、有形化和组织行为痕迹的全息化作用，没有也不可能研究（当时信息网络技术还没出现）组织资本对传统人力资本的信息网络技术放大作用过程。

从形成的条件来讲，组织资本的形成必须具备三个关键要素：个体人力资本的存在、个体人力资本之间的整合平台（场）的存在以及整合行为过程。离开了上述三个方面，组织资本就很难存在，三者共同构成个体人力资本整合的内容与形式。信息技术型人力资本的组织资本是通过信息网络技术与传统人力资本结合，整合个体传统人力资本、共享来自社会资本的资源，使得已有的人力资本之间的物质整合平台（场）更有效率。

（三）社会资本研究的局限

社会资本概念由法国社会学家皮埃尔·布迪厄在20世纪80年代提出，后经许多学者发展并被学术界广为接受，它是“蕴含于社会网络关系、社会组织和社会制度中能够为人们所利用的各类社会资源”。也指个体或团体之间的关联——社会网络、互惠性规范和由此产生的信任（含声誉等），以及人们在社会结构中所处的位置及关系给他们带来资源的能力。近年来，学界对社会资本的研究深刻而广泛，但人们的局限同样没有系统关注社会资本对传统人力资本的作用和贡献，特别是几乎没有研究社会资本对传统人力资本的跨时空作用和贡献，信息技术型人力资本所涉及的社会资本正是要突出研究个体或群体跨时空的社会关系、跨时空的利益共同体对传统人力资本的作用和影响。

社会资本表现出一定的层次性，是由社会资本的主体层次性造成的。由于社会资本既可以是个人的、组织的，也可以是共同体的，具体到个人、组织上，社会资本的多少直接决定了其从组织外围动员资源的能力。社会资本的层次性，一方面体现在不同的共同体中社会资本的存量不同，扩展度不同；另一方面体现在个人由于所处的地位不同，拥有的各种资源不同，控制的社会资本也有所不同。信息技术型人力资本中的社会资本可以通过信息网络技术使社会资本关系联结得更好和更远，因为它可以克服社会资本主体层次性的时空分隔和联系不及时的缺陷。

（四）传统人力资本、组织资本和社会资本制度性整合的局限性

观察并研究现实，我们会发现，传统人力资本、组织资本和社会资本在信息网络技术出现之前是依靠科层制和各式各样的团队来实现整合的，如在股份公司里，按照科层制度设计，形成了投资者团队、经营管理者团队、专业技术团队和生产者团队等，通过制度性整合实现了让“投资者放心，经营者用心，生产者专心”这样一种多赢格局。但传统人力资本、组织资本和社会资本从管理制度角度整合三者的局限性在于：科层制与各团队之间网络关系及其强度不像互联网或手机网络那么稳定，各种信息的连续积累、存储、共享和传递联结慢且不稳定，海量信息易丢失，也没有群发短信这样的自组织技术手段。现代通信手段和计算机网络则从技术上整合了传统人力资本、组织资本和社会资本，避免了制度性整合的缺点，用技术整合替代了制度整合，在此过程中形成了信息技术型人力资本，这也是人力资本形成和发展演变的进步。

总之，信息技术型人力资本利用信息网络技术从形式上把传统人力资本、组织资本和社会资本有机联系起来，其实质是把传统人力资本的专用性和多样性有机地统一起来。传统人力资本这种专用性和多样性在理论上的有机结合，避免了当前传统人力资本研究的片面性和单一性，使我们能更好地解说许多现象。

四、信息技术型人力资本的形成和观测方式

根据上文描述的传统人力资本、社会资本和组织资本在信息技术型人力资本的地位和作用可以发现，信息网络技术在信息技术型人力资本的形成中有着不可或缺的作用。这是因为信息网络技术克服了很多社会资本和组织资本的无形、不可度量以及隐性等特征，使它们具有与物质资本相似的特征。这是信息技术型人力资本具有强大解释力的关键所在。为了更好地说明信息网络技术如何在信息技术型人力资本中有形和显性化社会资本和组织资本的功能，本文分析了信息技术型人力资本的具体形成过程，如图1所示。

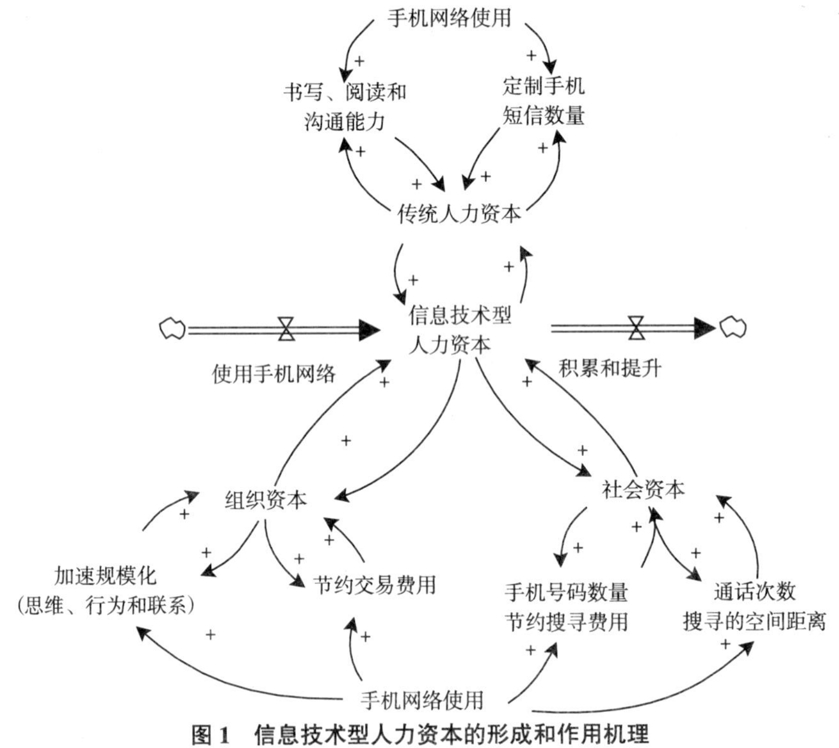

图1　信息技术型人力资本的形成和作用机理

众所周知，传统人力资本如何计量问题，至今存在争议，信息技术型人力资本也存在同样的问题。根据我们的研究观察，如图1所示，我们以手机网络（计算机网络也是如此）为例来说明信息技术型人力资本的可观测性及其观测方式，

即用个体拥有手机后非传统书写能力、阅读能力和口语沟通能力的变化以及他们定制手机短信的数量来近似地代替个体传统人力资本对信息技术型人力资本的贡献和作用大小——代表语言和专用技能的提升；可以用个体拥有手机后联合采购和联合销售的次数、规模化活动或行为与之前相比所节约的时间、节约的信息搜索成本、交通成本等来近似地代替组织资本对信息技术型人力资本的贡献和作用大小——代表自组织能力提升；可以用个体拥有手机后手机中随机存留的电话号码数量、通话次数及联系的空间范围大小来近似地代替社会资本对信息技术型人力资本贡献和作用大小——代表对外建立关系能力的提升。虽然上述替代观测内容可能还不完全充分，但我们可以肯定的是信息技术型人力资本是可观测的，也找到了观测的初步方式。

同样，在信息技术型人力资本的积累和形成过程中，个体拥有手机后，非传统书写能力、阅读能力和口语沟通能力大幅提高，他们定制手机短信（或相关专用性知识）的数量增多，而且随机存留的电话号码数量及通话次数来越多、联系的距离越远，并且提高规模化思维、规模化活动和规模化联系（或联合采购和联合销售）的次数越多以及节约的信息搜索成本、交通成本越多，则信息技术型人力资本的积累和形成也越多。这些分析恰恰从反面说明了信息网络技术对个体传统人力资本、组织资本以及社会资本的作用和效率提升过程。

五、信息技术型人力资本模型与设计

在微观层面上，由于信息网络技术的引入，导致信息网络技术与传统人力资本相结合而形成了信息技术型人力资本，这可以给人们带来收入的重要财产；从宏观角度来看，信息技术型人力资本和传统人力资本都会促进经济增长。因此，我们把信息技术型人力资本和传统人力资本看作是两种资本。

发挥在传统人力资本上的信息网络技术投资和传统人力资本两者都通过影响对方而对经济增长产生间接影响，同时两者对经济增长也存在直接影响。这意味着作为新型人力资本的两个形成要素，发挥在传统人力资本身上的信息网络技术投资和传统人力投资既非完全替代关系，又非完全互补关系。于是，我们选择Cobb-Douglas 生产函数作为发挥在传统人力资本身上的信息技术投资和劳动者通过信息网络技术整合和吸收组织资本和社会资本时的投资组合生成信息技术型人力资本的生产函数方式：

$$H=L_0^{\gamma}M^{1-\gamma}，0\leqslant\gamma\leqslant1 \qquad (1)$$

式中，H 为信息技术型人力资本，L_0 为劳动者发挥在传统人力资本上的信息技术资本投资，M 为劳动者通过信息网络技术整合和吸收组织资本和社会资本时的投资，γ 为参数。劳动者发挥在传统人力资本上的信息网络技术资本投资和劳动者通过信息网络技术整合和吸收组织资本和社会资本时的投资之间替代弹性为1。

本文采用 Cobb–Douglas 生产函数构造出加入信息技术型人力资本的 Solow 模型，形成模型（2）并与本文前面的图 1 相对应，简化为：

$$Y=AK^{\alpha}L^{\beta}H^{\delta},\ 0\leqslant\alpha\leqslant1,\ 0\leqslant\beta\leqslant1,\ \alpha+\beta\leqslant1 \tag{2}$$

式中，Y 为产出，K 为物质资本，L 为劳动，H 为信息技术型人力资本，A 为技术水平，α、β 与 δ 为参数；该函数的一个重要改进就是把信息网络技术、传统人力资本、组织资本和社会资本纳入 C–D 函数之中，使其更具有解释力。

六、信息技术型人力资本的效应

信息技术型人力资本效应其实质是信息网络技术与传统人力资本结合，整合吸收组织资本和社会资本过程中产生的各种效应。

（一）信息网络技术与传统人力资本结合，极大地提高了传统人力资本积累效率

（1）信息网络技术与传统人力资本结合增强了行为主体获取知识与信息的能力，在人际网络互动中提高了传统人力资本的积累效率。信息网络技术与传统人力资本结合有助于形成群体性的信息网络，有助于学习型组织的形成，激发信息网络中个体的求知欲望，使得他们对该组织业务相关知识与信息保持高度敏感性，从而提升了自身的素质，提高了收集与接收、分析、处理知识与信息的能力。而成熟知识的共享和查询也十分便利，显著提高了传统人力资本积累效率。

（2）信息网络技术与传统人力资本结合打破了传统人力资本积累的时空概念，如远程教育系统、网络数据库等为知识和信息的学习与交流带来新的速度与效率。现代通信技术及交通条件使得全球范围的沟通和往来比以往大为简捷，缩短了空间距离，提高了知识交流与传递的效率和频率。信息网络技术有助于大量的未编码知识与信息的传递以及即时的、非正式的交流，促进了技术创新和传统人力资本积累方式创新。因为信息网络技术有助于个体之间的接触距离和多种信息表达方式综合运用，信息直接反馈，从而可以使得行为主体双方准确地理解各自的思想，使每个人的知识拥有量都得到快速提高。

（3）信息网络技术与组织资本和社会资本结合，通畅和拓展了错综复杂的社会网络关系与知识信息交流的渠道，有助于从组织资本和社会资本的角度加速传统人力资本积累。信息网络技术使得人与人之间的网络关系更加密切，使人们之间的多渠道交流成为可能，把已有社会网络与信息技术网络结合，巩固和稳定了已有社会网络和关系，促进了知识共享与信息交流渠道多样化，进而从新的角度提高了传统人力资本的积累效率。

（二）信息网络技术与传统人力资本结合改变了传统人力资本的存储方式

随着现代科学技术的快速发展及信息化社会带来信息量的级数增长，以书面文字、零散影像等传统媒介为基础手段的传统人力资本的存储方式遇到了前所未有的挑战。这是因为经济发展与科技信息进步导致人们生产与生活节奏加快，信息量随之大幅度增加，使得书面文字和零碎的影像资料等传统人力资本的人力和纸质存储方式无法适应新的要求。与此对应，信息技术型人力资本除了书面文字、零散影像等传统媒介存储方式，还可以利用摄像、照相、监控、信息网络数据库等存储方式，使海量信息存储成为可能，有助于战略信息的挖掘和开发，能够起到促进组织发展和管理效率提升的功效。

（三）信息网络技术与传统人力资本结合形成了无限放大知识溢出的功能

（1）放大知识溢出。作为现代化发展的重要支撑，人力资本积累不仅是现代化发展的重要条件，也是现代化发展的积极结果。信息技术型人力资本通过信息网络技术投资，有助于提高先进技术模仿能力和吸收能力，无限放大某一知识、技术的扩散和应用。最典型的例子是，一张图片加简短的文字可以在网上被无限的复制。信息技术型人力资本有助于知识的外溢性，使得人们在相应的沟通、交流中可以互相学习，实现知识共享，进而提高人力资本的质量。在一个开放环境的学习型组织中，信息技术型人力资本使得人们能够更容易地获得知识和技术，并不断地促进信息技术的扩散。知识溢出和知识传播都是知识扩散的方式。知识传播是知识的复制，而知识溢出则是知识的再造。知识溢出过程具有连锁效应、模仿效应、交流效应、竞争效应、带动效应、激励效应。信息技术型人力资本利用信息网络，创造了人与人之间的跨时空相互交流，无限放大知识和技术的扩散，加速了知识的溢出效应。

（2）放大知识供给能力。知识供给能力包括创新源、技术内容转移、技术服务及技术完善等。当技术供给方系统地提供技术服务时，扩散才能顺利进行。信息技术型人力资本有助于促进人力资本积累，促进对新技术采用的内在需求动力，从而实现知识供给能力的提升。

（3）信息技术型人力资本的应用。显然，信息技术型人力资本研究可为国家制定体力劳动者信息扶贫政策、信息技术型人力资本优化配置、更新传统人力资本衡量指标等提供依据，也可为分析研究个人或企业组织中的新型人力资本结构提供思路框架，还可解释许多传统人力资本理论不能解释的现象，等等。

参考文献

[1] Caroli E. New Technologies, Organizational Change and the Skill Bias: What Do We Know. in Pascal Petit and LucSoeteeds [J]. Technology and Future Employment of Europe, Edward Elgar, 2001 (6): 96-105.

[2] 康小明，闵维方，丁小浩. 人力资本、社会资本与职业发展成就 [M]. 北京：北京大学出版社，2009.

[3] 西奥多·W.舒尔茨. 改造传统农业 [M]. 北京：商务印书馆，1987.

[4] [美] 贝克尔. 人力资本理论 [M]. 郭虹等译. 北京：中信出版社，2007.

[5] 秦伟平，杨东涛，王林. 社会人力资本视角下的现代企业理论 [J]. 晋阳学刊，2009 (6): 60-65.

[6] 叶正欣. 关于组织人力资本的研究 [J]. 长沙民政职业技术学院学报，2005 (9): 51-55.

[7] 侯祖戎，张鹏程，梅哲. 新农村建设中社会资本与人力资本的互动性影响 [J]. 广西社会科学，2010 (4): 121-124.

[8] 魏奋子，罗亚凡. 人力资本分类探析 [J]. 甘肃理论学刊，2000 (4): 56-58.

[9] 赵祥宇，林向军. 产业集聚区域人力资本积累 [J]. 技术经济，2003 (6): 16-17.

[10] 郭庆松. 时空压缩下的我国人力资本积累 [J]. 上海市经济管理干部学院学报，2009 (7): 1-7.

[11] 万君康，梅小安. 论人力资本积累的机理及方式 [J]. 科技管理研究，2005 (3): 104-107.

[12] 刘芳，吴欢伟. 个人人力资本、社会资本对职业成功的作用研究 [J]. 中国科技论坛，2010 (10): 128-133.

中国企业品牌竞争力指数评价模型及应用研究

李海鹏　李雪欣
（辽宁大学商学院，辽宁沈阳　110036）

一、引　言

中国经济在经历了几十年令人炫目的发展之后，在 2010 年的第二季度超过日本成为世界第二大经济体，这是中国经济发展的一个里程碑。中国虽然是世界上最大的制造业国家，但却是一个实实在在的品牌弱国，国外权威评估机构的世界前 100 强品牌中国榜上无名。中国 2010 年度 GDP 占全球 GDP 的 9.5%，却消耗全球主要资源和能源的 20%~40%，中国的土地、环境、资源、能源、劳动力都已经到了无法承受低层次制造的时候，自主创新、增加附加值、打造自主品牌已迫在眉睫。

近年来，包括政府在内的各界一直在强调产业结构调整，转变经济增长方式。但是如何转变经济增长这一问题，仁者见仁、智者见智。从产业价值链国际分工角度而言，中国企业大部分处于附加价值较低的制造业环节，而高附加值的技术和营销环节被发达国家的跨国性企业主控。中国制造在获得 GDP 增长的背后是“世界廉价打工仔”的无奈，中国企业整体竞争力的提升迫在眉睫。本文从国际产业价值链分工的视角提出中国企业竞争力提升的重要路径：一是提高自主创新能力，在技术创新方面赶上世界先进行列，实现由“中国制造”向“中国创造”的品牌转变；二是塑造一批具有国际竞争力的自主品牌企业，分享国际产业价值链中的高附加值成果，实现由“经济大国”向“经济强国”的地位转变。

基金项目：本文受到中国社会科学院工业经济研究所重点课题“我国自主品牌管理与人才战略研究”（课题编号 GSZ2010018）支持，本文为“中国企业品牌竞争力指数评价理论研究”重要理论成果。

为了引导中国自主品牌快速健康的成长，本文根据国务院《国家知识产权战略纲要》（2008）文件精神，立足于对品牌的创造、运用、保护和管理，构建了中国企业品牌竞争力指数（CBI）评价体系，通过对企业品牌运营的评价，揭示企业品牌成长的规律及企业在品牌运营方面的优势和劣势，引导企业加强对品牌资产的培育和利用，增强企业的品牌竞争力。

二、相关文献回顾及问题提出

（一）竞争力及品牌竞争力内涵

竞争力又称为"国际竞争力"，至今为止尚无公认的明确定义。美国竞争力委员会主席 George M. C. Fish 认为，竞争力是企业较其竞争对手更有能力去创造、获取、应用知识。前世界经济论坛常务理事长葛瑞理教授认为，竞争力是企业和企业家设计、生产和销售产品和劳务的能力，其产品和劳务的价格和非价格特性比竞争对手更具有市场吸引力。该定义将竞争力的结果归结为比对手具有更大的市场吸引力，即竞争力的效果最终体现在市场上。Michael Porter 认为，企业竞争优势主要取决于两个方面：一是企业所在产业的长期盈利潜力，二是企业在该产业中的市场地位。中国社科院工经所所长金碚认为，在竞争性市场中，一个企业具有的能够持续地比其他企业更有效地向市场提供产品或服务，并获得盈利和自身发展的综合素质和条件。结合上述观点，本文认为，竞争力源于竞争主体占有和运作资源的差异，是竞争主体为在市场上取得竞争优势、保持竞争优势和扩大竞争优势，并获得盈利和自身发展的综合素质及条件。

关于品牌竞争力的定义目前还没有统一的说法，美国市场营销协会（American Marketing Association，1960）把品牌定义为：品牌是用以识别一个或一群产品或劳务的名称、术语、象征、记号或设计及其组合，目的是和其他竞争者的产品或劳务相区别。Philip Kotler（2002）认为，品牌的本质是企业与消费者之间的无形契约。企业以对产品或服务的质量等项目做出商业承诺为内容，消费者以向企业支付"品牌溢价"为砝码，他们之间形成了一种"对等的"市场交换关系，这种契约的深入就形成了品牌竞争力。Aaker（1996，2002）认为，品牌是企业的无形资产，它能够带来经济价值和为股东创造财富。品牌竞争力是在一定的市场环境中，企业拥有的塑造强势品牌并支持强势品牌持久发展的能力。刘迎秋等（2007）认为，品牌竞争力是企业品牌表现出来的区别或领先于其他竞争对手的独特能力。

综合以往学者观点，关于品牌竞争力的认识总结起来具有以下几方面：①品牌竞争力是一种比较能力；②主要体现在扩大市场份额、获取高额利润的能力；③品牌竞争力是企业综合实力的反映；④品牌竞争力是动态的，具有可持续性。基于对品牌本质和竞争力的认识，本文更倾向于将品牌看成一种关系资源，品牌作为企业的重要无形资产，能将企业品牌和其他企业的品牌区别开，为企业持续创造利润的同时也为消费者创造附加价值。而品牌竞争力源于企业综合运作内外资源塑造品牌形象的比较能力，从而使企业在市场上取得可持续的竞争优势，进而获得更大的市场份额和更高的盈利能力。

（二）品牌竞争力评价的多维视角

本文对国内外研究者关于品牌竞争力评价的研究进行梳理，他们关于品牌价值研究的思路和方法已趋于一致，较为成熟，而企业品牌竞争力评价的结构尚未达到统一认识，导致评估品牌竞争力研究的指标体系较多，这说明评估法还不成熟，需要进一步研究。以下对几个有代表性的评价视角进行述评：

1. 基于品牌资产的品牌竞争力评价视角

David Aaker 研究了品牌价值的 5 种构成要素：品牌忠诚度、品牌知名度、消费者感知质量、品牌联想和其他品牌资产。他提出基于短期财务和长期发展的品牌竞争力评价指标，一级指标包括忠诚度、认知品质与领导力、联想/差异性品牌个性、知名度与市场行为。

2. 基于顾客潜力的品牌竞争力评价视角

Motamenti 和 Shahrokhi（1988）提出了全球资产价值模型（Global Brand Equity，GBE 模型），全球资产价值（GBE）= 品牌净收益 × 品牌强度。该模型认为，品牌竞争力由顾客潜力、竞争潜力和全球潜力三大指标组成。①

3. 基于市场的品牌竞争力评价视角

Landor 机构通过调查，其品牌竞争力评价指标由市场定位、产品类别、寿命、质量、个性和意象、媒体支持等市场指标组成。该机构首推品牌定位，明确地界定并努力使之定位在奢侈品市场或大众市场对于培育企业的品牌竞争力具有重要作用。张世贤（1996）、余明阳（2008）将市场占有率、超值利润率作为品牌竞争力评价的基础性指标。

---

① Reza Motameni，Manuchehr Shahrokhi. Brand Equity Valuation：A Global Perspective，MCB UP Ltd.(1988).

4. 基于消费者的品牌竞争力评价视角

Keller（2003）认为，品牌的顾客价值优势导致的品牌忠诚是品牌价值的最直接的表现，是品牌竞争力的基础，是为企业带来超额收益和为企业创造财务价值的前提条件。品牌的顾客价值优势、顾客的品牌忠诚与品牌竞争力应该形成一个相互支持的闭合回路。世界品牌实验室（2005）从品牌认知度、品牌创新力、品牌占有率、品牌满意度、品牌忠诚度等方面衡量品牌竞争力，这些指标来源于消费者对品牌的直接评价和认可，同时也首推核心指标是品牌忠诚度。

5. 基于财务表现的品牌竞争力评价视角

英国的 Interbrand 公司是世界上最早研究评价品牌价值的机构。为了将品牌价值这种无形资产有形化、价格化，该公司设计出了衡量品牌价值的公式：$E=I\times G$。式中，E 为品牌价值；I 为品牌给企业带来的年平均利润；G 为品牌强度因子，可视为品牌竞争力的体现。品牌竞争力的评价指标由 10 个一级指标构成，品牌市场领导力和国际性是两个最为重要的因素。沈占波等（2005）将品牌财务力指标作为衡量品牌竞争力的外显指标。

此外，国内品牌竞争力评价研究学者将品牌的管理能力列入评价指标体系，如许基南（2005）提出企业管理能力、技术创新能力、人力资本和企业家、企业文化；余明阳等（2008）提出资本筹措能力。

综上所述，国内外研究者对品牌竞争力的评价研究成果丰富，但普遍存在五方面问题：

（1）研究者视角大都集中于财务、市场、消费者的个别方面，而较少关注品牌基础能力指标的层面，这影响了品牌竞争力评价指标体系的完备性。

（2）竞争力的本质是竞争主体具有可持续性的比较优势，因此必须考虑其未来发展的动态性。而当前一些研究集中于财务状况及市场竞争表现，基本反映的是品牌过去或现在的表现。消费者支持指标也只是一定程度反映品牌未来的发展趋势，而企业内部对品牌建设的各种支持才是品牌发展的基础，而这恰是当前品牌竞争力评估研究的不足，这将影响评价体系的动态性。

（3）多数研究成果只是一种基于主观经验和理论的一般假设，缺乏大量数据的实证检验，这影响了品牌竞争力评价体系的稳定性。

（4）指标选择方面彼此之间不免存在相关和交互影响关系，这需要将指标结合大量数据进行因子分析屏蔽掉重叠因子，使品牌体系精简实用。同时关于品牌竞争力影响要素的作用机理研究得较少，也需要对各项指标的影响系数进行相关分析，找出关键影响因子，而这两点目前来说都缺乏实证研究。

（5）多数研究成果浅尝辄止于评价指标体系的构建，未能将指标体系合成，致使品牌竞争力评价研究的应用状况不可知，大大降低了本领域学术研究的应用价值。基于此，笔者试图借鉴现有研究成果，从财务模块、市场模块、发展潜力模块和客户支持模块提出四位一体的品牌竞争力评价结构理论模型，采用主成分分析、因子分析修正评价体系，并依据多指标综合指数法导出企业品牌竞争力指数模型，并用实证方法在中国 178 家房地产上市公司予以验证。

三、CBI 量表开发与理论模型构建

（一）量表测项的发展

根据 Churchill（1979）、Gerbing 和 Anderson（1988）、Iacobuoci（2002）和 DeVellis.R.F.（2004）等人的建议，笔者通过以下 3 个步骤获得测项：

第一，本文基于前文理论综述，找出尽可能多的适用测项。主要基于以下三个来源：①企业竞争力评价相关理论成果；②品牌竞争力来源及机理的理论分析成果；③已有关于企业品牌价值和品牌竞争力测评的研究。

第二，结合相关的理论概念自行发展一些测项，尤其是针对品牌发展潜力的评价测项，以弥补现有文献的不足和适应新框架的需要；基于以上两步从定性和定量的角度尽可能多的形成适用题项，总计包含 72 个测项（见表 1）。

表 1　中国企业品牌竞争力指数评价量

序号	变量项目	序号	变量项目	序号	变量项目	序号	变量项目
1	销售收入	12	品牌产品销售量	23	品牌产品海外销售比重	34	营销执行力
2	净资产	13	品牌总资产周转率	24	新产品替代率	35	营销管理能力
3	净利润	14	品牌溢价率	25	新产品开发速度	36	品牌战略投资度
4	近三年销售收入增长率	15	品牌资产报酬率	26	品牌质量合格率	37	品牌成长指数
5	近三年净利润增长率	16	品牌销售利润率	27	发明专利数	38	延伸新产品的接受度
6	净资产利润率	17	销售收入增长率	28	技术创新投资效果系数	39	品牌保护能力
7	总资产贡献率	18	品牌盈利变化率	29	技术经费占销售收入的比重	40	品牌危机处理能力
8	全员劳动率	19	品牌价值变化率	30	资金筹供能力	41	品牌影响发展趋势
9	市场占有率	20	品牌成长年龄	31	原料能源筹供能力	42	品牌关系能力
10	市场覆盖率	21	品牌产品出口总额	32	品牌专项人力资源比例	43	品牌定位成功度
11	新产品市场渗透率	22	品牌产品出口利润率	33	营销创新度	44	品牌传播效率

续表

序号	变量项目	序号	变量项目	序号	变量项目	序号	变量项目
45	品牌运作能力	52	品牌认知层次	59	品牌认同程度	66	行为忠诚度
46	品牌战略规划	53	品牌知名状态	60	品牌品质承诺	67	顾客推荐率
47	品牌文化建设	54	品牌传播评价	61	品牌产品满意度	68	缺货忠诚率
48	品牌社会责任	55	品牌识别系统	62	品牌服务满意度	69	功能联想
49	品牌的主观熟悉程度	56	无提示知名度	63	品牌溢价性	70	品牌个性联想
50	品牌形象认知度	57	提示后知名度	64	品牌偏好性	71	品牌独特性
51	品牌符号认知度	58	品牌信任程度	65	再次购买率	72	组织联想

第三，将这些测项提交中国企业品牌竞争力指数课题组的数十位专家，依据指标数据可获得性、指标数据客观性、指标代表性原则进行题项内容效度和合理性的评定，删除表 1 中 28 个涂上阴影初始测项。经过以上步骤，得到包含 44 个测项的预调查问卷。

（二）量表测项的修正

为了使中国企业品牌竞争力指数评价量表更能准确测评品牌竞争实际水平。针对每一个指标采用 Likert 五级量表，用“非常不重要、不重要、重要、比较重要、非常重要”表示五种态度层级，测量被调查者对这些评价指标重要性的态度。考虑到指标设置的专业性以及实用性，笔者主要针对全国范围内品牌管理研究的相关学者和企业品牌管理者投放问卷 500 份，回收问卷 458 份，其中有效问卷 440 份，有效率达 88%，达到了样本数大于测项数目的 10 倍的可接受标准（Nunnally，1978）。

在此基础上，笔者利用 SPSS 15.0 统计分析软件对有效问卷进行测项的修正，其标准是：①测项与总体的相关系数（Item-total Correlation）小于 0.4 且删除项目后 Cronbach α 值会增加则删除（Yoo and Donthu，2001；Aaker，Fournier and Brasel，2001；McAlexander，Schouten and Koenig，2002）；②旋转后因子负荷值小于 0.4 或者同时在两个因子上的负荷值都大于 0.4 则删除（Nunnally，1978）；③如果一个测项同时在因子 A 和因子 B 上的负荷值都高于临界点，则应考虑删除（张绍勋，2001），但如果删除该测项后，因子 A 和因子 B 又合并了，则该测项不删除。根据以上 3 个标准，44 个测项最后删除了销售收入增长率、品牌价值变化率、品牌产品出口利润率、品牌产品销售量、品牌产品海外销售比重、资金筹供能力、营销执行力、延伸新产品的接受度、品牌形象认知度、品牌认知层次、品牌传播评价、无提示知名度、提示后知名度、品牌品质承诺、行为忠诚度、品牌独特性等 16 个，剩下的 28 个测项形成了一个用于分析的量表。

（三）数据分析与量表开发

对于 440 份关于最终 28 个测项的量表进行因子分析，首先用 KMO 测度值检验选取的指标数据是否适合进行因子分析。通过 SPSS19. 0 统计分析软件测得 KMO=0.805，符合 Kaiser 给出进行因子分析 KMO 标准（KMO>0.9，非常适合；0.8<KMO<0.9，适合；0.7<KMO<0.8，一般；0.6<KMO<0.7，不太适合；KMO<0.5，不适合），样本适合进行因子分析。旋转后公共因子、各因子载荷、特征值以及对总体方差贡献率等如表 2 所示。

表 2　中国企业品牌竞争力指数评价测项的因子分析

因子	因子包含测项	旋转后因子载荷	旋转后特征值	方差贡献率（%）	Cronbacha's 系数	KMO 值	Bartlett's Test of Sphericity Sig.
因子 1：财务竞争因子	销售收入	0.801	3.669	23.263	0.857	0.805	0.000
	净资产利润率	0.7945					
	总资产贡献率	0.768					
	近三年销售收入增长率	0.729					
	近三年净利润增长率	0.670					
	净资产	0.631					
	净利润	0.617					
因子 2：市场竞争因子	市场占有率	0.759	2.621	16.330	0.826		
	品牌溢价率	0.742					
	品牌销售利润率	0.703					
	市场覆盖率	0.657					
因子 3：发展潜力因子	品牌战略投资度	0.741	1.871	11.379	0.762		
	品牌定位成功度	0.735					
	品牌质量合格率	0.721					
	品牌保护能力	0.708					
	品牌危机处理能力	0.683					
	品牌关系能力	0.651					
	技术经费占销售收入比重	0.639					
	品牌专项人力资源比例	0.617					
	品牌传播效率	0.587					
	品牌社会责任	0.552					
	品牌文化建设	0.531					
	品牌成长指数	0.519					
	新产品开发速度	0.501					

续表

因子	因子包含测项	旋转后因子载荷	旋转后特征值	方差贡献率（%）	Cronbacha's 系数	KMO 值	Bartlett's Test of Sphericity Sig.
因子 4：客户支持因子	缺货忠诚率	0.753	1.337	7.842	0.693		
	品牌产品满意度	0.724					
	品牌服务满意度	0.682					
	顾客推荐率	0.611					
总体				58.81	0.837		

注：综合下属各测项的含义，4 个因子分别以“品牌财务竞争力”、“品牌市场竞争力”、“品牌发展潜力”、“品牌客户支持力”命名。

由方差解释贡献率来看，4 个因子累积解释了 58.81%的信息，很接近 60%（Malhotra，1999），说明取的 4 个因子可以接受。本研究采用 Cronbacha's 一致性系数来分析信度。内部一致性系数最适合同质性检验，检验每一个因素中各个项目是否测量相同或相似的特性。一般认为，0.70 及以上是可接受信度的值，如果信度过低，低于 0.60，应该重新修订研究工具或重新编制较为适宜。从表 2 看，整个问卷的 Cronbacha's 系数为 0.837，说明这个问卷的可靠性和稳定性很好。共同因子组成项目的 Cronbacha's 系数，均接近或超过 0.7，说明各因子组成项目的信度均在可接受范围内，内部一致性较好。

关于构建效度，可以利用因子分析的方式加以验证，前面在做因子分析的时候已经得出了 KMO（Kaiser-Meyer-Ollkin）和 Bartlett 检验结果（见表 2）。可以看出，KMO 测度的值为 0.805，说明样本充足度高，根据统计学家 Kaiser 等给出的标准，适合作因子分析。Bartlett 球度检验给出的相伴概率为 0.000，小于显著性水平 0.01，因此拒绝 Bartlett 球度检验的零假设，认为本问卷及其各因子组成项目的构建效度好。

四、CBI 理论模型与指数模型构建

（一）CBI 评价理论模型构建

据此，本文发展了包含 4 个维度的品牌竞争力评价矩阵假设，尝试构建四位一体企业品牌竞争力指数评价理论逻辑模型如图 1 所示。

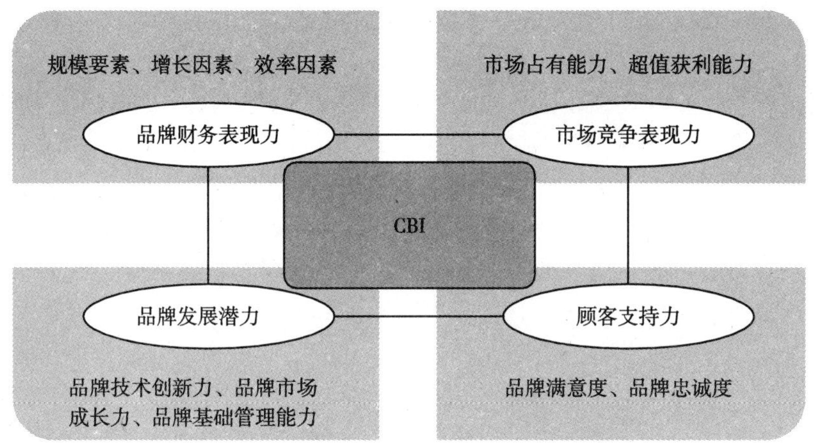

图 1 “四位一体”企业品牌竞争力指数理论模型

回顾文献综述部分，目前对于企业品牌竞争力的评价主要从品牌财务表现、市场表现和消费者支持的视角展开，或者是其中一个或两个方面，或者是其中两个组合的形式。而本研究力图吸收现有研究成果，构建一套全面系统的评价体系。本模型解决了前文提出的几个研究的问题：首先，模型中关于品牌发展潜力模块的设计使企业品牌竞争力评价指标体系相对具有完备性；其次，加入品牌发展潜力模块考虑竞争主体其未来发展的情况，解决评价体系动态性缺失的问题；再次，吸收全国品牌管理专家和商界品牌管理者的一线权威调研数据实证分析的科学结论，规避了主观经验假设的研究缺陷，解决了评价体系稳定性的问题；最后，通过德尔菲法和因子分析法解决了指标之间相关和交互影响，使评价体系更具精确性。同时，本评价指标数据来源科学，包含发展潜力和消费者支持定性指标以及市场表现、财务表现等定量指标，定量与定性结合，主观数据客观数据兼备，符合国际营销学实证研究的主流趋势。

（二）CBI 指数模型构建

1. 权重计算方法

从性质来看，权重分为实质性权重、系统效应权重、信息量权重、估价权重、可靠性权重。系统效应权重是根据某评价指标与被评价事物总水平的关系来制定权重的，若某指标变动引起被评价事物总水平的较大变动，则该指标的系统效应权重较大；反之，则较小（邱东，1991），笔者选择系统效应权重法来确定品牌竞争力指标权重。在 4 个指标通过因子分析聚成 1 个因子的过程中，可以获得 1 个因子分值系数矩阵（Component Score Coefficient Matrix）。其中的系数表示各指标与因子值之间的相关系数，而因子值正是指标得分与这些系数的乘积之和。此特征与系统效应权重法相符，因此可以根据系数矩阵当中的数值来计算权重。这样，4 个指标的权重必须在每次测量时重新计算，而不存在固定的权重。

2. 指标合成方法选择

在繁多的指标合成方法中，最根本、最核心、最常用的方法是加权和法与乘法合成法。根据品牌竞争力评价指标的研究可以推论，品牌竞争力指标的合成方法应该选择加权和法。理由是：5 个一级指标之间只有权重差异，在一个评估时点上处于并列的地位，不存在一个需要其他指标调整的核心指标；企业品牌竞争力不会只受一个指标分值的影响，其他指标分值对此也会有补偿作用。如即使品牌的财务表现指标不高，但品牌发展能力指标的高分也会使品牌竞争力的指数达到较高水平；如果对 4 个一级指标进行因子分析时，所得到的唯一一个因子分值会是 4 个一级指标的加权和，不存在相乘的合成关系。

3. 定量数据与定性数据的统一化处理方法

关于品牌竞争力财务、市场部分基础数据计算方法是将被监测企业的每一指标进行标准化处理，指标的原始数据经过标准化处理后称为指标标准值。数据的标准化处理按以下步骤进行（见表 3），使得定量数据转为定性数据的 LIKERT 五级测量形式。

表 3　定量类指标标准化方法

步骤序号	步骤	公式
1	定量类样本数据取自然对数为 Q	e 处理
2	按行业求出样本平均数指标 $\bar{Q}$	$\bar{Q}=\frac{\sum_{i=1}^{N}Q_i}{M}$
3	计算行业所有监测 Q 的标准差 S	$S=\sqrt{\frac{\sum_{i=1}^{N}(Q_i-\bar{Q})^2}{M}}$
4	计算该企业 Q 的统计标准值 D_i	$D_i=(Q_i-\bar{Q})/S$
5	对统计标准值 D_i 进行阈值法无量纲化处理	$Z_i=\frac{D_i-\min D_i}{\max D_i-\min D_i}4+1$

4. CBI 指数模型的推导

综合以上的品牌竞争力指标体系、指标权重、指标合成法，可以得到一个衡量品牌竞争力综合水平的分值（CBS），见公式（1）。但是，单独的一个绝对值并不能体现其与参照系的关系，也就无法简洁地反映出状况的好坏。为此，需要采取一种相对值形式——指数。为适应使用习惯，指数被调整成百分制的形式。具体见公式（2）。其营销意义是：某一品牌竞争力水平相对于理想状态而言的位置如何。指数越高，说明品牌竞争力水平越高。

$$CBS = W_1F + W_2M + W_3D + W_4C \tag{1}$$

式中，CBS 为品牌竞争力分值；W_x 为第 x 个指标的权重；F 为一级指标品牌财务表现的分值；M 为一级指标品牌市场表现的分值；D 为一级指标品牌发展潜力的分值；C 为一级指标品牌客户支持的分值。

$$CBI=\frac{\frac{e_1}{\sum_{x=1}^{4}e_x}\times\sum_{i=1}^{3}F_i+\frac{e_2}{\sum_{x=1}^{4}e_x}\times\sum_{i=1}^{2}M_i+\frac{e_3}{\sum_{x=1}^{4}e_x}\times\sum_{i=1}^{3}D_i+\frac{e_4}{\sum_{x=1}^{4}e_x}\times\sum_{i=1}^{2}C_i-CBS_{min}}{CBS_{max}-CBS_{min}}\times 100 \tag{2}$$

式中，CBI 为品牌竞争力指数；CBS_{min} 为品牌竞争力分值最小值；CBS_{max} 为品牌竞争力分值最大值；F_i 为品牌财务表现指标 i 的指数；M_i 为品牌市场表现指标 i 的指数；D_i 为品牌发展潜力指标 i 的指数；C_i 为品牌消费者支持指标 i 的指数；i 为指标序号；e_x 为第 x 个指标的因子分值系数；x 为指标序号；e_1 为指标 1（品牌财务表现）的因子分值系数；e_2 为指标 2（品牌市场表现）的因子分值系数；e_3 为指标 3（品牌发展潜力）的因子分值系数；e_4 为指标 4（品牌消费者支持）的因子分值系数。

五、CBI 指数模型房地产行业应用研究

为了检验以上理论成果的应用效果，笔者对中国 178 家房地产企业品牌进行预调研，根据调查数据应用 CBI 指数评价模型得出中国房地产企业品牌竞争力指数排行榜（由于篇幅仅列到前 30），见表 4。

表 4　2011 年度中国房地产上市公司 CBI 排行榜前 30 名

排名	企业简称	相对值	绝对值形式（5 分制）				
		CBI	CBS	品牌财务力	市场竞争力	发展潜力	客户支持力
1	万科地产集团	100.0000	4.7474	4.6379	4.8155	4.7856	4.9837
2	恒大地产集团	93.6494	4.5532	4.6727	3.8501	4.7000	4.9456
3	保利房地产集团	93.2727	4.5417	4.6254	3.9506	4.6099	4.9824
4	中国海外发展	89.8419	4.4367	4.6292	3.8406	4.2934	4.7333
5	华润置地	89.3215	4.4208	4.5734	3.8708	4.1970	4.8692
6	碧桂园	85.7615	4.3119	4.5237	3.2685	4.4911	4.8178
7	广州富力地产	82.0809	4.1993	4.5185	3.0500	4.1095	4.7574

续表

排名	企业简称	相对值	绝对值形式（5分制）				
		CBI	CBS	品牌财务力	市场竞争力	发展潜力	客户支持力
8	雅居乐地产	80.1782	4.1411	4.5181	2.8304	4.0496	4.7236
9	金地（集团）	79.5511	4.1219	4.5479	2.6987	4.0845	4.6369
10	上海实业控股	78.3548	4.0853	4.5337	2.8477	3.7877	4.5383
11	佳兆业集团	77.9400	4.0726	4.4917	2.7345	3.9153	4.6173
12	远洋地产	77.6317	4.0632	4.4690	2.7583	3.9410	4.5724
13	招商局地产	76.1805	4.0188	4.4893	2.4384	3.9242	4.6523
14	SOHO 中国	75.5893	4.0007	4.4648	2.1774	4.0501	4.8355
15	绿城中国	74.9497	3.9811	4.4359	2.5217	3.8898	4.5026
16	北京首都开发	74.9185	3.9802	4.4480	2.6522	3.7505	4.4211
17	合生创展集团	74.2133	3.9586	4.3918	2.4557	3.8717	4.6054
18	新湖中宝	71.9214	3.8885	4.3925	2.2650	3.7599	4.5019
19	金融街控股	71.6430	3.8800	4.4662	2.0114	3.7968	4.5007
20	滨江房产集团	71.0748	3.8626	4.4430	2.0790	3.7169	4.4517
21	上海世茂股份	69.7327	3.8216	4.3871	2.2111	3.6435	4.2619
22	合景泰富地产	69.3312	3.8093	4.3614	2.1215	3.6350	4.3934
23	荣盛房地产	69.0016	3.7992	4.3574	2.1322	3.5957	4.3647
24	上海外高桥	68.8974	3.7960	4.4109	1.7146	3.7799	4.5377
25	阳光城集团	68.4619	3.7827	4.3845	2.0905	3.5628	4.2527
26	宝业集团	67.8639	3.7644	4.3883	1.9268	3.5717	4.3275
27	融创中国	67.7739	3.7616	4.3027	1.9618	3.7042	4.4152
28	信达地产	67.7622	3.7613	4.3850	2.0479	3.5170	4.2108
29	中骏置业	67.3885	3.7498	4.3351	1.9943	3.5718	4.3180
30	方兴地产	66.6045	3.7259	4.3250	2.0421	3.4752	4.2244

（一）CBI 的房地产行业应用及数据解读

根据以上关于量表的开发、理论模型的构建以及实证检验，笔者得出 CBI 指数模型在房地产行业具有三个重要应用：

第一，客观评价行业内企业品牌整体竞争水平。根据中国 178 家房地产企业调查数据统计结果可知，中国房地产行业的 CBI 值为 51.55。按照 CBI 的相对值意义解读，中国房地产企业品牌整体竞争水平相对较弱，距离 100 分的较强竞争力阶段还有很长的路要走。如果将企业竞争划分为规模竞争、效率竞争和创新竞争三个阶段，中国房地产企业竞争仍处于规模要素主导的第一阶段，虽然个别企业竞争水平已经处于效率竞争和创新竞争水平，但就中国房地产企业总体竞争水平而言，与技术创新和品牌经营的效率竞争和创新竞争阶段仍有很大距离。

第二，为企业提供了一套具有评估和诊断品牌建设功能的实用工具。行业内部企业 CBI 数值低于 51.55，说明其品牌竞争力处于劣势，高于 51.55 说明其品牌竞争力处于优势。

第三，根据品牌竞争力指数的相对值可以推算出品牌价值的绝对值，这也是本研究相比于当前国内外品牌评估机构的创新之处。课题组根据品牌价值计算方法得出中国房地产企业品牌价值 50 强，排在前三名的万科 244 亿元、恒大 198 亿元、保利 173 亿元。为了验证这种由相对值推算绝对值的科学性，课题组进行了 CBI 和品牌价值的回归分析，结果到达 96.6%的程度揭示了二者的线性关系，这再次验证了以下结论：品牌价值是品牌竞争力的最直接表现，由 CBI 可以推算出 CBV。

（二）宏观竞争格局：三大区域呈鼎足之势，四大省份垄断行业发展

符合本次调研要求的 178 家房地产上市企业，主要分布于华东、华北和中南三大区域，占上市公司总数的 98%，占营业总额的比重高达 96%，而广东、上海、北京、浙江四个省份占上市公司总数的 66%，占营业总额的比重高达 83%。中国房地产上市企业集中分布于三大经济热区长三角、珠三角和京津唐地区。中南、华北地区的 CBI 均值分别为 54.12、56.15，高于全国均值 51.54。广东、北京、浙江三省份 CBI 得分分别为 56.9、56.6 和 54.0，均高于行业平均值 51.5，广东 CBI 得分最高，在众省份房地产行业中具有较强的竞争力。房地产行业是关乎中国经济发展的重要行业，房地产企业目前已形成三分天下的鼎足竞争之势，一定程度上也揭示了中国区域经济发展的不均衡，西北地区、西南地区和东北地区房地产行业的发展仍处于竞争劣势，这些地区需要一批具有综合竞争力的企业带动区域地产行业的发展。

（三）中观竞争态势：三大企业引领行业发展，中游企业势均力敌

根据中国房地产企业品牌竞争力分级评级标准，对调查的 178 家上市公司进行分级评估，按照一般惯例分为五级，5A 级企业 3 家，4A 级企业 17 家，3A 级企业 87 家，2A 级企业 50 家，1A 级企业 21 家。5A 级房地产企业共有 3 家，包括万科企业股份有限公司、恒大地产集团、保利房地产（集团）股份有限公司，占房地产上市公司总数的 2%，但 3 家的营业收入为 1324 亿元，占 178 家营业总额的 19%以上，三家企业的 CBI 均值为 95.64，远高于行业平均指数值 51.55，所以 5A 级的 3 家企业是中国房地产行业当之无愧的领军企业，引领中国房地产行

业的发展方向。值得关注的是，87 家 3A 级企业，50 家 2A 级企业，占据行业上市公司比重的 77%。其平均指数分别为 58.56 和 41.90，处于行业平均指数的上下区间范围内，两大集团基本代表了房地产行业发展的平均水平，并且企业之间指数分布比较均匀，可以说是势均力敌。

(四) 微观竞争比较：财务指数尽展佳绩，市场指数差强人意

由于近几年中国房地产市场的井喷式发展，房价的不断攀升等因素使得各房地产企业近年来营业收入、净利润都保持了良好的增长态势。这次调查的房地产企业在品牌财务表现力得分均值为 4.0059，一定程度上说明中国房地产企业财务表现良好，但效率因素和增长因素还处于较低水平。市场竞争表现力得分均值仅为 1.7820，市场占有能力得分均值 1.4112，超值获利能力得分 2.4707，表明中国房地产企业在市场竞争力水平相对较弱，品牌化经营是提升市场经营效率的重要途径，中国房地产企业品牌化建设迫在眉睫，实现由财务规模主导的竞争思维向提升市场竞争力的效率优先竞争思维的转变是中国房地产行业未来的重要战略走向。

六、结论与展望

(一) 理论创新和现实意义

(1) CBI 系统的建立标志着我国企业品牌竞争力理论研究上了一个新的台阶，一改传统以品牌价值（绝对值）的方式测评品牌竞争力，采用品牌竞争力指数（相对值）的形式反映企业品牌竞争力水平。这一研究成果属国内首创，在国际上也处于学术前沿。

(2) CBI 系统的建立，吸收了指数理论、系统理论、统计理论的研究成果，开辟了我国对企业品牌竞争力进行定量化研究的新领域，具有重要的理论意义。该系统的建立，可以比较全面、及时、定量、客观地反映中国企业品牌整体竞争水平并预测未来发展趋势，可以为政府产业政策制定提供参考、为投资者提供投资参考、为消费者提供消费指导，对促进中国企业品牌健康发展具有重要的现实意义。

(3) CBI 系统具有极高的科研和使用价值，系统框架结构严谨，评价指标体

系科学全面，灵敏度高，能综合地反映品牌竞争态势，全方位、立体式的反映中国企业品牌竞争力的水平。

（二）中国房地产企业品牌竞争力提升的策略建议

第一，目前中国房地产企业竞争仍处于规模要素主导的阶段，而品牌化经营是提升企业经营效率的重要途径。因此，房地产企业要注重品牌化建设，实现由财务规模主导的竞争思维向提升市场竞争力的效率优先竞争思维的转变。

第二，中国房地产企业竞争处于近乎寡头垄断的境地。21 世纪，中国需要一大批优秀的房地产企业支撑其城镇化进程。因此，国家应加大西北地区、西南地区和东北地区的房地产行业发展，加大中游房地产企业的政策扶持力度，并予以品牌化建设的指导。

第三，中国房地产企业应加强市场竞争体系、客户服务体系以及品牌基础建设体系的规划和实践，尤其是注重成立专门的品牌规划部门，加大品牌定位体系、品牌文化体系、品牌质量监督体系、品牌客户服务体系以及品牌社会责任体系的建设，以塑造具有高度社会责任和高客户忠诚度的品牌形象。

（三）研究展望

本研究处于研究初级阶段，在以下方面尚需提升：①不断完善指标体系的设计方案，指标体系的测算方案需要根据行业的不同进行调整。此次研究以房地产行业为例，未来将展开对制造业、零售业等大型行业的实证研究。②中国企业品牌竞争力指数数据选择，在保证客观数据具有一定权重的基础上，加大定性数据的相对客观性，使测评误差尽量趋于准确。③加大企业品牌竞争力影响因子作用机理的分析，以企业品牌为载体，深度发掘竞争力的作用机理，为“竞争力”这一定性理论向定量化分析做进一步探索。④进一步探索品牌竞争力和品牌价值的线性关系，探讨这一具有广泛应用价值和重大学术价值的课题。

参考文献

[1] Kevin Lane Keller. Brands and Branding: Research Findings and Future Priorities [J]. Marketing Science，2006，25（6）：740-759.

[2] Kevin Lane Keller. Strategic Brand Management [M]. Prentice Hall Inc.，1998.

[3] Prahalad C.K.，Hamel G. The Core Competence of the Corporation [J]. Harvard Business Review，1990（68）：79-91.

[4] Reza Motameni. Manuchehr Shahrokhi：Brand Equity Valuation：A Global Perspective，MCB UP Ltd.（1988）.

[5] Aaker D. A. Erich Joachimst Haler. Brand Leadership [M]. The Free Press, 2002.

[6] Aaker D. A. Building Strong Brands [M]. The Free Press, New York. 1996.

[7] Aaker D. A. Keller K L. Consume Revaluation of Brand Extension [J]. Journal of Marketing 1990 (1): 6-15.

[8] Aaker. Dimension of Brand Personality [J]. Journal of Marketing Research, 1997, 34(8): 347-356.

[9]Aaker. Managing Brand Equity: Capitalizing on the Value of a Brand Name [M]. The Free Press, 1991.

[10] John M. T., Balmer. Corporate Branding and Connoisseurship[J]. Journal of General Management, 1995, 21 (1): 60-70.

[11] Keller K.L. Conceptualizing, Measuring, and Managing Customer-based Brand Equity [J]. Journal of Marketing, 1993 (4): 68-72.

[12] Deng J. L.The Foundation of Grey System Theory [J]. The Jour-nal of Grey System, 1997 (1): 40-50.

[13] Charnes A., Cooper W. W., Rhode E. Measuring the Efficiency of Decision Making Units [J]. European Journal of Operational Re-search, 1978 (2): 429-444.

[14] Sattler. Evaluation of the Financial Valueof Brands [EO/BL]. http: //www.henriksattler.de, 2002.

[15] Jean -Noel Kapferer. Strategic Brand Management: New Approaches to Creating and Evaluating Brand Equity [J]. Journal of Marketing, 1994 (58): 118-126.

[16] Kevin Lane Keller. Conceptualizing, Measuring, Managing Customer-Based Brand Equity [J]. Journai of Marketing, 1993 (57): 1-22.

[17] Gregory S. Carpenter, Donald R. Lehmann. A Model of Marketing Mix, Brand Switching, and Competition [J]. Journal of Marketing Research, 1985 (8): 318-329.

[18] Michel Wedel and Jie Zhang. Brand Competition Across Subcategories [J]. Journal of Marketing Research, 2004 (11): 448-456.

[19] Gary J. Russell and Wgner A. Kamakura. Understanding Brand Competition Using Micro and Macro Scanner Data [J]. Journal of Marketing Research, 1994 (5): 289-303.

[20] J. Miguel Villas-Boas. Consumer Learning, Brand Loyalty, and Competition [J]. Marketing Science, 2004, 23 (1): 134-145.

[21] Differences in Dynamic Brand Competition Across Markets: An Empirical Analysis [J]. Marketing Science, 2005, 24 (1): 81-95.

[22] 菲利普·科特勒，凯文·莱恩·凯勒，卢泰宏等. 营销管理（第 13 版）（中文版）[M]. 北京：中国人民大学出版社，2009.

[23] 迈克尔·波特，泽维尔·萨拉—艾—马丁，克劳斯·施瓦布等. 全球竞争力报告（2007~2008）[M]. 杨世伟，高闯等译. 北京：经济管理出版社，2009.

[24] 迈克尔·波特. 竞争战略（中译本）[M]. 北京：华夏出版社，2005.

[25] 金碚. 论企业竞争力的性质 [J]. 中国工业经济，2001（10）.

[26] 金碚. 中国工业国际竞争力——理论、方法与实证研究 [M]. 北京：经济管理出版社，1997.

[27] 金碚等. 竞争力经济学 [M]. 广东：广东经济出版社，2003.

[28] 金碚. 企业竞争力测评的理论与方法 [J]. 中国工业经济，2003 (3).

[29] 金碚. 中国企业竞争力报告 2008 [M]. 北京：社会科学文献出版社，2008.

[30] 李光斗. 品牌竞争力 [M]. 北京：中国人民大学出版社，2004.

[31] 季六祥. 品牌竞争力战略的全球化定位 [J]. 中国工业经济，2002 (10).

[32] 许基南. 品牌竞争力研究 [M]. 北京：经济管理出版社，2005.

[33] 刘迎秋等. 中国民营企业竞争力报告 No.2：品牌与竞争力指数 [M]. 北京：社会科学文献出版社，2005.

[34] 张世贤. 论工业品品牌竞争力及其量化分析 [J]. 经济导刊，1996 (5).

[35] 张世贤. 略论品牌国际竞争力的提高 [J]. 南开管理评论，2000 (2).

[36] 张世贤. 忠诚度与中国品牌竞争力 [J]. 企业管理，2004 (5).

[37] 周志民. 品牌关系指数模型研究 [D]. 中山大学博士论文数据库，2003.

[38] 李杰，余明阳，王琦. 品牌竞争力综述 [J]. 上海交通大学学报，2007 (6).

[39] 胡大立，谌飞龙. 论品牌竞争力的来源及其形成过程 [J]. 经济管理，2007 (18).

[40] 符国群. Interbrand 品牌评估法评介 [J]. 外国经济与管理，1999 (11).

[41] 陈衍泰，陈国宏，李美娟. 综合评价方法分类及研究进展 [J]. 管理科学学报，2004 (2).

[42] 邱东. 多指标综合评价方法的系统分析 [M]. 北京：中国统计出版社，1991.

第五篇

产业经济与区域发展

农业产业化龙头企业带动农户能力研究
——基于辽宁省的实证分析

周 静 李 克
（沈阳农业大学经济管理学院，辽宁沈阳 110866）

一、引 言

农业产业化经营作为一种新型的经营机制，是继家庭联产承包责任制后我国农村经营体制的又一次重大变革。实行农业产业化，是我国农业和农村经济发展的必然趋势，是促进农业发展方式转变的有效途径，是实现农业现代化的重要出路。龙头企业作为农业产业化进程中的一个关键主体，内联千家万户，外联国内外市场，以市场为导向，以农副产品生产基地为依托，以科技为先导，以产加销一体化为纽带，具有引导生产、深化加工、服务基地和开拓市场等综合作用。龙头企业的兴衰不仅影响其自身的发展，而且还关系到农业增效、农民增收和农村稳定。政府扶持龙头企业就是希望其能够发挥带动农户、促进农户增收的作用。

在《农业产业化国家重点龙头企业认定和运行监测管理暂行办法》(2000) 中，龙头企业被定义为以农产品加工或流通为主业，通过各种利益联结机制与农户相联系，带动农户进入市场，使农产品生产、加工、销售有机结合、相互促进。在农业产业化经营中，龙头企业是依托农副产品生产基地建立的，能够带动农户，与基地农户形成风险共担、利益共享、产加销一条龙、贸工农一体化的新企业形式（高华中，2002）。龙头企业可以是加工企业、流通企业，也可以是批

基金项目：本文受辽宁省科学技术计划项目“农业产业化重点龙头企业带动农户能力研究”资助，项目编号：413010207-1102-01092410003。

作者简介：周静、李克，沈阳农业大学经济管理学院，邮政编码：110866，电子信箱：zjjm08@163.com，like_19850915@163.com。

发市场、中介组织或科技实体（任一萍，2006）。龙头企业是产业化链条上与市场衔接最紧密、起主导作用的一个重要环节，能够开拓市场、引导生产、加工增值、提供服务（王贵元、郑杰，2006）。

在关于龙头企业能力的研究中，对龙头企业竞争力的研究较多。王玉蓉、盛日玲（2005）采用“功能评价系数”对广东省22家省级农业产业化龙头企业核心能力状况进行了评价；彭熠、和王禅、邵桂荣（2006）对我国农业产业化龙头企业缺乏核心竞争力的根本原因进行了探讨，认为导致我国农业产业化龙头企业缺乏竞争力的直接原因可以归结于龙头企业未形成学习型组织、企业家素质缺陷、多元化战略失误。王爱群、郭庆海（2008）建立了龙头企业竞争力评价指标体系，认为经济发达省（区、市）以及传统农业大省（区）的龙头企业竞争力较强。

但是，专门研究龙头企业带动农户能力的文献并不多。《农业产业化国家重点龙头企业认定和运行监测管理暂行办法》中对企业带动能力方面的规定是，通过建立可靠、稳定的利益联结机制带动农户（特种养殖业和农垦企业除外）的数量一般应达到：东部、中部地区3000户以上，西部地区1000户以上；企业从事农产品加工、流通过程中，通过订立合同、入股和合作方式采购的原料或购进的货物占所需原料量或所销售货物量的70%以上。陈超、邸长慧等（2007）构建了龙头企业带动农户能力评价体系，运用因子分析法对南京市26家龙头企业带动农户能力进行了实证分析和评价，认为龙头企业带动农户能力主要体现在对农户的资金扶持、技术支持及与农户分享增值利润三个方面。另外，有一些文章提到龙头企业带动农户能力时仅仅是以带动农户数量、龙头企业数量来体现，但究竟龙头企业带动农户的能力体现在哪些方面、该如何评价，并没有形成一套完整的评价指标体系。

本文的目的正是在已有研究成果的基础上，构建出龙头企业带动农户能力的评价指标体系，评价辽宁省龙头企业的带动农户能力，分析辽宁省龙头企业在带动农户方面取得的成效。文中的带动农户能力是指龙头企业带动农户增收的能力，即龙头企业在促进农户增收方面所做出的贡献。龙头企业在带动农户的过程中，通过不同的利益联结机制与农户联结，从自身经济实力、资金技术支持以及辐射带动等方面实现对农户的带动。

二、农业产业化龙头企业带动农户能力的实证分析
——基于企业的角度

（一）农业产业化龙头企业带动农户能力评价指标体系的构建

本文认为，龙头企业与农户之间的带动关系主要发生在龙头企业生产原料（农产品）的生产和收购环节，要构建龙头企业带动农户能力的评价指标体系，应该从龙头企业带动农户形式的角度分析农户如何从龙头企业那里获得利益，或者说龙头企业哪些方面带动农户增收，从而选取评价指标。龙头企业带动农户的形式主要有买断式、合同式、合作式、企业化、股份或股份合作式五种，通过对这五种形式中农户如何获得利益的分析，按照客观性、科学性、系统性、可比性和可行性指标选取原则，构建出龙头企业带动农户能力评价指标体系，如表 1 所示。

表 1　农业产业化龙头企业带动农户能力评价指标构建

变量	指标名称
X_1	固定资产
X_2	销售收入
X_3	带动农户数
X_4	农产品采购金额
X_5	带动农民合作经济组织规模
X_6	技术培训人次数
X_7	农户从企业中获得的收入

固定资产是指企业的固定资产总额；销售收入是企业所实现的销售收入总额；带动农户数用来衡量龙头企业的辐射带动能力，包括直接带动和间接辐射的农户数；农产品采购金额是指龙头企业所收购的农产品的总价值，可以用来反映龙头企业对农产品的吸收能力；带动农民合作经济组织规模包括龙头企业成立的和带动的合作经济组织的规模；技术培训人次数可以用来反映龙头企业给予农户的技术服务；农户从企业获得的收入包括龙头企业给予农户的利润返还额、给予农户的分红、工资、土地租金以及股利等。

（二）实证分析

1. 数据来源和样本选择

本文所用的数据来源于《农业产业化重点龙头企业带动农户能力研究》项目的调研数据，按照龙头企业的产值规模，在辽宁省农业产业化重点龙头企业中随机抽取了49家企业，向其发放调查问卷，收回问卷27份，全部有效，确定样本企业数为27家，其中沈阳市12家，锦州市4家，辽阳市、朝阳市、盘锦市、葫芦岛市、鞍山市各2家，阜新市1家；国家级重点龙头企业有9家，省级重点龙头企业18家。

2. 因子分析

因子分析法是用少数几个因子反映原始数据大部分信息的统计学方法，其降维处理技术能够较好地解决多指标评价的要求，可以排除各指标之间的相关性，提取出相互独立且能够描述原始数据本质信息的少数几个公因子。本文运用SPSS软件对27家样本企业进行了因子分析（由于篇幅的限制具体过程从略），在提取公因子时采用SPSS默认的主成分分析法，以累计贡献率达到85%来提取，所以应取前4个公因子，此时累计贡献率达到93.064%。

表2 总方差解释

成分	特征值	方差贡献率（%）	累计方差贡献率（%）	旋转后的方差贡献率（%）
1	2.779	39.696	39.696	35.128
2	2.050	29.284	68.981	26.089
3	1.050	15.002	83.983	17.258
4	0.636	9.081	93.064	14.588
5	0.299	4.266	97.330	—
6	0.161	2.305	99.635	—
7	0.026	0.365	100.000	—

表3 旋转后的因子载荷矩阵

变量	1	2	3	4
X_1	0.981	−0.008	0.061	0.041
X_2	0.973	0.017	−0.038	0.132
X_4	0.704	−0.073	0.495	0.271
X_5	−0.101	0.946	−0.033	0.096
X_6	0.077	0.924	−0.070	0.188
X_7	0.056	−0.065	0.975	−0.002
X_3	0.189	0.257	0.032	0.940

由旋转后的正交因子载荷矩阵（见表3）可知：

第一公因子上高载荷的指标有 X_1（固定资产）、X_2（销售收入）、X_4（农产品采购金额），这三个指标反映了龙头企业的自身经济实力，而龙头企业的经济实力对带动农户有着较大作用，故将第一公因子 F_1 命名为龙头企业的经济实力。

第二公因子上高载荷的指标有 X_5（带动农民合作经济组织规模）、X_6（技术培训人次数），农民合作经济组织在带动农户方面多是给予农户技术指导和服务，从而提高农户的收入，龙头企业组织技术培训也反映了龙头企业给予农户技术支持，故将第二公因子 F_2 命名为龙头企业对农户的技术服务支持能力。

第三公因子上高载荷的指标为 X_7（农户从企业中获得的收入），很显然这个指标反映了龙头企业对农户收入的影响，即龙头企业在资金方面对农户的支持，故将第三公因子 F_3 命名为龙头企业对农户的资金支持能力。

第四公因子上高载荷的指标有 X_3（带动农户数），主要反映了龙头企业在数量上的带动辐射大小，故将第四公因子 F_4 命名为龙头企业对农户的辐射带动能力。

公因子命名见表4。

表4　公因子命名

公共因子	高载荷指标	高载荷指标值	因子命名
第一公因子	X_1（固定资产）	0.981	经济实力
	X_2（销售收入）	0.973	
	X_4（农产品采购金额）	0.704	
第二公因子	X_5（带动农民合作经济组织规模）	0.946	技术服务支持能力
	X_6（技术培训人次数）	0.924	
第三公因子	X_7（农户从企业中获得的收入）	0.975	资金支持能力
第四公因子	X_3（带动农户数）	0.940	辐射带动能力

表5　因子得分系数矩阵

	1	2	3	4
X_1	0.461	0.051	-0.080	-0.218
X_2	0.447	0.022	-0.176	-0.094
X_3	-0.151	-0.159	-0.074	1.088
X_4	0.201	-0.041	0.316	0.134
X_5	-0.010	0.578	0.089	-0.190
X_6	0.056	0.537	0.019	-0.105
X_7	-0.105	0.081	0.870	-0.107

根据表 5 可以得到因子得分函数：

$\hat{F}_1=0.461ZX_1+0.447ZX_2-0.151ZX_3+0.201ZX_4-0.010ZX_5+0.056ZX_6-0.105ZX_7$

$\hat{F}_2=0.051ZX_1+0.022ZX_2-0.159ZX_3-0.041ZX_4+0.578ZX_5+0.537ZX_6+0.081ZX_7$

$\hat{F}_3=-0.080ZX_1-0.176ZX_2-0.074ZX_3+0.316ZX_4+0.089ZX_5+0.019ZX_6+0.87ZX_7$

$\hat{F}_4=-0.218ZX_1-0.094ZX_2+1.088ZX_3+0.134ZX_4-0.19ZX_5-0.105ZX_6-0.107ZX_7$

以表 2 中因子旋转后的方差贡献率为系数，应用因子加权总分的方法构造龙头企业带动农户能力评价模型：

$F=0.35128F_1+0.26089F_2+0.17258F_3+0.14588F_4$

由此可见，龙头企业带动农户能力主要体现在企业经济实力、技术服务支持能力、资金支持能力和辐射带动能力四个方面，相应的解释程度分别为 35.13%、26.09%、17.26%和 14.59%。

通过上述评价模型，计算得出 27 家样本企业带动农户能力的各因子得分、总得分和排序（表 6 是因子得分前五名的企业），由于涉及企业数据的保密性，本文利用字母代替了企业的真实名称。

表 6 因子得分前五名的企业

企业代号	F	总排名	F_1	排名	F_2	排名	F_3	排名	F_4	排名
HFMY	1.6352219	1	4.71789	1	-0.00382	6	-0.52875	19	0.48101	4
ZTY	1.1218928	2	-0.41989	22	4.72914	1	-0.28471	14	0.5809	2
WFMY	0.9310719	3	0.52889	3	0.01481	5	4.31605	1	-0.02361	5
DYZY	0.43624	4	0.27828	5	1.06296	2	-0.05978	10	0.49004	3
WJMY	0.2020021	5	-0.75308	27	-0.91367	27	0.03241	9	4.79379	1

因子得分的大小没有绝对的实际意义，但有相对意义，根据公因子的含义及其得分的排名顺序可以看出：总得分排名第一的是 HFMY，作为目前东北最大、全国名列前茅的饲料企业，其本身经济实力雄厚、辐射面广，在国内外已拥有 43 家全资或控股分（子）公司。从原始指标数据上看，2009 年，HFMY 的固定资产达 11.8 亿元，销售收入达 75 亿元，农产品采购金额为 7 亿元，带动农户数达 70000 人，技术培训 10000 人次，这些指标在样本企业中都位居前列。

三、农业产业化龙头企业带动农户能力的实证分析——基于农户的角度

(一) 样本的选择

本文数据来源于“农业产业化重点龙头企业带动农户能力研究”项目，项目组于2011年1月在辽宁省沈阳市、鞍山市、锦州市、阜新市、辽阳市、盘锦市、铁岭市、朝阳市、葫芦岛市等地进行了入户调查，共回收调查问卷320份，剔除缺失关键数据的样本64份，剩余有效问卷256份，其中被龙头企业带动的156份，未被龙头企业带动的100份。

从表7可以看出，样本农户户主中，男性190人，占74.2%，女性66人，占25.8%。在被龙头企业带动的农户户主中，男性118人，女性38人，男女比例约为3：1；未被龙头企业带动的农户户主中，男性72人，女性28人，两组农户户主在性别分布上不存在显著差异。

表7 样本农户性别分布

	男	女
被龙头企业带动（户）	118	38
未被龙头企业带动（户）	72	28
合计（人）	190	66
所占比例（%）	74.2	25.8

从表8可以看出，样本农户户主中，18~30岁的有16人，30~40岁86人，40~50岁81人，50~56岁65人，60岁以上8人。其中，选择被龙头企业带动的农户年龄主要分布在30~40岁、40~50岁、50 ~60岁这三个年龄段，分别有43人、56人、44人，占被龙头企业带动农户总数的91.67%，占全部样本的55.86%。从表9可以看出，40~50岁和50~60岁这两个年龄段中被龙头企业带动的农户占该年龄段的比例都接近70%，说明在全部样本中，这两个年龄段的农户比其他年龄段的农户更倾向于选择被龙头企业带动。

表 8　样本农户年龄分布

	18 岁以下	18~30 岁	30~40 岁	40~50 岁	50~60 岁	60 岁以上
被龙头企业带动（户）	0	9	43	56	44	4
未被龙头企业带动（户）	0	7	43	25	21	4
合计（户）	0	16	86	81	65	8
所占比例（%）	0	6.3	33.6	31.6	25.4	3.1

表 9　样本农户年龄结构

	被龙头企业带动比例（%）	未被龙头企业带动比例（%）
18 岁以下	—	—
18~30 岁	56.25	43.75
30~40 岁	50	50
40~50 岁	69.14	30.86
50~60 岁	67.69	32.31
60 岁以上	50	50

从表 10 可以看出，样本农户户主中，文盲有 3 人，占样本数的 1.2%；小学文化程度的有 32 人，占 12.5%；初中文化程度的有 95 人，占 37.1%；高中文化程度的有 87 人，占 34.0%；中专或技校文化程度的有 21 人，占 8.2%；大专文化程度的有 13 人，占 5.1%；大学及以上文化程度的有 5 人，占 2.0%。在被龙头企业带动的农户中，初中和高中文化程度较多，共 107 人，占被带动农户的 68.59%，占全部样本的 41.80%。

从表 11 可以看出，样本农户家庭劳动力人数为 1 人的有 27 户，占 10.5%；2 人的 136 户，占 53.1%；3 人的 65 户，占 25.4%；4 人及以上的 28 户，占 10.9%。在被龙头企业带动的农户中，家庭劳动力人数为 2 人的有 80 户，占被带动农户的 51.28%，占全部样本的 31.25%。

表 10　样本农户受教育程度分布

	文盲	小学	初中	高中	中专或技校	大专	大学及以上
被龙头企业带动（户）	3	20	56	51	16	6	4
未被龙头企业带动（户）	0	12	39	36	5	7	1
合计（户）	3	32	95	87	21	13	5
所占比例（%）	1.2	12.5	37.1	34.0	8.2	5.1	2.0

表 11　样本农户劳动力分布

	1 人	2 人	3 人	4 人及以上
被龙头企业带动（户）	15	80	45	16
未被龙头企业带动（户）	12	56	20	12
合计（户）	27	136	65	28
所占比例（%）	10.5	53.1	25.4	10.9

（二）研究假说与变量说明

1. 研究假说

假说 1：龙头企业的带动能够显著增加农户纯收入。

龙头企业通过不同的带动形式带动农户，农户按照要求进行农业生产，龙头企业按合同收购农产品，农户除了获得农产品的收购资金外，还可以从龙头企业那里获得农业生产的技术指导、物质支撑以及农产品加工和销售环节的部分利润返还，农产品销售风险降低，收入增加。

假说 2：政府支持龙头企业带动农户的政策能够显著增加农户纯收入。

政府扶持龙头企业的主要目的就是希望龙头企业在促进农户增收方面发挥作用，政府对龙头企业通过信贷支持、税收优惠、技术开发和信息服务等多种扶持政策对龙头企业带动农户进行鼓励。

假说 3：龙头企业提供生产资料能够显著增加农户纯收入。

假说 4：龙头企业提供技术指导能够显著增加农户纯收入。

龙头企业为了获得符合质量标准的农产品，在其与农户合作的过程中会统一为农户提供生产资料和技术指导，龙头企业的技术推广和指导，可以降低农户学习新技术的成本，提高农业生产效率，降低生产成本，从而增加农户收入。

假说 5：合同式与买断式相比能够显著增加农户纯收入。

假说 6：合作式与买断式相比能够显著增加农户纯收入。

假说 7：企业化与买断式相比能够显著增加农户纯收入。

合同式带动形式下，龙头企业与农户签订合同，农户得到了相对稳定的销售渠道，降低了销售成本和市场风险；龙头企业对农产品实行保护价收购，提高了农户的收入。合作式带动形式下，农户通过合作经济组织与龙头企业联结，既可以从合作组织得到利益，还可以得到其他经济环节利润返还，与龙头企业共享市场收益。企业化带动形式下，农户通过土地出租获得租金和领取工资两种获利方式获得收益，既拿租金又拿工资。

2. 变量说明

本文选取农户的农业纯收入为因变量，选择户主性别、户主年龄、户主受教育程度、耕地面积、劳动力人数、非农就业比例、距城市距离、是否被龙头企业带动、政府是否有支持龙头企业与农户合作的政策、是否提供生产资料、是否提供技术指导、龙头企业带动农户形式为自变量，其中前 7 个变量为本文的控制变量。此处，龙头企业带动农户形式包括买断式、合同式、合作式、企业化 4 种形式，以买断式为对照组，合同式、合作式、企业化为虚拟变量，3 个虚拟变量全为 0 代表买断式带动形式。

农户纯收入是扣除从事生产和非生产性经营费用、缴纳税款和上交集体承包任务金额以后剩余的，可直接用于生产性和非生产性建设投资、生活消费、积蓄的那一部分农业收入。户主性别、户主年龄、户主受教育程度为农户的个人特征变量。耕地面积、劳动力人数、非农就业比例为农户家庭特征变量，耕地面积是指农户的总耕地面积，劳动力定义为 16~65 周岁有劳动能力的家庭成员，不包括在校学生和现役军人，非农就业比例是指有非农就业收入的劳动力占家庭总劳动力的比重。距城市距离为地理位置变量，是农户家到最近的县级以上城市的距离。变量说明见表 12。

表 12　变量说明

变量	变量名称	变量定义
		被解释变量
Y	农户纯收入	反映农户收入水平的因变量，单位为元
		解释变量
X_1	户主性别	反映户主性别的自变量，男=1；女=2
X_2	户主年龄	反映户主年龄的自变量，单位为岁
X_3	户主受教育程度	文盲=0；小学=6；初中=9；高中=12；大学及以上=16
X_4	耕地面积	农户的总耕地面积，单位为亩
X_5	劳动力人数	农户家庭的劳动力数量，单位为人
X_6	非农就业比例	非农就业劳动力与劳动力之比，单位为%
X_7	距离城市距离	农户家到最近的县级以上城市的距离，单位公里
L	龙头企业带动	被龙头企业带动=1；没有被龙头企业带动=0
P	政府支持政策	有支持政策=1；没有支持政策=0
M	提供生产资料	提供生产资料=1；没有提供生产资料=0
T	提供技术指导	提供技术指导=1；没有提供技术指导=0
D_1	合同式带动形式	合同式带动形式=1；其他情况=0
D_2	合作式带动形式	合作式带动形式=1；其他情况=0
D_3	企业化带动形式	企业化带动形式=1；其他情况=0

（三）模型设定与回归分析

1. 模型设定

为了在控制户主性别、户主年龄、户主受教育程度、耕地面积、劳动力人数、非农就业比例、距城市距离等因素的条件下，研究龙头企业带动农户形式对农户纯收入的影响，本文构建了两个包含这些控制变量的多元回归分析模型：

$$Y=\alpha+\sum\beta_i X_i+\gamma_1 L+\varepsilon \quad (1)$$

$$Y=\alpha+\sum\beta_i X_i+\gamma_1 P+\gamma_2 M+\gamma_3 T+\gamma_4 D_1+\gamma_5 D_2+\gamma_6 D_3+\varepsilon \quad (2)$$

模型（1）用于分析龙头企业的带动是否能够显著增加农户纯收入。模型（2）用于研究在选择被龙头企业带动的农户中，政府政策支持、提供生产资料和提供技术指导是否能够显著增加农户纯收入，以及不同带动形式对农户纯收入的影响。

2. 回归分析与假说检验

本文选择层次回归法作为本章的实证分析方法。由于检验假说 1 需要用到全部样本，而检验其他的假说只需要使用被龙头企业带动的样本，因此，本文运用 SPSS 软件进行了两次层次回归分析（结果见表 13）。

表 13　层次回归分析结果

自变量	使用全样本		仅使用被带动的农户样本		
	模型（1）	模型（2）	模型（3）	模型（4）	模型（5）
户主性别（X_1）	-0.023	-0.021	-0.024	-0.012	-0.005
户主年龄（X_2）	0.029	0.007	0.027	0.022	0.028
户主受教育程度（X_3）	0.073*	0.078**	0.118**	0.111**	0.104*
耕地面积（X_4）	0.784***	0.753***	0.779***	0.787***	0.793***
劳动力人数（X_5）	0.000	-0.014	-0.015	0.009	-0.000
非农就业比例（X_6）	0.019	0.028	0.047	0.038	-0.002
距离城市距离（X_7）	-0.063	-0.044	-0.008	0.005	0.008
龙头企业带动（L）	—	0.195***	—	—	—
政府支持政策（P）	—	—	—	0.086*	0.094*
提供生产资料（M）	—	—	—	0.011	0.016
提供技术指导（T）	—	—	—	-0.003	0.000
合同式（D_1）	—	—	—	—	0.058
合作式（D_2）	—	—	—	—	0.052
企业化（D_3）	—	—	—	—	0.133**
调整 R^2	0.638	0.674	0.651	0.651	0.656

注：*、**、*** 分别表示在 10%、5%、1%显著性水平上统计显著。

（1）检验假说 1。为了检验假说 1，本文以农户纯收入为因变量，以户主性别、户主年龄、户主受教育程度、耕地面积、劳动力人数、非农就业比例、距城市距离、是否被龙头企业带动为自变量，利用模型（1）对全部 256 个农户样本进行了回归分析，分析结果见表 13 中的模型（1）和模型（2），模型（1）中仅有控制变量，模型（2）中又加入了是否被龙头企业带动。

从表 14 中模型（1）可以看出，户主受教育程度、耕地面积对农户纯收入具有显著的正向影响，户主性别、户主年龄、劳动力人数、非农就业比例、距城市距离对农户纯收入的影响不显著。这表明，农户户主受教育程度越高、耕地面积越大，农户纯收入就越高。

综合模型（1）和模型（2）可以看出，加入龙头企业是否带动农户变量后，模型的拟合优度指标（调整 R^2）获得了显著的改善，而且是否被龙头企业带动变量的系数显著为正。因此，回归分析的结果表明在控制户主性别、户主年龄、户主受教育程度、耕地面积、劳动力人数、非农就业比例、距城市距离的条件下，龙头企业的带动能够显著增加农户纯收入，这与假说 1 的预期相一致。

（2）检验假说 2 至假说 7。为了检验假说 2 至假说 7，本文以农户纯收入为因变量，以政府是否有支持龙头企业与农户合作政策、是否提供生产资料、是否提供技术指导、龙头企业带动农户形式以及控制变量户主性别、户主年龄、户主受教育程度、耕地面积、劳动力人数、非农就业比例、距城市距离为自变量，利用模型 （2）对 156 个被龙头企业带动的样本农户进行了层次回归分析，结果见表 14 中的模型（3）、模型（4）、模型（5）。模型（3）中仅有控制变量，模型（4）中又加入了政府是否有支持龙头企业与农户合作政策、是否提供生产资料、是否提供技术指导三个变量，最后在模型（5）中又加入了合同式带动形式、合作式带动形式和企业化带动形式三个虚拟变量。

从模型（3）和模型（4）可以看出，加入了政府是否有支持龙头企业与农户合作政策、是否提供生产资料、是否提供技术指导三个变量后，模型的拟合优度指标都为 0.651，没有改善。政府是否有支持龙头企业与农户合作政策变量的标准化系数在 10%显著性水平上显著，这说明，与没有政府支持政策相比，政府支持政策能够显著增加农户纯收入。是否提供生产资料、是否提供技术支持虽然对农户收入具有正向影响，但在统计上并不显著。因此，分析结果与假设 2 的预期结果一致，与假设 3 和假设 4 的预期不一致。

由模型（5）可以看出，当进一步加入合同式带动形式、合作式带动形式和企业化带动形式三个虚拟变量后，模型的拟合优度指标获得了进一步的改善。回归结果表明，企业化带动形式对农户纯收入存在显著的正向影响，与假设 5 的预期相一致。合同式与合作式带动形式的系数都不显著，与假设 6 和假设 7 的预期不一致。

以上结果表明：企业化带动形式与买断式带动形式相比能够显著增加农户纯收入，而合同式、合作式带动形式与买断式带动形式相比并不能显著增加农户纯收入。而从回归系数来看，合同式带动形式的回归系数为 0.058，合作式带动形式的回归系数为 0.052，企业化带动形式的回归系数为 0.133，说明企业化带动形式对农户的带动效果是最好的。

四、结　论

通过分析，本文得出以下结论：

第一，龙头企业带动农户能力主要体现在企业经济实力、技术服务支持能力、资金支持能力和辐射带动能力四个方面。龙头企业带动农户能力实质上就是龙头企业带动农户增收的能力，或者说是龙头企业在促进农户增收方面所做出的贡献。龙头企业带动农户，其自身的经济实力对带动农户有着较大作用，固定资产、销售收入、农产品采购金额用来反映龙头企业的经济实力。技术服务支持能力通过带动农民合作经济组织规模和技术培训人次数来反映，农民合作经济组织和龙头企业给予农户技术指导和服务，可以降低农户学习新技术的成本，提高农业生产效率，降低生产成本，从而增加农户收入。资金支持能力主要由农户从企业中获得的收入来衡量，实际上就是指龙头企业的带动效果，即农户收入的增加。辐射带动能力主要通过带动农户数来反映。且样本企业因子得分位居前列的企业都是在辽宁省农业产业化进程中经济实力较强、带动效果较好、辐射范围较广的龙头企业。

第二，龙头企业的带动能够显著增加农户纯收入。龙头企业的发展对农户增收、农业发展和农村建设有积极的带动作用。农户按照要求进行农业生产，龙头企业按合同收购农户生产的农产品，农户除了获得农产品的收购资金外，还可以获得农业生产的技术指导、物质支撑以及农产品加工和销售环节的部分利润返还。本文通过对被龙头企业带动和未被龙头企业带动的农户进行比较，发现龙头企业的带动能够显著增加农户的收入，龙头企业在带动农户增收的过程中扮演着重要的角色，它能够使农户获得稳定的农产品销路，获得技术指导、生产资料、市场信息及其他社会化服务，获得就业机会，能够节约交易费用和降低交易风险。

第三，政府支持政策能够显著增加农户纯收入。政府扶持龙头企业的主要目的就是希望它在促进农户增收方面发挥作用，政府对龙头企业提供信贷支持、税收优惠、技术开发和信息服务等多种扶持政策，鼓励龙头企业带动农户。本文的实证分析证明，与没有政府支持政策相比，政府支持政策能够显著增加农户纯收入。

第四，不同龙头企业带动农户形式的带动效果存在差异。本文通过对龙头企业带动农户形式的分析发现，不同带动形式对农户增收的效果是不一样的，合同式和合作式带动形式对农户纯收入的影响不显著，企业化带动形式对农户纯收入的影响显著，且对农户的带动效果最好。造成这种差异的原因是不同带动形式下龙头企业与农户利益联结紧密程度的差异。企业化带动形式与其他带动形式相比，龙头企业与农户的利益联结更为紧密，龙头企业把农户的生产作为自己的第一生产车间，实行农业生产企业化运作，农户将土地出租，由龙头企业进行统一规划和管理而成为企业的员工，按企业的统一决策进行农产品的生产或加工，农户既拿租金又拿工资，与龙头企业形成利益共同体。

参考文献

[1] 陈超，邸长慧. 农业龙头企业带动农户能力评价体系的构建 [J]. 市场周刊，2007 (4).

[2] 高华中. 龙头企业在农业产业化经营中的作用 [J]. 商业研究，2002 (20).

[3] 郭晓鸣. 龙头企业带动型、中介组织联动型和合作社一体化三种农业产业化模式的比较 [J]. 中国农村经济，2007 (4).

[4] 彭熠，和王禅，邵桂荣. 农业产业化龙头企业建设——一个发展极理论视野中的观点 [J]. 浙江大学学报，2005 (11).

[5] 王爱群，郭庆海. 中国各地区农业产业化龙头企业竞争力比较分析 [J]. 中国农村经济，2008 (4).

[6] 王贵元，郑杰. 农业产业化龙头企业的培育对策 [J]. 农村经济，2006 (7).

[7] 王玉蓉，盛日玲. 广东农业龙头企业培育核心竞争能力的实证研究 [J]. 南方经济，2005 (8).

[8] 任一萍. 农业产业化龙头企业效绩评价研究 [D]. 河北大学硕士学位论文，2006.

Crop Insurance Rate Making in the Absence of Crop Yield Data

——A Note on Subjective Assessments and Pert Distributions in Shaanxi China

Calum G. Turvey Xin Gao Rong Nie Linping Wang Rong Kong

Calum Turvey is the W.I. Myers Professor of Agricultural Finance, Charles H. Dyson School of Applied Economics and Management, Cornell University. Xin Gao is a former graduate student and author of the thesis from which this work is derived, Cornell University. Rong Nie is professor, Liaoning University. Linping Wang is professor, Department of Economics, Fujian Agricultural University, and Rong Kong is professor, College of Management, Northwest Agricultural University, Shaanxi. This paper was supported by the W.I. Myers Endowment Fund.

Introduction

China's recent foray into agricultural crop insurance has raised a number of critical issues with respect to an emerging market for risk management products. In 2004 the China Insurance Regulatory Commission (CIRC) licensed Shanghai Anxin Agricultural Insurance Co Ltd., Sunshine Agricultural Insurance Mutual, and Jilin Anhua Agricultural Insurance Co. and Aon Re China Ltd. to provide a suite of agricultural crop and reinsurance products.① By 2007, insured acres reached 1.4 million hectares in six provincial (Jilin, Inner Mongolia, Jiangsu, Hunan, Sichuan, Xinjiang) pilot regions out of 256.2 million sown hectares nationally. In China crop insurance contracts vary from region to region. In Henan Province, for example, the maximum indemnity payable for corn yield insurance is 192Yuan/Mu, with a 6% premium rate (11Yuan/Mu). The maximum indemnity payable for wheat yield insurance is 311Yuan/Mu, with a 6% premium rate (18Yuan/Mu).② In the rice growing regions of Fujian Province, the insurance mechanism is primarily based on production costs to cover replanting expenses if early-stage growth fails. In our study area of Shaanxi, there are a few agricultural insurance pilot projects. According to a Chinese news website, the annual insurance policies revenue in Shaanxi province in 2008 was 120 million Yuan, a 91 times increase from the revenue in 2006. This provided 2.2 billion Yuan of risk coverage for agricultural production. These insurance products are primarily tailored for specialty products such as apples, rice, tobacco, livestock and dates. Insurance for wheat and corn is categorized as the "second stage" of insurance development in Shaanxi. The central government has also been supporting these pilots through subsidies and tax reductions. In 2007, the central government of China allocated 30 million Yuan for agricultural insurance in Shaanxi Province, which increased to 45 million Yuan in 2008. The local government also allocated 4 million Yuan for insurance subsidies, which mainly targeted at apple and caw insurance. In 2008, the local government again invested 11 million Yuan into apple

① China, one of the country's most prone to natural disasters, started its agricultural insurance endeavors as early as the 1950s. However, the insurance projects terminated temporarily due to the political instability in China during the 1960s and 1970s. The year 1982 marked the re-start of the operation of agricultural insurance in China. The first 11 years (1982-1993) saw a rapid growth in this sector due to strong government support. Nonetheless, in the 1990's, the commercialization of Chinese insurance companies significantly reduced insurance companies' willingness to heavily invest in agricultural insurance projects. By 2003, the volume of agricultural insurance premium was no more than one third of the 1992 peak.

② Henan Province Government Website: http://www.henan.gov.cn/zwgk/system/2010/07/02/010201989.shtml.

insurance. At the mean time, it invested 46 million Yuan into caw insurance. CIRC states in 2010 that in 2007, agricultural insurance premiums in China totaled RMB 5333 million with indemnities of RMB 2975 million. These were 529% and 403% respectively higher than premiums and indemnities recorded in 2006. More generally, the development of crop insurance in China still faces several major challenges. In terms of total insurance and property insurance premium income in China in 2007, the total agricultural insurance premiums collected represent only 0.0076% of total insurance premiums and 0.027% of property premiums collected. Moreover, crop insurance products are accessible only in limited regions and awareness of crop insurance by farmers is very low. Considering the importance and high risk exposure of crops in China (e.g. Chen and Chang, 2005; Ye, 2007), research into the design and pricing of targeted crop insurance for farm households is of great interest.

The academic literature on crop insurance in China has been increasing in recent years but is still very limited in comparison to more developed agricultural economies. Boyd et al. (2011) provide a comparison piece of challenges in the delivery of Western crop insurance products to problems (and benefits) of offering crop insurance in China. According to a survey by Cai, Janvry and Sadoulet (2011), few households had ever purchased or heard of rice production insurance before since no such product had previously been offered. As a result, farmers had very limited knowledge of agricultural insurance products and most of them had never interacted with insurers. Trust in government is also an issue (Sun, 2008). Nonetheless, when insurance products are subsidized and outreach is made available to farmers, take-up rates are reported to be as high as 80% (Feng, 2004; Shi, 2008; Hui, Liu and Lu, 2008; Sun and Zhong, 2008). However, the high participation rate is largely dependent on governmental subsidies, which Kong et al. (2011) show, in a willingness to pay study, make insurance demand more elastic. Similarly, Turvey and Kong (2008) used a survey of over 890 farm households in Shaanxi and Gansu provinces to assess farmers' willingness to pay for weather-index insurance. As with Kong et al. (2011), results show that price is a significant factor that binds the demand for insurance. In practice, subsidies of up to 80% are provided on a tripartite basis from central, provincial and local governments to induce farmer participation. Ye, Yokomatsu and Okada (2010) develop a dual-economy model to check the essential hypotheses about the efficacy of the Chinese government's crop insurance subsidy. They conclude that government subsidy for crop insurance premium induces efficiency loss rather than gain.

Problems have also been identified in premium setting (Zhang, He and Shi,

2007). Zhang and Wang (2008) utilized historical yield data in Xinjiang, China to find the distribution model that fits best. Their results show that poorly fitted model may lead to huge estimation errors in premium rating. Yang, Wang and Xian (2010) used a nonparametric density function model to estimate the probability of yield loss rate, thereby proposing the efficient price level of crop insurances in the Major Grain-Producing Area. Li, Liu and Fang (2009) employ an hierarchical Bayesian model to rate rice insurance in Hubei province.

The problems in establishing economically meaningful premium rates are inextricably tied to perhaps the most serious difficulty facing Chinese insurance companies which is the problem of adverse selection brought about by asymmetric information on historical crop yields. Chinese farms are very small in scale with fields of approximately 1 mu in size belonging to members of a household allocated in a non-contiguous basis under the egalitarian system. To actually collect household yield data by crop would be prohibitively expensive for any insurer, and even if an insurer did wish to undertake collection of an historical record it would be time consuming, requiring many years before a useful picture of the true probability distribution could be revealed. Provincial data and very few county-level data are available in the annual Statistical Yearbook of each province, however, the quality of such data and the aggregation of risks across imperfectly correlated farms, villages and counties makes it difficult to derive actuarial risks.

In order for crop insurance in China to grow at a rate believed necessary a balance is required between the absence of field/farm/household historical records at the present and the time it would take an insurer to acquire a costly historical record. The approach we develop in this paper is simple and inexpensive and we believe can be employed during the startup and early adoption phases of multiple peril crop insurance not only in China, but in other developing agricultural economies with limited contingent markets and limited data. Our approach is to apply the PERT distribution to the self-declared worst, best and most-likely yield outcomes faced by the farm household. Because it is based on recall information from interviewed farm households we make no claim that the PERT distribution is a perfect replicate of the true (but of course unknown) crop yield distribution, but that the vast majority of farmers will have reasonable clarity in their recall of extreme events and that as an interim measure basing insurance rate making on the PERT distribution is "good enough".

To make the case that the PERT distribution is "good enough" this paper will also address the differences between farmers' subjective assessment of their future production risks and the historical probability distribution. We show that for many farmers there is a cognitive mismatch between what they subjectively believe yield outcomes would be in 2011 and the distribution of yields based upon their recall of the historical record. Differences in risk perceptions are not only important from an economic point of view but also of general academic interest on the empirical significance of behavioral economics, risk perceptions and "overconfidence".

Crop Yield Distributions

To understand premium rate setting in crop insurance it is critical to understand how crops are distributed in probability. There is in fact a significant literature on crop yield distributions using both parametric and non-parametric techniques. In virtually all of these studies the explicit or implicit goal was to identify a single probability distribution that could be used to consistently price crop insurance on an actuarial basis.

The basic techniques for identifying crop yield distribution are based on either parametric or nonparametric techniques. Nonparametric approaches have been recognized for their flexibility, but the common problem of limited farm data has hindered the wider use of the nonparametric model in empirical work (Lawas, 2005; Goodwin and Ker, 1998; Ker and Coble, 2003; Ker and Goodwin, 2000; Turvey and Zhao, 1999). Parametric techniques have used both normal and non-normal distributions. Papers discussing the normal distribution include Botts and Boles (1958) and Just and Weninger (1999). However, agricultural economists widely acknowledge that non-normal distributions in general outperform normal ones (Hennessy, 2010).

Amongst various non-normal distribution models, the most common ones are Beta, Gamma, Weibull, Log-normal and the Johnson Family. Nelson and Preckel (1989) and Coble et al. (1996) support the use of beta distribution because it allows a wide range of skewness and kurtosis, and has flexible representation of the response of the first three moments to changes in inputs (Lawas, 2005). Gamma distribution exhibits similar properties as beta but has the advantage of requiring fewer parameters. Using a gamma distribution, Gallagher (1987) estimated soybean yields and found the distribution is negatively skewed. Sherrick et al. (2004) considered the Weibull and log-normal distributions as an alternative to the normal, beta and logistic distributions. Umarov and Sherrick (2004) use Weibull distribution for the evaluation of farmers' overconfidence, arguing that Weibull has the advantage of non-symmetry, zero limit, and wide range of skewness and kurtosis. The Johnson family of distributions was first popularized by Ramirez and McDonald (2005) as a highly flexible parametric alternative to modeling crop yield behavior. The Johnson family of distributions includes the lognormal, and two S distributions. In order to rank the relative performances of these alternative distributions, Sherrick et al. (2004) use an AD test and apply all the five models to Illinois corn and soybean farm-level yield data from 1972-1999. Their ranking is: beta > Weibull > logistic > normal > log-normal.

What is important to understand from this brief review is not so much the breadth of studies undertaken, but the general inability of researchers to actually come to an agreement on a single distribution that can globally be used to describe crop insurance distributions and which could be used to price crop insurance on an actuarial basis. The real lesson is that there is no panacean distribution, but rather a heterogenous mix of distributions that arise because of numerous economic and ecological factors.

There is of course no reason to expect China to be any different. Yet understanding crop yield distributions is perhaps more important in China today with its emerging crop insurance market. As indicated previously the critical issue is in understanding not only what the historical nature of crop risks is or has been, and how farmers actually perceive that risk. To gain these insights we take an appealingly simple approach based upon the PERT distribution.

The PERT Distribution

Although use of the PERT distribution is not foreign to agricultural risk assessments (Bewer et al., 2010), we are surprised that we have found only one study of crop yield distributions (Clop-Gallart and Juárez-Rubio, 2007), to utilize the PERT distribution even though there is a reasonable literature that attempts to match objective versus subjective distributions for this purpose (Buzby et al., 1994; Umarov and Sherrick, 2005; Pease et al., 1993). Clop-Gallart* and F. Juárez-Rubio were interested in developing yield distributions for management support systems and not crop insurance but found that simple elicitation techniques were very reliable and did not depart greatly or significantly from the true and know distribution.

The PERT distribution ("Program Evaluation Research Task") was developed originally by Malcolm et al. (1959) to study the critical paths in the development and manufacture of the Polaris Fleet Ballistic Missile program. The main task of PERT was to examine randomness along nodes of a critical path to provide estimates of a range over which the project will be completed. Malcolm et al. (1959) sought a simple means by which engineers could simply state shortest time, longest time and most likely time for any task to be completed at any node. In our context we define the optimistic yield/mu as b, the pessimistic yield/mu as a, and the modal yield, m. The standard deviation of these yields is assumed to be $\sigma=\frac{1}{6}(b-a)$. Assuming further that the underlying generating process is a beta distribution, $f(y)=K(\bar{y}-a)^{\alpha_1}(b-\bar{y})^{\alpha_2}$, with $\alpha_1=\frac{(\bar{y}-a)(2m-a-b)}{(m-\bar{y})(b-a)}$ and $\alpha_2=\frac{\alpha_1(b-\bar{y})}{\bar{y}-a}$. Combined, mean yields are defined by $\bar{y}=\frac{a+4m+b}{6}$.

It is evident from the many studies designed to determine a generally acceptable crop yield distribution for the purposes of crop insurance rate making that none of the studies were successful in this objective; that is it is impossible to generalize crop yields to any single distribution or distribution type. This is of course the identical situation that Malcolm et al. (1959) found themselves when trying to determine the uncertainties around temporal risk in the Polaris ballistic missile program and the reason why they sought a simple probability distribution that could capture the essence of risk while maintaining the flexibility for differences when the true distribution is, or cannot be, known.

But our approach has an added advantage that will become clearer presently. In our field research in Shaanxi we query a, b and m in 2010 as to the farmer's beliefs about the risks faced in 2011. This is pro-forma subjective. We then query a, b and m relative to the farmer's memory of past outcomes up to 2010. This is the latent or historical probability distribution. Of course the nature of the problem investigated is the lack of historical record so we have no means to measure the accuracy of the historical distributions, but as we stated previously it is likely that farmers would be aware of the extremes as well as the mean. On this point, we find Clop-Gallart* and F. Juárez-Rubio's (2007) results for Spanish farmers encouraging.

The difference between the subjective and historical measures can only be attributed to cognitive dissonance, and we use this to determine why farmers more often than not require a subsidy to participate in crop insurance. It is not tied to affordability as has so often been claimed but due to the dissonance between the subjective and objective probabilities. Not surprisingly we find that the farmer's subjective belief's about the probabilities to be faced in 2011 are more optimistic on both the downside and upside than the objective-historical measures required by the insurer.

We start by defining mean yields:

$$\bar{y} = \int_a^b yf(y)\,dy \tag{1}$$

The indemnity function for crop yield coverage protection of z is:

$$I = \int_a^z (z-y)\,f(y)dy \tag{2}$$

We can compare this to the subjective distribution g (y):

$$I_s = \int_{a_s}^z (z-y)\,g(y)dy \tag{3}$$

Assuming that $I - I_s <=> 0$, then:

$$I = I_s\,(1+\delta) \tag{4}$$

Or:

$$\delta = I - \frac{I_s}{I} \tag{5}$$

Here we define δ as a subsidy level [Subsidy = 1 - (Subjective Premium/Actuarially Fair Premium)] but it is probably best described parametrically as a multiplier required to equate the two loss functions. This can be positive or negative. If negative then that suggests that a subsidy would be required to balance subjective and actuarial risks, but if positive then this would reflect a willingness to pay above the actuarial risk for protection. Naturally we find the former is far more common in our sample than the latter. Our intention here is similar, yet different, from Umarov and Sherrick (2005), who test whether farmers tend to be overconfident when assessing expected yields. Their approach was to ask respondents to assign probabilities to the intervals specified for each (corn) yield level and fit those intervals to a Wiebull distribution. They then obtained county data, detrended and rescaled it and fit it to a Wiebull distribution as well. They then compared the two and found that about 62% of their respondents believed their subjective beliefs to be greater than the average county yields. Our approach is much simpler and more direct since we compare PERT to PERT but require no intervening maximum likelihood estimates to fit responses to a distribution.

Direct Elicitation of Risk

This study uses a survey method to directly elicit risk perceptions from farmers. The survey takes place in 3 counties (25villages) in Shaanxi Province in October 2011. 780 farmers were surveyed about their expectations for next year's price and yield and their historical yield in November 2011, during which 20 Chinese graduate students of the Northwest Agriculture and Forestry University (supervised by faculty researchers) were sent into villages across three counties.

The survey had 9 sections with 117 questions in total. Only a portion of these were dedicated to crop insurance and the identification of crop yield risks via PERT. The original survey was prepared in English, translated into Chinese, then back-translated into English by two independent bilinguals. The survey took between 40 to 80 minutes to complete, with the student reading the question to the farmer and filling in a paper questionnaire. Participating farmers were provided a gift of two bags of laundry detergent valued at approximately 8 RMB.

We visited 780 households and collected 731 questionnaires. After eliminating incomplete questionnaires and famers who do not grow corn or wheat, we have 571 data records for corn and 577 data records for wheat. The completion rate was 93.72%. The validity rates are 78.11% and 98.93% for corn and wheat respectively. All students were trained prior to the survey, and were debriefed twice daily by attending faculty while in the field.

About 55% of respondents were male, with an average age of 48.72 years, and at least high school completion. On average respondents had farmed for about 27 years but this ranged from first year farmers to about 60 years. Allocated land use rights averaged about 4.93 mu/household (4.88 members per household) and income averaged 23796 Yuan/year from all sources with the highest being 248000 Yuan.

The three key survey questions for eliciting the PERT distributions are presented in the table below. We first asked each farmer what would be his expected lowest possible, most likely, and highest possible price (Yuan/Jin) for his crops next year. We then asked what would be his expected lowest possible, most likely, and highest possible yield (Jin/Mu) for next year. The two answers in combination allow us to calculate the subjective revenue (Yuan/Mu) for each farm. We then asked each farmer what had been his lowest ever, highest ever, and average yield (Jin/Mu) in his memory. We asked subjective evaluation before asking historical data so that farmers' expected yield will reflect their true risk assessment, rather than anchoring on their recall of historical yield levels. This information, combined with the price assessment, allows us to calculate the historical revenue (Yuan/Mu) for each farm. The years in which the lowest/ highest yields occurred were recorded to compare the consistency of information afterwards.

If you grow corn or wheat, identify the lowest price you believe possible, the price that you believe is most likely to be received, and the highest possible price you believe possible (RMB/jin) where (1jin=500g) in the next crop year (2010/11).

Crop	Lowest possible price (RMB/jin)	Most likely price (RMB/jin)	Highest possible price (RMB/jin)
1 Corn			
2 Wheat			

If you grow corn or wheat, identify the lowest yield you believe possible, the yield that you belivev is most likely to be received, and the highest possible yield you believe possible (jin/mu) in the next crop year (2010/11), If you do not recall exacts, please answer to nearest within 10 jin/mu.

Crop	Lowest possible yield (jin/mu)	Most likely yield (jin/mu)	Highest possible yield (jin/mu)
1 Corn			
2 Wheat			

If you grow corn and wheat, what is the lowest and highest yield (jin/mu) that you recall from your years in farming? If you do not recall exacts, Please answer to nearest within 10 jin/mu.

Crop	Lowest historical yield (jin/jmu)	Year it occurred	Highest historical yield (jin/mu)	Year it occurred	Average yield across year
1 Corn					
2 Wheat					

Figure 1 Direct Risk Elicitation–Sample Survey Questions

Monte Carlo Simulation

We then apply Monte Carlo simulation to the PERT distributions and generate probability distributions for historical and subjective revenues for each farm. We first construct individual price distributions for each farm as well as a "consensus price distribution" that is agreed upon by all farms in the survey area. The consensus price distribution is obtained by plugging average lowest possible price, average most likely price, and average highest possible price into the PERT distribution formula. The consensus price distribution helps to reduces variations in price when simulating distributions for historical revenues. We then construct subjective and historical yield distributions for each farm. One final consideration for Monte Carlo simulation is the correlation within villages, and between villages. We ran Analysis of Variance and found that assessment for yields, both subjectively and historically, are more clustered within villages. We therefore set the within-village correlation to be 0.8 and cross-village correlation to be 0.6. These correlations are not empirically estimated (because we have no individual household data with which to estimate them) but are merely used as placeholders to ensure that marginal probability distributions amongst our sample farms are not generated under a much weaker assumption of independence.① Monte Carlo simulations are based on 5000 iterations.

Results

For each farm we require a comparison of subjective versus historical probability distributions. The overlay of subjective and historical probability functions for two sample farms are shown in Figure 2. These are very typical of what we observe in all farms and indicate that farmers are in general more optimistic about their expected yield for next year than what has occurred in the past. The historical data, on the other hand, not only suggests lower expectation (i.e. lower mean) but also higher variations (i.e. larger standard deviation) and different degrees of skewness. This result is observa-

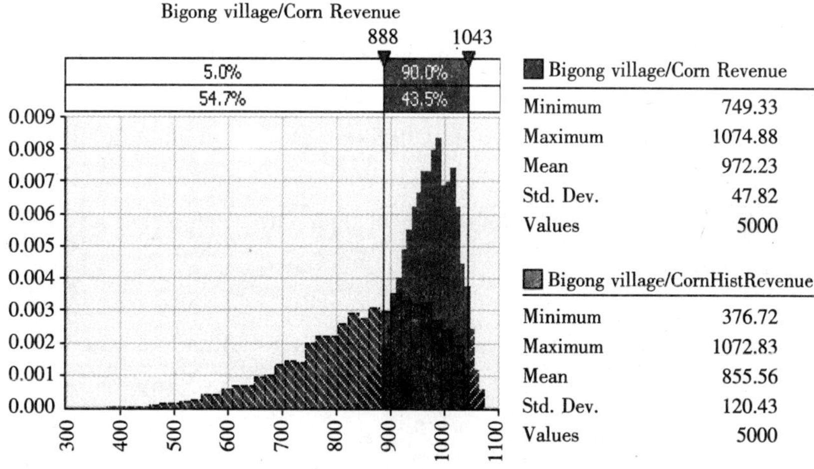

① The reader will note that whether we use the assumed correlations or assume that farms are independent will not affect the distributions we generate in that the mean, median, mode, skewness and standard deviation will be identical. However, a part of this study which we do not report because we cannot validate the correlations, examined the structure of area index insurance (see Miranda (1991); Turvey and Islam (1995); Zhang, Wang and Boyd (2011) for an application to China). This will in fact be critical if crop insurance based on village averages, as we know is done in for example Jilin province, becomes wide spread (as it most likely will be). With caveats about within and between village correlations in place, we find that generally households would be worse off with area-based crop insurance but this point is rather mute; To offer millions of individual household contracts would be too costly to operate outside of the village or village committee.

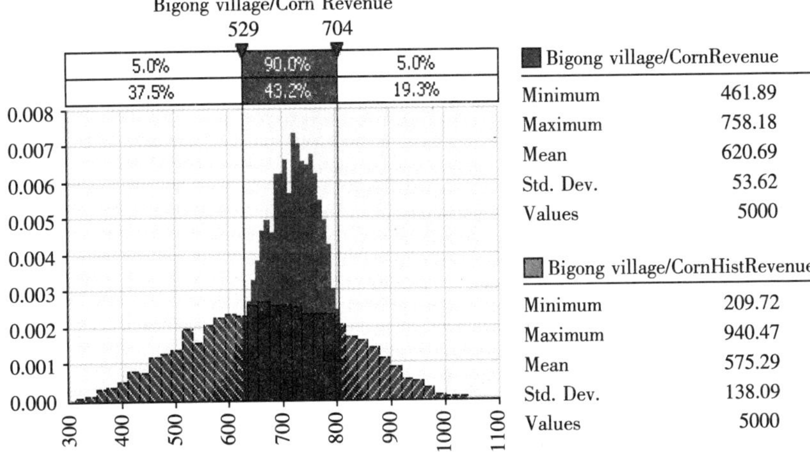

Figure 2 PERT Based Subjective versus Historical Probability Distributions

The two figures show what we typically found in the data. Generally the subjective downside risk is lower than the historical distribution, but we also found that the patterns of probability could be quite different.

tionally consistent with Sherrick's (2002) behavioral finance study on farmers' "overconfidence".

Table 1 summarizes the means and variance comparison in each village. Overall, 82.31% of all farmers expect higher revenue for next year than their historical records suggest. 71.63% of all farmers gave us a narrower interval of variation than the historical variances. Such "overconfidence" prevails in every village we surveyed, indicating that farmers are not only optimistic about their future yields but also seldom aware of the risks they face.

Table 1 Mean and Variance Comparison for Subjective-Historical Assessment—Corn

	Average Mean			Average Std. Dev.			
	Subjective	Historical	Sub>Hist (Percentage)	Subjective	Historical	Sub<Hist (Percentage)	Farms
Overall	744.43	682.59	82.31	52.71	68.37	71.63	571
Village							
Bigong	769.32	724.86	75.00	50.90	75.14	83.33	36
Chenmayuan	514.69	461.38	100.00	38.06	43.63	100.00	3
Datong	686.18	633.84	76.92	40.44	58.87	74.36	39
Han	840.14	761.48	82.22	74.89	82.16	73.33	45
Huangbao	785.83	715.79	84.62	41.72	81.52	84.62	13
Huangbu	735.55	667.06	90.00	54.70	65.61	70.00	50
Laoshang	797.07	777.65	78.95	50.92	64.63	63.16	19

续表

	Average Mean			Average Std. Dev.			
	Subjective	Historical	Sub>Hist (Percentage)	Subjective	Historical	Sub<Hist (Percentage)	Farms
Laoxia	910.19	810.87	88.89	59.68	74.81	81.48	27
Liaodi	602.62	544.52	86.49	37.40	62.28	86.49	37
Liaoshang	750.16	749.00	50.00	43.76	58.50	66.67	6
Maying	921.07	819.61	100.00	55.05	85.05	100.00	1
Mengjiazhai	909.41	683.93	100.00	54.23	71.54	80.00	5
Pingxi	839.20	839.15	100.00	55.59	93.66	100.00	1
Sihu	682.34	596.68	87.50	54.29	75.77	68.75	48
Taibai	699.52	664.81	76.32	47.44	58.65	71.05	38
Tangjia	839.72	748.92	95.65	60.05	87.93	69.57	23
Xiaozhai	623.44	592.90	80.00	42.02	59.70	76.67	30
Xidazhai	837.28	767.70	75.00	78.51	86.01	75.00	4
Xieshang	755.96	694.19	81.25	57.28	54.46	50.00	16
Xixiaozhai	793.45	706.06	94.74	48.97	80.05	68.42	19
Yindou	692.62	645.13	84.21	45.63	58.01	65.79	38
Yuyao	789.39	736.76	75.41	58.95	64.26	55.74	61
Zaixi	1226.84	806.06	100.00	80.31	98.36	100.00	2
Zanfan	538.09	601.59	50.00	38.54	69.45	100.00	2
Zhaixi	696.37	683.16	50.00	67.36	69.52	75.00	8

Table 2 Mean and Variance Comparison for Subjective-Historical Assessment-Wheat

	Average Mean			Average Std. Dev.			
	Subjective	Historical	Sub>Hist (Percentage)	Subjective	Historical	Sub<Hist (Percentage)	Farms
Overall	867.30	801.27	76.04	54.66	77.58	77.26	576
Village							
Bigong	920.08	857.02	80.00	59.33	77.60	71.43	35
Chenmayuan	702.57	856.30	100.00	46.97	68.26	66.67	3
Datong	916.39	843.58	80.00	48.08	74.93	85.00	40
Han	837.25	830.46	86.36	60.29	78.72	75.00	44
Huangbao	716.79	822.02	46.15	41.75	83.62	84.62	13
Huangbu	746.56	823.80	83.67	48.19	63.33	77.55	49
Laoshang	810.80	825.16	83.33	42.24	67.20	70.83	24
Laoxia	946.62	824.92	78.57	63.94	82.87	78.57	28
Liaodi	809.00	827.56	81.08	46.37	69.07	81.08	37
Liaoshang	784.72	840.56	60.00	42.27	62.51	80.00	5
Maying	974.73	842.19	100.00	76.79	67.08	0.00	1

续表

	Average Mean			Average Std. Dev.			
	Subjec tive	Histor ical	Sub>Hist (Percentage)	Subjective	Historical	Sub<Hist (Percentage)	Farms
Mengjiazhai	952.92	845.20	60.00	60.18	43.76	40.00	5
Pingxi	823.34	841.77	100.00	69.74	83.91	100.00	1
Sihu	875.55	846.48	91.30	64.79	92.23	76.09	46
Taibai	956.65	829.15	76.32	55.00	79.00	84.21	38
Tangjia	994.40	828.59	78.26	57.78	93.66	86.96	23
Xiaozhai	858.93	825.04	58.82	55.82	72.44	85.29	34
Xidazhai	1167.91	826.72	75.00	99.59	135.81	75.00	4
Xieshang	844.63	831.55	70.00	60.40	71.81	75.00	20
Xixiaozhai	983.76	842.24	88.89	61.54	110.24	88.89	18
Yindou	871.27	847.91	62.16	44.63	89.49	72.97	37
Yuyao	804.12	849.67	61.67	52.24	63.65	70.00	60
Zaixi	1226.89	855.61	100.00	81.13	158.20	100.00	2
Zanfan	897.71	848.43	50.00	30.64	66.21	100.00	2
Zhaixi	967.26	860.76	71.43	84.39	77.16	42.86	7

The large portion of overconfident farmers in Shaanxi at least partly explains why farmers may be unwilling to purchase crop insurance at an actuarial rate and requires heavy subsidization by government (Turvey and Kong, 2010; Kong et al., 2011). What these results reveal is that farmers are unwilling to pay the premiums because they do not believe that the money to pay matches the risk they face. This is the essential case previously presented in equations (2), (3) and (5). Equation (5) is important because it shows by how much farmers will need to be subsidized in order to equate their subjective [equation (3)] and historical or objective [equation (2)] probability distributions. Equations (2), (3) and (5) are used in the following discussions.

Coverage Level, Premium and Subsidy

The crop insurance products in current pilot areas in China have different coverage levels and inconsistent approaches for premium setting. In Henan Province, for example, the maximum indemnity that would be paid for corn production is 192Yuan/Mu, with a 6% premium rate (11Yuan/Mu). The maximum indemnity for wheat is

311Yuan/Mu, with a 6% premium rate (18Yuan/Mu).[①] The reason why premium rates are calculated based on maximum payout, however, is not clearly presented in governmental documents and may possibly be actuarially unfair. In this section, we will show that the directly elicited risk assessment will allow actuarially premium rating in absence of historical data. In addition, we will also calculate the expected take-up rate and optimal governmental subsidy levels.

We continue with our simulation method for the coverage level and premium setting task for Shaanxi province.[②] We assume that each producer may select guaranteed yield levels from 60 to 100 percent, in ten percent increments of the expected yield. In this context, the probability of falling below each yield guarantee level gives us the amount of premium that each farmer is willing to pay as well as the amount that the insurer would charge. The difference between the two premium levels is the amount that the government needs to subsidize.

In our simulations we use a guaranteed revenue level at 60%, 70%, 80%, 90% and 100% of expected income based upon the historical distributions. As discussed previously it is this historical distribution that will determine the supply of insurance. It is the subjective distributions that determine demand.

For our purposes we define the participation rate, or take-up rate, as the percentage of farmers whose subjective premiums (Equation 4) are higher than the actual premiums (equation 5) at a stated and equivalent coverage level. In other words, participation rate measures the percentage of people who are willing to pay more than (or equal to) what the insurance company will charge. The result of participation rate, premiums at various coverage levels and optimal subsidy levels are summarized in Table 3.

Table 3 Participation Rate, Premium and Subsidy at Different Coverage Levels

	Corn-Coverage and Subsidy									
	60%		70%		80%		90%		100%	
Cut-Off (Yuan/Mu)	408		477		545		613		681	
	Sub.	Hist.	Sub.	Hist.	Sub.	Hist.	Sub.	Hist.	Sub.	Hist.
Premium (Yuan)	1.08	1.61	3.72	4.68	9.58	11.93	20.63	26.68	40.67	53.20
Participation	29		49		75		98		147	
Percentage	5.08%		8.58%		13.13%		17.16%		25.74%	
Subsidy	95.96%		88.91%		81.11%		71.12%		60.43%	

① Henan Province Government Website, http: //www.henan.gov.cn/zwgk/system/2010/07/02/010201989.shtml.

② All simulations used the same seed value and can therefore be directly compared.

Four key findings can be made from Table 3: First, The guaranteed revenues for corn ranges from 408 Yuan/Mu (at 60% coverage level) to 681 Yuan/Mu (full 100% coverage). Second, the percentage of farmers willing to purchase corn insurance, ranging from 5% to 26%, is quite low. This means that farmers will not participate unless the government provides subsidies. Participation rate increases with the increase of coverage level. Therefore, if higher revenue is guaranteed, more farmers will buy; third, the amount of premium that farmers are willing to pay, and the insurer needs to charge, at each coverage level are widely different. For corn, the amount that farmers are willing to pay ranges from 1.08 Yuan/Mu (at 60% coverage level) to 40.67 Yuan/Mu (at 100% coverage level). The amount that the insurer charges ranges from 1.61 Yuan/Mu (at 60% coverage level) to 53.20 Yuan/Mu (at 100% coverage level). The result for wheat is similar. At each coverage level, the amount that farmers are willing to pay is always lower than the amount that the insurance company will charge. In other words, the insurance company always perceives higher production risk than the farmers do. This result is consistent with our previous analysis that farmers tend to be over-confident about their future revenues; fourth, due to the fact that over 80% of the farmers tend to be overconfident in estimating their production income for the next year, a certain percentage of governmental subsidies is therefore necessary to ensure higher participation rate. The last line of each table calculates the break-even subsidy levels required at each coverage level. In general, the government needs to subsidize approximately 60% to 90%, depending on coverage levels. This is higher than what the government is paying now. In Shanghai, the central government and local government covers 30% of the premiums while the farmers need to pay 70%. In Heilongjiang Province, the government pays for 35% of the premiums while the farmers pay for 65%. The current subsidies that government provides are insufficient to cover the gap between the price that farmers are willing to pay and the price that insurer charges. The required governmental subsidy level decreases as coverage level increases. At 60% level, the government needs to subsidize over 90% of the total charge. This means that a large portion of taxpayers' money will be spent on the insurance plans. It is true that at low coverage levels, the premiums are lower. But since the guaranteed revenue is too low, farmers would not believe that they are likely to incur any indemnity. Higher premiums with reasonable coverage levels, on the other hand, could motivate farmers to participate in insurance programs. Consequently, taxpayers' money will be saved.

Further Results

We are interested in some additional factors which relate risk perceptions to crop insurance decisions. We asked farmers whether they had access to insurance or if not whether they would purchase insurance if it were available, coding a "yes" with 1 and 0 otherwise. We then ran logit and linear probability models with a number of endogenous variables including education, years farm, farm size, household size, household income, percent of farm income from farming, debt level, importance of risk management, the mean, standard deviation, skewness and kurtosis of the individually specified subjective revenue distributions (as generated using Monte Carlo). We do not report the results in full because the regression is exploratory, but report only those of significance. Education, perception about the importance of risk management, and the skewness of subjective revenue distribution are significant factors that influence farmers' purchase decisions which are positive for education ($p = 0.003$) and importance of risk management tools ($p < 0.0001$) and negative for skewness ($p = 0.052$). In other words, people with higher education and people who think risk management tools are important are more likely to purchase crop insurance (as indicated by the positive coefficients). On the other hand, people with greater skewness in their subjective revenue distributions are less likely to purchase insurance (as indicated by the negative coefficient). This is because positive skewness indicates optimistic estimation of high revenues. The more optimistic the farmer is, the less likely he will buy insurance. We have on several occasions in this paper indicated that overconfidence could affect the demand side of crop insurance and this latter result bears this out.

The second regression used the same independent variables except downside risk was substituted for the dependent variable and skewness was removed. Downside risk was measured by the (Monte Carlo) computed premium from the subjective probability distribution. Here we are interested in identifying factors that could influence overconfidence relative to downside risk. Household size ($p = 0.006$) is negative and is the only influential demographic variable. Namely, farmers with larger families are less willing to pay a high premium for crop insurance. This is because more abundant labor forces reduce the risk from pure farming activities. On the other hand, the mean ($p < 0.0001$) and standard deviation ($p < 0.0001$) of the subjective revenue distribution were found to be statistically significant. The sign on the expected revenue coefficient was negative indicating that Farmers with higher expected revenues are less likely to pay an actuarial price, largely because they do not feel spending money on insurance is necessary. In contrast, the sign on the standard deviation of revenues coefficient was positive indicating that farmers with higher subjective variations in revenues perceive higher production risks because the probability that they have low yield is perceived to be higher. We ran an additional regression substituting the coefficient of variation for the mean and standard deviation variables and found a positive coefficient ($p<0.0001$) which provides the same conclusions.

The two sets of results indicate that the demand side for crop insurance would, by these results, be driven almost exclusively by risk perceptions and overconfidence. This is interesting in its own right, but equally as interesting is an explanation of variables that were not statistically significant. Household income, asset value, farm size, percentage of income from farming are all factors that could reasonably be conjectured to affect subjective risk perception; yet we find no indication that nothing other than the actual parameters of the probability distribution explain the results. In other words, we can set aside with reasonable assurance that over confidence in the subjective distribution of risk is not unduly influenced by endogenous factors.

Conclusion

The biggest problem that faces crop insurance projects in China is the lack of historical yield data. Based on a survey of 780 households in Shaanxi China, this study shows that premium setting is possible in absence of the past production data using direct elicitation of risk, the PERT distribution, and Monte Carlo Simulation.

This paper provides a possible method to price crop insurance in absence of historical data in China. However, some details should be further investigated before putting this method into practice. First of all, the historical yield record used in this study is obtained by asking farmers the yield history in their memories. The inaccuracy of memories may negatively affect the objectivity of our assessment of historical yield, but because we also find clustering of similar yields within villages, this may not be significant; but we do not believe that the bias is zero. It is also possible that in a real-world (i.e. non-academic) application of the PERT method, where farmers would be aware that their answers will be used for crop insurance pricing, they may tend to overstate their historical yield so that the chance of getting indemnities grows, or understate the historical yields to reduce costs. In this respect the PERT approach may not fully eliminate asymmetric information, adverse selection and moral hazard, but measures can be taken. For example in Jilin province one insurer we met balanced informational asymmetries on both historical yields and loss claims through a formal relationship with the village leader.

The more likely and more pragmatic use of the proposed approach is that the crop insurer will randomly sample farmers within a village and will use these as a base metric for developing historical measures. This would be done in conjunction with the village leader or village committee. Government would also be involved, because as we demonstrate there is a degree of cognitive dissonance between how farmer perceive risks in their next plantings and the historical record. 76% of farm households expect mean yields to be higher than the historical records with 77% having subjective standard deviations lower than the historical record. Even if the historical yields would be protected with 100% coverage only 25% of farmers would purchase the insurance without any form of subsidy. If the insurer is overly concerned about moral hazard and applies coverage at 60% of the historical mean, only 5% of farmers would purchase the insurance at a fair rate based upon their subjective beliefs.

This phenomenon of overconfidence is not a trivial matter. In much of the Western literature on crop insurance it is deemed unreasonable/irrational that farmers' subjective beliefs would be significantly different than the historical record. Our results lend credence to the argument that the reason that farmers do not adopt crop insurance is that there is a disconnect between perceived risk and actual risk. Since it is perceived risk that governs demand and actual risk that governs supply it is no wonder that market imperfections arise and that government involvement is required to encourage participation. This conclusion is consistent with findings in Feng (2004), Shi (2008) and Sun and Zhong (2008).

As we opened this paper we stated that crop insurance in China is in its infancy as an industry, and consequently so is the academic literature. This paper contributes to the problem by offering a simple and pragmatic approach to premium rate setting in the absence of the historical record.

Reference

[1] Bewley J. M., M.D. Boehlje, A.W. Gray, H. Hogeveen, S.J. Kenyon, S.D. Eicher, M.M. Schutz. Assessing the Potential Value for an Automated Dairy Cattle Body Condition Scoring System Through Stochastic Simulation [J]. Agricultural Finance Review, 2010, 70 (1): 126-150.

[2] Boyd M., Jeffrey Pai, Zhang Qiao & Wang Ke. Crop Insurance Principles and Risk Implications for China [J]. Human and Ecological Risk Assessment: An International Journal, 2011, 17 (3), Special Issue: Select Papers from the International Conference on Risk Analysis and Crisis Response (RACR) 2009: 554-565.

[3] Bulut Harun & Collins, Keith & Zacharias, Thomas P. Optimal Coverage Level Choice with

Individual and Area Plans of Insurance [J]. 2011 Annual Meeting, February 5–8, 2011, Corpus Christi, Texas 98803, Southern Agricultural Economics Association.

[4] Buzby J., P. Kenkel, J. Skees, J. Pease, and F. Benson. A Comparision of Subjective and Historical Yield Distributions with Implications for Multiple Peril Crop Insurance [J]. Agricultural Finance Review, 1994 (4): 10–35.

[5] Chambers, Robert G. Insurability and Moral Hazard in Agricultural Insurance Markets [J]. American Journal of Agricultural Economics, 1989, 71 (3): 604–616.

[6] Chen C.–C. and Chang C.–C. The Impact of Weather on Crop Yield Distribution in Taiwan: Some New Evidence from Panel Data Models and Implications for Crop In surance [J]. Agricultural Economics, 2005 (33): 503–511.

[7] Clop–Gallart M. M. and F. Juárez–Rubio. Elicitation of Subjective Crop Yield Spanish[J]. Journal of Agricultural Research, 2007, 5 (1): 16–24.

[8] Feng Wenli. Market Failure and Institution Supply of Agriculture Insurance in China [J]. Journal of Finance (Chinese) 2004 –04, http: //en.cnki.com.cn/Article_en/CJFDTOTAL – JRYJ200404016.htm.

[9] Goodwin B. K., Ker A. P. Nonparametric Estimation of Crop Yield Distributions: Implications for Rating Group–Risk Crop Insurance Contracts [J]. American Journal of Agricultural Economics, 1998 (80): 97–122.

[10] Hennessy D. A. Crop Yield Skewness and the Normal Distribution [J]. J. Agr. and Resour. Econ, 2009, 34 (1): 34–52, 139–153.

[11] Hui Li, Liu Rongmao and Lu Yingying. Empirical Study on Farmer's Agricultural Insurance Demand—A Case Study in Lianshui[J]. Journal of Catastrophology (Chinese), 2008–03, http: //en.cnki.com.cn/Article_en/CJFDTOTAL–ZHXU200803027.htm.

[12] Ker A. P., Coble K. Modeling Conditional Yield Densities [J]. American Journal of Agricultural Economics, 2003 (85): 291–304.

[13] Ker A. P., Goodwin B. K. Nonparametric Estimation of Crop Insurance Rates Revisited [J]. American Journal of Agricultural Economics, 2000 (83): 463–478.

[14] Lawas P. Catherine, Crop Insurance Premium Rate Impacts of Flexible Parametric Yield Distributions: An Evaluation of Johnson Family of Distributions [J]. A Thesis of Master of Science, Texas Tech University, 2005.

[15] Lence H. Sergio, Hart Chad, and Hayes, J. Dermot. Crop Insurance and the Pricing of Geographic Diversification, Presentation Slides [D]. Iowa State University, 1998.

[16] Malcolm D. G., J. H. Roseboom, C. E. Clark and W. Fazar. Application of a Technique for Research and Development Program Evaluation[J]. Operations Research, 1959, 7 (5): 646–669.

[17] Miranda, Mario J. Area–Yield Crop Insurance Reconsidered [J]. American Journal of Agricultural Economics, 1991, 73 (2): 233–242.

[18] Nelson, Carl H., and Edna T. Loehman. Further Toward a Theory of Agricultural Insurance [J]. American Journal of Agricultural Economics, 1987, 69 (3): 523–531, Print.

[19] Li Wenfang, Liu Ruijin, FANG Lingli. Rating Crop Area Yield Insurance at County Level

[J]. Ecological Economy (Chinese), 2009-07, http: //en.cnki.com.cn/Article_en/CJFDTOTAL-STJJ200907008.htm.

[20] Pease J., Wade E., Skees J., and Shrestha M. Comparisons between Subjective and Statistical Forecasts of Crop Yield [J]. Review of Agricultural Economics, 1993, 15 (2): 68-80.

[21] Sherrick B. The Accuracy of Producers' Probability Beliefs: Evidence and Implications for Insurance Valuation [J]. Journal of Agricultural and Resource Economics, 2002, 27 (1): 80-100.

[22] Sherrick J. B., P. J. Barry P. N. Ellinger, and D.G. Schnitkey. Factors Influencing Farmers' Crop Insurance Decisions [J]. American Journal of Agricultural Economics, 2004, 86(1): 103-114.

[23] Shi Hong. Empirical Study on Influence of Financial Subsidy on Farmers' Agricultural Insurance Decision: Evidence from Zhejiang Province in China[J]. Technology Economics (Chinese), 2008-09, http: //en.cnki.com.cn/Article_en/CJFDTOTAL-JSJI200809017.htm.

[24] Sun Xiang-yu. Crop Insurance Knowledge, Trust on Government and Demand for Crop Insurance—an Empirical Study of Peasant Households' Willingness-to-pay in Huai'an, Jiangsu Province[J]. Journal of Nanjing Agricultural University (Social Science Edition), 2008-01, http: //en.cnki.com.cn/Article_en/CJFDTOTAL-NJNS200801008.htm.

[25] Sun Xiangyu and Zhong Funing. The Welfare Economic Analysis of Crop Insurance Subsidy [J]. Issues in Agricultural Economy (Chinese), 2008-02, http: //en.cnki.com.cn/Article_en/CJFDTotal-NJWT200802001.htm.

[26] Turvey G. Calum. and Kong Rong. Farmers' Willingness to Purchase Weather Insurance in Rural China (May 6, 2010). Available at SSRN: http: //ssrn.com/abstract=1601625.

[27] Turvey G. Calum, and Z. Islam. Equity and Efficiency Considerations in Area Versus Individual Yield Insurance [J]. Agricultural Economics, 1995, 12 (1): 23-36.

[28] Turvey C., Zhao C. Working Paper, Dept. of Agricultural Economics and Business. Ontario: University of Guelph; 1999. Parametric and Nonparametric Crop Yield Distributions and their Effects on All-risk Crop Insurance Premiums.

[29] Umarov Alisher, Sherrick J. Bruce. Farmers' Subjective Yield Distributions: Calibration and Implications for Crop Insurance Valuation [J]. Economics View 1970 (6): 68-80.

[30] The World Bank. China: Innovations in Agricultural Insurance -Promoting Access to Agricultural Insurance for Small Farmers, 2007-05.

[31] Ye Xiaoling. An Analysis on Asymmetric Information and Effective Supply of Agricultural Insurance [J]. Commercial Research (Chinese), 2007-02, http: //en.cnki.com.cn/Article_en/CJFD-TOTAL-BUSI200702037.htm.

[32] Zhang Qiao, Ke Wang & Milton Boyd. The Effectiveness of Area-Based Yield Crop Risk Insurance in China [J]. Human and Ecological Risk Assessment: An International Journal, 2011, 17 (3): 89-102, Special Issue: Select Papers from the International Conference on Risk Analysis and Crisis Response (RACR): 566-579.

[33] Zhang Yuehua and Wenjiong SHI Hong. Market Failures, Policy-oriented Agricultural In-

surance and Localization Schemas: Comparative Study of the Agricultural Insurance at Zhejiang, Shanghai and Suzhou [J]. Issues in Agricultural Economy (Chinese) 2007-06, http: //en.cnki.com.cn/Article_en/CJFDTOTAL-NJWT200706010.htm.

辽宁省区域经济增长趋同研究

耿乃国　田美香

一、引　言

区域经济发展不平衡是世界各国普遍存在的规律，学者们一直对此进行着研究。近些年来，随着经济增长理论的蓬勃发展和趋同概念的不断丰富，区域经济增长是否存在着趋同性成为各国学者讨论的热门话题之一。

改革开放以来，辽宁省的经济取得了迅速的发展，但在发展的同时，区域经济发展不平衡的现象也愈加明显，且各城市的经济增长出现趋异化发展。如沈阳和大连经济发展相对较快；而西北部城市群，如铁岭、朝阳、阜新等在经济上则显现出相对缓慢、乏力的增长。区域经济差异过分拉大且长时间存在，势必会影响整个社会的和谐稳定和区域经济效率，既阻碍发达城市经济的进一步发展，也不利于欠发达区域经济的起飞。在这样的背景下，对辽宁省经济增长趋同性的进一步研究是很有必要的。

本文运用区域经济增长趋同理论和检验方法，选取 1994~2008 年作为分析时段，对辽宁省区域经济增长是否存在 σ 趋同、绝对 β 趋同和条件 β 趋同进行实证分析。

二、基本概念与检验方法

（一）σ 趋同

σ 趋同是指各国或地区的人均收入水平差距随着时间的推移而缩小，也就是说随着时间的推移，所有的国家和地区都将收敛于相同的人均收入水平，从而达到一种稳态。σ 趋同是从不同的时间截面上来考察各国或地区间人均收入的变化情况，一般用各国或地区的人均收入或产出对数的标准差来衡量。

σ 趋同的检验方程如下：

$$\sigma_t^2=\frac{1}{n}\sum_{i=1}^{n}\left(\log y_{i,t}-\frac{1}{n}\sum_{i}^{n}\log y_{i,t}\right)^2 \tag{1}$$

式中，$y_{i,t}$ 表示第 i 个经济体在时间 t 的人均 GDP 数值，σ_t 是 n 个经济体之间实际人均 GDP 对数值 $\log y_{i,t}$ 的标准差。

如果在年份 t+T 满足：$\sigma_{t+T}<\sigma_t$，即随着时间的推移，σ 值变小，说明这 n 个经济体在 T 阶段存在 σ 趋同；反之，$\sigma_{t+T}>\sigma_t$，即随着时间的推移，σ 值变大，说明这 n 个经济体在 T 阶段不存在 σ 趋同。

（二）β 趋同

β 趋同是衡量落后地区逐步接近富裕地区水平的速度，即落后地区的增长率与其初始水平存在负相关。也就是说，人均收入越高的地区，人均收入的增长速度就越慢，反之亦然。从而贫困地区具有比富裕地区更快的增长速度，那么贫穷地区的人均收入将赶上富裕地区的经济水平。

1. 绝对 β 趋同

绝对 β 趋同是指在一个封闭的经济体内，具有相同的参数值和生产函数的情况下，经济增长速度和初始人均收入水平之间存在着负相关。它包含一个严格的假定，即所考察的经济体具有完全相同的结构特征和制度安排，包括人力资本、技术水平、人口增长率和生产函数等，这样才能够具有完全相同的增长路径，从而达到均衡稳态。

绝对 β 趋同的检验方程如下：

$$\frac{1}{T}\log\left(\frac{y_{i,t+T}}{y_{i,t}}\right)=\alpha+\beta\times\log y_{i,t}+\mu_{i,t} \tag{2}$$

式中，$y_{i,t}$ 表示第 i 个经济体在 t 年的实际人均 GDP；y_t 在 t 到 t+T 年间人均 GDP 的年平均增长率是$\frac{1}{T}\log\left(\frac{y_{i,t+T}}{y_{i,t}}\right)$；$\mu_{i,t}$ 是随机扰动项。

当满足：$\beta<0$ 时，这 n 个经济体间呈现绝对 β 趋同，β 值越大，趋同性越强；反之，$\beta>0$，则表示这 n 个经济体间不存在绝对 β 趋同。

2. 条件 β 趋同

条件 β 趋同是指除了初始人均收入存在差异外，允许各经济体在其他方面如经济结构、人力资本、投资水平和技术水平等都存在差异，各地区要达到相同的稳态人均收入水平，就需要对上述影响稳态水平的因素进行控制。体现在回归方程上就是在等式右端除了使用初始人均收入变量，还需要引入其他解释变量，此时如果人均收入增长速度与初始人均收入之间存在负相关，则认为存在条件 β 趋同。

条件 β 趋同的检验方程如下：

$$\frac{1}{T}\log\left(\frac{y_{i,t+T}}{y_{i,t}}\right)=\alpha+\beta\times\log y_{i,t}+\lambda X_{i,t}+\mu_{i,t} \tag{3}$$

式中，$\lambda X_{i,t}$ 为各种控制变量向量，其他变量如上所述。

当满足：$\beta<0$ 时，这 n 个经济体间呈现条件 β 趋同；$\beta>0$，则表示这 n 个经济体间不存在条件 β 趋同。

三、区域经济增长趋同性实证分析

在进行实证分析之前，首先根据对辽宁省城市综合实力的评价将辽宁省分为三大类地区。第一类地区称为较发达地区，包括沈阳和大连；第二类地区称为中等发达城市，包括鞍山、盘锦、抚顺、辽阳、本溪、营口、锦州；第三类地区是欠发达城市，包括铁岭、朝阳、丹东、葫芦岛、阜新。本文将在此分类的基础上进行辽宁省经济增长趋同性的实证分析。

（一）σ 趋同实证分析

首先根据 σ 趋同检验方法计算出三大类地区和全省在 1994~2008 年的人均 GDP 对数标准差的值，即 σ 值，如表 1 所示。

表 1 人均 GDP 对数标准差

年 份	人均 GDP 对数标准差			
	第一类地区	第二类地区	第三类地区	全省
1994	0.120	0.418	0.192	0.488
1995	0.116	0.418	0.270	0.518
1996	0.120	0.432	0.269	0.541
1997	0.138	0.442	0.342	0.586
1998	0.145	0.429	0.355	0.594
1999	0.146	0.441	0.395	0.632
2000	0.148	0.466	0.431	0.678
2001	0.153	0.438	0.427	0.665
2002	0.154	0.405	0.412	0.648
2003	0.160	0.386	0.404	0.635
2004	0.171	0.364	0.394	0.615
2005	0.172	0.354	0.305	0.575
2006	0.120	0.327	0.309	0.565
2007	0.088	0.301	0.281	0.547
2008	0.108	0.288	0.257	0.534

由表 1 可知，根据 σ 值变化趋势的不同，整个过程大致可以分为两个阶段：第一阶段是 1994~2000 年，σ 值逐渐变大，总体呈现 σ 发散趋势；第二阶段是 2000~2008 年，σ 值有所下降，因此存在 σ 趋同现象。

从全省的变化趋势来看，在 1994~2000 年，σ 值从 0.488 逐渐上升至 0.678，浮动范围较大，这表示全省的区域经济差异呈现明显的扩大趋势，从 2000 年开始，σ 值缩小，降低至 2008 年的 0.534，出现一定程度的收敛，但趋同现象不是非常的明显。第一类地区，沈阳和大连两城市之间的经济差异变化不是很大，σ 一直保持在 0.1~0.2。第二类地区在 1994~2000 年呈现 σ 发散趋势，但趋势微弱，σ 值仅从 0.418 变化到 0.466，在随后的 8 年中，该地区出现了一定程度的收敛趋势，σ 值从 0.466 变化到 0.288。第三类地区则经历了较为明显的发散和收敛趋势，在 1994~2000 年，σ 值波动加大，从 0.192 上升至 0.431，而之后又呈现较为明显的趋同现象，σ 值缩小至 0.257。

通过上述直观的分析，可以发现，全省和三大类地区都先后出现发散到趋同的趋势变化，虽然有的地区变化较为明显，但从全省来看，2000~2008 年并没有非常大的趋同趋势发生。

为了进一步验证辽宁省和三大类地区的人均 GDP 水平收敛与否，将运用下述公式进行检验。

$$\sigma_{i,t} = c + \lambda \cdot t + \varepsilon_{i,t} \quad (4)$$

式中，$\sigma_{i,t}$ 表示人均 GDP $y_{i,t}$ 的标准差，c 表示截距项，t 表示时间序列，$\varepsilon_{i,t}$ 表示随机扰动项。如果经检验，λ 小于 0 并统计显著，则表明人均 GDP 水平的差异在逐渐缩小，即存在 σ 趋同现象；如果 λ 大于 0 并统计显著，则表明人均 GDP 水平的差异在逐渐扩大，则不存在 σ 趋同现象；如果 λ 等于 0，则表明人均 GDP 趋向了同一个值。

根据表 1 中 1994~2008 年各区域人均 GDP 对数标准差的数据，利用 SPSS 软件对 1994~2008 年、1994~2000 年和 2000~2008 年这三个时间段的全省、三大类地区进行 σ 趋同检验，得结果如下：

表 2　1994~2008 年 σ 趋同检验分析结果

	λ 值	T 值	显著性	R^2
第一类地区	−1.429E−5	−0.009	0.993	0.003
第二类地区	−0.010	−5.314	0.000	0.685
第三类地区	0.002	0.547	0.597	0.150
全省	0.002	0.630	0.539	0.03

从表 2 中可以看出，1994~2008 年，第一类地区和第二类地区的 λ 值分别为−1.429E−5 和−0.010，均小于 0，但第一类地区检验的 $R^2=0.003$，未通过显著性检验，第二类地区的 $R^2=0.685$，回归拟合程度不高，故两类地区虽有 σ 趋同趋势，但趋势不明显；而第三类地区和全省的 $\lambda=0.002>0$，故不存在 σ 趋同。

表 3　1994~2000 年 σ 趋同检验分析结果

	λ 值	T 值	显著性	R^2
第一类地区	0.005	5.487	0.003	0.858
第二类地区	0.007	3.856	0.012	0.748
第三类地区	0.038	11.445	0.000	0.963
全省	0.030	17.360	0.000	0.984

表 3 显示的是 1994~2000 年的 σ 趋同检验结果，三大类地区和全省的 λ 值分别为 $\lambda_1=0.005>0$、$\lambda_2=0.007>0$、$\lambda_3=0.038>0$、$\lambda_4=0.030>0$，且 $R_1^2=0.858$、$R_2^2=0.748$、$R_3^2=0.963$、$R_4^2=0.984$，通过显著性检验，所以这段时期的经济增长不存在 σ 趋同现象，处于趋异趋势。

表 4　2000~2008 年 σ 趋同检验分析结果

	λ 值	T 值	显著性	R^2
第一类地区	−0.009	−2.476	0.048	0.505
第二类地区	−0.021	−24.778	0.000	0.990
第三类地区	−0.026	−8.531	0.000	0.924
全省	−0.020	−17.619	0.000	0.981

表 4 显示的是 2000~2008 年的 σ 趋同检验结果，三大类地区和全省的 λ 值分别为 $\lambda_1=-0.009<0$、$\lambda_2=-0.021<0$、$\lambda_3=-0.026<0$、$\lambda_4=-0.020<0$，且 $R_1^2=0.505$、$R_2^2=0.990$、$R_3^2=0.924$、$R_4^2=0.981$，通过显著性检验，所以这段时期的经济增长存在 σ 趋同现象，但相比之下第一类地区的经济增长趋同现象不为明显。

（二）β 趋同实证分析

1. 绝对 β 趋同

根据绝对 β 趋同的概念和检验方法，首先应当对不同时期全省和三大类地区的人均 GDP 增长率进行计算，结果如表 5 所示。

表 5　辽宁省和三大类地区人均 GDP 及其增长率

地区	1994 年 GDP	2000 年 GDP	1994~2000 年人均 GDP 增长率（%）	2000~2008 年人均 GDP 增长率（%）	1994~2008 年人均 GDP 增长率（%）
沈阳	8429	16432	10.92	16.23	13.575
大连	9983	20255	12.56	15.38	13.97
鞍山	9917	16995	9.41	13.44	11.425
抚顺	6236	10207	8.65	14.37	11.51
本溪	6624	10091	7.45	17.35	12.4
丹东	4589	7181	7.83	15.95	11.89
锦州	4712	6402	5.33	16.53	10.93
营口	4185	7585	10.43	18.94	14.685
阜新	2870	3393	3.1	17.47	10.285
辽阳	6522	9546	6.72	15.94	11.33
盘锦	14033	24630	9.97	8.97	9.47
铁岭	3090	4249	5.46	19.59	12.525
朝阳	3294	2461	–4.5	23.64	9.57
葫芦岛	3956	6005	7.49	13.5	10.495

根据绝对 β 趋同的检验方程：

$$\frac{1}{T}\log\left(\frac{y_{i,t+T}}{y_{i,t}}\right)=\alpha+\beta\times\log y_{i,t}+\mu_{i,t} \tag{5}$$

利用表中数据，应用 SPSS 软件进行回归分析，分析结果如表 6 所示。

通过表 6 可以看出，对于辽宁省第一类地区来说，在 1994~2008 年，解释变量系数 β 值为 0.053>0，表示两城市不存在绝对趋同；当分成两个时间段进行考虑后，在 1994~2000 年，β=0.223>0，不存在绝对趋同，在 2000~2008 年，β=-0.103<0，存在一定程度的绝对趋同。但对于第一类地区来说，仅包括沈阳和大

连两个城市，样本数不足，不能够很好地反映问题。

表 6　1994~2008 年第一类地区绝对 β 趋同检验分析结果

年　份	1994~2000 年	2000~2008 年	1994~2008 年
常数	–0.767	0.599	–0.073
β 值	0.223	–0.103	0.053
趋同系数	–0.1415	0.2171	–0.0396

表 7　1994~2008 年第二类地区绝对 β 趋同检验分析结果

年　份	1994~2000 年	2000~2008 年	1994~2008 年
常数	–0.057 (–0.349)	0.731 (5.598)	–4.860 (–2.324)
β 值	0.036 (0.858)	–0.044 (–4.448)	1.330 (2.443)
R^2	0.358	0.893	0.738
调整 R^2	0.128	0.798	0.544
F 值	0.736	19.789	5.968
F 显著水平	0.430	0.007	0.058
趋同系数	–0.0326	0.0542	–0.2126

表 7 中所表示的是对第二类地区进行绝对 β 趋同检验的分析结果。在 1994~2000 年，$\beta=0.036>0$，不存在绝对趋同，$R^2=0.358$ 及调整的 $R^2=0.128$，且 $F=0.736$，模型拟合程度不高，检验不显著，趋同系数为–0.0326，表示其趋异化速度为 3.26%。在 2000~2008 年，$\beta=-0.044<0$，$R^2=0.893$ 及调整的 $R^2=0.798$，且 $F=19.789$，模型检验显著，表明这一时期，第二类地区存在着绝对趋同，并以 5.42%的趋同速度收敛。1994~2008 年，$\beta=1.330>0$，$R^2=0.738$ 及调整的 $R^2=0.544$，且 $F=5.968$，模型通过检验，说明第二类地区在考察的整个时间段上出现了绝对异化的现象，其异化速度约为 21.26%。

表 8　1994~2008 年第三类地区绝对 β 趋同检验分析结果

年　份	1994~2000 年	2000~2008 年	1994~2008 年
常数	–0.994 (–0.993)	0.812 (3.520)	–0.011 (–0.038)
β 值	0.291 (0.968)	–0.074 (–2.741)	0.034 (0.415)
R^2	0.488	0.845	0.233
调整 R^2	0.238	0.715	0.054
F 值	0.938	7.514	0.172
F 显著水平	0.404	0.071	0.706
趋同系数	–0.1684	0.1121	–0.0278

表 8 是辽宁省第三类地区绝对 β 趋同的分析结果，与第二类地区类似，同样是在 2000~2008 年出现了绝对趋同的现象，其中，β 值为−0.074<0，R^2=0.845 及调整的 R^2=0.715，且 F=7.514，模型通过检验，又趋同系数 0.1121 可知，这一时期第三类地区各城市的趋同速度约为 11.21%。而 1994~2000 年和 1994~2008 年则没有出现绝对趋同现象，β 值分别为 0.291 和 0.034，均大于 0，但由于 R^2 及调整的 R^2 的值不大，且 F 显著水平分别为 0.404 和 0.706，拟合程度不高，显著性不高，故不能很好的说明问题。

表 9 1994~2008 年全省绝对 β 趋同检验分析结果

年 份	1994~2000 年	2000~2008 年	1994~2008 年
常数	−0.412 (−2.636)	0.504 (5.903)	−2.118 (−2.153)
β 值	0.131 (3.088)	−0.067 (−4.011)	0.613 (2.340)
R^2	0.665	0.757	0.560
调整 R^2	0.443	0.573	0.313
F 值	9.536	16.086	5.476
F 显著水平	0.009	0.002	0.037
趋同系数	−0.0967	0.0960	−0.1614

考察全省在以上三个时间段的绝对 β 趋同的分析结果如表 9 所示。在 1994~2000年，经检验，解释变量系数β=0.131>0，不存在绝对趋同现象，其中 R^2=0.665，调整的R^2=0.443，F=9.536，通过显著性检验。在 2000~2008 年，β=−0.067<0，R^2=0.757，调整的 R^2=0.573，F=16.086，模型检验显著，表明在这一时期，全省范围内存在一定程度的趋同现象，且趋同速度为 9.6%。当考察 1994~2008 年全省的绝对趋同性时，β=0.613>0，不存在绝对趋同，异化速度为 16.14%。

2. 条件 β 趋同

从绝对 β 趋同的检验结果看，在辽宁省及三大类地区在本文考察的整个时间段上，即 1994~2008 年不存在绝对趋同现象，但在 2000~2008 年却存在不同程度的趋同趋势。虽然绝对 β 趋同的实证检验在一定程度上反映了辽宁省区域经济增长存在趋同倾向，但本文仍将在原来基础上引入新的附加变量，进行条件 β 趋同的检验，考察是否能够通过加入新的条件使得辽宁省经济增长趋同性更加明显，趋同速度得到提高。

根据相关文献对于条件 β 趋同的研究，可引入的附加变量有很多，在此，本文不做一一讨论，仅根据对辽宁省三大类地区的划分引入地区虚拟变量 W_1、W_2。通过这些变量反映在一定时期内三大区域内部各个城市之间共同的结构特征，从而分析是否存在条件β趋同。

假设第一类地区为（1，0），第二类地区为（0，1），第三类地区为（1，1）。结合前文所述条件β趋同的检验方法，利用SPSS对辽宁省区域经济增长进行条件β趋同的检验。分析结果如表10所示。

表10　1994~2008年全省条件β趋同检验分析结果

年　份	1994~2000年	2000~2008年	1994~2008年
常数	−0.144 (−0.482)	0.846 (6.424)	0.358 (3.198)
β值	0.072 (1.024)	−0.124 (−5.490)	−0.050 (−1.912)
W_1	−0.023 (−0.796)	−0.033 (−2.151)	−0.022 (−2.068)
W_2	−0.049 (−1.203)	−0.074 (−3.234)	−0.049 (−3.245)
R^2	0.713	0.891	0.723
调整 R^2	0.509	0.794	0.522
F值	3.454	12.862	3.647
F显著水平	0.059	0.001	0.052
趋同系数	−0.05915	0.60354	0.08600

如表10所示，对比表9中得出的分析结果，在加入了地区虚拟变量后，结果出现了一定的变化。在1994~2000年，$\beta=0.072>0$，不存在趋同现象，但趋异化速度为5.915%，相比之前有所减慢，且 $R^2=0.713$，调整的 $R^2=0.509$，拟合程度提高。在2000~2008年，$\beta=-0.124<0$，$R^2=0.891$，调整的 $R^2=0.794$，拟合优度提高，F值为12.862，通过显著性检验，说明在这一期间，经济增长存在着趋同趋势，并且趋同的速度得到了很大的提高，在加入地区虚拟变量以后变为60.354%。在1994~2008年，$\beta=-0.050<0$，且 $R^2=0.723$，调整的 $R^2=0.522$，拟合优度提高，这说明存在着趋同现象，并且是在加入地区虚拟变量后，全省的经济增长由趋异转化为趋同，趋同速度为8.6%。

综合以上分析可知，在进行条件β趋同的实证检验过程中，由于引入了地区虚拟变量，在一定程度上促进了辽宁省区域经济增长的趋同趋势，提高了趋同的速度，故可以说存在条件β趋同。因此，只要能够对影响辽宁省各区域经济增长的相关变量进行控制，就能够促进辽宁省经济更快实现趋同。

四、结　论

综合以上分析，本文得到以下主要结论。

第一，1994~2000 年，辽宁省的区域经济增长不存在 σ 趋同，而是出现了分异；2000~2008 年，则表现出 σ 趋同，且各区域趋同化程度有所不同；但从整个时间区间看并不存在 σ 趋同趋势。

第二，1994~2000 年，辽宁省的区域经济增长未出现绝对 β 趋同，而是表现为发散；2000~2008 年，发生了绝对 β 趋同，全省的趋同速度约为 9.6%，各个区域的趋同速度不一；但从整个时间区间看不存在绝对 β 趋同。

第三，辽宁省的区域经济增长存在着条件 β 趋同现象，在引入地区虚拟变量之后，趋同趋势有了明显的加强，故可以通过控制影响地区经济增长差异的变量，来促进辽宁省经济增长向趋同发展。

参考文献

[1] 赵新伟. 我国地区经济增长趋同性研究 [D]. 西北农林科技大学硕士学位论文，2007.
[2] 方齐云，姚遂. 发展经济学 [M]. 大连：东北财经大学出版社，2008.
[3] 朱选功. 河南省各地区经济增长趋同与差异研究 [J]. 城市发展研究，2005 (2).
[4] 辽宁统计局. 辽宁统计年鉴 [M]. 北京：中国统计出版社，1994~2008.
[5] 辽宁统计局. 辽宁城市统计年鉴 [M]. 北京：中国统计出版社，1994~2008.

基于投入产出模型的陕西省制造业关联性研究

杨君岐　侯晓康

(陕西科技大学管理学院，陕西西安　710000)

一、引　言

陕西省是我国制造业大省，也是我国装备制造业、军工企业集中地区之一。陕西省竞争力较强的行业是：武器装备制造业，位居全国第1位；电子及通信设备制造业，国内市场竞争力排名第8位；仪器仪表及文化办公用机械制造业，国内市场竞争力排名分别为第6位和第5位；电气机械及器材制造业，国内市场竞争力排名第13位。依托行业优势，陕西制造业打造了一批市场竞争力较强的优势产品，其中包括：高压开关等输变电设备；挖掘机等工程机械；数控机床等机床工具类产品；重型汽车、豪华客车等汽车及汽车零部件产品；军、民用飞机、燃气轮机、航天发动机；移动通信设备、雷达及卫星导航应用系统；计算机及显示终端等。

作者简介：杨君岐（1962—），男，陕西省岐山县人，教授，陕西科技大学研究生导师，主要研究方向为经济分析的数学模型与电算化处理，近年来开展了对轻工企业管理及产品营销策略的研究。分别在计算机科学、计算机应用研究、分析实验室、中国酿造、统计与决策、商场现代化、酿酒科技、饮料工业、中国酒、陕西科技大学学报等国内外杂志发表论文共30多篇。侯晓康（1988—），女，山东省菏泽市，现就读于陕西科技大学企业管理专业，研究生，研究方向为电子商务。

二、陕西省制造业关联性分析

（一）投入产出模型简介

列昂惕夫是投入分析方法的创始人，投入产出分析为研究社会生产各部门之间的相互依赖关系，特别是系统地分析经济内部各产业之间错综复杂的关系提供了一种实用的经济分析方法。

本文基于我国陕西省 2007 年的 142 个部门投入产出表，把国民经济划分成 8 个产业部门：农林牧渔业、制造业、建筑业、交通运输及仓储和邮政业、批发零售业、住宿和餐饮业、金融保险业、房地产业，运用到其投入产出表，计算出直接消耗系数矩阵和完全消耗系数矩阵。进一步分析投入结构和产出结构、产业间相互联系关系、贡献关系以及拉动作用。

（二）陕西省制造业产业关联性分析

由系数 a_{ij} 构成了直接消耗系数矩阵 A，反映了投入产出表中各个产业部门之间的经济联系，是进行产业关联分析的最重要、最基本的数据。依据公式（1）$a_{ij}=x_{ij}/x_i$（i，j=1，2，3，…，n），计算出陕西省产业间的直接消耗系数，如表 1 所示。

表 1　2007 年陕西省制造业对其他产业的直接消耗系数比较

代　码	陕西省支柱产业	直接消耗系数
1	建筑业	0.50874
2	交通运输及仓储和邮政业	0.29043
3	住宿和餐饮业	0.25330
4	农林牧渔业	0.19313
5	金融保险业	0.09653
6	批发零售业	0.04202
7	房地产业	0.02596

从以上的数据可以得出以下结论：

1. 制造业对建筑业的拉动作用最大

据统计，截至 2009 年，陕西省建筑业企业共有 1016 家，就业人员 88.4546 万名，房屋建筑面积达到 9046.32 万平方米，其中竣工面积 3128.20 万平方米，创造了上千万元的总产值，而制造业拉动了其一半的产值。随着信息技术的突飞猛进，制造业和建筑业的融合呈现加速发展的趋势，产业融合改变了制造业产业发展基础、产业之间关联、产业结构演变和产业组织形态。构建有中国特色的融合型制造业产业体系，将成为新时期我国制造业发展的战略选择。

2. 制造业对交通运输及仓储和邮政业、住宿和餐饮业、批发零售业、农林牧渔业的关联度呈现出较高态势

随着制造业经济活动由“以制造为中心”向“以生产性服务性为中心”的转变，制造业的产出正从单一产品转变为包含产品在内的服务和解决方案。制造业竞争力不仅是产品研发设计和制造的水平和能力，还应包括从市场调研到售后服务乃至产品报废回收的全过程，为客户方和供应链提供全方位服务的能力。特别是制造业的生产、加工、装配环节，其基本特征是对资源的高强度消耗和使用，因此制造业需求的大多为基础性物流服务。物流、仓储、服务业今天取得如此健康快速发展的成就，在很大程度上要归功于制造业的贡献。

3. 制造业在一定程度上影响着金融保险业和房地产业的发展

如果把交通运输及仓储业定义为较传统的生产性服务业，那么各地的制造业对新型的生产性服务业的产业依赖，其中最大的是金融保险业。为解决中小企业融资难的问题，国家一直鼓励银行、保险机构对中小企业提供金融创新服务，这一点在西部表现尤为明显。陕西地区制造业对金融保险业的平均产业依赖度接近于 0.1，远大于东部地区的 0.0490 及中部地区的 0.0447（见图 1）。可以看出，陕西省制造业对金融保险业有较大的依赖。

三、陕西省制造业对国民经济的贡献

（一）完全消耗系数矩阵的意义及计算

在国民经济各部门之间，各种产品在生产过程中除有直接的生产联系外，还有间接联系，这使得各种产品间的相互消耗除了直接消耗外，还有间接消耗。完全消耗系数则是这种直接消耗和间接消耗的全面反映，是全部直接消耗系数和全部间接消耗系数之和。完全消耗系数揭示了部门之间的直接和间接的联系，它更

全面、更深刻地反映了部门之间相互依存的数量关系。

通过数学公式推导以及 Matlab 软件运用，可以计算出完全消耗系数：

$C=(I-A)^{-1}-I$

式中，C 为完全消耗矩阵；I 为单位矩阵；A 为直接消耗矩阵。那么，C = inv (eye(8) - A) - eye(8)。利用 Matlab 软件实现完全消耗矩阵的计算，绘制出下图：

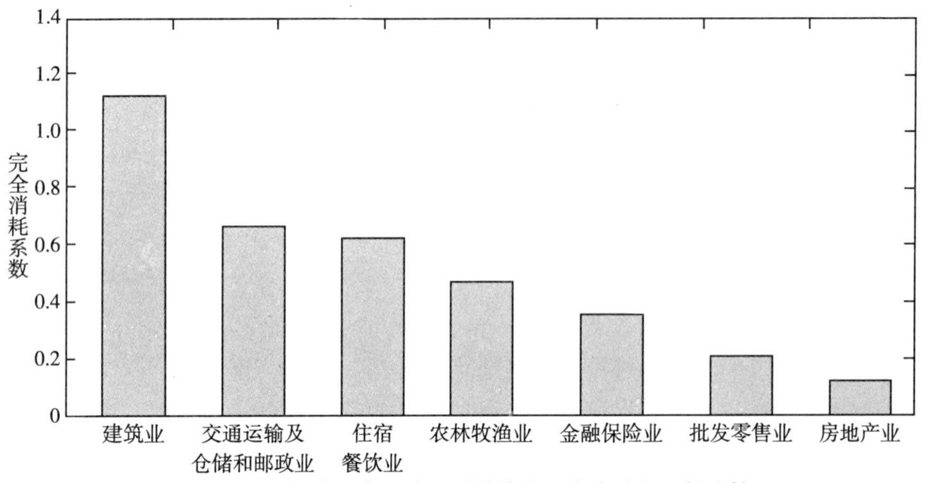

图 1　2007 年陕西省制造业对其他产业完全消耗系数比较

（二）陕西省制造业主导作用分析

陕西制造业在实施质量兴省战略、确保发展的质量和效益中开始走向全面振兴。数据显示，陕西制造业质量竞争力指数连续 5 年稳步提升，从 2006 年全国排名 16 位，上升到 2010 年的 14 位。西部大开发以来，陕西制造业已经在能源、有色金属、化工、交通运输、航空航天、烟草加工等领域形成了一定的优势，建成了一批在全国具有一定影响的工业基地。对产业结构和经济发展起着导向性和带动作用，并具有广阔的市场前景和技术创新能力的产业。陕西省制造产业已经在经济发展中成为国民经济的“龙头”，并在产业结构中占有较大比重。

1. 陕西省制造业对其他产业的拉动和贡献作用最为突出

从以上数据可以看出，制造业俨然已经成为其他各个产业依赖强度非常大的产业，比如说，交通运输及仓储和邮政业、批发零售业、住宿餐饮业、农林牧渔业、金融保险业和房地产业六大产业对于建筑业的完全消耗之和也不过为 0.2092，大约相当于制造业对于建筑业的完全消耗系数（0.9929）的 1/5；其他产业对交通运输及仓储和邮政业的完全消耗系数 0.1434 与制造业消耗交通运输及仓储和邮政业 0.66996 相比也有较大差距，显而易见，这样的差距是非常明显的，制造业对于其他产业的发展壮大有着举足轻重的作用。

通过计算得到制造业对其他产业的间接消耗系数分别为 0.6213、0.3795、0.3719、0.2786、0.2593、0.1643、0.0967。这一组数据显示出制造业对其他产业的间接消耗量明显高于直接消耗量。间接消耗如此之大，最主要的原因就在于关中地区作为陕西省工业经济最集中的区域，形成了能源化工、装备制造、有色冶金等一批优势产业，航空航天、电子信息、半导体照明等新兴产业。这些产业集群和工业园区的建设对于其他产业的间接消耗、拉动作用和贡献作用最为突出。

2. 陕西省制造业对批发零售业和住宿餐饮业、金融业、农林牧渔业的拉动作用明显高于全国平均水平

通过对全国制造业对其他产业完全消耗系数的计算与陕西省进行比较，虽然对建筑业的贡献有些差距（全国制造业对建筑业、房地产业的完全消耗系数分别为 1.5877 和 0.4812），但是对交通运输及仓储和邮政业的贡献率接近于持平，仅仅相差 0.0657。更难能可贵的是，陕西省制造业对批发零售业和住宿餐饮业的完全消耗系数为 0.8316，远远高于全国平均水平 0.3477，如表 2 所示。

表 2　全国制造业对其他产业完全消耗系数与陕西省的比较

地　区	建筑业	交通运输及仓储和邮政业	批发零售业和住宿餐饮业	农林牧渔业	金融保险业	房地产业
全国平均水平	1.5877	0.7357	0.3477	0.4071	0.0312481	0.4812
陕西省	1.12999	0.66996	0.8316	0.47177	0.35584	0.12265

制造业对金融业的带动作用主要体现在招商引资方面。比如说，继 2010 年制造业首次超过房地产业、采矿业排在外省区市在陕投资领域首位之后，2011 年第一季度，制造业再次位居陕西投资领域首位。新兴产业投资上升，光伏产业、金融资本、电子通信、空港物流、高新技术等新兴产业在陕总投资达 814.3 亿元。其中，电力业投资 70 个项目，总投资 740 亿元；金融业投资 11 个项目，总投资 63 亿元；信息传输、计算机服务和软件业投资 8 个项目，总投资 11.3 亿元。这些新兴产业不仅投资规模大、产业层次高，而且链条长，对提升陕西省产业层次和调整产业结构也将产生积极的推动作用。

四、“十二五”期间陕西省制造业发展要求

陕西省具有良好的工业基础，制造业的特色和优势明显，作为装备制造大省，在航空航天、国防装备、光电仪器、能源化工、电器交通、医药轻纺等产业

都有优势，信息化的基础很好。“十二五”期间，陕西省可以依托西飞、陕鼓、陕飞等大型集团制造企业，发挥龙头带动和中心辐射作用，运用先进技术，加快改造步伐，推动重大装备自主化、成套化、高端化，推动骨干企业由单机制造向系统集成转变，推动主体产品由生产型制造向服务型制造转变，培育一批具有自主知识产权和名牌产品的龙头企业，建设具有国际竞争力的先进制造基地。

（一）大力发展先进装备制造业

“十二五”时期，陕西省装备制造业将围绕转变发展方式、构建现代产业体系，抓住关键领域，瞄准高端前沿，大力优化结构。预计到 2015 年，全省规模以上装备制造业工业总产值达到 6000 亿元以上，年均增长 20%左右；增加值达到 1700 亿元，年均增长 20%以上；新产品产值率力争超过 30%以上；固定资产投资达到 1300 亿元，增长 25%左右；力争实现利润 400 亿元；就业人数 50 万人。

为实现上述目标，必须狠抓丰富市场主体，加快装备制造多元发展；完善创新体系，增强企业发展内生动力；调整投资结构，推进产业结构优化升级；推进集群建设，加快装备制造集聚发展和狠抓项目落实，夯实装备制造发展基础五项工作。同时，在构建和完善公共服务平台、加强投资政策支持、强化财税扶持政策、给予用地优先支持、加大金融支持力度、提供物流运输保障、切实加强组织领导七个方面，强化政策措施保障，确保“十二五”规划目标任务顺利实现。

（二）培育壮大战略性新兴制造业

瞄准世界科技前沿，顺应技术发展趋势，发挥政府引导作用，加大政策支持力度，重点发展航空航天、新材料、新能源、新一代信息技术、生物技术、节能环保等战略性新兴产业，着力突破激光、创新药物、信息通信、太阳能光伏和半导体照明等一批关键核心技术，适应市场需求，提高产业化水平。预计战略性新兴制造产业增加值占生产总值比重达到 15%以上。

（三）改造和提升传统制造产业

加大力度改善品种质量、淘汰落后产能，进一步培育骨干企业和优势产品，加快应用新技术、新材料、新工艺、新装备，推动产业转型升级。比如传统的食品加工业和纺织服装业：食品加工产业应该以果蔬、乳制品、肉制品加工和烟酒制造等产业为重点，打造一批知名品牌，同时提高精深加工和终端产品比重，建设世界浓缩果汁基地、全国乳制品基地和西部肉制品基地；纺织服装业应重点发展高档面料、功能性面料、床上用品及家用装饰、服装等产品，提高印染和后整理等配套能力，增加产品门类和附加价值，加快建设西安现代纺织产业园，推动建设咸阳纺织服装、安康丝绸加工等产业基地，支持发展传统手工纺织产品，努力振兴纺织业。

五、小 结

随着新型工业化发展观念的深入，陕西省制造业实力不断增强。在前面的分析中可以看出，制造业在整个国民经济体系中贡献比较大。因而，优化调整陕西省制造业发展进程，对陕西省经济的可持续发展至关重要。党中央、国务院高度重视制造业发展，在党的十七届五中全会上指出，“十二五”期间要深入贯彻落实科学发展观，适应国内外形势新变化，以科学发展为主题，以加快转变经济发展方式为主线，以深化改革开放为动力，促进经济长期平稳较快发展，这为陕西省装备制造业的发展指明了方向——走“创新驱动、环境友好、内生增长”发展轨道，从战略上高度重视发展制造业，为制造业的发展提供更加有效的服务和保障，推动整个制造业的振兴，实现“陕西制造”向“陕西创造”的转变。

参考文献

[1] 陕西统计局. 陕西统计年鉴 [M]. 北京：中国统计出版社，2001~2010.

[2] 刘小瑜. 中国产业结构的投入产出分析 [M]. 北京：经济管理出版社，2003.

[3] 王圣学. 陕西产业发展研究 [M]. 北京：中国统计出版社，2002.

[4] 朱平芳，刘弘，姜国麟. 上海市高新技术产业投入产出效益分析 [J]. 财经研究，2002 (5)：66-67.

[5] 纪芳，李禾俊. 陕西省高技术产业发展投入产出效率分析 [J]. 技术与创新管理，2008 (2).